文　史

第　三　輯

中華書局編輯部編

中華書局出版

文　史

第　三　輯

新建設編輯部編

*

中華書局出版發行

（北京豐臺區太平橋西里 38 號）

文字六〇三廠印刷

*

787×1092 毫米 1/16 · 21 ½ 印張 · 400 千字

1963 年 10 月第 1 版　　1998 年 7 月湖北第 2 次印刷

印數 3 001—6 000 冊　定價：24. 50 元

ISBN 7—101—01668—5/K · 749

目　錄

試論春秋時代陰陽五行學派的音樂思想

李 純 一

自西周末期以來，隨着社會的發展和生產以及科學的進步，在哲學中產生了兩種樸素的唯物主義思想——陰陽說和五行說。這兩種學說都涉及音樂問題。後來又不斷地發展着、變化着和融合着，並且發生了深遠的影響。本文即試圖探索一下春秋時代陰陽五行學派的音樂思想的一些發展情況。

關於早期陰陽五行學派的音樂思想的發展，今天已經看不到完整而系統的記載，僅僅有些片斷而間接的資料，而這些資料主要是散見在《左傳》和《國語》兩書裏。這兩部書，大家公認是戰國初年的著作，並且可能有些錯亂訛誤，甚至可能經過後人的竄亂，雖然如此，還應該承認它們的確保存着春秋時代的一些看法。因之，我們在進行探索時，還是把它們當作主要的依據。

在這裏須事先說明一點，即本文在引用文獻時，是從探索音樂思想的角度出發的，這並不意味着所引文獻只能做這樣的解釋。

一　虢文公所述的音樂思想中的陰陽說

據現知的文獻看來，早期音樂思想中的陰陽說和五行說原來是各自獨立的，後來才逐漸融合在一起，而發展成爲完整的陰陽五行音樂觀。

在早期音樂思想中最先透露出一些陰陽說的，似乎是見於《國語·周語》上所載的周宣王（公元前 827 年——前 781 年）時虢文公所述的傳統的籍田典禮的一段話裏。原文是這樣：

宣王卽位，不籍千畝。虢文公諫曰："不可。夫民之大事在農，……古者太史順時覛土，陽癉憤盈，土氣震發，……先時九日（韋解：先，先立春日也），太史告稷曰：自今至於初吉（韋解：初吉，二月朔日也。《詩》云："二月初吉"），陽氣俱蒸，土膏其動。弗震弗渝，脈其滿眚，穀乃不殖。稷以告，王曰：史帥陽官以命我司事。曰：距今九日，土其俱動，王其祗祓，監農不易。王乃使司徒咸戒公卿百吏庶民，司空

> 除壇於籍，命農大夫咸戒農用。先時五日，瞽告有協風至(韋解：瞽，樂太師知風聲者也。協，和也，風氣和時候至也，立春日融風也)，王卽齋宮，百官御事，各及其齋。三日，王乃淳濯饗醴。及期，鬱人薦鬯，犧人薦醴，王祼鬯，饗醴乃行，百吏庶民畢從。及籍，后稷監之，……是日也，瞽帥音官以省風土(韋解：音官，樂官也。風土，以音律省土風，風氣和則土氣養也)。

假如把這裏的某些細節抛開，其主要意思是說，立春時，陽氣充滿而上升，土地解凍而鬆動("陽癉憤盈，土氣震發")，正是開始春耕舉行籍田禮的好節氣。舉行籍田禮的前五天，瞽告有協風來的時候，國君才進入齋宮；舉行籍田禮的那一天，瞽帥音官以音律省察土風，土風和才適於春耕。這說明古人認爲春季及其協風的產生是由於陽氣充滿上升的緣故。這裏雖未談到陰氣，但根據這種思想，可以推知必有與陽氣相對立的並相當於陰氣的一種氣的觀念的存在。根據作爲樂太師的瞽能够知道協風的來否和能够帥音官以音律省察土風的和否這兩件事來看，可知這時的音律不僅與農事有着密切的關係，而且和決定季節及季節之風的陰陽之氣的思想有着某種聯繫。

這種思想的產生當非始於周宣王時，虢文公說是"古者"，其來源必然相當的早。《國語·鄭語》載鄭桓公答對周幽王(公元前781年——前770年)的話，稱"虞幕能聽協風，以成樂物生也。"韋解："虞幕，舜后虞思也。協，和也。言能聽知和風，因時順氣，以成育萬物，使之樂生；《周語》曰：瞽告有協風至乃耕籍之類是也。"這裏提到的虞幕是否舜后虞思且不去管它，但其言瞽能聽知協風以利耕籍這件事的來源之久應該是可信的。胡厚宣先生所著《甲骨學商史論叢初集》中有《甲骨文四方風名考證》一文，文中引載劉晦之舊藏殷虛所出的一片獸骨，其文如下：

> 東方曰析，鳳(風)曰劦(協)；
> 南方曰夾，鳳曰長；
> 西方曰東，鳳曰彝；
> [北][方][曰]夗，鳳曰𠈇(役)。

胡先生卽據此考定殷人已有四方和四方風的觀念。後來楊樹達先生更認爲析、東等爲殷人分配於四方並職司四時的草木之神；① 陳邦懷先生認爲每一方名與其風名各有密切之關係，其意義爲春生，夏長，秋收，冬藏。② 可見協風觀念的產生，實遠自殷商。

爲什麼音律會與四時的四方之風發生聯繫？古人怎樣用音律來聽測四時的四方之風？③ 關於這些情況，由於文獻不足，不可得而詳言；若勉强爲說，必難免臆測。但爲了探索問題，

① 楊樹達：《甲骨文中之四方風名與神名》。載《積微居甲文說》卷下，科學出版社1954年第1版。
② 陳邦懷：《四方風名》。載《殷代社會史料徵存》卷上，天津人民出版社1959年第1版。
③ 殷至周初似乎尚無完整的四時觀念，所以這裏使用四時一詞，只是出於方便，並無嚴格的意義。

今且不避臆測之嫌，試說如下。

《呂氏春秋·仲夏紀·古樂篇》裏載有一個這樣的傳說：

> 帝顓頊生自若水，實處空桑，乃登爲帝。惟天之合，正風乃行，其音熙熙淒淒鏘鏘。帝顓頊好其音，乃令飛龍作效八風之音，命之曰《承雲》，以祭上帝。

如果剝去這個傳說的迷信外衣，就可以看出它表現着這樣的一種樸素的唯物主義看法：音樂或音律乃是再現或模擬自然風聲而產生的。這裏也許透露出一點兒這樣的消息：古人由於長期的生活實踐，逐漸認識到四時各有來自不同方向的風，這些風各自具有不同的特點，如強度、濕度、溫度等；而這些各自具有不同特點的風又可以用不同高度的聲音表示出來，或者，由於這些各自具有不同特點的風吹響自然的空竅時能夠發出不同高度的聲音來。於是產生了不同高度的聲音來表示和聽測四時的四方之風的觀念，日後又進而發展爲用音律來表示和聽測四時的四方之風的觀念。例如春風是強度小而溫和的，因而它所發出的聲音或者它所吹響自然空竅的聲音是比較低而弱的；秋風是強度較大而涼爽的，因而它所發出的聲音或者它所吹響自然空竅的聲音是比較高而強的，等等。古人之所以用由低而次第漸高的聲音或音律來表示四時的四方之風，或者就是基於這個道理。

在古代科學十分幼稚的情況下，如果四時的四方之風可以用音樂所用聲音或音律表示出來，那末，用音樂所用的聲音或音律來聽測四時的四方之風的方法去爲農事服務的可能性也許是早已有了的。

《古樂篇》還載有另一個傳說：

> 昔古朱襄氏之治天下也，多風而陽氣蓄積，萬物散解，果實不成。故士達作爲五弦瑟，以來陰氣，以定羣生。

這個傳說暗示着這種可能：早在原始時期，我們的祖先或已把音樂當做施行巫術以利農事的手段，幻想用特定的音樂來驅逐不適於作物生長的干旱天氣（這裏的陰陽之氣的思想當係後人所加，可以不必死讀）。如果早就有用帶有巫術意味的音樂去爲農事服務的做法和思想存在的話，那麼，就爲後來的用聲音或音律來聽測四時的四方之風以利農事的做法和思想提供了歷史的根據。所不同的是後一種做法和思想盡管還摻雜着若干傳統的迷信成分，但其中也多少含有一些科學因素。至於用陽氣的充滿上升來解釋春季和協風之所以產生的思想，就更帶有明顯的唯物主義色彩。

古人是怎樣用音樂所用的聲音或音律來測四時的四方之風的問題，在先秦文獻裏沒有具體的說明。推想起來，可能是根據相當的聲音或音律的共鳴程度來聽測的；例如能引起完滿的共鳴的風就是正常的，不能引起共鳴或共鳴不太完滿的風便是不正常或不太正常的。這可以用《左》襄十八所載師曠用歌聲來聽測軍事上的吉凶的故事來做爲旁證。

楚人伐鄭……甚雨及之，楚師多凍，役徒幾盡。晉人聞有楚師，師曠曰：“不害。吾驟歌北風，又歌南風，南風不競，多死聲，楚必無功。”

晉國在北，楚國在南，所以師曠歌唱北風和南風；師曠歌唱南風時而不能響亮，所以他斷定“楚必無功”。師曠的這種做法當然是一種迷信，或者他另有比較可靠的根據而故弄玄虛；① 但是，這和用聲音或音律來聽測四時的四方之風的做法和思想是有着相通之處的。

總結上面的探討，可以初步認爲：西周末期已有用音律來聽測四時的四方之風的思想，而用陰陽之氣來解釋四時的四方之風及其與音律之關係的學說的出現，大概也不會很晚。如果這個論斷可以成立的話，那末，後世的陰陽五行學說中以音律配於四時和四方的思想應該是溯源於此的。至於後世的“舞所以節八音以行八風”、② “樂以開山川之風”之類的思想，③ 以及用音律或歌聲來聽測軍事上的吉凶的思想也應該與此有着密切的淵源關係。

在這裏順便解釋一下爲什麼古代用風來稱呼音樂和各種地方音樂的問題。

既然古人認爲音樂或音樂所用的聲音（音律）是模擬自然的風聲或自然之風所吹響自然空竅的聲音，而音樂或音樂所用的聲音（音律）又能表示和聽測甚至順理四時的四方之風，那末，日後引伸起來，用風來直接稱呼音樂及其所使用的聲音和各種地方音樂當是很自然的事情。例如：《詩經》中的“國風”，就是各國（地方）的音樂；上引師曠所歌唱的“南風”和“北風”，就是南方歌曲和北方歌曲；《山海經·大荒西經》：“始作樂風”，注：“風，曲也”；《管子·輕重己篇》：“吹壎箎之風，動金石之音”，④ “風”和“音”相對，即風猶音之意；等等。

二　史伯音樂思想中的五行說

就音樂思想方面看來，最早用“五行”來解釋音樂的是前八世紀的鄭國史伯。今先摘引其說於下。

〔鄭〕桓公爲司徒（韋解：幽王八年——公元前 774 年——爲司徒），……問於史伯曰：“……周其弊乎？”對曰：“殆於必弊者也。《泰誓》曰：‘民之所欲，天必從之。’今王棄高明昭顯而好讒慝暗昧，惡角犀豐盈而近頑童窮固，去和而取同。夫和實生物，同則不繼。以他平他謂之和，故能豐長而物歸之；若以同裨同，盡乃棄矣。故先王以土與金、木、水、火雜，以成百物。是以和五味以調口，剛四支以衞體，和六律以聰耳，正七體以役心，平八索以成人，建九紀以立純德，合十數以訓百體，出千品，具萬方，計億事，材兆物，收經入，行姟極。故王者居九畡之田，收經入以食兆民，周訓而能用之，和樂如一。夫如是，和之

---

① 《左》襄十八還載有另一個故事：“丙寅晦，齊師夜遁。師曠告晉侯曰：鳥烏之聲樂，齊師其遁！”這是根據鳥烏因無人驚擾而鳴聲無恐的道理來斷定齊國軍隊已經撤離的。這種判斷方法很合理，並無任何迷信成分。

② 《左》隱八。

③ 《國語·鄭語》八。

④ “動”字前原有一“鼛”字，郭沫若認爲此字當衍。見《管子集校》下，科學出版社 1956 年版，第 1319 頁。

至也。於是乎先王聘后於異性，求財於有方，擇臣取諫工，而講以多物，務和同也。聲一無聽，物一無文，味一無果，物一不講。王將棄是類而與剗同。天奪之明，欲無弊得乎？"（《國語·鄭語》）

史伯認爲所有自然界和社會上各種事物（"百物"）都是由土和金、木、水、火等五種屬於"地"上的有形體的並具有不同屬性和作用的"五行"構成的。換言之，"五行"是構成"百物"的五種基本元素。在屬於"地"上的有形體的"五行"之中，"土"占有特別重要的地位。這可能是由於古人認識到人是生活在地上的，而土地和人的生活有着極爲重要極爲密切的關係這一點而這樣提出的。

"五行"既然是構成"百物"的基本元素，作爲社會事物之一的音樂當然也是基於"五行"的不同屬性和作用而產生的。史伯這樣用他的樸素的自然觀去解釋音樂固然很牽強幼稚，但這也正是早期唯物主義音樂觀所必然具有的自然主義直觀性的特色。這正如恩格斯所說："在這裏完全已經是一種原始的自發的唯物論了，它在自己發展的最初階段便十分自然地把自然現象無限多樣性的統一看作自明的東西，並且就在某個一定的有形體的東西中，在一個特殊的東西中去尋找這個統一。"[1] 所以，在史伯的思想裏雖然還保留着古代"天"的信仰，但實際上它已經沒有多少有意志的人格神的內容，而是具有更多的自然意義，古代"天"的本質在這裏已經成爲"毫無意義的空話"了。[2] 然而史伯畢竟沒有完全擺脫開古代唯心主義的束縛，所以他還是認爲音樂是由超人的"先王"創造的。

和這種原始的自發的唯物論相適應，使得史伯的思想具有相當的樸素的辯證法的特色。史伯認爲一切事物都是由兩種以上具有不同屬性和作用的"他"形成的統一體——"和"，這是一切事物發展的規律（"夫和實生物，……以他平他謂之和，故能豐長而物歸之"）；而屬性和作用相同的"同"的配合便什麼也不能產生，就沒有什麼發展，從而使一切都廢置了（"同則不繼，……以同裨同，盡乃棄矣"）。

這樣看來，史伯的辯證思維，實乃自然界所固有的。對立中的運動在其頭腦中的反映。不僅如此，如果注意他主張國君應當從民之所欲，應當採納或參考臣下所提出的不同的意見（"擇臣取諫工，而講以多物"）的話，那末，這種辯證思維也應當是當時社會上階級矛盾和鬥爭（內部的和外部的）在其頭腦中的反映。恩格斯說得好："頭腦的辯證法僅僅是現實世界（不論自然界或歷史）的運動形態之反映。"[3]

把這種辯證思想應用到音樂上來，即音樂是由若干高度不同的聲音構成的（"和六律以聰耳"）；僅僅用同一高度的聲音是不能構成音樂的（"聲一無聽"）。換句話說，音樂是"六律"的矛盾統一體——"和"，而"和"正是音樂美的所在。

---

①、② 恩格斯：《自然辯證法》，人民出版社 1955 年第 1 版，第 151 頁。

③ 恩格斯：《自然辯證法》，人民出版社 1955 年第 1 版，第 167 頁。

史伯認爲音樂的功用在於能"聽"（韋解："聽和則聰"）王者之耳，培養王者聽取臣下不同意見的品德，以調和統治階級內部的矛盾，從而鞏固其對人民羣衆的統治。史伯音樂思想的階級性，在這裏便明顯地暴露出來了。儘管如此，史伯的音樂思想，在當時的歷史情況下，還是具有很大的進步意義，因爲它與傳統的宗教唯心主義或神秘主義相對立，並在實際上也削弱了當權貴族的統治力量。

從總的方面看來，史伯的五行音樂觀是比較完整的，因之，它應當是一種比較發展了的五行音樂觀。

三　郤缺音樂思想中的"九德"說

公元前 620 年時，晉國大夫郤缺提出了音樂歌頌"九功之德"的說法：

> 晉郤缺言於趙宣子曰："……《夏書》曰：'戒之用休，董之用威，勸之以九歌，勿使壞。'九功之德，皆可歌也，謂之九歌。六府、三事，謂之九功。水、火、金、木、土、穀，謂之六府。正德、利用、厚生，謂之三事。義而行之，謂之德禮。無禮不樂，所由叛也。若吾子之德，莫可歌也，其誰來之？盍使睦者歌吾子乎？"（《左》文七）

郤缺所謂的"六府"，是人賴以生活的六種必不可缺的基本物質資料，也可以視爲構成一切物品的六種基本元素。《禮記・曲禮》下："在府言府，在庫言庫"，所以"六府"又是儲藏六種基本物質資料的處所。郤缺所謂的"正德、利用、厚生"等"三事"，根據傳統的一般解釋，是屬於天（"厚生"）、地（"利用"）、人（"正德"）三方面的社會事物，這可以勉強歸屬於宗教、社會生產和政治倫理等三個方面。郤缺所謂的"九功"，似乎不是僅指"六府"和"三事"的本身而言，可能還彙指其功用。郤缺所謂"九功之德"，即"九功"的恩惠。郤缺所謂的"德禮"，是指根據"九功"所規定的本分來行事（"義而行之"）而言，實際上就是傳統的社會秩序或統治秩序。而"九功"的"功"及其"德"就表現在它們對傳統的社會秩序或統治秩序的鞏固作用上面。"無禮不樂，所由叛也"，正是很好的注解。

郤缺說："九功之德，皆可歌也"；又說："若吾子之德，莫可歌也。"這意思是說，音樂只能反映和歌頌那些合乎"義而行之"的"德禮"的事物，亦即郤缺所認爲的現實生活中合乎傳統統治秩序的事物；沒有"德禮"或不合乎傳統統治秩序的事物便不能引起音樂的反映，因而也無從爲音樂所歌頌。郤缺的這種看法固然很片面，但同傳統的唯心主義和神秘主義音樂觀比較起來，它究竟還承認音樂是現實生活中合乎"德禮"一面的反映，這不能不說是一種進步。

郤缺音樂思想的階級性，就是表現在音樂的作用即在於它能維護和鞏固傳統的社會秩序或統治秩序的上面。

　　郤缺這種音樂思想是很簡單的，很不完整的，沒有什麼體系，當是一種較爲原始的五行音樂觀。至於郤缺引《夏書》來作爲他的論據，那不過是用以加強自己的看法而已。①

四　子產音樂思想中的"六氣五行"說

　　到公元前六世紀時，子產（公元前 582 年？——前 522 年）用分屬於天地對立範疇內的"六氣"和"五行"來解釋音樂。

　　　子大叔見趙簡子，簡子問揖讓周旋之禮焉。對曰："是儀也，非禮也。"簡子曰："敢問何謂禮？"對曰："吉（子大叔之名——作者）也聞諸先大夫子產曰：'夫禮，天之經也，地之義也，民之行也。天地之經，而民實則之：則天之明，因地之性，生於六氣，②用其五行；氣爲五味，發爲五色，章爲五聲。淫則昏亂，民失其性。是故爲禮以奉之：爲六畜、五牲、三犧，以奉五味；爲九文、六采、五章，以奉五色；爲九歌、八風、七音、六律，以奉五聲；爲君臣、上下，以則地義；爲夫婦、外內，以經二物；爲父子、兄弟、姊妹、甥舅、昏媾、姻亞，以象天明；爲政事、庸力、行務，以從四時；爲刑罰、威獄，使民畏忌，以類其震曜殺戮；爲溫、慈、惠、和，以效天之生殖長育。民有好、惡、喜、怒、哀、樂，生於六氣。是故審則宜類，以制六志。哀有哭泣，樂有歌舞，喜有施舍，怒有戰鬥。喜生於好，怒生於惡。是故審行信令，禍福賞罰，以制死生。生，好物也；死，惡物也。好物，樂也；惡物，哀也。哀樂不失，乃能協於天地之性，是以長久。'"簡子曰："甚哉，禮之大也！"對曰："禮，上下之紀，天地之經緯也，民之所以生也。是以先王尚之。故人之能曲直以赴禮者，謂之成人。大，不亦宜乎？"（《左》昭二十五）

　　在這裏可以清楚地看出，子產已經基本上擺脫了古代宗教唯心主義的束縛並站在無神論的立場上，認爲天地是客觀存在着的物質世界，把六種無形的自然之氣——"六氣"歸屬於天，把五種有形的基本物質元素——"五行"歸屬於地；天地也是人和社會存在的基礎。天的"六氣"的流轉和地的"五行"的配合是"天地之情"即自然本身所固有的秩序和規律；社會上的一切存在也都是效法於"天地之性"。這種自然界和社會上的秩序和規律總稱之爲"禮"，即文中所說的"夫禮，天之經也，地之義也，民之行也"，"禮，上下之紀，天地之經緯，民之所以生也"。子產就是這樣對傳統的上承天神意志而規定的等級制度和道德禮儀作出一種新的解釋。這在當時顯然是一種大膽的、進步的唯物主義見解。

　　基於這種思想，子產認爲人的好、惡、喜、怒、哀、樂等六種情欲——"六志"也是起源於或效法於天的"六氣"。若根據"是故審則宜類，以制六志。……喜生於好，怒生於惡。是故審行信令，禍福賞罰，以制死生。生，好物也；死，惡物也。好物，樂也；惡物，哀也"這段話來看，似乎子產又把這六種情欲分爲兩類：好、喜、樂是"生"的一類，即正面的或積極的一類，其中

---

　　①　僞《大禹謨》是晚出的僞作，其解釋"九歌"即竊用郤缺的言論。

　　②　"於"字原作"其"，恐係涉"用其五行"句而誤，故據下文"生於六氣"句改。

以"樂"爲最有代表性，或者"生"的一類的情欲的最高和最集中的表現爲"樂"；惡、怒、哀是"死"的一類，即反面的或消極的一類，其中以"哀"爲最有代表性，或者"死"的一類情欲的最高和最集中的表現爲"哀"。正面的或積極的"樂"的情欲是一種愛好事物或者可以說是愛好生活的情欲（"生，好物也；……好物，樂也"），它產生出或表現爲"歌舞"（"樂有歌舞"）。這樣看來，子產認爲音樂是對於社會事物或社會生活的積極的一面的一種反映。

子產既然認爲音樂是對於社會事物或社會生活的積極的一面的一種反映，而社會事物或社會生活以及音樂又都是效法於"天地之性"，所以音樂的作用也就在於它使人和社會生活長久地"協於天地之性"而處於正常的狀態（"哀樂不失，乃能協於天地之性，是以長久"）。

子產所認爲的社會生活的正常狀態是什麼樣的呢？若從他所說的"爲君臣、上下，以則地義"等話看來，他還是主張有階級和等級的社會生活。然而我們不應當就這樣簡單地來理解，這裏面還有其特有的新的內容。這種特有的新的內容，若根據當時的歷史情況以及子產的政治思想、政治作爲來看，似乎主要是叔向所批評的"作封洫，立謗政，制參辟，鑄刑書"幾項。① 所謂"作封洫"，就是主張承認土地私有，就是主張承認正在向封建地主蛻化的下級奴隸主貴族和商人私自占有土地的事實。所謂"立謗政"，就是主張實行古代民主政治，讓下級貴族、土地私有主、商人和士參預政治。所謂"制參辟，鑄刑書"，就是主張廢除傳統的禮治而實行法治，就是制定和公布成文法以承認和鞏固新的生產關係和新的社會秩序。可見子產是站在代表當時社會進步力量的下級貴族、新興地主階級和商人的立場上才能夠提出和實踐這些政治主張。這些主張不僅適應當時的歷史趨勢，也促進了當時的社會發展，因之，它是進步的。②

子產就是主張音樂爲上述的政治主張服務的，而音樂的作用亦在於此。

正由於此，子產對於音樂的內容也作了規定。

子產認爲法律也是效法於"天地之性"，而人的"六志"又是"生於六氣"，但人是能動的，"六志"失常就會破壞社會生活（"淫則昏亂，民失其性"），因此，他又主張即使正面的或積極的情欲"樂"及作爲它的一種反映的音樂的內容也應當限制在法律所允許的範圍之內（"是故審則宜類，以制六志。……是故審行信令，禍福賞罰，以制死生"）。據此，還可以作出這樣的推論：子產認爲法律是主要的政治手段，而音樂是輔助的政治手段；音樂從屬於政治。

子產認爲作爲音樂表現的基本手段——"五聲"，是效法於地上的"五行"的（"用其五行；……章爲五聲"）；而所有各種題材、體裁和調子的音樂，都是用"五聲"作成的（"爲九歌、

<hr />

① 《左》昭六。

② 作者在寫這段時，曾參用了關鋒和林聿時的說法。見所著《略論子產和老子》一文，載《哲學研究》1959年第7期。

八風、七音、六律,以奉五聲")。這意思是說,各種音樂所用的聲音雖然很多,但都統一於這種效法於"五行"的"五聲"。

根據上面的探討,可知子產心目中的音樂美可能是這樣的:就其內容方面來說,是以效法於自然及其本身所固有的秩序和規律的社會生活和政治實踐爲標準;就其形式方面來說,是以效法於"五行"的"五聲"爲標準;這兩者相互結合在一起時,才是最完滿的美。這種含義的美,若用子產的話來概括,便是"禮"。

總之,子產認爲音樂是人對社會事物或社會生活的積極一面的一種反映,並且是根據效法於自然及其本身所固有的秩序和規律作成的。這是一種樸素唯物主義的觀點。子產所說的"天地之經,而民實則之:則天之明,因地之性,生於六氣,用其五行"這一段話,就是對於這一觀點的概括。

子產的這種六氣五行音樂觀,比起以前的確是有了較大的發展和進步,這主要表現在:不僅陰陽說和五行說已經開始較爲完整而嚴密地融合在一起,而且比較全面地去解釋音樂的一些主要問題——音樂的本質、音樂的形式和內容及其間的關係、音樂的作用、音樂與社會生活以及政治的關係、音樂美等。這樣,就在較大的程度上彌補了過去那種僅僅或偏重於從形式方面而忽略從內容方面去解釋音樂的缺點,特別是在很大的程度上克服了音樂有太多的神秘成分和神秘作用的缺陷。儘管子產的這種音樂思想的確還是直觀的自然主義,但是,它在當時的樸素的唯物主義音樂觀中是比較全面而徹底的。

和以前的陰陽五行音樂觀比較起來,子產的音樂思想中還有一個這樣明顯的特點,即把五行配列的範疇擴大了,五行不僅可以配列"五聲",還可以配列"五色"和"五味"("用其五行;氣爲五色,發爲五色,章爲五聲")。這一方面說明子產企圖用數的規律性去解釋各種事物的規律性;另方面,也顯示出一些把五行說術數化的傾向,而爲後來的神秘主義的陰陽五行音樂觀提供了一些理論根據。

五 醫和音樂思想中的"六氣五行"說

和子產同時期的醫和,也提出了在某些方面和子產基本相同的音樂思想。

> 先王之樂,所以節百事也。故有五節,遲速本末以相及;中聲以降,五降之後,不容彈矣。於是有煩手淫聲,慆堙心耳,乃忘平和,君子弗聽也。物亦如之,至於煩,乃舍也已,無以生疾。君子之近琴瑟,以儀節也,非以慆心也。天有六氣,降生五味,發爲五色,徵爲五聲,淫生六疾。六氣曰陰、陽、風、雨、晦、明也,分爲四時,序爲五節,過則爲菑。陰淫寒疾,陽淫熱疾,風淫末疾,雨淫腹疾,晦淫惑疾,明淫心疾。(《左》昭一)

醫和也是用屬於天地對立的範疇內的"六氣"、"五行"來釋解音樂,但比起子產來,有這樣兩個特點：

一、天的"六氣"和地的"五行"有着內在的聯繫：地的"五行"的屬性是由天的"六氣"降生和散發的，並表現爲"五味"、"五色"和"五聲"（天有六氣，降生五味，發爲五色，徵爲五聲"）。這顯示出地的"五行"不僅與其屬性相統一，而且也與天的"六氣"相統一。

二、由於天的"六氣"的變動流轉是有規律性的，所以一年分爲四時，"百事"皆以五爲節度（"分爲四時，序爲五節"）。這顯示出空間與時間的統一，也顯露出一些四時與五行等相配列的萌芽。①

這兩點表明醫和的學說比子產更爲嚴密和深化。

由於"六氣"規律性的變動流轉而產生"百事"的"五節"，而音樂所使用的"五聲"就是淵源於"六氣"所賦於"五行"的一種屬性和節度，所以音樂不僅應當由"五聲"構成，而且這"五聲"也不得過高或過低，應當取其正常的"中聲"，這就是所謂的"中聲以降，五降之後，不容彈矣"；②所以音樂的節奏和段落的組織也應當具有同樣的規律性，這就是所謂的"遲速本末以相及"。

這樣看來，醫和是認爲只有按照自然運動規律作成的音樂才是美好的音樂；除此之外，舉凡不按照自然運動規律作成的音樂，如"煩手淫聲"之類，都是壞的音樂。唯其如此，所以美好的音樂能使人的心神保持"平和"狀態，即符合自然運動規律的有節度的狀態，從而使人能夠有節度地去處理"百事"，而得以保持身體的健康。"煩手淫聲"則只能"慆堙心耳"，忘掉"平和"，從而引起疾病。

因此，醫和主張"君子"在接近音樂時，應以節度爲標準，凡是不合節度的音樂，都須捨棄，以免引起疾病（"君子之近琴瑟也，以儀節也。……至於煩，乃舍也已，無以生疾"）。

醫和認爲"先王之樂"是能夠"節百事"的，這當然是一種保守的看法。但是，他反對"煩手淫聲"，這裏面多少含有反對統治階級的過分的音樂享樂的意味。

總之，醫和心目中音樂美的基礎是自然運動的規律性，而這種規律性在人心中的反映便是"平和"。醫和心目中的音樂作用乃在於使人的行動能遵循自然運動的規律，從而保持身心的健康。這實際上是一種音樂養生說。

如上所述，醫和的音樂思想比起子產來，在某些方面是比較嚴密和深化；但是，由於他是位醫學家，使得他只能從醫學的角度來探討音樂，而未能有更多的發揮，這又顯得十分貧乏

---

① 子產也提及"四時"，如說"爲政事、庸力、行務，以從四時"，這多少也含有四時與五行等相配列的意味，但很曖昧，不如醫和那樣較爲明顯。

② "降"，杜注謂"罷退"，不通，似應以作"取"字解（音當爲戶江反）爲長。《公羊》莊三十："降之者何：取之也。"這雖然是指降取某地而言，但用來解釋"中聲以降，五降之後，不容彈矣"則頗言通理順。

簡陋了。另外，在古代音樂思想史上，醫和首先提出了音樂養生說，這是值得注意的事情。

六 伶州鳩音樂思想中的陰陽五行說

到前六世紀後半時，在伶州鳩的音樂思想中明確地提出了陰陽之氣，也涉及"六氣"、"九德"。

〔周景王〕二十三年（公元前 522 年），王將鑄無射而爲之大林。……問之伶州鳩。對曰："……臣聞之：琴瑟尚宮，鍾尚羽，石尚角，匏竹利制；大不踰宮，細不過羽。夫宮，音之主也，第以及羽。聖人保樂而愛財，財以備器，樂以殖財（韋解：保，安也。備，具也。殖，長也。古者以樂省土風而紀農事，故曰"樂以殖財"）。故樂器重者從細，輕者從大。是以金尚羽，石尚角，瓦絲尚宮，匏竹尚議，革木一聲。夫政象樂，樂從和，和從平。聲以和樂，律以平聲，金石以動之，絲竹以行之，詩以道之，歌以詠之，匏以宣之，瓦以贊之，革木以節之。物得其常曰樂極（韋解：物，事也。極，中也），極之所集曰聲，聲應相保曰和（韋解：保，安也），細大不踰曰平。如是而鑄之金，磨之石，繫之絲木，越之匏竹（韋解：越謂爲之孔也），節之鼓而行之，以遂八風（韋解：遂，順也）。於是乎氣無滯陰，亦無散陽，陰陽序次，風雨時至，嘉生繁祉，人民蘇利，物備而樂成，上下不罷，故曰樂正。今細過其主，妨於正；用物過度，妨於財；正害財匱，妨於樂。細抑大陵，不容於耳，非和也；聽聲越遠，非平也；妨正匱財，聲不和平，非宗官之所司也（韋解：宗官，宗伯，樂官屬也）。夫有和平之聲，則有蕃殖之財。於是乎道之以中德，詠之以中音，德音不愆，以合神人，神是以寧，民是以聽。若夫匱財用，罷民力，以逞淫心，聽之不和，比之不度，無益於教，而離民怒神，非臣之所聞也。"……對曰："上作器，民備樂之，則爲和。今財亡民罷，莫不怨恨，臣不知其和也。且民所曹好（韋解：曹，羣也），鮮其不濟也；其所曹惡，鮮其不廢也。故諺曰：'衆心成城，衆口鑠金。'……"（《國語·周語》下）

夫樂，天子之職也；夫音，樂之輿也；而鐘，音之器也。天子省風以作樂，器以鍾之（杜注：鍾，聚也，以器聚音），輿以行之。小者不窕（杜注：窕，細不滿），大者不摦（杜注：摦，橫大不入），則和於物，物和則嘉成。故和聲入於耳而藏於心，心億則樂（杜注：億，安也）；窕則不咸（杜注：不充滿人心也），摦則不容（杜注：心不堪容），心是以感，感實生疾。今鐘摦矣，王心弗堪，其能久乎？（《左》昭二十一）

律所以立均出度也（韋解：均者，均鍾木，長七尺，有絃繫之，以均鍾者，度鍾大小清濁也。漢大予樂官有之）。古之神瞽，考中聲而量之以制（韋解：神瞽，古樂正知天道者也。死以爲樂祖，祭於瞽宗，謂之神瞽。考，合也。謂合中和之聲，而量度之以制樂者）。度律均鍾，百官軌儀，紀之以三（韋解：三，天、地、人也。古紀聲合樂，以舞天神、地祇、人鬼，故能人神以和）平之以六（韋解：平之以六律也，上章曰："律以平聲"），成於十二（韋解：十二，律呂也），①天之道也。夫六，中之色也，故名之曰黃鍾，所以宣養六氣、九德也。由是第之，二曰太蔟，所以金奏贊陽出滯也。三曰姑洗，所以修潔百物，考神納賓也。四曰蕤賓，所以安靖神人，獻酬交酢也。五曰夷則，所以詠歌九則，平民無貳也（韋解：夷，平也。

---

① "於"字，《太平御覽》十六"時序部"一引作"以"。

則，法也。言萬物既成可法則也。故可以詠歌九功之則，成民使無疑貳也）。① 六曰無射，所以宣布哲人之令德，示民軌儀也。爲之六間，以揚沈伏，而黜散越也。元間大呂，助宣物也。② 二間夾鍾，出四隙之細也（韋解：四隙，四時之間氣微細者）。三間仲呂，宣中氣也。四間林鍾，和展百事，俾莫不任肅純恪也（韋解：展，審也。俾，使也。肅，速也。純，大也。恪，敬也。言時務和審，百事無有僞詐，使莫不任其職事，速其功，大敬其職也）。五間南呂，贊陽秀也（韋解：榮而不實曰秀。南，任也。陰任陽事，助成萬物。贊，佐也）。六間應鍾，均利器用，俾應復也（韋解：言陰應陽用事，萬物鍾聚，百器具備，時務均利，百官、器用、程度、庶品，使皆應其禮，復其常也）。律呂不易，無姦物也（韋解：律呂不變易其正，各順其時，則神無姦行，物無害生也）。細鈞有鍾無鎛（韋解：細，細聲，謂角、徵、羽也。鈞，調也），昭其大也。大鈞有鎛無鍾（韋解：大，謂宮、商也），③ 甚大無鎛（韋解：甚大謂宮、商大聲也），④ 鳴其細也：大昭小鳴，和之道也。和平則久，久固則純，純明則終（韋解：終，成也），終復則樂：所以成政也。故先王貴之。（《國語·周語》下）

伶州鳩認爲以"和平之聲"或"中音"所作成的音樂能够順理八方之風（"遂八風"），使陰陽之氣處於正常的狀態，因而風調雨順，萬物繁殖，人民和統治者的生活都得以安定和富足起來（"氣無滯陰，亦無散陽，陰陽序次，風雨時至，嘉生繁祉，人民龢利，物備而樂成，上下不罷"）。或者按《左傳》所載，簡單地說，按照正常的自然之風所作成的音樂，是合於自然事物的規律或其正常狀態的，能够使萬物生長得好（"省風以作樂，……則和於物，物和則嘉成"）。

爲什麼以"和平之聲"或"中音"所作成的音樂能够"遂八風"，使"陰陽序次，風雨時至，嘉生繁祉"呢？這須先了解伶州鳩的音律思想。

伶州鳩認爲所有社會事物不超出天、地、人亦即"正德、利用、厚生"三個範圍，而音樂即用於天神、地祇和人鬼的，故可分爲三類。這就是所謂的"紀之以三"。天有"六氣"，其中的陰、陽是對立統一的基本之氣。由於陰陽之氣的對立統一的變動流轉，產生出陰、陽、風、雨、晦、明六種天象和一年的十二個月。音律即效法於陰陽之氣，所以也有陰陽之分：陰者爲六呂（六間），陽者爲六律。上述三類音樂就是用律呂之音作成的。這就是所謂的"平之以六，成於十二"。音律的這種陰陽之分，是效法於陰陽之氣運動規律的。這就是所謂的"天之道也"。正是由於音律是效法於陰陽之氣的運動規律，所以它能够"遂八風"，"宣養六氣九德"，"揚沈伏而黜散越"，使"陰陽序次，風雨時至，嘉生繁祉。"

---

① 汪遠孫：《國語明道本考異》（下簡稱《考異》）卷一謂："'貳'字'貸'之誤。《禮記·月令·注》引《國語》亦誤作貳，而《疏》作貸。《儀禮·大射儀·注》引作忒。案：貸、忒、貳通用，韋《注》非。"又謂：韋《注》"'民下'公序本有'之志'二字。"

② 《考異》卷一謂："各本'助'下脱'陽'。《禮記·注》引此有'陽'字。"

③ "謂"字原作"調"。《考異》卷一謂："'調'字誤，公序本作'謂'。"純案：以上下注文例之，原當作"謂"；追因形近而訛爲"調"。

④ 《考異》卷一謂："'宮商'，公序本作'同尚'。《考正》云：上'大鈞'《注》：'大，謂宮、商也'，則作'同尚'爲是。"

　　從此可見，伶州鳩的這種用陰陽之氣的對立統一的變動流轉來說明音樂及音律的思想，顯然還是一種樸素的唯物主義和自發的辯證法的思想，而其用自然運動的規律性來比附和解釋六律、六呂和十二律的思想，含有如恩格斯在論及畢達哥拉斯的音樂思想時所說的“把音樂的諧和歸結爲數學關係”的意味①。伶州鳩的這種音樂思想顯然是和當時的自然科學、特別是與農業有關的天文學、曆學的發展有着極爲密切的聯繫。

　　伶州鳩還認爲一切事物本身都有其規律，事物只有遵循其本身所固有的規律而處於正常狀態才是眞正的快樂，眞正的快樂的集中表現便是五聲（“物得其常曰樂極，極之所集曰聲”）。音樂就用五聲作成的，而五聲又是以十二律爲標準（“聲以和樂，律以平聲”），所以五聲也有其自身的規律和其正常的狀態。五聲的規律是：低不過宮，高不過羽，而以宮爲主，次第到羽（“大不踰宮，細不過羽。夫宮，音之主也，第以及羽”）五聲的正常狀態是既不過高又不過低的“中聲”。這樣，才能使五聲相互諧調，這叫做“和”；才能使五聲各自保持其應有的高度而不相踰越，這叫做“平”（“聲應相保曰和，細大不踰曰平”）。所以音樂以“和平”爲貴，而音樂美卽爲“和平”。

　　樂器的制作和運用也應當遵循上述的規律，卽音量大的樂器應當小，音量小的應當大（“樂器重者從細，輕者從大”）。用“和平之聲”作成的音樂，並用合於“和平”原則的樂器把它演奏出來，這才合乎自然事物的規律或其正常狀態（“和於物”）。這樣的音樂才能使心神安適而快樂；否則，使心神惑亂而生疾病（“故和聲入於耳而藏於心，心億則樂；窕則不咸，摦則不容，心是以感，感實生疾”）。這裏又顯示出一些和醫和相似的音樂養生說的觀點來。

　　伶州鳩認爲音樂能“合人神”和作樂是“天子之職”等，這無疑地表明他對傳統的神秘主義音樂思想還有不少的保留。但是必須看到，他那用陰陽之氣變動流轉的自然運動規律及事物本身的規律來說明音樂的思想的確占據着主導地位，神和天子的意義在這裏實際上已經被大大地貶低甚至被否定了。因之，它的唯物主義色彩還是相當鮮明的。的確，儘管如此，伶州鳩的音樂思想還不是徹底的唯物主義：它既有唯物的一面，這是主導的一面，又有唯心的一面，這是次要的一面。這兩者同時並存是矛盾的。而這種矛盾，正足以說明當時的傳統的宗教唯心主義音樂思想的動搖。

　　伶州鳩的音樂思想也是和當時激烈的階級鬥爭分不開的。唯其如此，所以他又提出了“政象樂”的主張。

　　所謂“政象樂”，就是說國家的政治應當象音樂那樣以“和平”爲準則。其主要內容是：國君對人民的剝削應有一定的限度，不要“罷民力”；對音樂享樂應有適當的節制，不要“匱財用”；重視人民的生活和意願，以使“人民穌利”；重視社會生產，“有蕃殖之財”。國家的政治

---

　　① 恩格斯，《自然辯證法》，人民出版社 1955 年第 1 版，第 152 頁。

倘能如此,神才會安寧下來而不降咎,人民才會聽從而不叛離("神是以寧,民是以聽"),而使國家社會達到"和平"的境地。

若將這種主張和"聲應相保曰和,細大不踰曰平"等觀點聯繫起來看,則知"和平"之義偏重於調和,亦卽國君用對人民作出相當讓步的方法來緩和階級矛盾,使人人各安其本分以維持其統治秩序。音樂正是以其特有的藝術手段來向人民灌輸"和平"亦卽"中德"思想,因之,它又是一種有益於敎化的藝術,又是一種統治工具。從這裏就可以看出伶州鳩音樂思想的階級性,它是爲當權的奴隸主貴族服務的。然而,也不能不看到他那重視人民羣衆的生活和意願的一面。伶州鳩說,凡是人民羣衆所一致愛好的,沒有不成功的;凡是人民羣衆所一致憎惡的,沒有不被廢除的("民所曹好,鮮其不濟也;其所曹惡,鮮其不廢也")。因此,他甚至提出"上作器,民備樂之,則爲和"的類乎"與民同樂"的主張來。這樣看來,實際上是把人民羣衆放在十分重要甚至首要的地位上,而把有意志的人格神貶低爲一種根據國君施政的"和平"與否來降休咎的指示器,把天子的權威性大大地削弱了。這裏顯然有其相當的進步意義。

最後讓我們來探討一下伶州鳩所說的"古之神瞽考中聲,而量之以制"的問題。

伶州鳩認爲律本於"天道",以"中聲"爲基準,而"中聲"有一定的高度,可以據此而求得相應的長高、體積和重量,所以作爲國家政治設施之一的度量衡也應以此爲基準。這還是一種樸素唯物主義的思想。

度量衡在一定的單位數量不變的情況下,其單位的大小就直接關係着對人民羣衆的剝削的程度:單位定得越大則剝削越重;反之,則剝削越輕。因之,伶州鳩的以"中聲"爲度量衡單位基準的觀點,也具有限制統治階級對人民羣衆的剝削和用以緩和階級矛盾而維護對人民羣衆的統治的意義。

就這種意義說來,伶州鳩的觀點和他的同僚單穆公是相同的。①

以音律爲度量衡的基準並把它當作國家的政治設施之一的思想是早就出現了的。例如《左》文六說:"古之王者,知命之不長,是以並建聖哲;……爲之律度。"這表明伶州鳩的這種思想是有其歷史淵源的。

綜觀伶州鳩的音樂思想,它幾乎把各種先行的學說都吸收進來並加以融合發展:它不僅提到"陰陽"、"六氣",還提到了由"六府"和"三事"所組成的"九德";它不僅解釋了音樂與自然及社會政治的關係,還釋解了音樂與養生的關係;它不僅探討了音樂、音律和五聲問題,還

---

① 《國語·周語》下:"單穆公曰:'是故先王之制鐘也,大不出鈞,重不過石,律度量衡於是乎生,小大器用於是乎出,故聖人愼之。……'"

探討了樂器和度量衡問題。但是，在伶州鳩的陰陽之氣或"六氣"與"六府"之間看不出有什麼內在的必然聯繫，後者僅僅是前者的簡單的補充，這又說明他的音樂思想還不成體系，還不夠完整，而是屬於陰陽說與五行說開始結合的一種音樂思想。

伶州鳩說："夫六，中之色也，故名之曰黃鍾。"《左》昭十二也說："黃，中之色也。"這表明這時五聲不僅與五色而且也開始和五方相配列。伶州鳩還開始以陰陽之氣的變動流轉來解釋十二律。這些都顯示着五行配列範疇又進一步地擴大和陰陽五行說的術數化和神秘化傾向的日益加深，爲戰國時期的如《十二紀》和《月令》之類的陰陽五行音樂觀開闢了道路。至於《周語》下所載伶州鳩以七律配天上七宿並聯繫到歲星紀年和分野等事，據近人的研究，是前四世紀時才出現的思想，[1] 所以沒有把它當作伶州鳩的音樂思想來討論。

七　餘　論

若將上面的初步探討加以簡單的總結的話，可以得如下三個要點。

一、這一時期陰陽五行學派的音樂思想基本上是撲素唯物主義的，並且帶有相當的自發的辯證法的成分。這種音樂思想之所以能夠產生，不僅是和當時的自然科學、特別是和農業生產有關的天文學的發展有着密切的聯繫，而且也是和當時的階級變化、階級鬥爭分不開的。這種音樂思想大多與傳統的神秘主義音樂思想相對立，因而它們大多帶有不同程度的進步性和獨創性。

二、這一時期以陰陽五行學說爲基礎的音樂思想是處在發生和成長的階段，因而其中每一思想大多各從不同的角度出發而各有其着重點，因而都有其片面性；而這些着重點既然是以其自然觀爲依據，因而又都帶有濃厚的直觀性。但是，越到後來它們越趨向於相互補充、相互融合而逐漸體系化，而爲戰國以來的陰陽五行音樂觀奠定了基礎。

三、這一時期以陰陽五行學說爲基礎的音樂思想都是由統治階級的官吏和知識分子提出的，而這些官吏和知識分子都掌握相當的科學知識，但由於時代的和階級的局限，使得這些思想大多和宗教迷信及宗法思想有着密切的聯繫；同時，由於這些思想所必然具有的直觀性，因而，又使之具有不徹底性。這種不徹底性的主要表現之一就是神秘化和術數化的傾向。這種傾向若和戰國以來的陰陽五行音樂的一些主要配列範疇對照起來，多已具備或有與其相當的萌芽。今將其列表表明於下：

---

① 參看陳遵媯《中國古代天文學簡史》，上海人民出版社 1955 年第1版，第91頁。

音樂思想	時　期	陰陽六氣	四時	四方風	五行六府九德	五聲	十二律	五數	五味	五色
虢文公所述	前九世紀	±	±	+		±	±			
史　伯	前八世紀				+		±		+	
郤　缺	前七世紀				+					
醫　和	前六世紀	+	+		+	+			+	+
子　產	前六世紀	+	±		+	+			+	+
伶州鳩	前六世紀	+	±	±	+	+	+	±		±

附注："+"表示確定或完備。"±"表示有其傾向、萌芽或不完備。

關於清刻大藏與歷代藏經

——對《柏林寺和龍藏經板》一文的商榷

張 德 鈞

一九六一年七月二十三日《人民日報》發表朱家溓同志《柏林寺和龍藏經板》一文，以歷代編刻大藏情況與清刻大藏相比，對清藏作了極高的評價，認爲"在世界佛教史上有着重要的地位"。但文中所述事實，多無可徵信。謹舉正如次。

（一）作者說："佛教經典稱'藏'，始于唐代。"按佛典言"藏"，是指三藏，卽經、律、論，乃源本印度。傳說釋迦牟尼逝世後，長老迦葉與阿難等卽會集諸大弟子，共同誦出釋迦平日所說教義，分爲經、律、論三類編定，是稱三藏。此在小乘和大乘所傳的教典都有記載。隨舉一例，如《增一阿含經·序品》說："時阿難說經無量，誰能備具爲聚？我今當爲作三分，造立十經爲一偈：契經一分律二分，阿毘曇經復三分；過去諸佛皆三分，契經、律、法爲三藏。"所以謂爲"藏"者，葢"藏"字梵語爲"毘荼迦"，是指竹筐一類可容花果的器物；以佛典的結集，可使教義攝藏不失，事有相似，故取喻爲名也。①

至於我國把譯出的佛經"匯集"爲"一部佛學大叢書"，其事亦不"始於唐代"，遠在南北朝時卽已有之。如梁僧祐《出三藏記集》載有《定林上寺建般若台大雲邑造經藏記》、《定林上寺大尉臨川王造鎮經藏記》、《建初寺立般若台經藏記》。僧祐本人這部《出三藏記集》，也就是依據建初寺的經藏寫成的。《梁書·文學傳》亦記載《文心雕龍》作者劉勰"依沙門僧祐，與之居處，積十餘年，遂博通經論，因區別類部，錄而序之。今定林寺經藏，勰所定也"。可見定林寺的經藏還有劉勰作過分類的目錄。又《隋書·經籍志》說："梁武帝於華林園中，總集釋氏經典凡五千四百卷，沙門寶唱撰經目錄。"這是南朝皇家也有"匯集"一切佛教經典"爲一部大叢書"的事實。

---

① 參閱呂澂《佛教研究法》第一篇，第一章。

　　在北朝方面，據《廣弘明集》載魏收《北齊三部一切經願文》：“總勒繕寫各有三部，合若干卷。”王褒《周經藏願文》：“奉造一切經藏，始乎生滅之教，訖於泥洹之說。”又《歷代三寶紀》載有元魏永熙年中勅舍人李廓撰《魏世衆經目錄》，北齊武平年中沙門統法上撰《齊世衆經目錄》。可見北朝也同樣官私都有“匯集”佛教一切經典“爲一部大叢書”的事實。

　　到了隋朝統一南北，聚集佛教經典，更爲弘富可觀。隋煬帝有《寶台經藏願文》，講到“寶台四藏將十萬軸”。又說：“今止寶台正藏，躬親受持。其次藏以下，則慧日、法雲道場，日嚴、弘善靈刹，此外京都寺塔，諸方精舍，而梵宮互存大小，僧徒亦各寡衆，並隨經部多少，斟分酌付。”隋煬帝是把十萬軸佛經除留下寫卷最好的外，其餘都分給各大小寺院。隋朝對於所藏佛經，也屢加整理，而有新的編目。如費長房在隋開皇十七年著《歷代三寶紀》，其第十三、十四卷爲《入藏錄》，載總收經典一千零七十六部，三千二百九十八卷。這是歷史上較早寫本藏經的現存目錄。繼之釋彥琮等於仁壽二年又著《隋衆經目錄》，更作了新的分類。其一、二兩卷爲《入藏見錄》，載現存經“合六百八十八部，二千五百三十三卷”。這是經過清理，剔去了別生（摘抄）、疑僞等經以後的現存經數。此後唐代釋靜泰等奉勅編撰《衆經目錄》，道宣等奉勅編撰《大唐內典錄》，其《入藏錄》的編次、分類，都全依彥琮編錄的體制，只是在各類中加入了新翻出的經典而已。可見所謂“佛典稱‘藏’，始於唐代”，實欠深考。

　　（二）作者說：宋、遼、金所刻大藏，“印刷的紙本僅存斷篇殘帙保留到現在，也成爲希世之珍了”。這很容易使人認爲那些藏經很少流傳下來，即有殘存也不堪一讀。而事實上，除了遼刻大藏無傳本外，宋刻如思溪藏，北京圖書館尚藏有之。磧砂藏，西安開元寺、臥龍寺並有其本，一九三一年至一九三五年曾加以影印流通，除缺十一卷外，其他有缺頁之處都據他本補全。金刻則有抗日戰爭時期八路軍從日本侵略者手中奪回的山西趙城藏，抗戰前有五千多卷，今尚存四千多卷；內中有很多爲其他大藏（包括清藏及朝鮮、日本所刻印大藏）所未收的唐代著作，這才克稱“希世之珍”。此藏今亦存北京圖書館。

　　（三）作者說：“元代除了完成磧砂藏外，還在浙江雕造兩次。”兩次雕造的究竟是什麽？作者未有說明。然據我們所知，元代浙江新雕大藏實只一次，即杭州路餘杭縣普寧寺大藏經。另有燕都弘法寺大藏經，乃刻於北京，不在浙江。（一說，弘法藏卽金藏，是元滅金後，將金藏版片移置燕京弘法寺，曾有補刻，不必另有其本。）①

　　（四）作者說：“明朝政府洪武年間在南京刻的稱爲南藏。”按通常所稱“南藏”，乃刻於明永樂十五年。其洪武二十五年刻成的大藏，版片放在金陵（南京）天僖寺，不久卽被焚燬，印本流傳極少，僅四川崇慶縣上古寺存有此藏，一九三七年支那內學院訪經四川，才被發現。今移藏於成都人民圖書館。由於洪武藏旋燬於火，明成祖始重事翻刻，頒賜全國各大寺，其

---

① 　參閱葉恭綽《歷代藏經考略》，周叔迦《大藏經雕印源流紀略》。

書乃爲人所習見,所謂"南藏"實指此本。洪武所刻,固久佚而不爲人所知也。①

(五)作者說:"在宋代,朝鮮根據開寶藏和遼藏曾經重雕過兩次,稱爲高麗藏。"按宋代朝鮮刻藏實有三次:一在高麗顯宗至文宗時,二在高麗宣宗時,三在高麗高宗時。其書亦不盡是依據開寶藏和遼藏。顯宗時所刻即加入了唐《貞元新定釋教目錄》新收的各種經典;宣宗時所刻乃是義天(高麗文宗第四子出家爲僧)從宋朝請去的諸宗章疏典籍三千多卷,稱爲《續藏經》;這兩次雕版皆於高宗十九年被燬於蒙古兵燹。以後高宗重刻大藏,更集中各種版本,作了嚴密的校勘,考定得失,去短取長(著有《校正別錄》),此藏乃爲世界學者所公認的以往大藏刻本中最精之本。②

(六)作者說:"清藏,它是以北藏爲基礎而有所增益的。自宋以來,元、明、清三朝的高僧大師,以及對佛學有研究的人士所留下的有名的著述,也都包括進去。這部大藏的刊刻,可以說是給佛教經典傳入我國以後,一千七百多年的譯著闡述結了一筆總賬,對中國學術界的貢獻很大。它不但是研究佛學的寶庫,而且也是研究文學、歷史、哲學、翻譯等等學術領域的寶庫。"這段話同樣不確。

試以清藏與北藏對勘。清藏新增書只五十種(《大清重刻龍藏彙記》稱:"新續入五十四種。"實際其中《華嚴玄談會玄記》、《法華玄義釋籤》、《密雲禪師語錄》、《敎乘法數》四種,明藏已有,故只五十種),後來又撤出五種,實增四十三種。而抽掉北藏原有的書亦達三十六種。合南藏計,即四十種。是其所增益的跟所抽掉的,已幾乎可以兩相抵消了。

再說所抽掉的南北藏那些書,實很重要。如《出三藏記集》,是記載漢譯佛典的現存最古目錄(在目錄學上也有特殊創造);《佛祖統記》,是依《史記》《漢書》體例分本紀、世家、列傳、表、志編寫至宋理宗爲止的佛教通史鉅著;《禪門口訣》、《六妙法門》、《國清百錄》、《止觀輔行傳弘訣》、《止觀要例》、《始終心要》,是隋唐兩代法華宗的重要著作;《原人論》、《華嚴法界觀通玄記頌注》,是唐宋時代華嚴宗的重要著作;《鐔津文集》、《永明禪師唯心訣》、《古尊宿語錄》、《禪宗頌古聯珠通集》、《禪宗決疑集》、《宗門統要續集》、《禪宗正脈》、《續傳燈錄》等,是宋元明禪學和有關禪宗歷史的重要著作。沒有這些書,對於中國佛教的歷史,是難以進行全面的有系統的研究的。

還有,明萬曆時私家以書冊形式刻成的嘉興藏,至明末清初續有《續藏》的編刻,增書達三百一十種。至清康熙五十五年左右,復有《又續藏》的編刻,又增書達二百二十種。(此處數字系依據《日本續藏經》"大藏諸本一覽"所記。)這兩種續藏都是以往大藏所未收和續出之書。在《又續藏》中特多明遺民之爲僧者的著作(如方以智的《愚者禪師語錄》即在其內)。清

① 參閱呂澂《南藏初刻考》,釋德潛《檢閱崇慶古寺明藏記》(並見《內院雜刊·入蜀之作四》)。
② 參閱呂澂《佛典汎論》第五章,又《佛教研究法》第一篇,第二章。

藏開雕遠在其後，却沒有把兩續所收的書囊括進去。這更可明顯看出，清藏實不如作者所說，是在"給佛教經典傳入我國後，一千七百多年的譯著闡述結了一筆總賬"這個意義上進行刊刻的。

作者似單從時間先後上着眼，以為凡"後來者居上"，清藏既晚出，理應是結總賬的（集以往之大成）。殊知事實不然。清朝之刻大藏，據我考察，並不是從一般宗教的"廣種福田"出發，而是抱有極深隱的政治目的，欲借此以消除潛伏在佛教內的反滿分子的反滿思想。明亡以後，有很多不忘故國的知識分子穿上僧服，表示既不作降臣，也不當順民。他們的講經說法，實際就是宣傳不投降主義。凡有良心的人對他們都很尊敬，願意出錢刊刻他們的著作，收入於可以永遠保存的《又續藏》。這不能不引起清朝統治者的注意和視為隱患，所以雍正要重刻大藏，正就是針對着此種情況而來。其所增所減，收入什麼，不收入什麼，都以是否合乎他們的反動統治利益為準則。

雍正在"勅令"重刻大藏這年（雍正十一年）編著了兩部書，一是《揀魔辨異錄》，一是《御選語錄》，就自己暴露了這種卑鄙用心。《御選語錄總序》說："御極以來，十年未談禪宗。但念人天慧命，……豈得任彼邪魔，瞎其正眼，鼓諸塗毒，滅盡妙心。朕實有不得不言，不忍不言者。"這就說明了他是在詩文經義題目上大興文字獄，血腥鎮壓"叛逆"後，又繼續企圖在佛教領域內進行思想鎮壓了。所以這兩部書，一是破，一是立，就是給佛教制定一個合乎他的反動統治利益的政治標準。

如他在《御選語錄》中，特別指責那破除偶像崇拜的"丹霞燒木佛，……實為狂參妄作！據丹霞之見，木佛之外別有佛耶？若此，則子孫焚燒祖先牌，臣工毀棄帝王位，可乎？"又對於另一公案："一古德殿前背佛坐，又一古德入殿向佛唾。傍僧云：'何得背佛坐，向佛唾？'答云：'將無佛處來與某甲唾！指無佛處來與某甲背！'（按此是泛神論思想）"指責道："此等見解與丹霞同。……當日但問此二狂徒，你道除此殿中佛，尚別有何佛？試指取看！管教他立地現形。此等無稽魔說，何堪提唱書錄掛齒。"故不管"其言雖皆數千百年以來人人之所提唱，其人雖皆數千百年以來人人之所推崇"，其"公案皆古今叢林中日日所舉似者，朕悉不錄"。他宣稱這是"稟覺王令，黜陟古今"。可見他是怎樣不容許人稍微存有一點叛逆思想。

《揀魔辨異錄》主要以明末禪宗法藏、弘忍一派為攻擊對象，就因為他們更直接妨害清朝的專制統治。法藏著《五宗原》，弘忍著《五宗救》，這兩書論證他們倡導的法門"宗旨"，是從上六祖五宗世代相傳的真正"法乳"。他們堅持其見解，明白宣布不怕"觸諱"。表示"有毀之者，甚至投毒、下獄、篆面、鞭背"，亦所不顧，"雖蹈鼎鑊何辭"。認為在"今日，……亦勢之固然"。他們提倡"隱跡嚴叢，君王命而不來，諸侯請而不赴"。徒眾很盛。明亡後，其學說思想的影響，愈加擴大。看雍正宣布他們這派的罪狀是：（一）"今其魔子魔孫，至於不坐香，不結制，甚至於飲酒食肉，毀戒破律，唯以吟詩作文，媚悅士大夫。"（二）"以邪外知見，唐突佛祖向上邊事。""動稱悟道，喝佛罵祖。"（三）"貢高我慢。""今魔忍曰：'處尊貴則御飯亦吐。'（按此爲弘忍給其師法藏作的《像贊》裏面的一句話。'則'字原作'卽'。）……魔忍之意，謂其師已證至尊至貴之法身。其於曹山'吐却御飯'之語，直作輕鄙侯王，不屑食其食解。然則伊父子兩魔民，非卽亂民耶？"還有"當日魔藏，取悅士大夫爲之保護，使緇徒競相逐塊，遂引爲種類，其徒散布人間不少。"這對清統治者顯然成了威脅。所以雍正忍不住要親自出面鬥爭，著《揀魔辨異錄》口誅筆伐，以防時人"傳染其說"。這樣做了，還感到不夠，同時又下令："着將藏內所有藏、忍語錄，並《五宗原》、《五宗救》等書，盡行毀版。僧徒不許私自收藏。有違旨隱匿者，發覺以不敬律論。……天童密雲派下法藏一支所有徒衆，着直省督撫詳細查明，盡削去支派，永不許復入祖庭。……諭到之日，天下祖庭，係法藏子孫開堂者，卽撤鐘板，不許說法。"這已無異於掘墓鞭屍和行十族之誅了。現存《續藏》、《又續藏》看不到法藏、弘忍的著作，就是在這時抽燬了的。

《揀魔辨異錄》是作爲破的榜樣。《御選語錄》則是作爲立的榜樣。所以雍正說他選編此書，是在使"學者""知朕採取刪汰，意趣之所歸。舉一明三，方於此有分"。破與立原是相因的，立是要在破處立，所以《揀魔辨異錄》狂詆法藏弘忍，《御選語錄》標榜的東西也就完全跟法藏、弘忍派針鋒相對。如法藏、弘忍一派說禪門有共同的"慧命之宗旨"，是從上六祖五宗互相傳授，統緒歷然不亂的。《御選語錄》乃故意不按時代先後，打亂傳承，並收進原不屬於禪宗之人，使人看不出有所謂從上相傳之"宗旨"。

《揀魔辨異錄》極稱站在法藏、弘忍的對立面的"天隱修，亦有《釋疑普說》以斥其謬"。這裏就"御選"了天隱弟子見"御飯"則吃的通琇（玉琳）的語錄。通琇語錄一開卷便可看到他是個標準的奴才："拈香云：此一瓣香，親受靈山記莂，爇向爐中，祝嚴佛心天子成等正覺。次拈香云：此一瓣香，華嚴海會早已敷宣，爇向爐中，祝嚴佛母太后，百福俱備，保助皇躬，大揚佛法。""御選"還附入了通琇弟子行森（茆溪）的語錄，行森也善於宣傳奴才道德，如《自箴》云："聰明而近於死者，好議人者也。博辯廣大而危其身者，發人之惡者也。孔子惡稱人之惡者，阮嗣宗口不論人過。""人好直言，必及於禍。言直切，則不用而身危。剛腸疾惡，不避嫌疑，謂之大失。""出言而不敢盡，保身之道也。"這些，跟法藏、弘忍"君王命而不來"，不懼"履固然之禍"，是多麼的不同！

立的榜樣尤其堪稱典型的典型的，是特別"御選"了由雍正親自"御辦"成就的《當今法會》。這個"御辦"法會的妙處，便是"未及半載"就使吃了"百味具足""天廚御饌"的"王大臣八人，沙門羽士六人"，都"一時大徹"，"徹底洞明"，"一超直入"：原來如來佛不在西天，當今雍正就是"以現在佛，顯如來身"。請看《御選語錄》採入的他們自道"所見所證"的記錄："幸十世福田之廣種，遇一人首出之垂慈，欽惟皇上參贊三無，經綸萬有，⋯⋯現帝王身而爲說法，發如來藏於一微塵。⋯⋯歷劫難報斯恩，大千的歸一旨。""皈依復皈依，稽首當前佛，祥風甘露遍十方，億衆常安一心福。""尊貴從來不自知，幸逢一拶好脩持，誰知一滴曹溪水，却在吾皇太液池！""此心何異頑石頭，此身不殊樗櫟質；聖恩一指髑髏碎，恰似盲人見日月。""觸目光風霽月，聖恩浩蕩難酬；祝言萬載千秋，一句天長地久。""六時魁請，常以國王水土爲心，三業精修，必以君父恩深爲念。""俗則居家，僧則秉教。爲臣當忠，爲子當孝，能盡倫常，即爲玄妙。"好一個奴才大合唱！這樣參禪，自可永保不作"亂民"。雍正詆法藏、弘忍"以吟詩作文媚悅士大夫"（實際他們是以猖狂之言傾動一世），他們這裏的"媚悅"，不更是連塊遮羞布也沒有嗎？

　　上面就是雍正給佛教制定的政治標準。其"重刻"大藏，也就貫徹了這種精神。所以沒有囊括前此私家編刻的《續藏》、《又續藏》，原因就在於兩續藏全收入了法藏、弘忍派的著作。其他撰述的作者，也多是"見御飯卽吐"的人。其所以在禪宗部分抽出了一些明藏原有的書，原因也在於它們是法藏、弘忍派據以論證六祖五宗傳承"宗旨"的要籍。後來又抽出了錢謙益著《大佛頂首楞嚴經叢鈔》，還是因爲錢謙益"降附後，復肆詆毀"（《清高宗實錄》第一千二十二卷，乾隆四十一年十二月諭）。這不是完全體現了雍正"御著"的破的精神嗎？至於新增入的幾部禪宗語錄，正好是跟法藏、弘忍派對立的"見御飯卽吃"的通琇祖孫著作。其收入紫栢、憨山等人的書，則是因爲他們原不隸於五宗派下，很可作爲否定法藏、弘忍執持五宗傳承說的憑據。最有意思的是特收雍正自己的《御選語錄》、《御錄宗鏡大綱》、《御錄經海一滴》以殿後，顯示全部藏經都要彙歸到這個"現在佛"身上來，尤有畫龍點睛之妙。這不是又完全體現了雍正"御著"的立的精神嗎？

　　自雍正"御定"的大藏刻出，私版嘉興藏遂無敢再續。諸有志節的高僧大德的遺著，都不能繼續刊版（如方以智爲僧後許多著作卽十九未刻，幸其子孫保存下來稿本）。是清藏雖然新增入了一點點書（其大多數嘉興續藏已經有了），實不足以抵償其以"御定"爲屬禁，而使更多更珍貴的著作遭受湮滅的罪責。正如乾隆時《四庫全書》之編修，雖然從《永樂大典》輯出一些佚書，但不能抵償其藉編修《四庫全書》而搜羅燒燬了成千成萬明人和明遺民的著作，以及肆意竄改刪削了大量宋元人著作的罪責一樣。足見作者誇譽清藏"自宋以來，元、明、清三朝的高僧大師，以及對佛學有研究的人士所留下的有名著述，也都包括進去"，是同真實的情況有很大距離的。

　　迄今爲止，無論中國、朝鮮、日本，實沒有一部大藏堪稱是"給佛教經典傳入我國以後，一千七百多年的譯著闡述結了一筆總賬"的。今天我們研究中國佛學史所憑藉的資料，六朝至唐代一段，主要依靠燉煌石室寫卷、山西趙城藏、明藏、嘉興續藏和日本續藏經。宋至清初這段，又主要依靠思溪藏、明藏、嘉興續藏、又續藏和日本續藏經。故就學術價值言，清藏並不占什麼"重要地位"。又清藏不曾博採異本精校，即作爲校勘之用亦沒有多少可取。

　　附帶說明一下，"龍藏"也不得爲清藏專有之名。明朝人稱明藏亦曰"龍藏"，如嘉興藏目錄載《懇免賒請經典說》："茲幸逢聖明，頒給龍藏。"即指明藏。到了清代，也還有沿稱明藏爲"龍藏"的，如正楷《正名錄》就不止一次地說："紀諸燈錄，載在龍藏。""《禪燈世譜》、《五燈嚴統》，無故擅改龍藏。""從上世系相承機緣，一出一處，載在龍藏。"此書成於康熙三十三年，再後三十九年清藏才命工開雕，可知智楷所謂"龍藏"，仍是指的明藏。又詳，稱以"龍"者，以開雕出於"御勅"。"龍"是作爲皇帝的代名，如稱皇帝容顏爲"龍顏"一樣。今天自不宜再相沿用，故本文直稱"清藏"云爾。

讀《熱河密札疏證補》

鵝 村

《文史》第二輯章士釗先生《熱河密札疏證補》，鉤稽史事，考證翔實。老輩劬學，足爲後學典式。受讀一過，謹箋數則，藉供參考。

《疏證》第一函，於"玄宰摺請明降垂簾旨"，謂玄宰指董元醇，而以王闓運《祺祥故事》謂摺乃高延祜所上爲非。《文史》第二輯一〇一頁《疏證補》所記亦同。案朱克敬《瞑庵雜識》卷二："垂簾之議，始於御史高延祜。載垣、肅順等以爲非祖制，延祜妄言當斬，太后曰：'不戮諫臣，亦祖宗舊制也。'乃止。既而御史董元醇復言勝保在軍中上疏，語尤激直。……"勝保疏卽力主西后垂簾者，文長不錄。湘綺之說，或卽本此。

九四頁《疏證補》，附載惲公孚先生箋記"彭葫蘆"一條。以余所聞，"葫蘆"一稱，不僅限於彭蘊章，而一般軍機章京均有之。繼昌《行素齋雜記》卷上："軍機章京入直，鐙上貼紙籖葫蘆爲識。雨帽例用全紅色，近則雨衣亦有濫用者矣。"是"葫蘆"不啻軍機章京之標幟矣。繼昌字蓮溪，姓李氏，內務府漢軍正白旗人，光緒丁丑進士，光緒中曾充軍機章京，爲漢軍旗人充軍機章京之第三人，所著《行素齋雜記》二卷，多存掌故舊聞，以記載軍機故事爲最翔實，蓋繼昌久在樞垣，且曾爲漢領班章京之故耳。

九四頁《疏證補》，引方濬師《夢園叢說》一條，及李越縵醜詆方濬師一事，似有可商酌之處。近人孫殿起《販書偶記》卷十二著錄："《蕉軒隨錄》十二卷《續錄》二卷定遠方濬師撰同治十一年退一步齋刊。《夢園叢說》內篇八卷外篇八卷定遠方濬頤撰同治十三年於揚州刊。"是子箴（濬頤）、子嚴（濬師）兄弟均有筆記行世。《疏證補》所引一條，見《夢園叢說》內篇卷二。蓋濬頤道光甲辰進士，入翰林，所云"甲辰爲賦會者江〔汪〕醇卿、殷百庭、吳霖宇、龔叔雨諸同年"，卽儀徵汪廷儒、吳江殷壽臻、天津吳惠元、仁和龔自閎，皆甲辰進士之入翰林者。(見《詞林輯畧》)《疏證補》隨卽敍及方濬師爲通商衙門章京，及李越縵（慈銘）詆濬師爲不通云云。由雲龍輯《越縵堂讀書記》一〇二二頁："定遠人方濬師《蕉軒隨錄》十二冊。濬師由舉人、中書，充通商衙門章京，得擢廣東道員。其人本不足齒，而復強作解事，妄談經學，中言詩文，諂附時貴，卑鄙無恥，文理又極不通，梨棗之禍，至於此極！乃歎鬼奴之爲害烈也。"濬師略歷及其著述，於此窺見一斑焉。

一〇〇頁《疏證補》，記咸同之交，南士二沈在朝，俱膺顯位。二沈蓋謂兆霖與桂芬。案桂芬字經笙，順天宛平人，祖籍江蘇吳江，道光丁未進士，入翰林，非乙巳。同治九年，由都御史遷兵部尚書。考之桂芬本傳，終生實未官吏尚。

一〇六頁《疏證補》，以董醇、董元醇爲一人。已經惲公孚先生指出，箋注於後。惟一〇七頁惲公孚先生箋注又以董醇亦名元醇。案董醇，字醖卿(作韞卿非)，以避同治帝(載淳)諱，改名恂，江蘇甘泉人，官至尚書，別署還讀我書室主人，光緒初，嘗評兒女英雄傳小說。非請西后垂簾之洛陽董元醇也。

阮氏重刻宋本十三經注疏考

汪紹楹

歲在甲戌(公元一九三四),余爲《四代學制考》,引及段茂堂《四郊小學疏證》及顧千里《學制備忘記》,嘗疑二氏何其好辯。曁讀顧氏《百宋一廛賦注》,於北宋刻《禮記注疏》、淳化刻《左傳注疏》,①復肆抨擊。因思二氏交惡,恐非肇端學制。乃不憚瑣屑,遍搜當時載籍,方悉段、顧隙終,實始於爲阮雲臺修《十三經校勘記》。嘗欲加纂述,敍其本末,循襲未果。迄己丑秋(公元一九四九),迺成《阮氏重刻宋本十三經注疏考》一卷。於是由阮氏修校記、刊注疏之得失,而及所據宋十行本之優劣。更由十行而上推八行本、單疏本之存佚,下逮金、元、明諸刻之沿革,略述梗概,明其本原。其若十行本之宋刻、元刻,惠氏據校《禮記》之非北宋,則旁及而待論定者也。自維限於水平,且文中論列歷朝板本,亦頗有未經目驗,而惟據書錄、影譜憑臆懸斷者,紕謬之處,必所不免。而參證所及,或可取材,過而存之,尚希讀者惠予指正也。

一九六二年二月改寫識。

一、清人重刊十三經注疏緣起

清阮元重刊宋本《十三經注疏》,雖云肇工於嘉慶二十年乙亥(公元一八一五),刊成於二十一年丙子(公元一八一六),②實乃淵源於盧抱經文弨。文弨雖未創議重刊,而風氣之開,固自伊始。夫注疏各本,所以易於牴牾舛謬者,以唐、宋人撰《諸經義疏》及《經典釋文》,本與經注別行。自宋南渡以後,會合《注》《疏》《釋文》爲一書。欲省兩讀,翻致兩傷。是以經、疏文字,迴互改易。卷帙分合,繁簡無定。使人意淆。試舉《書目答問》所舉"經部正經正注、合刻分刻"諸目,令初學閱之,已未有不茫然無措者。況復字句篇目,瑣瑣米鹽者哉。故文弨薈

---

① 案《禮記》事指惠松崖,《左傳》事指段茂堂,見考內。
② 此處重刊歲月,據阮氏"自序",非實際刊刻時日,故作"雖云"以示疑。詳第二篇末。

志校勘者,蓋數十年。考其文集,見於其《周易注疏輯正題辭》(乾隆四十六年辛丑,公元一七八一)曰:"余有志欲校經書之誤,蓋三十年於茲矣。"又見於《十三經注疏正字跋》(辛丑)曰:"余有志欲校諸經已數十年。"而堅其志者,以見浦鏜之《十三經正字》及日人山井鼎、物觀之《七經孟子考文補遺》。①　於是有志遍校羣經,纂成一書。其分別"經注""義疏""釋文"各本之別行,亦始發於文弨。②於《周易注疏輯正題辭》曰:"蓋《正義》本自爲一書,後人始附於'經注'之下。"於《重雕經典釋文緣起》(乾隆五十六年)云:"古來所傳經典,類非一本。陸氏所見,與賈、孔所見本不盡同。今取陸氏書附於'注疏本'中,非強彼以就此,卽強此以就彼。欲省兩讀,翻致兩傷。"其後錢竹汀、段茂堂始大暢其論。故《周易注疏輯正》成於辛丑,卽採《正字》《考文》之說。③其後由臧鏞堂在東,錄其切要可據者,爲《周易注疏校纂》。更取《正字》《考文》二書,分別參定《毛詩》(乾隆五十九年己酉)、《尙書》(乾隆五十五年庚戌)爲《毛詩注疏校纂》、《尙書注疏校纂》。雖有成書,均未行世。至乙卯,乾隆六十年(公元一七九五),始以《儀禮注疏詳校》付刊。④上距庚申初校,已五十五年,而文弨亦於是年卒矣。其弟子臧在東,庚戌奉手段茂堂,甲寅(乾隆五十九年)受知阮雲臺。其手校《十三經注疏》,復傳歸於儀徵。⑤然則阮氏之立"詁經精舍",輯《校勘記》,得謂非文弨啓之哉。⑥於是因校勘而擇板本,因版本而議重刊。暨嘉慶初元,當時學人,已議者紛紛矣。《拜經樓文集·重雕宋本爾雅序》云:"近日讀經之士,多思重雕《十三經注疏》,而未有發軔者。"(嘉慶二年)又《書後》:"吳中多研經之士,又多善本經書。鏞堂昔年所見,有單注《三禮》、單疏《儀禮》,皆宋槧善本。安得大公無我之志者,爲之次第刊行。《爾雅》雖小經,卽以此爲刻《十三經注》若《疏》之權輿也可。"(嘉慶四年)段玉裁《又與劉端臨書》:"弟欲將《三禮》經注,校爲定本,刊之垂後,亦不朽之盛業也。"(乾隆五十七年)顧千里《宋本儀禮疏跋》:"儻掇其精英,句排字比,勘成一書,流傳宇內。"(嘉慶五年)此皆當時之議論也。

---

①　盧氏庚子(四十五年,公元一七八〇)見浦氏《正字》於京師,辛丑得《七經孟子考文補遺》於鮑以文,見《抱經文集》《十三經注疏正字跋》及《七經孟子考文補遺題辭》。

②　《四庫提要》經部《爾雅疏》云:"旣列注文,而疏中時複述其文,但曰'郭注云云',不異一字。亦更不別下一語,殆不可解。豈其初,'疏'與'注'別行歟?今未見原刻,不可考矣。"考四庫目進呈於乾隆四十六年,則是當時館臣尙未知"經注""義疏"別行之說也。

③　見《周易注疏輯正題辭》及《拜經文集·周易注疏校纂序》。

④　見戩元照《晦庵文存·書儀禮注疏詳校後》。

⑤　見蕭穆《敬孚類稿》。

⑥　段玉裁《十三經注疏釋文校勘記序》,謂阮氏"自諸生時,校讎有年。"又《雷塘庵主弟子記》,謂"元弨冠時,以汲古閣《十三經注疏》多訛謬,曾以《唐石經》《釋文》等書,手自校改。"然其延客校經,受盧氏影響,絕非淺鮮,可斷言也。

二、重刻十三經注疏之準備工作

嘉慶初元，重刻《注疏》之議興。然欲資重刊，必先擇本。於是校勘居首。時阮氏爲浙撫（嘉慶四年，公元一七九九），建"詁經精舍"，集天下學人，輯《十三經校勘記》。主其事者段茂堂。分任其事，則何夢華、臧在東、顧千里、徐心田、洪楷堂、嚴厚民、孫雨人、李尙之諸君。①

段氏主其事，紀載無明文。然據段《與劉端臨書》云："雖阮公盛意，而辭不敷文。初心欲看完《注疏考證》，自顧精力萬不能。近日亦薦顧千里、徐心田兩君而辭之。"（嘉慶七年）又《與王懷祖書》："唯恨前此三年，爲人作嫁衣而不自作。致此時拙作不能成矣。"（嘉慶九年）《跋黃蕘圃蜀石經毛詩殘本》："余爲阮梁伯定《十三經校勘記》。"又《與孫淵如書》："昔年余爲阮梁伯修《十三經校勘記》，據《文苑英華》補之。"又黃丕烈《士禮居重雕嚴州本儀禮經注緣起》云："段若膺先生定《校勘記》，旣臚陳之。"則段氏主其事無疑。詳見後。劉盼遂先生《段氏年譜》，曾略及之。

是時《經注》與《正義》《釋文》別行之說，已大騰於衆口。故其校勘也，大別爲"唐石經本"、"經注本"、"單疏本"、"注疏本"。今考見於《校勘記》者粲如也。其書原名《考證》，後更名《校勘記》。②成於十一年丙寅，③實刊於十三年戊辰。④在阮氏，原以綜核諸本異同，訂正相沿訛舛，使是非有別，得失兼明，以備重刊張本。不意段、顧諸君，各持己見，竟成水火。遂致重刊之議，延至嘉慶二十年段氏歿後，始謀重刻。去原議已十四年矣。

按段氏歿於嘉慶二十年乙亥，九月八日（公元一八一五）。據阮氏《重刻注疏自序》："重刻《注疏》，始事於二十年仲春，二十一年秋（公元一八一六），刻板初成。"胡稷《重刊十三經後記》亦云："二十一年秋八月，南昌學堂重刊《宋本十三經注疏》成。距始事二十年仲春，歷時十有九月。"又《雷塘菴主弟子記》亦云："二十一年丙子，由江西巡撫調補河南巡撫，未至，仍留江西。秋刻《宋本十三經注疏》成。"似若始事於二十年仲春矣。時段氏未作古人。然江西

---

① 《晦庵文存·校汲古閣儀禮注疏後》："辛（辛酉，嘉慶六年），壬（壬戌，嘉慶七年）之間，儀徵阮公巡撫浙江，延客校《十三經注疏》。" 楊文蓀《思適齋集序》："嘉慶辛酉，儀徵相國撫浙，延元和顧君澗賓及武進臧拜經、錢唐何夢華，同輯《十三經注疏校勘記》，寓武林之紫陽別墅。" 《兩浙輶軒續錄》：孫同元，字雨人。爲侍御志祖之子。官永嘉。有《今韻三辨》《弟子職注》《六韜遺文》《永嘉聞見錄》《學福軒筆記》。

② 段玉裁《與劉端臨書》："初心欲看完《注疏考證》。"顧千里《儀禮要義跋》："中丞阮公，將爲《十三經》作《考證》一書。"又《經典釋文跋》："阮雲臺師一書曰《考證》。"又《思適齋集》《與段大令論椒聊經傳書》："此前爲阮中丞撰《考證》時。"黃丕烈《百宋一廛書錄》《爾雅疏題識》："五硯樓本，曾屬常州臧在東校出，今雖已錄其佳者入浙撫所刻《十三經注疏考證》中。"

③ 見《雷塘菴主弟子記》（公元一八〇六）。

④ 《販書偶記》："《十三經注疏校勘記》二百四十五卷，嘉慶戊辰（公元一八〇八），揚州阮氏文選樓刊。首有段玉裁序。"

重校《宋本十三經注疏》後，朱華臨《跋》則云："嘉慶丙子(二十一年)仲春，開雕。閱十九月，至丁丑(二十二年)仲秋，板成。……嗣宮保升任兩廣制軍，來庵(盧宣旬)以創始者樂於觀成。板甫就，急思印本呈制軍，以慰其遺澤西江之意。局中襄事者未及細校，故書一出，頗有淮風別雨之訛。"《花笑廎雜筆》亦云："始丙子，終丁丑。時阮宮保由江西巡撫升任兩廣總督。[①]版甫成，未及細校，印以郵呈。"其敘刊刻板成，皆較阮氏《自序》年月推後一年。今按阮氏調任兩廣總督，在二十二年九月。若二十一年秋板已刻成，則正升遷湖廣總督，何必郵呈寄粵？刷印必無歷時經年之理。阮氏《進呈校勘記摺子》，繫年月爲嘉慶二十一年十二月。止云"校勘始定"，未述重刻《注疏》。是殆始事雖擬議於二十年乙亥，而刊刻實在翌年丙子。且阮氏初印本胡稷《後記》，於"爲書萬一千八百一十葉"句，作"爲書萬五千□百□十葉"。[②]是尚未成書，先行作記之證。其葉數相去四千葉，非初時約計，即後來刻本有更動，無疑也。

又按，黃丕烈《跋廣成先生玉函經》云："……越歲乙亥，〔何〕夢華欲得余《監本附釋音毛詩注疏》，酬價不足，以古書相補，此書與焉。"所云"何氏易書"一節，與阮氏《重刻注疏自序》所云"近鹽巡道胡氏稷，亦從吳中購得十一經，其中有可補元藏本缺失者"，正相印合。蓋何氏易書後，轉鬻胡氏。[③]黃氏跋於丙子三月，爲乙亥之次年，方重裝訖。則何氏易書，當在乙亥之下半年，正段氏初歿，議刻注疏時。此亦一傍證也。

三、輯校勘記時之爭議

阮氏之輯《校勘記》也，立"十三經局"。[④]延段茂堂總其成，由臧、顧、徐、嚴任其事。當時固已集一時之選。且段氏之於千里，一則曰："蘇州有博而且精之顧廣圻。"再則曰："蘇州顧廣圻，字千里，其人尚未進學，而學在在東之上。校書最好。"而顧氏應阮氏召，且由段之薦舉。[⑤]顧氏之與段，亦云："憶始識在乾隆壬子(乾隆五十九年)，即見謂曰：'《音韻表》解人，向爲王懷祖。今乃得足下耳。'此言固未必然，而其厚廣圻者，誠可謂至矣。"[⑥]氣誼交孚，相契不可謂不厚。然其末遂至釁隙者，則輯《校勘記》爲之也。夫"經注本"與"正義本"、"釋文本"所據經文各不同，自盧氏抱經發其凡。如錢竹汀、段茂堂均靡然從之。[⑦]

① 案阮氏廿一年六月戊寅，遷河南巡撫。十一月壬子，升湖廣總督。廿二年九月癸丑，調兩廣總督。非直升任廣督。
② 案南昌府學後印本，已剜改爲"萬一千八百一十葉"。然"一千"之"一"字，筆畫短小，"八百一十葉"之"八"字"一"字，則字體較大。剜改之痕，猶可覆按也。脈望仙館石印本後記據初印本，而又據後印本補入"八"字"一"字、描痕可辨。
③ 何氏以轉鬻圖利，見黃氏《跋小學史斷》。
④ 見顧氏《百宋一廛賦注》。
⑤ 見《經韻樓集補·與劉端臨書》。
⑥ 顧氏《刻釋拜序》。
⑦ 錢說見《養新錄》。段說見《十三經注疏釋文校勘記序》各篇。

　　然"注疏萃刻"，始於何時，則時無定論。自山井鼎《七經孟子考文》入中國，於《左傳考文》，載黃唐《刊禮記跋》曰："本司舊刊《易》《書》《周禮》正經、注、疏，萃見一書，便於披繹。它經獨缺。紹興辛亥，遂取《毛詩》《禮記疏義》，如前三經編彙，精加校正云云。"此誤"紹熙"爲"紹興"。說詳後。

　　於是或以"注疏合刻"起於南、北宋之間，而《易》《書》《周禮》先刻，在北宋之末者，徐養原也。或以爲起於南渡後者，顧千里、嚴厚民、洪梧堂也。① 而段氏獨謂"合刻注疏"在於北宋，初謂"注疏彙刻"始於淳化，於《臨陳芳林校左傳正義跋》曰："此淳化庚寅官本，慶元庚申摹刻者也。"② 又《錢竹汀日記鈔》云："晤段茂堂，云曾見《春秋正義》淳化本於朱文游家。"錢氏卒於嘉慶九年，此必九年前議論也。其後始移易其辭，謂"合注疏"在北宋之季。③

　　段氏之說，不獨顧氏非之。卽當日友朋，如錢竹汀《養新錄》云："《釋文》與《正義》，各自一書，宋初本皆單行。南宋後乃有合《正義》於《經注》之本，又有合《釋文》於《經注》之本。"又云："可證北宋時《正義》未嘗合於《經注》。卽南渡初，尚有單行本，不盡合刻。"是亦不從之也。④

　　是時祖段者，蓋臧在東、何夢華、李尙之。故顧氏於《校經典釋文跋》云："近日此書有三厄，盧抱經重刻本，所改多誤，一厄也。段茂堂據葉鈔更校，屬其役於庸妄人，舛駁脫漏，均所不免，二厄也。阮雲臺辦一書曰《考證》，以不識一字之某人臨段本爲據，踳駁錯誤，不計其數，三厄也。"顧氏所謂"庸妄人"者，臧鏞堂也。⑤ "不識一字之某人"，何夢華也。⑥ 其於李尙之，則見於《韓非子校本跋》曰："凡小梧（王渭字）所言，皆因余辦李銳之奸，而爲其見讎，故發此隱諷耳。"是本初校於壬戌，重校於乙丑，（嘉慶十年，公元一八〇五），繼校於甲戌，（嘉慶十九年，公元一八一四）。王氏云云，在於乙丑，正輯《校勘記》將竣時也。而其時顧氏爲黃丕烈作《百宋一廛賦》，稿成於甲子（嘉慶九年）冬抄，刊定於乙丑（嘉慶十年）。⑦ 更昌言於注曰：

---

① 顧氏於"十三經局"立議曰："北宋本必經注自經注，疏自疏，南宋初始有注疏，其後始有附釋音注疏。"見《百宋一廛賦注》。嚴氏、洪氏說見《禮記、左傳校勘記序錄》。

② 指沈中賓本，此本係"注疏彙刻"，見第八篇，時嘉慶八年。此跋見《愛日精廬藏書志》，劉盼遂先生《經韵樓集補》失收。

③ 見段氏《十三經注疏釋文校勘記序》，時在戊辰，嘉慶十三年（公元一八〇八）。

④ 又《餘錄》上云："吳門朱文游藏宋槧《春秋正義》三十六卷，云宋淳化元年（公元九九〇）本，實則慶元六年（公元一二〇〇）重刊本也。"此則沿段之失。後人掇拾叢殘，入之《餘錄》，實大紕繆，故集貴手定。

⑤ 《拜經文集·校影宋本經典釋文書後》（癸丑，乾隆五十八年，公元一七九三）云："葉林宗影宋本，近歸周漪堂。段若膺明府往假是編，委余細校，因復自臨一部。"

⑥ 顧氏校《經典釋文》卷五首云："壬戌八月，西湖孤山寓中，續校此毛詩三卷，用何夢華臨段本。校語仍以墨筆爲識，袁氏本所不全也。"壬戌，正顧在經局時也。（見王大隆輯《思適齋書跋》）

⑦ 均見《百宋一廛賦注》。

“北宋本必《經注》自《經注》，《疏》自《疏》，南宋初始有《注疏》，其後始有《附釋音注疏》。晁公武、趙希弁、陳振孫、岳珂、王應麟、馬端臨諸君，以宋人言宋事，條理脈絡，粲然可尋。而日本山井鼎《左傳考文》所載《紹興辛亥黃唐跋禮記》語，尤爲確證。安得有‘北宋初刻《禮記注疏》’① 及‘淳化刻《左傳注疏》’事乎？”此說出，而段氏大怒。適顧氏以前在“經局”，已議不行，遂於丙寅（嘉慶十一年）爲張古餘重刻《儀禮注疏》，取宋景德官本“單疏”及宋嚴州“單注本”合編之，及撫州公使庫本《禮記鄭注》，以成己志。於是段氏假其《禮記考異》中“祭義、王制、西郊、四郊”之辯，而“學制備忘”之說起矣。② 自此二氏交惡，終身不解。今考二家文集，互相諷斥，時見簡冊，爲鉤稽索隱，附著於篇。③

四、修校勘記之得失

阮氏之修《校勘記》也，顧千里之議雖不行，然猶分任纂輯。於是李尚之任《周易》《穀梁》《孟子》，臧在東任《周禮》《公羊》《爾雅》，嚴厚民任《左傳》《孝經》，徐心田任《尚書》《儀禮》，洪楛堂任《禮記》，孫雨人任《論語》，顧氏則任《毛詩》。其凡例雖云“授經分校，復加親勘”，而參校採摭，實各爲政。今據《校勘記凡例》所列，其所據之本，則《周易》《尚書》《毛詩》《周禮》《禮記》《春秋左氏傳》《公羊傳》《穀梁傳》《論語》《孟子》，凡十經，以宋十行本爲據。《孝經》以翻宋本爲據，《儀禮》《爾雅》無十行本，而有北宋時所刊之“單疏”，《禮記正義》宋本亦有缺泐，依惠棟所校南宋本補錄，《穀梁傳》據影宋鈔單疏本，《周易》依盧文弨所校錢孫保影宋本，《左氏傳》據宋慶元所刻三十六卷本。此校“注疏本”也。又曰：“此校以宋本爲據，上考之《經典釋文》《開成石經》。《論語》則考之皇侃《義疏》。《孟子》則考之孫奭《音義》、宋高宗《御書石經》及何煌校北宋蜀大字本《經注》。《孝經》則考之《唐石臺本經注》。餘若宋小字本《毛詩經注》，嚴本《儀禮經注》李如圭《集解》內《經注》，不全北宋刻小字本及不全宋本《春秋經傳集解》，惠棟所校宋鄂州本《公羊經注》，何煌所校《穀梁經注》殘本，元雪窗本《爾雅經注》，及明吳元恭仿宋刻《爾雅經注》，相臺岳氏所刻各本《經注》，嘉靖間仿宋刻《三禮經注》，並爲參校。”此校“經文、經注本”也。曰：“浦鏜《十三經注疏正字》，山井鼎、物觀《七經孟子考文·補遺》。”此校經之書也。曰：“葉林宗仿明閣本影宋《經典釋文》、通志堂本《孟子音義》。”此校“音釋本”也。若顧炎武《九經誤字》，彭元瑞《石經考文提要》，盧文弨《羣書拾補》《儀禮詳

---

① 《鈕匪石日記》：“甲寅乾隆五十九年。十月二十八日，詣周漪塘，又云：‘朱處有惠松崖校北宋本《禮記注疏》，不可多見也。’”案此惠松崖之誤，說詳第九篇。

② 據段氏己巳《答顧千里書》，其《禮記四郊小學疏證》之作在丁卯（嘉慶十二年），即刊撫本《禮記》之第二年也。陳仲魚《經籍跋文·宋本禮記注跋》：“《考異》二卷，尤爲精審。是書初出，段茂堂大令作《禮記四郊疏證》，申孫黜顧，凡數千言。顧復作《學制備忘記》以辯之，亦數千言，兩家遂成水火。”

③ 詳卷末附錄‘段、顧校讎篇’。

校》《爾雅音義考證》，陳啓源《毛詩稽古篇》，惠棟《毛詩古義》，戴震《毛鄭詩考證》，段玉裁《校定毛傳詩經小學》《周禮漢讀考》，惠士奇《禮說》，張爾岐《儀禮誤字》，此取本朝人著作也。條理井井，似宜無疵。然考其分卷，《周易》則依十行本爲九卷，另校《略例》《釋文》各一卷。《尙書》亦依十行本爲二十卷，《釋文》二卷。《毛詩》既不依十行本作七十卷，亦不依"單疏"四十卷，而依明馬應龍經注本作七卷，《釋文》則三卷。《周禮》依《石經》作十二卷，《釋文》二卷。《儀禮》依"經注本"作十七卷，《釋文》一卷。《禮記》依十行本作六十三卷，《釋文》四卷。《春秋左氏傳》依沈中賓慶元本作三十六卷，《釋文》六卷。《公羊傳》依《石經》作十一卷，《釋文》一卷。《穀梁傳》依《石經》作十二卷，《釋文》一卷。《孝經》作三卷，《釋文》一卷。《論語》依皇氏本作十卷，《釋文》一卷。《爾雅》依《石經》作三卷。《釋文》二卷。《孟子》依十行本爲十四卷，《音義》二卷。或從或違，已爲無定。若徐心田之校《儀禮》，於"單疏本"下注云："今訂從《賈疏》，分五十卷。校《正義》以此爲本。"是宜分爲五十卷矣。[1]而經解本《校勘記》，刪改爲"今並將每卷起止，具述於記中。俾學者知唐時舊式也"，而改從"經注本"之十七卷。嚴厚民校《孝經》，所引無三卷本，而併爲三卷，雖依《邢疏》舊次，不知依據何本。[2]此分卷之無例也。[3]

及其引據各本也，李尙之《周易校勘記》有"單疏本、宋本"，[4]有"注疏本、影宋鈔本"。[5]按李氏所據錢遵王本、錢求赤本，實爲一本。故所引遵王跋云云，即求赤之庚戌十二月跋。錢求赤本，原藏周漪塘處。陳仲魚曾得八行本《周易注疏》十三卷，見《經籍跋文》。首卷缺逸，借周本影鈔補全，並迻錄錢跋。陳書後歸郘里瞿氏，載於其書目、書影。瞿書於民廿□年散出，見《文祿堂訪書記》。其迻錄《庚戌十二月甲午錢氏跋》曰："此古'注疏本'也。……余所獲'單疏本'一，'注疏合刻'一，又'單注本'二，皆宋刻。……家貧，盡鬻於人。惟此鈔，惜之不啻寶玉大弓。"後附《陳氏手跋》云："常熟錢求赤所藏鈔本《周易注疏》十三卷，後附《略例》一卷，《音義》一卷，前有《五經正義表》四葉。……每卷首，有彭城、天啓甲子、匪庵、求赤氏、錢孫保印，凡五印。卷尾有錢孫保一名容保一印。按孫保字求赤，……父謙貞，字履之，……嘉慶十五年秋日陳鱣記。"《又跋》云："錢求赤此記，亦用朱筆，在十三卷後，庚戌爲康熙九年。"則周漪塘本，即盧氏傳鈔本所從出。而李氏一以爲"錢遵王"，一以爲"錢孫保"，鹵滅若斯，宜來顧氏之譏呵也。臧在東氏之校《公羊》也，所據僅何氏煌校本。"何校"係校於汲古閣毛氏本，

---

① 見盧宣旬摘錄木《校勘記》，即附阮刊本《注疏》後者。

② 《兩宋樓藏書志》有明宣德刻《孝經注疏》三卷，豈從此耶？

③ 《毛詩》七卷，另有說，見後。

④ 原注云："據錢遵王校本。按錢跋，有'單疏本'一，'單注'二，'注疏本'一。今不復識別，但稱'錢校本'。"

⑤ 原注："據餘姚盧文弨校'明錢保孫（按當作孫保）求赤校本'，今稱'錢本'。"

其與十行本異同，多未之舉。反有以何校毛本誤爲十行本者。不知毛本訛，而十行本未之訛也。又好爲異論，疏本所訂之字，時與牴牾。詳見瞿氏所著書目。徐心田之校《尙書》也，獨取毛本爲主，而引十行本及各本校之，與它經之皆據十行本爲底本者異。又引及元人《尙書纂傳》，與其《儀禮》引及敖繼公《儀禮集說》，皆與《凡例》違戾。其尤不可解者，顧千里之校《毛詩》，於《周南關雎詁訓傳第一》下曰：“考《正義》原書分四十卷。其分二十卷者，‘經注本’也。合併時，取《正義》散入‘經注本’之中，而四十卷之舊，遂不復存。亦無由知其七十卷之何所本。”是顧氏於七十卷之分，猶以爲變亂舊第。今《校勘記》併爲七卷，必非顧氏手定可知。據《敬孚類稿·記方植之臨盧抱經手校十三經注疏》云：“乙酉（道光五年），嚴厚民云，‘《校勘記》成，芸臺寄與段茂堂復校。段見顧所校《詩經》，引用段說，未著其名，怒之。於顧所訂，肆行駁斥。[1] 隨卽寄粵，付凌姓司刻事者開雕，而阮與顧皆不知。故今《詩經》獨不成體。’蓋以後諸經，乃嚴親齎至蘇，共段同校者也。”今按《校勘記》蜀石經本下，引《谷風》篇“昔育恐育鞠”，脫下“育”字，及《甘棠》箋，較今本少“不”字，與《漢書·司馬相如傳》合二條，似用段說。然據段氏《跋黃蕘圃蜀石經毛詩殘本》有云：“余爲阮梁伯定《十三經校勘記》，則取《甘棠》云云”，[2] 是段氏校定時增入，抑顧氏隱而未言，今固不可考。而經段氏重定，則無可疑。則此併合七卷，當由段氏。故嚴厚民謂獨不成體。不然，《毛詩》七卷本，止明馬應龍刊經注本如此，顧氏以板本自負，似不應若此無識也。

案錢竹汀《唐石經考異》、《涵芬樓祕笈》影嘉慶辛酉顧千里借錄袁廷檮本，於《毛詩考異》，顧氏手批曰：“凡《毛詩》內夾籤，出臧庸堂手筆，繆妄特甚。今移用朱筆抹之。其說詳予所辦《毛詩注疏考證》中，此不及細載。”是書中夾籤出於臧氏。而孫毓修《跋》云：“夾籤殘缺失序，至不可讀，董而理之，爲《唐石經考異補》，附於卷末。”今檢其《毛詩》夾籤所補“鐘鼓樂之”條云：“明馬應龍、孫開、毛鄭本，明金蟠、葛鼐、毛鄭本，凡‘鐘鼓’字皆作‘鍾’，從重。”是臧氏曾見馬應龍本，則《考證》之併合爲七卷，以從馬本者，捨段、臧諸君，尙何疑哉。又今《校勘記》於《車攻》“東有甫草”條，顧氏引《唐石經考異》：“‘甫’先作‘莆’，後改，是也。……《經義雜記》以爲原刻作‘圃’，改從《鄭箋》者，誤也。”與所批正合。則此本爲輯《考證》時，從袁氏過錄者。亦顧、臧交惡之一端也。嚴氏云“凌姓司刻事者”，考《拜經文集》《刻通俗文序》：（己未，嘉慶四年）“秋，同甘泉林君仲雲客南海，林君見斯篇喜之，欲取以付梓。”此林君卽同臧氏至粵刻《經籍纂詁》，司刊板覆校者，見《經籍纂詁》前“題名”，亦詁經精舍生。則嚴氏所稱，當卽此君。乙酉爲道光五年，去刻《校勘記》時，已二十年。非嚴氏記誤，卽方氏音同致訛也。乾、嘉時刊板多於粵中，如《經籍纂詁》固刊於粵，卽士禮居刊《博物志》，亦開雕粵中，其《刻博

---

① 案顧氏於《毛詩校勘記》，不盡引用段說，見《與段大令論椒聊經傳書》及《書毛詩詁訓傳後》。

② 見附錄《段、顧校韡篇》。

物志序》言之固甚明也。

　　它若《周易》《尚書》之疏漏，則盧宣旬摘錄本《校勘記》，已補入多條，更無足論者矣。

五、重刊十行本之經過與評價

　　阮氏之重刊宋本《注疏》，始因顧、段之爭，軒然大波。從顧則茂堂實爲前輩，祖段則義有未安。是以遲至二十年段氏歿後，始行肇工。然當時輯《校勘記》者，顧氏爲爭端所在，自不能任其事。餘若臧在東，已卒於十六年，洪榦堂卒於二十年，惟嚴厚民、徐心田諸君尙存，亦慮有門戶之見。是以委一不知名之盧宣旬主其事。（《曝書雜記》上云：“惜南昌刊板時，原校諸君已散亡，刊者意在速成，不免小有舛誤。”嚴厚民爲阮氏主刻《經解》，至道光九年始竣事，見《經解識語》及勞崇光《補刻跋》，則當時不預其事，非爲散亡也。又顧起潛先生云：“劉秉璋《跋十三經校勘記識語》云：‘文達撫江西時，吾鄉胡夢湘觀察，方爲鹽法道，從武寧盧明經宣旬之請，重刻《十三經注疏》置學宮。’據此，主其事者實胡稷。盧氏當爲富於資者。疑其參加爲担任刻貲，似非調和門戶之見。”按，胡、盧二氏之任刻貲，當如顧先生說。然盧於刻書時，實有所去取校改者，詳見後。故阮氏於戊寅爲《江鄭堂國朝漢學師承記序》曰：“……如此勒成一書，名曰《大清經解》。徒以學力日荒，政事無暇。而能總此事者，審是非，定去取者，海內學友，惟江君曁顧君千里二三人。”時距刻十三經止二年，則阮氏於顧氏眷眷之意，溢於言表。而於刻書時，僅由盧主其事而不聘顧，不得謂非沿修《校勘記》時之餘波也。又據胡稷《後記》，刻《十三經》時，南昌知府爲張敦仁，往顧氏曾爲張氏校勘書籍多種，不然，即張氏亦必薦之於阮也）。

　　重刊所據本，則阮氏序所云“十行宋本十一經無《儀禮》《爾雅》，而借校黃丕烈所藏‘單疏’二經者。”又云“今重刻宋板，凡有明知宋版之誤字，亦不使輕改，但加圈於誤字之傍，而別據《校勘記》，擇其說附載於每卷之末”，似極矜愼。然今檢所刊注疏，其《周易》《尚書》《毛詩》《周禮》《禮記》《左傳》《公羊》《穀梁》《孟子》九經，爲宋十行本；《論語》則元泰定四年刊十行本；（參《元刊本注疏考略篇》）《孝經》則正德十行本；[①]《爾雅》則“疏”據“單疏”，“經注”則據明吳元恭本；[②]《儀禮》則“經注”以唐《石經》宋“嚴本”爲主，“疏”以“單疏本”爲主，而實不知據何本。[③]　而云“重刊宋本《十三經注疏》”，此名實之不符者一也。云“宋版誤字不輕改”，今

---

① 洪頤煊《讀書叢錄》：“《周易注疏》《毛詩注疏》《周禮注疏》《禮記注疏》《左傳注疏》《公羊注疏》《穀梁注疏》《孝經注疏》，以上八種，皆南宋閩中所刊，即世所稱十行本也。間有明正德、嘉靖補刻頁。唯《孝經》殘缺最多，原頁幾無一二存矣。阮尙書南昌學宮刊本，即從此本翻雕。”

② 見《爾雅疏序》條下。

③ 按顧千里《重刻儀禮疏序》：（道光十年）“於是張古餘太守，得其校本，合嚴州本經注重編於江省。後阮宮保取配十行不足者也。”則似取據“張刻本”。

據啻里瞿氏書目，於宋十行本《周易兼義》條云："阮氏《校勘記》及南昌府學重刊宋本，皆據是
書。顧以是本校之，頗多不同。是本往往與家藏宋單注本、宋八行注疏本、(卽陳仲魚藏十三
卷本)及《校勘記》所引岳本、錢本、宋本合。阮本多誤同閩、監、毛本。蓋阮本多脩板，其誤多
由明人臆改。是本脩版較少，可藉以是正。嘗爲《校校勘記》，竝摘《略例》之異於岳本者，(阮
本未刊《略例》，說見後)以存十行本之眞。"①

又《附釋音尙書注疏》條云："《尙書序悉以至能者疏》'伏生之本，亦壁內古文而合者者'，
江西重刊本(卽阮本)，'者者'作'之者'。而盧氏補《校勘記》，仍出'者者'。(此條原刊單行
本《校勘記》無，知係盧氏補出。)是阮據本亦不作'之者'，蓋校刻所改也。汲古毛本則作'者
也'。考家藏金刊本，(瞿藏金刊本《尙書注疏》，見《金刊本篇》。)'者'字不重。則下'者'字當
是衍文。改爲'之者'與'者也'，並屬無據。"②又云："《益稷傳叢脞至申戒疏》'庶事萬事爲一
同，而文變耳'，《校勘記》引十行本正與此合。(此單行本《校勘記》，盧氏摘錄本不載。)而'重
刊本'(重刊本指阮本)改'一同'爲'義同'，雖據毛刻，實失十行本之眞"。是且據毛改宋矣。
又《附釋音春秋左傳注疏六十卷》條云："以阮氏《校勘記》所載沈中賓刊本核之，往往相符。
知阮氏所據，乃屢經脩改本，故多訛脫。而間據宋本訂補，則無不與是本暗合。南昌府學重
刊本雖據阮校多所改正，其未經改正，猶自不少。且有一二句中，訛字疊見，而或改或否，致
文義更有難明。至於補脫，阮校並據宋本，而重刊本翻從閩、監、毛本。卽阮氏明斥其誤者，
亦有不顧。遂與所附《校勘記》多不相應。其意蓋以閩、監、毛皆出'十行本'，而不知閩本已
仍脩板之訛，非出原本也。"例從略。又謝章鋌《春秋左氏傳毛本阮本考異跋》云："今校之阮
本，有毛誤而阮亦誤者。有阮誤而毛不誤者。有毛誤而阮不言其誤者。有毛不誤而阮誤以
爲誤者。"見《賭棋山莊集》卷五。雖謝氏於板本源流未明，然阮刊之有牴牾，固衆目之所見
也。

又條云："此明代脩板本也。板心有'正德十二年、十六年'，或但稱'正德年'。或全葉重
刊，或剜改數字，或連行皆作墨釘。然以阮校據本核之，此本脩版尙少，……故阮校《昭十九
年傳注》云，'初刻"爲"誤"亦"'。此本'亦'字未改，而板心有'正德十二年'字。不知重改'爲'
字，又在何年。蓋其板至明末猶存。"③

又王觀堂《跋爾雅疏》云："阮氏重刊本《爾雅注疏》，其疏文全據此本。然因與'經注'合
刻，故於"單疏"中複舉'經注'之文，多所刊落。又往往改'疏'字以就'經注本'，故與所撰《校

---

① 《校校勘記》略。其後附《釋文》，依十行本他經例，應題作《經典釋文》四字。阮氏作《經典釋文卷第一》，是從正
　德補刊也。

② 案下"者"字是否衍文，係義疏自身問題，而意改"者者"作"之者"，則非校刊謹嚴之意矣。

③ 《瞿目》爲季松菉鍚疇代撰，是以言之元元本本，惟所舉十行本，恐係元刊十行本。然其指證則不誤也。宋、元十
　行本之辨，詳第七篇。

勘記》多不合，而《校記》亦多漏略。阮本之新生訛奪，抑又倍之。"是校勘未精，此名實之未符者二也。王弼注《易》，別撰《略例》，以爲綱持。《石經》古本，已附屬經後。宋十行本，亦復《音義》《略例》，悉皆兼附。阮氏藏本，適缺此卷，遂置不刻。名從宋刊，實非足本。此名實之不符者三也。①

是以顧千里於《撫本禮記鄭注考異序後附記》②曰："近日有重刻十行本者，款式無異。其中字句，特多改易。雖當否參半，但難可徵信。故置而弗論。"綜上諸例，顧氏之論，亦不得謂求之過奇矣。③

六、宋十行本注疏之本質

阮氏重刊宋十行本《注疏》，未能盡符原書，致人疵病。然十行本《注疏》本身眞值若何，亦應討論。十行本者，蓋原出宋建刻附音本，④其後迭經坊肆翻刻。而明閩中李元陽刻本、萬曆北監本、汲古閣毛氏本注疏，皆輾轉相承。故爲閩、監、毛各本之祖。板於明世入南雍，故稱南雍本或南監本，⑤其板至明末猶存。正德以後，遞有脩補，故或稱正德本。⑥閩、監、毛各本《注疏》，皆半頁九行（宋元亦有九行，見後），此爲十行，故世稱十行本。傳於世者，有《周易兼義》九卷、《略例》一卷、《音義》一卷，《附釋音尙書注疏》二十卷，《附釋音毛詩注疏》七十卷，《附釋音周禮注疏》四十二卷，《附釋音禮記注疏》六十三卷，《附釋音春秋左傳注疏》六十卷，《監本附音春秋公羊注疏》二十八卷，《監本附音春秋穀梁傳注疏》二十卷，《論語注疏解經》二十卷，①《孟子注疏解經》十四卷。凡十經，皆出宋季坊刻。錢竹汀所謂"南宋初，乃有

---

① 案十行本《周易兼義》九卷，《略例》一卷，《音義》一卷，見洪頤煊《讀書叢錄》、《瞿目》及江安傅氏《雙鑑樓書目》。《天一閣目》亦有·《周易兼義》九卷，《釋文》《略例》各一卷。雖未注明板本，近見劉盼遂先生藏十行本《周易兼義》，末亦附《略例》《釋文》各一卷，可證各家目卽"十行本"也。
　　又《蛾術篇》二"北國子監板"條云："明北京國子監《十三經注疏·周易》末附王弼《略例》一卷，邢璹注。……而汲古閣毛刻……則別將《略例》刻入其所謂"津逮祕書，最爲可笑。"則阮氏重刊《周易注疏》，若非所據宋十行本不全，而係從毛本而置《略例》不刻者，則益爲謬矣。
② 此《附記》刊在嘉慶二十五年庚辰（公元一二○○），參附錄《段、顧校讎篇》注④。
③ 顧起潛先生云："阮氏《揅經室集》卷二，其子福撰《阮刻十三經注疏書後跋語》云：'故家大人頗不以此刻本爲善。'是阮氏亦不以此刻爲愜意也。"按《雷塘庵主弟子記》，於嘉慶二十一年秋"刻宋本十三經注疏成"條下，阮福注亦云，"按此書尙未刻校完竣，大人卽奉命移撫河南。校書之人，不能如大人在江西時細心。其中錯字甚多。有'監本''毛本'不錯，而今反錯者。要在善讀書人參觀而得益矣。《校勘記》去取亦不盡善，故大人不以此刻本爲善也。"又謝章鋌《毛詩注疏毛本阮本考異自序》亦引《雷塘庵主弟子記》爲說。均與顧先生說相發明。
④ 此建本卽《九經三傳沿革例》所稱"建本有音釋注疏"。
⑤ 南雍本見顧千里《思適齋集撫本禮記鄭注考異序附記》。南監本見李尙之《穀梁校勘記》"十行本"及《注疏序》各條下。
⑥ 山井鼎《七經孟子考文》，以其有正德補葉，稱之爲正德本。顧千里於《毛詩校勘記》曰："山井鼎以爲十行本與正德本略似，不知其似二而一也。"

並‘經注’《正義》合刻者，其後又有併《陸氏釋文》附入‘經注’之下者。今所傳《附釋音之注疏》，大約光、寧以後之刊本耳。”（見《養新錄》）盧召弓所謂“宋人刻經、注、疏，附以《釋文》。至其差齟處，便改《釋文》以就《注疏》之本。使非通志堂所梓《經典釋文》三十卷具在，後之人又安從識別。”（見《重雕經典釋文錄起》）而顧千里謂“乃俗本之祖者也。”（見《撫本禮記考異序附記》）

　　一，分卷之不合也。宋人之初萃刻《注疏》也，蓋以單行《正義》之卷數爲主，而以“經注本”經注分置之。故《春秋正義》三十六卷，《周禮疏》五十卷，《禮記正義》七十卷，皆與《唐志》、《正義》卷數合。其後爲《注疏》者，或以“經注本”分卷爲主，以《義疏》分置其下。如《周易兼義》九卷，《毛詩正義》二十卷是。②最後，則既不用“經注本”之卷數，又不用《正義》之卷數，《毛詩》爲七十卷，《周禮》爲四十二卷，《禮記》爲六十三卷，《左氏傳》爲六十卷，《公羊》爲二十八卷，《穀梁》爲二十卷，③《論語》爲二十卷，遂使唐、宋《義疏》原卷不可知。④

　　二，行款標目之失當也。長興刻經，多承卷子，卷子舊式，大題在下。故錢竹汀曰：“《經典釋文》云，《毛詩故》大題在下，案馬融、盧植、鄭玄注《禮記》，並大題在下。班固《漢書》、陳壽《三國志》亦然。予按唐刻《石經》，皆大題在下。如《詩經》傳首，《周南詁訓傳第一》列於上，《毛詩》兩字列於此行之下。曾見《史記》宋大字本，亦大題在下。”（見《養新錄》）其後宋人刻書，漸移舊式。然標題既移於上，則大題應刪於下。何必重複疊出屋下架屋哉。今檢十行本《禮記注疏》，已標《附釋音禮記注疏》大題於前，復重出《禮記》二字於後。尤異者，以《正義》“夫禮者、經天地、理人倫、至不復繁言也”一節，別作大字，列《禮記正義序》後。似此重疊，雖監本毛本不至此。⑤何以解山井鼎之譏評哉。⑥

　　三，《釋文》《注疏》迥互改易也。偶有參差，彼此改刪，益失本眞。陸氏所定，與正義本偶異，則改竄《釋文》以合之。（例不勝舉）間有符同，則刪《正義》以就之。⑦所謂欲省兩讀，翻

---

① 阮氏據本係泰定本，詳後。
② 《毛詩校勘記》曰：“考《正義》原書分四十卷，其分二十卷者，‘經注本’也。合併時，取《正義》散入‘經注本’之中，而四十卷之舊，遂不復存。”
③ 《經籍跋文》。“《穀梁疏》《文獻通考》《玉海》，並引《崇文總目》，作三十卷。然《唐、宋二志》《書錄解題》俱作十二卷。疑《崇文總目》三十卷，乃十二卷之誤。趙希弁《讀書附志》載《春秋穀梁傳注疏》二十卷，所見《注疏》合併，已作二十卷。至今不改，遂失其原。”
④ 大意採《左傳校勘記敍錄》《養新錄》。
⑤ 《禮記校勘記》云：“此本別出此篇目，閩本脫，監、毛本無。”
⑥ 《校勘記》又云：“《考文》於《曲禮下正義》云‘正德（卽十行本）嘉靖（卽閩本）二本，以此一段別題《禮記正義》四字，以在《正義序》後，亦爲重複也。’指此篇。”
⑦ 《養新錄》。“《春秋正義》隱公以平王四十九年卽位，是歲歲在豕韋，以後各公同。哀公則不載《正義》本文，但於白文‘疏’字下，出‘同上’二字。謂與《陸氏釋文》相同，不復重出。但既《注疏》之名標於卷首，則當以《正義》爲主。卽或偶爾相同，亦當併存。豈有刪《正義》就《釋文》之理。”

致兩傷者也。

四，刊刻遺漏也。十行本之《經》《疏》《釋文》，訛舛滋多，固無論矣。其全脫者，如《易》咸象傳疏一段，凡一百一字。《春秋正義》哀公卷首正義全缺。至《禮記》《曾子問》缺一頁，則不知傳本脫落，抑原板有缺也。（見《經籍跋文》《養新錄》）它如永徽長孫無忌《上五經正義表》，盧抱經始刻於《羣書拾補》。① 端拱孔維等上表，傳於海外。② 使諸本不出，遂使"義疏"纂集刊梓源流不明。③ 僅景德一牒，存於《公》《穀》二傳，差爲勝耳。至若補刻剜改之失，則臧、季諸氏，已慨乎言之矣。④

七、十行本注疏宋刻元刻本辨

季錫疇爲瞿氏撰書目，於阮氏重刊所據十行本修板補板之說精矣。然有憾者，所舉瞿藏本《周易》《左傳》《公羊》三疏，係元刻十行本，而非宋刻十行本也。夫十行本之原出宋建附音本，已無異論。惟初僅係坊買翻刻，是以有名《兼義》者，⑤ 有名《監本附音》者，有名《附釋音某注疏》者，有名《注疏解經》者，紛紛立異。誠所謂"南宋時建陽各坊刻書，每刻一書，必倩顧不知誰何之人，任意增刪換易，標立新奇名目，冀自炫鬻者"。（見顧千里《重刻古今說海序》）故刻非一肆，成非一時，後人乃薈萃爲《十三經注疏》。⑥ 當代既一時風行，繙刻必遍及後祀。夫建安書肆，多歷年所，如余氏勤有堂，綿延且及清世。則於元於明，代有繙刻，亦其理也。在藏書家衒之，則多宋少元，⑦ 校勘者貶之，則有元無宋。⑧ 實皆未達一間耳。雖然，二者行款

① 盧云："此表《文苑英華》不載，見明錢求赤影宋本《周易注疏》首。"《愚谷文集》："此表乃武林盧抱經學士，從錢求赤影鈔宋本《周易注疏》中傳出。庚子，（乾隆四十年）以告予，許鈔寄，未果。"
② 始見傳於日本弘化四年（公元一八四七？）仿宋淳熙刻《尚書正義》。
③ 《經籍跋文》："《五經正義》自《尚書》二十卷外，盡失其原。逐於端拱元年，孔維等奉敕校勘孔穎達《五經正義》百八十卷上數不合。"
④ 臧氏《周禮校勘記》曰："內補刻者極惡劣，凡閩、監本所不誤者，補刻多誤。"季錫疇說，見前《重刊十行本之經過與評價篇》。
⑤ 《抱經文集》、《周易注疏輯正題辭》："蓋《正義》本自爲一書，後人附於經注之下。明乎向未之'兼'也。此亦當出自宋人。"《拜經文集》《毛詩注疏校勘記附注》阮氏《周易校勘記》說同。《經籍跋文》《宋板周易注疏跋》謂"它經音義附每節注後疏前。獨《周易》總附於本卷之後，故謂爲《周易兼義》，而不稱《附釋音》。"案元槧九行本《爾雅注疏》，亦標有《爾雅兼義》之名，而《釋文》不總附於後。則盧、臧、阮說爲長。陳氏蓋取《殿本考證》朱良裘說，似非。
⑥ 島田翰謂"嘉定時有《十三經》合刻。"云"別有考"，見《古文舊書考》。又云："嘉定庚辰（十三年，公元一二二〇）同時刷印於建安"，見《皕宋樓藏書源流考》。未見詳說，俟考。
⑦ 《楹書隅錄·宋本附釋音春秋左傳注疏題識》謂："顧澗薲居士則謂南雍本乃元、明間從建附音本繙刻。正德以來，遞有脩補。予按南雍本前人皆定爲宋刻。《考文》亦以南雍本爲宋刻。顧以爲元、明，間刻似未甚確。然亦絕非岳珂所稱有晉釋注疏之建本。特繙刻當在宋末耳。況今世傳者，不止正德間刊有補葉。元、明以來，已屢經修改。所存原刻，弗及十之一二。澗薲之論，正未始無因也。"
⑧ 顧千里說，見前。又，《撫本禮記考異序附記》云："南雍有附晉注疏本，世稱十行本。蓋原出宋季建附音本，而元、明間所刻。正德以後，遞有脩補。小異大同耳。"

同，格式同，欲辨之也頗難。大抵坊肆繙刻，其初必標列姓名，以自炫異。如森立之《經籍訪古志》，有《附釋音毛詩注疏》二十卷，敍後有“劉氏文府、叔剛、坊經堂”木記，（亦見《蛾術編·經典釋文》條）《附釋音春秋注疏》六十卷，有“建安劉叔剛父鋟梓”一行。《文祿堂訪書記》有汲古毛氏藏《附釋音春秋左氏傳注疏》殘本二十九卷，亦有“建安劉叔剛父鋟梓”八字木記，又有“桂軒藏書”四字鼎式木記，“敬齋”二字琴式木記，“高山流水”四字琴式木記。與和珅刻《禮記注疏》序後木記全同。此則宋坊刻十行本之初也。其後書板輾轉移易，多鑱去木記，以及後人遞脩剜改，遂致不可究詰。惟宋季所刻，不特字體刀法與元人不同，如黃蕘圃於《監本附音穀梁傳注疏》云，“外間行本，有小字花數，①而脩版至正德年止。遇宋諱，則以圓圍別之。今此本純是細黑口，無小字花數，亦無修板，其爲宋刻無疑。”以是爲臬，則瞿氏《書影》所載《周易兼義》、《左傳、公羊注疏》，其爲元刻何疑。然元非不若宋也，如《十三經影譜》所舉；《左傳注疏》宋補刻頁，反不若元十行本之無脫誤。而元亦非薈刻《十三經》也。故元十行本亦不見《儀禮》《爾雅》二經。蓋始也，宋也元也，坊市競刊，各無統攝。及元、明之際，書板多送胄監，始彙集印刷，故《春秋十三經注疏公羊傳、穀梁傳》，始見於明《文淵閣書目》。於是總名南雍本。其後正德遞補，工匠竊取，益使板系不明。②而或宋或元，無定論矣。

　　《十三經注疏》彙印雖始於明初，而《十三經》之名，則宋人已立。蓋唐立五經博士，以《易》《書》《詩》《禮記》《春秋左氏》敎國子，謂之五經。又於選舉科試，分《禮記》《春秋左氏》爲大經，《詩》《周禮》《儀禮》爲中經，《易》《書》《春秋公·穀》爲小經。其《孝經》《論語》《爾雅》則附之中經而已。故稱五經，則《易》《書》《詩》《禮記》《春秋左氏》。稱九經，則增《周禮》《儀禮》《公羊》《穀梁》，而《論語》《孝經》《爾雅》兼附焉。是以《開成石經》云刊“九經”，而實兼《論語》《孝經》《爾雅》爲十二經也。其後至宋宣和間，席氏補刻《孟子》於《蜀石經》內，而《十三經》之名乃立。趙希弁《讀書附志》有《石室十三經》，卽《蜀石經》也。然特世俗沿稱，未爲典要。故岳氏《九經三傳沿革例》云，“《左傳》不可以言經，今從俗所稱汴本十三經建本十一經稱之也。”蓋九經至宋，或以《易》《書》《詩》《禮記》《周禮》《儀禮》《春秋》《孝經》《論語》爲九經，而《春秋》實兼三傳。（見《景定建康志·書籍門·監本九經正文》條）。或以《易》《書》《詩》《禮記》《周禮》《春秋左氏》《孝經》《論語》《孟子》爲九經，而《春秋》亦兼《公》《穀》而稱三傳。故《玉海》云：“唐以《禮記》《春秋左氏》《詩》《周禮》《儀禮》《易》《尙書》《春秋公、穀》爲九經。國朝方以三傳合爲一，又舍《儀禮》而以《易》《書》《詩》《周禮》《禮記》《春秋》《論語》《孝經》《孟子》爲九經。”是以《儀禮》《爾雅》二經，多不刊行。岳刊《九經三傳沿革例》中亦不見《儀禮》《爾雅》。故十行本《注疏》不見《儀禮》《爾雅》也。《上善堂書目》有《十三經注疏解》云係《元板》，未見原書，

---

① 每頁魚尾上著大小字數，口作❖形。見《百宋一廛書錄》。

② 《南雍志·經籍考》：“板旣叢亂，每爲印刷匠竊出刻他書。”

俟考。

八、越刊八行本注疏考略

十行本既係坊刻，且非注疏萃刻祖本。阮氏於《重刊宋本注疏序》，謂十行本爲諸本最古之冊者，誤也。當時八行本《周易》十三卷，藏於陳仲魚，《春秋左氏正義》三十六卷，藏於朱文游。《考文補遺》已行於世，①阮氏猶作此論，殊爲可怪。考正經注疏萃刻本，莫先於浙東提舉茶鹽司本《易》《書》《周禮》三書。見於紹熙壬子（公元一一九二），三山黃唐《刊禮記正義跋》，跋曰：“六經《疏義》，自京、監、蜀本，皆省正文及注。又篇章散亂，覽者病焉。本司舊刊《易》《書》《周禮》，正經、注、疏，萃見一書，便於披繹。他經獨缺。紹熙辛亥（公元一一九一）仲冬，唐備員司庾。遂取《毛詩、禮記義疏》如前經編彙。精加讐正，用鋟諸木，庶廣前人之未備。乃若《春秋》一經，顧力未暇，姑以詒同志云。紹熙壬子秋八月，三山黃唐謹識。”末著銜名，黃氏銜爲“朝請郎提舉兩浙東路常平茶鹽公事”。是述經注萃刻之始。惟乾、嘉間，黃唐刊《禮記正義》，隱而未顯，（說見後第九篇惠校本下）學人僅見此跋於山井鼎《七經孟子考文》中《左傳考文》所引，且刪節不全。故錢竹汀於《養新錄·注疏舊本》條內，謂“所云‘本司’不知爲何司”。又《考文》誤引“紹熙”爲“紹興”。於是學人謂合注疏在南、北宋之間。（見前修校勘記諸篇）至松明復覆刻淳熙本《尚書正義》，楊守敬《日本訪書志》始正其誤。而葉德輝作《書林清話》，反主誤說，力攻楊氏。亦可謂“好辯”者矣。葉氏於板刻之學，未嘗無功力。其《書林清話》雖有謬誤，然談板刻者，似不能廢。惟好奇立異，是其一弊。如涂刻《鹽鐵論》毛扆手校本，因與李國松氏爭購不得，遂指爲僞涂本。不僅筆之於書，且影印別本於《四部叢刊》，謂係眞涂刻。希以一手掩天下目。後涂刻眞本，爲趙君元方所得，今藏北京圖書館，而是非始定。

是本半葉八行，故稱八行本。②刊於浙東，故稱越刊本。今傳於世者，有《周易注疏》十三卷，藏日本足利學。③又陳仲魚原藏十三卷本，缺首卷。以錢求赤影宋本抄補。後藏昆里瞿氏，今不知何往。又《經籍訪古志》著錄《周易注疏》十三卷，弘治、永祿間影抄本，卽影寫足利學藏本。④瞿氏《書目》曰：“分卷，《乾》一，《坤》二，《師》三，《大有》四，《復》五，《咸》六，《損》七，《鼎》八，《旅》九，《繫辭》上，十，《繫辭》上第六章，十一，《繫辭》下，十二，《說卦》十三。《正義》之例，先釋“經”，後釋“注”。釋經不標起止，總繫一節之後，釋注則標注起止，總繫釋經之

---

① 《考文補遺》嘉慶二年（公元一七九七）阮氏覆刊。
② 王觀堂所謂“行款用監本經注本，分卷則從單疏本。監本經注多用八行十六字，此卷子舊式。”見《兩宋監本考》。
③ 見《經籍訪古志》及《十三經影譜》第一頁。《古文舊書考》所謂“足利宋槧《五經注疏》，以精粗言，《易》爲第一也。”
④ 十三卷者，無“序”及“八論”，蓋卽《書錄解題》所謂十三卷本者，詳《單疏篇》。

後。自後刻本，以總釋者隨注分繫，遂多牴錯。如《乾文言》釋“六爻發揮”之義，反列上段《乾》之節下。其餘移易前後，改削字義，致多不貫。此則初無割裂，“經注”與《正義》原本，尚可推尋其舊。《繫辭》以下，亦總繫每章後，不分列各段注末，與前一例。注文有“注云”二字，疏上作陰文大‘疏’字。愼字不缺。”此本陳仲魚《經籍跋文》，以爲《九經三傳沿革例》中所稱紹興初監本，而實則《沿革例》中所謂“越中舊本注疏”也。

有《尙書注疏》二十卷，藏日本足利學。（見《十三經影譜》二頁）。端拱孔維等《上校勘五經正義表》，即出於此。是書有日本弘化四年仿宋淳熙刻本，即松明復影刻足利學本。其細川利和刻此書《例言》曰：“足利學所藏《周易、禮記正義》，板式字樣，與此書如出一手。而其《禮記》，‘紹熙浙江路茶鹽公事三山黃唐’所刻。其自跋云，‘本司舊刻《易》《書》《周禮》，正經注疏，萃見一書。’則此本爲黃所指‘本司舊刻’明矣。且以宋諱缺筆、刻工名識考之，蓋在淳熙前後。阮元謂‘注疏合刻《易》等，當在北宋末’，按山井鼎《左傳考文》引《禮記黃跋》，‘紹熙’作‘紹興’。阮氏不知其誤，故有其說。”又楊守敬藏殘本，原十冊，缺二冊，見《文祿堂訪書記》。按楊書售與南皮張氏，繼入天津鹽商李世裏，輾轉歸南京圖書館。《北京圖書館善本書目》有《尙書正義》二十卷，宋兩浙東路茶鹽司刻本，卷七至八、十九至廿抄配，楊守敬跋，十六冊。未悉是此本否？藏園傅氏謂“足利學校八行本《尙書》流傳絕少，乾、嘉諸儒，多未見其書。曾見張文襄有‘宋刊’全帙，與足利本行格正同，而非一刻”。

有《毛詩注疏》二十卷，舊抄本，存一上、四上下、五上下、六上下、十二上下，見《經籍訪古志》，影寫宋本，體裁與足利學藏宋本《易書、禮記注疏》符。

有《周禮疏》五十卷，初見朱氏《結一廬書目》，作《周禮注疏》五十卷，三十六本，宋慶元間吳興沈賓之校勘。① 半葉八行，行大十六至十九字，小二十二至二十七字不等。不附《音釋》，晉府藏書。是書散佚，見於《文祿堂訪書記》者，存卷七、卷四十七、四十八、三卷，有晉府書畫印。另一殘本，存二十九卷，木犀軒李氏舊藏，見《涉園所見宋板書影》二輯。疏首冠以“釋曰”二字，釋經者在經文下，小字雙行。注文首冠以大“注”字，居行中，其下注文雙行。下接釋經之疏，僅空一格，亦冠以“釋曰”，不提行。亦不隔以陰文“疏”字，與他《注疏》異。又故宮博物院藏《周禮疏》五十卷，《故宮書影》云“兩浙茶鹽司本。紹興所刻，② 祇《易》《尙書》《周禮》三種。分卷與今本不同，尙仍“單疏”之舊。標題“周禮疏”，“賈公彥序”不作大字，猶是“單疏”之式。由宋迄明，遞有脩補。明初板入南雍，元《西湖書院》有《周禮注疏書板》，殆即此本。”《故宮書影》所載，係四十六卷《考工記》，注文上冠“注”字，直行貫下，不以大“注”字居中。注作雙行，餘如前式。此與《文祿堂書影》卷四十八之一頁，《宋元書影》卷四十七一頁相

---

① 按當作《周禮疏》，云“沈賓之校勘”亦誤，說見後。
② 按當作“紹興、淳熙間”。

同，而與李本影頁稍不合。然《故宮書影》所載序文攝影，與李本實一板。豈"合注疏"者，以《考工》與正經不同，改其行款耶？非檢原書，不能定也。① 又江安傅氏藏《周禮疏·大司樂》一頁，行款俱同李本，見《觀堂集林》。

　　有季氏舊藏紹熙壬子黃唐刊《禮記正義》七十卷，舊藏寶禮堂潘氏，今藏北京圖書館。② 又殘本六十二卷，缺卷三十三至四十，藏日本足利學。又殘本，存卷一、卷二、卷六十二至六十六，共七卷，見《文祿堂訪書記》。又殘本，存卷三、卷四、卷十一至十八、卷二十四、二十五、卷三十七至四十二、卷四十四至四十八、卷五十五至六十，凡二十八卷，原藏涵芬樓，今藏北京圖書館。又殘本一卷，見《北大圖書館善本目》。此三本均有"君子堂"圖書，蓋一書而自內閣大庫散佚者。

　　有《春秋正義》三十六卷，慶元沈中賓刊本。初見於《傳是樓宋版目》。此本後歸涵芬樓，見其《爐餘書錄》，今藏北京圖書館。又朱文游、金輔之藏本，見《養新餘錄》及陳樹華、段玉裁跋，今不知何往。《愛日精廬藏書志》著錄其沈氏《後序》曰："中賓（原注："'中'字甚模糊，或是'作'字，姑以意定。"）叨蒙異恩，分闑浙左。……則給事中汪公之爲帥也。嘗取國子監，《春秋集解正義》，參以閩、蜀諸本，俾其屬與里居之彥，相與校讎，毋敢不恪。又自取而觀之，小有訛謬，無不訂正。以故此書純全，獨冠他本。不憚廣費鳩工，集事方殷而遽去。今檢正俞公，以提點刑獄。兼攝府事，亦嘗加意是書，未畢而又去。中賓竊惟《春秋》一經，……雖未易測知。然而《左氏傳》《杜氏集解》《孔氏義疏》，發揮聖經，功亦不細。萃爲一書，……則昭然具見。逐卒成之。諸經《正義》既刊倉台，而此書復刊於郡治，合五爲六，……逐爲東州盛事。……慶元庚申（六年，公元一二〇〇）既望，吳興沈中賓謹題。"（此跋涵芬樓藏宋本佚）。《張志》著錄係段氏臨陳樹華校本，有陳樹華跋云："杜氏後序，並淳化元年勘校官姓名，及慶元庚申吳興沈中賓重刻題跋一篇，依宋本抄補於後。戊子（乾隆三十三年），三月。"又跋："借得朱君文游滋蘭堂藏本及《石經》，詳細手校。凡宋本有疑誤者，悉書於本字之旁，'經傳'文從《石經》增加一二。七月三十日校畢，冶泉樹華記。"又跋："南宋翻刻北宋本，無《陸氏音義》，復以《釋文》，並借得金梧亭、惠松崖兩先生從南宋本手校者，互勘一過。八月二十五日。"此陳校本，段茂堂於嘉慶壬戌七年借校，（正脩《校勘記》時）跋於癸亥八年，云："此宋淳化庚寅官本，慶元庚申摹刻者也。凡宋本佳處，此本盡有。凡今日所存宋本，未有能善於此者。爲滋蘭堂朱丈文游物，陳君芳林於乾隆戊子借校一部。陳君既歿，嘉慶壬戌，予借諸令嗣。令長孫美中細意臨校，次子駬倅而終之。……"此段氏誤於陳氏"南宋翻刻北宋本"之言，

---

①　《周禮疏》行款，與它越本《注疏》獨異。且標目與"單疏"同。《十三經影譜》引河右正司氏，謂"周禮疏萃刻最早"。未爲無見。結一廬謂"慶元沈賓之校勘"，豈以《左氏正義》致誤乎！

②　是書相傳以爲惠松崖據校本，予頗以爲不然，說見後篇。

而以爲淳化時有合刻注疏本者也。①

　　有《論語注疏解經》二十卷，見《文祿堂訪書記》。存卷十一至二十，王觀堂謂"京師圖書館有殘本"，今館目未見。

　　有《孟子注疏解經》十四卷，藏故宮博物院。《書影》云："兩浙東路茶鹽司本，款式與《周禮疏》同。惟標題不用"單疏"之式。《孫奭序》作大字，宋諱避至廓字。刊板又在《毛詩》《禮記》後。"②又殘本，卷三、四、卷十三、四，凡四卷，均分上下，見《文祿堂訪書記》。其卷三、四二冊，歸寶禮堂潘氏。是越本《注疏》，可考者已有八經。惟島田翰《皕宋樓藏書源流考》云："皕宋樓舊藏宋會本十三經二部。一足本，一殘本。一通則易題曰《兼義》九卷、《略例》一卷、附《陸氏釋文》一卷，《書》二十卷，《詩》二十卷，《周禮》四十二卷，《禮記》六十三卷，《左傳》六十卷，《公羊》二十八卷，《穀梁》二十卷，則割裂《釋文》，分附'經注'各下，題曰《附釋音》。《論語》二十卷，《孟子》十四卷，《孝經》九卷，不附《釋音》。以上皆半頁十行。惟《儀禮》則五十卷，八行。《爾雅》十一卷，九行。經凡十三。……"又云："而《儀禮》五十卷，則《南雍志》所謂《儀禮注疏》五十卷，舊板壞失，止殘板五面。殆指此。③……今此五十卷本，鼇然具存。汪刻《景德單疏》，所缺六卷，依此書及魏鶴山《要義》一一可取以補全……。"似《儀禮注疏》有八行五十卷本。然今檢《靜嘉堂祕籍志》，所載皕宋舊藏，僅其所謂"宋十三經殘本"，而補以"儀禮單經本"及楊復《儀禮圖》，④並元刊九行本《爾雅》十一卷者。惡睹所謂八行本《儀禮注疏》哉。⑤

　　外此適園張氏藏天一閣舊藏《尙書注疏》二十卷，有擇是居摹本。經疏分卷起訖，全同建本，與越刊本不同。《淸學部圖書館善本書目》，有八行本《周易兼義》十卷，（按"十"當作"九"）《略例一卷》《釋文》一卷。與楊守敬《留眞譜》所載本合。王觀堂以爲此宋、元間別一種《注疏》，用越本行款重刊建本者，⑥豈卽從岳氏所謂"建本有音疏"別出者歟？

①　《養新餘錄》云："吳門朱文游藏宋槧《春秋正義》三十六卷，云宋淳化刻本，實則慶元六年重刊本也。（此錢氏誤從段說，見第三篇）每頁前後八行，行十六字。卷末有馮嗣祖、趙彥穉等校勘字。"（《爞餘書錄》同）王觀堂《兩浙古本考》，僅錄《沈跋》，云"行款無考"，未檢此也。《養新錄》又云："今通行本哀公卷首《正義》全缺，獨此本有之。"

②　《論》、《孟》刊板，恐在慶元後，王觀堂說。

③　按參第十三篇《單疏板刻考》，《南雍志》所稱《儀禮注疏》，似爲"單疏"而非《注疏》。島田說似不然。

④　《靜志》云："陸氏唯有'明刊'，故姑以此充之歟。"是明言陸氏止有"明刊本儀禮注疏"，故以此二種補'宋本'之缺也。

⑤　島田氏其後不容於靜嘉，見其《上岩波男爵書》。豈以乾沒致隙，抑以讒言獲罪歟？待考。

⑥　《周易兼義》《學部目》與《楊譜》均白口單邊。永樂繙本雙邊，見《影譜》。今《北京圖書館目》有永樂本，無宋本，未知卽此本否？

九、惠松崖校禮記正義據本考

顧千里以《百宋一廛賦注》，啟釁於段茂堂，已詳前篇。其辨北宋初刻《禮記注疏》，實指惠松崖。按惠氏乾隆己巳校《禮記》於汲古閣本《禮記注疏》上，癸酉重校於明嘉靖翻《禮記注疏》上。其所校注疏本，戴東原在蘇州時，曾從借錄。段茂堂、程魚門、姚惜抱，均從臨繕。其後脩《校勘記》，洪楛堂引以校《禮記》者也。然惠氏據校本《禮記正義》七十卷，於校後即隱而不顯。當時如錢竹汀、段茂堂、阮雲臺、顧千里諸君，皆未見其本。僅傳錄《惠跋》。謂"拙庵行人，購得宋槧《禮記正義》示余，字體仿《石經》，蓋北宋本也。"其後書買錢聰默，以宋十行劉叔剛本，重臨惠校，綴以原跋，且偽用故家收藏印記，鬻諸長安貴客，以獻和珅。和遂影寫摹雕，時乾隆六十年(公元一七九五)事。(見《經籍跋文》)於是此書沉薶者百餘年。據傳售與曲阜孔氏。孔氏藏本，光緒間始入意園盛氏，盛氏書多為景樸孫所攬。民初，景氏書歸於袁克文，其後輾轉歸於南海潘明訓。董綬金氏曾以原書珂羅板印行，及歸潘氏，又覆槧問世。董氏影印本，附惠氏跋文，而潘氏覆刻本不載。其《寶禮堂書錄》曰：[①]"往余校勘是書時，以惠定宇所校宋本與《考文》多有不合，定為兩本。嘗以所見，跋附卷末。按《考文》原據宋刊《禮記正義》，藏日本足利學。至今猶存。余友張菊生，曾往展閱。歸後語余，確為黃唐刊本，其與是本有不合者，為原板、補板之別。"又云：是本"卷內有孔繼涵及小如庵印記，其授受本末甚明。惟絕無璜川書屋印記。吳志忠《璜川吳氏經學叢書原起》有云：'是時載酒問奇而來者，如惠松崖贈君輩，盡吳下知名士。'又云：'書籍之散佚，若北宋本《禮記單疏》今歸曲阜孔氏。'然則惠氏跋語所謂北宋本者，或即志忠所云之'單疏'，而非此經疏合刻之正義本……。"是《潘錄》並疑惠氏所謂據北宋本者，似據'單疏'而非黃唐正義本，故覆刻時不將惠氏跋語錄入。今考袁氏、潘氏所得黃唐本，似非惠氏據校原本。一，惠氏原跋，據陳仲魚《經籍跋文》，謂錢聰默已綴於十行本後，以售其欺。阮氏亦云"綴以惠棟跋語"，似不應仍附原書。潘氏不取，亦未為無見也。二，董氏影印本，卷二十六第一頁首行，標題作《禮記注疏》，不作《禮記正義》，右欄外有墨書題識一行，(按原書係寫於另粘一籤紙上)云："首行別本皆作禮記正義。"細檢此卷之第一、第二、第三、第四、第六，五頁，口作"禮疏二十六"，與全書板口均作"禮記義若干卷"者不同。其第三頁板心上，並刊字數，末行且有墨釘，刊工必當更晚。則此五頁，係用另一板本配合者，似無疑義矣。而《惠校》於卷二十六，大題仍作《禮記正義》，是非據此本明證。[②]　三，此本附載"黃唐刊書後序"，於刊刻時日，記載甚明。惠氏苟見此跋，似不應誤指為

---

① 《寶禮堂書目》為董綬金氏等代撰。

② 按此卷首葉欄外，已有季振宜滄葦印，則配合更在季、藏前。惠氏苟據此本，則此卷標題，必當是《禮記注疏》，而非《禮記正義》也。

北宋本。然則潘氏疑惠氏所據爲"單疏"者，是耶？曰，亦不然。潘氏據《吳氏經學叢書緣起》，云"北宋本《禮記單疏》歸於曲阜孔氏"。近《文祿堂訪書記》有吳志忠《錄惠校本跋》云："惠松崖前輩所校《禮記注疏》，《正義》旣用北宋單疏本，而經注不得校，乃以十行本補綴之。故其跋云'南宋本間亦參焉'。……"① 似更足取證。然今取涵芬樓影印《禮記單疏》核之，則更大爲刺謬。

一，"單疏"每卷頁數，與惠氏校記所記每卷頁數，均不相同。如卷六十三惠校爲三十頁，"單疏"僅十六頁。卷六十四，惠校二十六頁，"單疏"僅十五頁。卷六十五，惠校二十二頁，"單疏"僅十三頁。卷六十六，惠校二十五頁，"單疏"僅十五頁。卷六十七，惠校十六頁，"單疏"僅九頁。卷六十八，惠校二十九頁，"單疏"僅十六頁。卷六十九，惠校十八頁，"單疏"僅十一頁。卷七十惠校未記頁數，今檢黃唐本，實二十八頁，而"單疏"僅十七頁。無一相符。蓋"單疏"各經皆爲半頁十五行，行二十餘至三十字，密行細字，承唐人經疏舊式。（詳《單疏篇》）苟惠氏所據爲"單疏本"，其頁數絕不能差異至此。且惠校每卷後所記據校本葉數，（見《禮記校勘記》）今取與黃唐本核對，幾盡符同。惟卷八、卷六十一，二卷，頁數有出入。然"二十"之與"二十七"，"三十"之與"三十一"，恐係傳校筆訛，非眞有不合也。

二，《射義》"孔子射於矍相之圃"節注："稱猶言也，行也。"《校勘記》云："嘉靖本、閩、監、毛本《衞氏集說》同。惠棟校宋本，作'稱猶言也，道猶行也，言行也'，多五字。岳本同"。盧文弨校云，"岳云越、建本有此五字。監、興、余本皆無"。（見《沿革例》《注文篇》）案"道猶"二字當有，"言行也"三字衍。段玉裁曰，"依宋監本，則'言行也'三字贅。"則是惠氏據校本，同於岳氏所舉越、建本，當是所謂越中舊本注疏，而絕非單疏本也。

三，惠氏己巳《跋》云："字體仿《石經》"，癸酉《跋》又云："此本頗善，未識本自《蜀石經》否？癸酉六月，用北宋本正義校一過，南宋本間亦參焉，可謂完善矣。"② 則必八行經注萃疏本，正經大書，疏朗悅目，始如是評騭。若"單疏本"，則密行小字，何言"字體仿《名經》"乎？然則惠氏所據，必爲別一黃唐本，而非"單疏"。惠氏以一代大師，以經疏合刻本爲北宋本，實爲大誤。致顧千里有"安得有北宋初刻《禮記注疏》"之誚。而吳志忠以爲"單疏"云云，亦似爲

① 此引句見惠氏癸酉《校明刊禮記鄭注跋》內，董本影印己巳惠氏初校跋無。按惠氏己巳、癸酉二跋，均見於《松崖文鈔》卷二。惟《文鈔》以癸酉跋附系己巳跋後，作爲附記，似同校一本者。不知後跋，實係惠氏於癸酉歲，以八行本《禮記正義》重校明嘉靖翻宋本《禮記鄭注》，而卽跋於此明刻本上者。（見《蕘圃題識》《禮記鄭注校本跋》）實分跋二本。而編集者，見跋內亦有"北宋本正義"之文，遂取以附己巳跋之後，誠爲誤合。至吳志忠所云，似以癸酉之跋爲跋於重校《禮記注疏》本上者，則有意而云然。何則，惠氏旣曾以所謂北宋本正義校明緐經注本，則此正義本絕非"單疏"，而爲八行注疏晉刻本者又何疑。吳氏旣妄指爲單疏本，自不得不悠謬其辭矣。說詳後。

② 按癸酉《跋》之"此本"指明嘉靖緐宋經注本而言。蓋謂嘉靖翻刻經注本頗善，故疑源出自《蜀石經》。今旣用所謂北宋本正義校於此嘉靖經注本上，則此北宋正義本必兼有經注者，始能相校。必爲經注、疏彙刻本，可斷言也。

惠氏諱。① 不然，吳、顧交非泛泛，若果係"單疏"，何以顧氏於《撫本禮記鄭注考異附記》云："曲阜孔氏，別有'宋槧注疏本'，計必南宋初所刻。向藏吳門吳氏，惠定宇所手校，戴東原所傳校者"耶？② 夫板本之學，若積薪，後生者宜爲力。是是非非，曷足爲害。而當時學人，黨同伐異，競逐聲利，遂致無所底止。且從而爲之辭，致來黥賈之幻。然則清儒是非之辨，豈僅一《水經注》哉。

十、宋蜀刊本注疏考略

《九經三傳沿革例》所舉"注疏本"，於"越中舊本注疏""建本有音釋注疏"外，有"蜀注疏本"。今傳世者，止日本圖書寮藏《論語注疏》十冊，亦八行十六字。注、疏並雙行，行二十五六字。經下載注，不標"注"字，疏則標陽文大"疏"字，疏下附《釋文》，亦冠陽文大"釋"字，均規識其外。此本與他注疏本異者，每小字雙行間，以細黑線界之。爲它經書所未見。遇匡、貞、敬、弘、恆、敦等字皆缺末筆。島田翰定爲寧宗以後刻本，是也。（見《十三經影譜》二十七頁）。它《注疏》如十行、八行本，均作《論語注疏解經》。此獨存舊目，無"解經"二字。分卷亦從《邢疏》原次作十卷，則蜀刻固可寶也。③

十一、宋建刻九行本注疏考略

建本注疏，相傳多十行本，是以元、明繙修，多循此式。④ 而元槧《爾雅注疏》十一卷本，獨爲九行。其後明李元陽刻《注疏》，則各經皆作九行。嘗疑其自我作古，變更舊式。及見故宮藏建安魏縣尉宅校刊附釋文《尚書注疏》二十卷，始知建本固有九行者。宋諱避至惇字。寫刻俱精，（見《藏園跋》）建刻之至佳者。缺卷十七至二十，以十行本補足。

十二、各經單疏本考略

宋人萃刻注疏，莫先於越刊八行本。溯而上之，惟有"單疏"耳。"單疏"之名，雖不見於明人載籍。然"單疏"之義，前人未始不知。是以《穀梁疏》殘本，傳抄自李中麓家，至康熙間，何小山且用以校注疏本。他如《周易單疏》見校於錢求赤，《儀禮單疏》，見校於義門昆季。⑤

---

① 吳跋於道光二十年，（公元一三四〇）。顧氏已卒。按葉鞠裳修《蘇州府志》，於《雜記門》將《百宋一廛賦注》錄入，惟已將注文涉及"北宋有無注疏"一節，全行刪去。蓋亦有意爲惠、段二氏諱也。
② 按《附記》又云"惜今未見，將屬孫淵如就近借出，行且更刻之"。然孔書顧終未見，則孔氏之書不出，亦似爲惠氏地。《元和郡縣圖志》卽孔星衍假之孔氏，刻入叢書。而《禮記正義》雖顧千里欲從孫氏轉假，而不可得也。
③ 王觀堂以爲蜀刻無傳本，見《集林》，蓋非。
④ 元十行本見前。明陳鳳梧、汪文盛刻《儀禮》，亦皆用十行格式。
⑤ 《雙鑑樓書目》金梧亭臨"何校本"，云"有顧千里跋"。然顧於《重刻儀禮疏序》，未言及何校本。

是學人未嘗不知，且知而應用於校讎矣。其後湮滅者將百年。至乾隆季，黃蕘圃得景德本《儀禮單疏》，①繼與袁壽階得《爾雅疏》，遂復喧騰衆口。致錢竹汀云：“予三十年來，所見疏與注別行者，唯有《儀禮》《爾雅》兩經。”可謂傾倒至矣。及阮氏輯《十三經校勘記》，《儀禮、爾雅疏》皆據是二本校正。同時《穀梁疏》影宋殘本，歸周漪塘。雖係“單疏”，是鈔非槧，下眞迹一等。而吳志忠於《禮記校本跋》，謂“家藏有單疏《禮記正義》，已歸曲阜孔氏”。然此恐係八行注疏本，非單疏也。②　其後《周易正義》知藏於徐星伯，《公羊殘疏》散出於內閣大庫，《尙書》《毛詩》《禮記》《春秋》，宋槧古鈔，絡繹出於東瀛。可考者凡九經。今採其卷目行款著於篇。至於孤文勝義，則有專書在，非此得詳也。

《周易正義》十四卷，藏江安傅氏，自徐星伯、何道州、徐梧生，輾轉歸於藏園，詳見《藏園羣書題記續集》。傅氏有影印本。嘉業堂劉氏，以“日本鈔本”刻入叢書，多乖異，不足據。③傅氏跋曰：“《正義》原十四卷。《直齋書錄解題》，乃作十三卷。且引《館閣書目》言今本只十三卷。殿本《易疏》朱良裘跋，謂‘廣羅異本，得文淵閣所藏《易疏》殘帙，知孔疏“王注”，分六卷爲十卷。合之韓注三卷，而十三卷自備。緣注疏合刻之始，體例未定’，其說殊未審。陳仲魚得‘八行祖本’，亦十三卷，乃曰，‘原本只十三卷，今云十四卷者，殆兼《略例》一卷而言，’其說尤爲差謬。蓋孔疏爲‘王注’作《正義》，於《略例》邢璹注，未嘗加以詮釋。何緣併爲一談。今以宋本觀之，第一爲《八論》，第二《乾》，第三《坤》，以迄十四，爲《說卦》《序卦》《雜卦》。則十四卷之次第，宛然俱存。……夫目不睹原刊，而虛擬懸測，以曲爲之辭，宜其言無一當也。……又卷中桓、構等字已缺筆，則爲南宋覆雕可知。”有宋俞玉吾、明唐伯虎、清季滄葦、高松堂、莊虎孫諸鈐記。

《尙書正義》二十卷，卷首有端拱元年(公元九八八)，臣秦奭等《上校勘五經正義表》，永徽四年(公元六五三)，太尉無忌等《上五經正義表》。玄、胤、讓、敬、弘等字缺筆。日本楓山書庫舊藏，今藏圖書寮。見森立之《經籍訪古志》、楊守敬《日本訪書志》。楊氏云，“北宋刊本，或云南宋初刻本”。《古文舊書考》以爲避諱至廓字，係北宋舊板，寧宗後修補。有日人影印本，《四部叢刊三編》覆本，嘉業堂本。半頁十五行，與他經同。每行字數二十四，經、注起止並疏文各提行，與他經異，較疏朗悅目。卷二第廿六、廿七葉原缺，抄配。

《毛詩正義》四十卷，存卷八至四十，共三十三卷。原藏日人古澤介堂、井上□、竹添光鴻，後歸內籘湖南。宋紹興九年(公元一一三九)紹興府刊本，尾葉有書勘、都勘、再校各官銜

---

① 見《百宋一廛書錄·儀禮注》條云：“余於癸丑歲除，(乾隆五十八年，公元一七九三)得單疏本《儀禮疏》。”顧千里代汪閬源《重刻宋本儀禮疏序》，云“嘉慶初，入吾郡黃氏”。似未確。

② 《吳跋》見《文祿堂訪書記》。非“單疏”，說詳“惠校本辨”。

③ 凡嘉業堂刊“單疏”皆不依行款格式。有影印本出，可不必備。

名二十行。次淳化三年（公元九九二）進書官銜名李沆等四人十一行。又空五行，"紹興九年九月十五日雕造"，下接連有校對雕造官銜名四行。分卷詳見《古文舊書考》。有日人恭仁山莊影印本、嘉業堂本。

《儀禮疏》五十卷，自黃蕘圃家入汪閬源。道光庚寅十年（公元一八三〇），汪氏鳩工重刊。今原書不知何往，有影鈔本，藏北京圖書館。缺三十二至三十七六卷，又缺葉十三翻。嘉慶丙寅，顧千里爲張敦仁刻《儀禮注疏》，經、注用嚴州本，疏用此景德"單疏"，合編於江省。使阮氏刻《十三經》皆若此，何來後人之譏彈哉。① 又圖書寮有舊抄本《儀禮疏》一冊，存十五、十六。書法潦草，譌字亦不尠，然體式猶存"單疏"面目。

《禮記正義》殘本：一，古鈔卷子疏本，存《曲禮》下，凡四百七十七行，前後略有缺闕。② 分卷起訖，與孔疏本同。有日本影印卷子本。二，北宋刊殘本《禮記正義》，存六十三至七十，日本享延文庫舊藏。分卷與黃唐本合，每行二十七字。後有淳化五年（公元九九四）呂蒙正結銜銜名二十行。四祖太祖而下，餘諱俱無所避。通體初印清晰，中縫微有殘缺。《四部叢刊三編》影印本跋曰："淳化爲宋刻權輿，去卷子本一間耳。……《禮記單疏》，久絕中土，不圖千百年湮沉，一旦同時復顯。"此二種有《四部叢刊三編》影印本，嘉業堂僅刻卷子本二卷。

《春秋正義》三十六卷，影鈔宋槧單疏本，藏圖書寮。其目云："全冊係近籐守重手鈔，蓋文化間，自常陸國、久慈郡、萬秀山、正宗寺所藏景鈔宋槧單疏本再重鈔者。（十五行，廿五字）此本第八、九兩冊久佚，明治四十三年，清田吳焌獲諸坊間，遂歸本寮，始爲足本。"《叢刊本跋》云："東方文化學院，於去歲印行。是書中土久佚，吳興劉翰怡重刻所得殘本。（一之九，又三十四之三十六）猶孔氏自定之數，與涵芬樓藏沈中賓注疏合刻分卷同。惟第十，此由閔公至僖公五年，彼閔、僖二公各自爲卷耳。……其他各書，間附校勘。卷一第二十一、二十二頁，缺四十五行。卷二十九第二頁，卷三十第十四頁，各缺三行。卷三十四第四頁，缺二行，十頁，缺十五行。又卷一、卷二十七、卷三十六末頁均缺。以沈中賓本校之，其見於行間者，卷二，第二條"婦人以字取姓，故稱孟子"下，脫三十八字。疑當時漏寫，非所從出本之不同。尚有類是，未盡校也。"有東方文化學院印本、《叢刊續編》本、嘉業堂本。

《春秋公羊疏》殘本一冊，原藏蔣孟蘋，後歸寶禮堂潘氏，今藏北京圖書館。存卷一至卷七，起隱元至莊十二年"宋萬出奔陳"。卷首何休序解尙全存，卷二缺末葉，卷三缺前七頁，卷七缺第六及其後各頁。劉承幹跋云③："此'北宋本公羊疏'殘卷，行款、經文、注文、疏文，均

① 嘉業堂有覆張本《儀禮注疏》。
② 《叢刊影本》，改卷爲葉，葉之兩行，當卷之一行。
③ 劉跋皆董綬金繆筱珊代作。

接續而書。中惟空格爲記，亦有當空不空者。間有提行者，如桓六年末尾，八年中間。且有年代缺標題者。”按劉跋又云“刻工迫促”，則此本似爲當時通行本，非監刻也。有嘉業堂刊本。

《春秋穀梁疏》殘本七卷，缺五卷，此本傳係明李中麓家影鈔本，殘存卷六至十二。乾、嘉時，藏周漪塘處。愛日精廬及陳仲魚，均有傳鈔。愛日本歸涵芬樓，陳本今藏北大圖書館。（見《北大善本目》）半頁十二行，行二十、二十一字不等。（行款似非原式）凡疏《傳》處有“傳”字，疏《集解》處有“注”字。有嘉業堂刊本。

《爾雅疏》十卷，《爾雅疏》乾嘉時有二本，一歸士禮居，一歸五硯樓。嗣袁本亦歸士禮居，黃氏遂以己本讓之陳仲魚。（見《經籍跋文》。）其後，袁本不知所在，陸剛甫得一本，已入日本靜嘉堂，江安傅氏以爲卽袁氏本。然無二氏圖記，未可遽以定論。清末，烏程蔣氏得一本，有陳仲魚、汪閬源藏印。傅氏以爲卽黃本，王觀堂以爲陳氏本。實係一本。此本後歸涵芬樓，已影印於《續古逸叢書》及《叢刊續編》。又一殘本五卷，則藏寶應劉氏，見《藏園題記續編》。觀堂以爲“陸本用元致和、至順公牘紙印，蔣本以洪武官紙印，係元、明間舊板猶存”，殆其然也。觀堂又云：“諸疏行款，除《易疏》未見外，《書疏》每行二十四字，《詩疏》與《左傳疏》，每行二十五字，《儀禮疏》二十七字，《公羊疏》二十五、六、七字，《爾雅疏》三十字。[①]　其半頁十五行，則諸疏皆同。此亦六朝以來義疏舊式。考日本早稻田大學所藏六朝人書《禮記子本疏義》，每行二十八、九字，至三十字不等。富岡君撝所藏唐人書《毛詩疏》殘卷，每行自二十二字至二十六字不等。巴黎國民圖書館藏唐人書《老子道德經義疏》，每行二十四五字至三十字不等。其餘唐人所書佛經疏，亦無不然。是五代刊九經用大字，宋初刊經疏用小字，皆仍唐卷子舊式也。”

十三、單疏板刻考

北宋監本《易、書、詩、禮、春秋五經正義》，校刊於端拱，刊成於淳化。《周禮、儀禮、公羊、穀梁、孝經、論語、爾雅七經》，校修始於咸平，刊成於景德。[②]至靖康板蕩，胄監舊板，爲金人輦而之燕。南渡初元，未遑暇及。紹興九年七月，始下州郡索國子監元頒善本，校對鏤板。九月，復下諸道州學，取舊監本書籍，鏤板頒行。而當時監中不自刻書，悉令臨安府及他州郡刻之。此卽南宋監本。而魏華甫及荊溪岳氏所謂“南渡監本，盡取江南諸州”者也。板存太學，元改爲西湖書院。[③]據《續通考》引《元祕書監志》，元世祖至元十五年（公元一二七八），以

---

①　按《易疏》，每行二十五、六字，《禮記疏》每行二十七字。

②　《孟子疏》係南宋人僞撰，故記載無可考。

③　詳見王觀堂《五代兩宋監本考》、《兩浙古本考》，吳松鄰《重整西湖書院書目跋》。

景賢大學士許衡言，遣使取杭州等處凡在官書籍板刻至京師。然餘板留杭者尙夥。（見《重整西湖書院書目》）明初，板入南雍。今可考者，見《南雍志經籍考》。

　　王氏觀堂以爲所“載舊板，有《周易注疏》十三卷，《儀禮注疏》五十卷，《春秋正義》三十六卷，《春秋公羊疏》三十卷，《春秋穀梁傳疏》十二卷，《爾雅注疏》十卷。雖其名或稱《正義》，或稱《疏》，或稱《注疏》。然其卷數皆與北宋“單疏”合，（按《易疏》並不合，說見後）而與南雍之‘十行本注疏’不合。當卽南宋所刊“單疏”舊板。以其板久缺不印，又明人但知有《注疏》，不知有“單疏”。（按此說未是，見《單疏篇》）故卽以《注疏》目之。”夫王氏以烏程蔣氏藏《爾雅疏》，刷印用洪武二年蕭山、山陰二縣公牘，證此板明初猶存，而印於杭州者固也。然悉以所舉南雍舊板爲“單疏”，則似有不可。何則，明人雖無“單疏”之名，而“單疏”之義，固知之矣。（詳見前《單疏篇》）是考所舉舊板卷數，與“單疏”固有合，而與“越刊八行本”，亦未嘗不合也。其或稱《疏》，（如《公羊》《穀梁》）或稱《注疏》，（如《周易注疏》、《論語注疏》。唯《爾雅注疏》《儀禮注疏》二者有疑，說見後）烏知無意別於其間。蓋《注疏》之初萃刻也，其標目止從“單疏”。如故宮藏八行本《周禮注疏》，實《注疏》也，而標目止作《周禮疏》。潘氏藏黃唐本《禮記正義》，標目亦從“單疏”，而其卷二十六配頁，行款全同，乃作《禮記注疏》。是當時已有稱《注疏》者。則《注疏》之名，由來已久。《九經三傳沿革例》，已有“越中舊本注疏”之稱。監中舊板，觀其分卷旣有據依，《周易注疏》十三卷，《毛詩注疏》二十卷，均與越八行本合，而與“單疏”不合。則標目亦當從實。斷無混一不分之理。苟不加識別，則槪云《注疏》可矣，何以忽稱“疏”，忽稱“注疏”耶？今考《南雍志經籍考梓刻本末序》曰：“本監所藏諸梓，多自舊國子學而來，……自後四方多以書板送入。洪武、永樂時，兩經欽依修補。”則所藏蓋四方陸續彙集，非盡一時一地之所刻。① 又考《經籍考》內所載《周易注疏》十三卷，則與越刊八行本合，而與“單疏”並不合。（按“單疏本”十四卷，見《單疏篇》）《周易小字注疏》九卷，蓋卽建刻十行所謂兼義本。其《周易大字注疏》六卷，則據《古文舊書考》、日本同光寺有舊刻六卷本《周易》，無十翼，原出宋淳熙尤袤刊本。尤氏跋云：“建學，有《重言重意周易》分爲六卷，”則此六卷本爲從建本併合注疏者又何疑。其《尙書注疏》二十卷，分卷與“單疏”合，亦與越刊八行本合。《書經小字注疏》，以《周易》例之，疑亦十行本。《毛詩注疏》二十卷，與元刻大字本合，而與“單疏”四十卷者不合。《毛詩正義》一卷，王氏觀堂以爲卽四十卷之殘本。《春秋正義》三十六卷，與“單疏”合，亦與越刊八行本合。《公羊疏》三十卷，《穀梁疏》十二卷，則與“單疏”合，而“八行本”未見。《儀禮注疏》五十卷，《爾雅注疏》十卷，② 均與“單疏”卷合，而名從《注

---

①　《南雍志·紀事》，“弘治四年，祭酒謝鐸上言，‘本監所有書板，雖舊多藏貯，而散在天下者，未免有遺。……乞敕各布政司，將所有如《程朱大全集》《宋史》等書，盡行起送到監’。是弘治時猶有書板陸續送監。

②　按《南雍志》謂《儀禮注疏》，“舊板壞失，止存五面。是殘毀過甚，其稱名容有誤“單疏”爲《注疏》者。（《爾雅注疏》疑同此）島田翰遂以此爲“八行本儀禮注疏”，竊恐未然。說見第八篇。

疏》。《孝經注疏》一卷，《論語注疏》十五卷，與各著錄均不合。殆亦《周易》六卷本之類。且梅氏於《新刊儀禮注疏》十七卷下注曰：“《十三經》刻於閩者，獨缺《儀禮》，以楊復《圖說》補之。嘉靖五年，巡撫督御史陳鳳梧，刻於山東，以板送監。”時李元陽始以是年成進士，則此閩刻當指建刻舊板。足見諸刻彙萃，非一時之事。王氏概以爲“單疏”，似有可商。蓋王氏未見《周易》單疏，不知十四卷始爲“單疏本”。十三卷者，乃越刊八行本耳，致生此論。亦板本之學，後生易爲力之一徵也。

十四、金刻本注疏考略

金源刻書，麕於平水，蒙古南下，文物多靡。是以經籍傳世，僂指可數。今可考者，有《尚書注疏》二十卷，鈔補五十七葉，舊藏罟里瞿氏。見《瞿目》及《文祿堂訪書記》。[1]《瞿目》曰：“卷首卷一篇題，與十行本同。卷二以後，次行並具孔氏銜名。‘撰’下並有“正義”二字，而“孔氏傳”下，仍有‘孔穎達疏’四字。《正義序》後，有《新雕尚書纂圖》。首爲《書篇名十例》《逸書篇名》，次爲《圖》，凡十九。曰《唐虞夏商譜系圖》，曰《歷象授時圖》、曰《堯典中星圖上圖》，下曰《日永日短圖》，曰《璿璣玉衡圖》，曰《律度量衡圖》，曰《諸侯玉帛圖》，曰《十二章服圖》，曰《虞舜九韶樂器圖》，曰《禹貢九州地理圖》，曰《隨山濬川圖》，曰《任土圖》，曰《干羽圖》，曰《周彝圖》，曰《太常圖》，曰《圭瓚圖》，曰《牧誓兵器圖》。而《地理圖》中，有款一行，曰‘平水劉敏仲編’。蓋卽校刻之人也。與《考文》宋板合者十九。每卷後總附《釋文》，並載全文，不似他本割裂刪改，亦與《考文》所引宋板相符。考《尚書》注疏合刻，止以十行本爲最古。（按，此季氏承阮氏之誤）但經正德修板，訛誤良多。此刻時代較前，合之足利宋板，互相參證，則《考文》所稱‘今本《注疏》，錯雜紛亂殊甚者’，猶足以袪其弊而復其舊焉。半頁十三行，行大字二十六至二十九，小字皆三十五。蠅頭小楷，雕鏤極工。”又殘本十卷，存卷六至十，卷十六至二十，藏北京圖書館。《清學部圖書館善本目》著錄曰：“每篇前列《書序》，每卷後列《釋文》，均與《瞿目》載本合。此書雖無首冊，不能證《地理圖》中‘平水劉敏仲編’云云。然殷、敬、匡、愼諸字，皆不缺筆。而末卷《釋文》後，有‘長平董溥校正’六字，考《金史·地理志》‘河東南路平陽府’注云：‘有書籍’，‘臨汾縣’注云：‘有平水。’又‘澤州高平縣’注云：‘有丹水。’據《太平寰宇記》云：‘丹水一名長平水，水出長平故地。’然則董溥爲高平人，而稱長平，猶劉敏仲爲臨汾人，而稱平水。以編校平陽府書籍，墒有可信。”又藏園藏卷十八殘本一卷，見《藏園題記》。有《毛詩注疏》二十卷，存卷二，見《文祿堂訪書記》，又《谷風》殘頁，見《宋元書影》，又卷二第十六頁，亦藏園藏。王觀堂謂刊工精雅，與宋越本、建本均不同。定爲平水刊本。惟以爲源出蜀本，則未必然耳。

---

[1]　今藏北京圖書館，新編《善本目》作蒙古刻本。

十五、元刊本注疏考略

元刻有十行本注疏,已見前《宋元十行本篇》矣。然刊於何帝,迄無定論。前人大抵以爲刊於泰定時。《孝經校勘記》云:"是本刊於明正德六年(公元一五一一),皆元泰定間刊本舊式。"森立之《經籍訪古志》於《春秋公羊傳注疏》二十八卷云:"元大定四年刻《十三經》之一,明正德補刊,所謂十行本者。"① 又《論語注疏解經》二十卷,元泰定四年刊,間有正德補刻。② 其見於著錄者,《公羊》《論語》外,有《周禮》《春秋》,見於《季滄葦書目》,《周禮》《禮記》,見於《持靜齋書目》,《左傳》見於《觀海堂書目》《適園藏書志》,《穀梁傳》見於《破鐵網》,《孝經注疏》九卷,泰定三年刻本,見《北京圖書館善本書目》。其吳志忠謂曾見初印《易經注疏》,"卷末有至正某年結款,後來印者則脫之矣。見《文祿堂訪書記》《吳氏校本禮記跋》。錢求赤、盧抱經於《易疏跋》,亦以十行爲元本。至《廉石居藏書記》云:"世所傳十行本注疏,原出於宋,大抵皆元大德四年重刊本。""大德"當係"泰定"之誤也。然元時繙刻,初不限於十行本,有八行本《毛詩注疏》二十卷,見《經籍跋文》,云"元刻大字本,行十八字,《傳、箋》《釋文》及《正義》夾行,行二十五字。款式與向藏《周易注疏》符合,(指越刊八行本)匡格亦約略相同。惟比附《釋文》,而夾注字密耳。"又云:"《正義》原書別行,後來合併。其初合時,尚無《釋文》。或又以詁訓傳有釋文之本彙刻,即依其卷帙爲此,故作二十卷。不依單刻正義本作四十卷。元人刻此,逐承宋刻二十卷之舊第。余別有十行本《注疏》,則作七十卷。是又從四十卷妄分,相傳至今。"《愛日精廬藏書志》亦著錄此本。有九行本《爾雅注疏》十一卷,匡、胤、恆、桓等字缺筆。蓋取原於宋本。森立之以爲傳世無南宋十行本《爾雅》者也。有正德修補頁,或亦稱正德本。其分卷極無義理,(詳《爾雅校勘記》)而"明李元陽本"即據此本。所刊他經,亦皆九行,則不知改從九行,抑別有據也。夫元刻雖繙自宋本,而有勝於宋者,則所承之祖本異也。③ 如平陽府梁宅刊《論語注疏》十卷,標題無"解經"二字,而分卷亦從"單疏"之舊。與今傳世蜀刊本相同。實勝乎十行本。繆氏《藝風藏書記》曰:"十行本有空缺,閩、監本同,毛本以意補。此本獨全。凡浦鏜《正字》及阮氏《校勘記》所疑誤字,此本皆不誤。雕刻之精,儼然北宋體格,亦決非十行本所及。"原書舊藏玉海堂劉氏,已影摹印行。然則謂板本之學必侫宋者,豈平情之論哉。

---

① 案"大定"當作"泰定",《十三經》當作"羣經"。以元亦無會刻十行本《十三經》,見《宋,元十行本篇》。

② 《論語校勘記》,已云"中有一葉,下邊書泰定四年年號",而仍云"宋刻。元、明遞有修補"者,非也。《十三經影譜》之正德十行本《論語》,即此本。

③ 黃藝圖《大德本後漢書跋》:"《後漢書》本,宋刻佳者,淳化不可得見,景祐本殘者有之。此外如建安劉元起刊於家塾敬室本,又有一大字,皆名爲宋,而實不及元、明刊本。何以明之,蓋所出本異也。"

十六、明刊單行注疏考略

　　明初四方書板多入胄監。洪武、永樂,兩經脩補。蓋《五經、四書大全》未脩前,《注疏》固未廢也。今考明初繙刻者,有明永樂二年甲申刊《周易兼義》九卷《釋文》一卷,《略例》一卷,見《觀海堂目》及《北平圖書館善本目》。有《尙書注疏》二十卷,覆宋大字本,見《皕宋樓藏書志》《靜嘉堂祕籍志》。半頁八行,蓋原出用越本行款重刊建本者。有《孝經正義》三卷,宣德刊,蓋嚴厚民輯《校勘記》分卷所從出。① 《孝經正義》九卷,正德重脩本。② 《重刻孝經注疏》,金臺汪諒刻本。(見嘉靖元年,公元一五二二汪諒刻《文選》目後,無卷數)復以舊“閩刻注疏”,獨缺《儀禮》,及嘉靖間,紛紛補刊。首爲陳鳳梧,刊於嘉靖五年(公元一五二六)。③ 用十行舊式,以板送監。④ 次汪文盛刊於福州,⑤ 亦用十行舊式。又《儀禮注疏》十七卷,板式文字,與陳本合,序下題“賈公彥撰刪”等字,疑在陳本後,見《楊氏訪書志補》。又聞人詮刊《儀禮注疏》十七卷,聞人與李元陽同年舉進士,刊板亦當前後。觀其採用九行,時風所趨,亦足見也。聞人又刊《周禮正義》四十二卷,見《淸學部善本書目》及《北京圖書館目》。暨崇禎時,有沐日堂熊九岳氏刊《爾雅注疏》,見《觀海堂目》。熊氏曾欲遍刊諸經,據《十三經影譜》所見,僅《四書注疏大全》,以《論、孟》用古“注疏”,抽刻《禮記、學、庸》,合爲一書。蓋與汪諒刻《孝經》,均坊刻趨利,無足論矣。

十七、明閩刻監刻汲古閣刻三注疏考略

　　諸經《注疏》,皆陸續刊刻,其各經彙印,蓋始明初。(參《十行本宋刻元刻辨篇》)其全部彙刻,可考見者,始嘉靖時李元陽。李氏嘉靖五年舉進士, 同年江以達、聞人詮、田汝成、談

①　見《皕宋樓藏書志》。然近人校《靜嘉堂祕籍志》,以爲《孝經注疏》九卷,正德刊本。非三卷,待考。

②　《廉石居藏書記》曰:“‘十行本注疏’原出於宋,大半皆元大德四年重刊本,(‘大德’當作‘泰定’,見《元刊本注疏篇》)至明正德六年重脩以後,時時遞脩。以脩少者爲貴。獨至《孝經》,‘大德’(當作‘泰定’)舊板,一頁不存,均是正德六年刊本。內有不記年號之數,是在正德以後補刊,非正德以前舊板。《藝芸精刊本自序》,亦未見宋本,以正德本拓大刻之。”

③　《百宋一廛賦注》:“陳鳳梧、李元陽、聞人詮,散疏入注,而注之分卷,遂爲疏之分卷。又去疏所標經文起止,蓋出於陳鳳梧,明正德時事也。”按陳氏刊於嘉靖五年,見《南雍志經籍考》。顧氏以爲正德,似誤以所刊《儀禮鄭注》之年日,爲刊《儀禮注疏》之年日,待考。

④　亦見《南雍志經籍考》。《十三經影譜》以爲陳鳳梧以舊板印行,填入己名,見《影譜》三十五、六頁。然陳氏所刻經籍頗富,如《儀禮白文》二十二卷,細字本,白文十七卷後,復取《大、小戴記》補之。正德年刊於湖南。見《丁氏善本書志》。《儀禮鄭注》十七卷,正德辛巳十六年刊。蓋以鈔本上木。見森立之《訪古志》,楊氏《訪書志》。又《周禮》六卷,見《孝慈堂書目》,惟《羣碧樓書目》,以爲“嘉靖丁亥何氎刊本,陳氏序”,爲異。又《重修政和經史證類編用本草》三十卷,見《寒瘦山房目》。恐非用舊板。參《閩本注疏篇》。

⑤　嘉靖初,官福州時刊。見《丁氏善本書志》。《十三經影譜》以汪刻本爲正德本,待考。

愷，皆以刻書名，亦風氣也。嘉靖中葉，李氏巡按閩中，同年江以達，官福建提學僉事，遂同刻羣經注疏。以刻於閩中，故稱閩本。① 其據本，則《爾雅》用元槧九行十一卷本，《儀禮》顧千里以爲出於陳鳳梧本，《尙書》《毛詩》《禮記》《論語》《孟子》，蓋出於十行本，它經傳當亦出十行而不可考。其半頁九行，惟《爾雅》知從元槧，餘經係改從《爾雅》，抑別有所據，則不可知。清人以其注文改用中號字，上冠“注”字，以爲出自李氏，非宋版舊式。(見《左傳校勘記》) 然《注疏》舊本，本以“注”字大書居中，(見八行本《周禮疏》) 則冠“注”以醒目，亦未可非也。且本中佳處，往往與宋本合，(見《左傳、爾雅校勘記》) 監本毛本且從此出。固明刊之佼佼者也。後印本多削去校勘姓氏一行，或補一木條，欲刻刻疏人而未刻，乃脩板者爲之。(見莫友芝《舊書經眼錄》) 然則陳鳳梧本亦有削去姓名及填注名字者。蓋監中獲板，或卽剗削原刊人姓氏，而陳氏於送監後再刷印餉贈，復以填木添入本人名字。而《十三經影譜》逐以爲陳氏獲舊板印行，殆未必然也。及萬曆時，北京國子監據閩本重雕，工始萬曆十四年，(公元一五八六) 至二十一年，(公元一五九三) 告竣。故稱北監本。行款分卷，皆依閩本，惟注文改用小字單行，空左偏右 (見《左傳、爾雅校勘記》) 與閩本用中字者不同。版心皆記刊刻年日。每卷標題次行，分別列校刊及重脩者祭酒司業銜名。校刊之祭酒歷八人，司業歷七人，重脩之祭酒司業，僅二人終其事。《公羊傳》，十行、閩本皆不題撰疏人姓名。此本始依《崇文總目》作“徐彥疏”。又諸經除《孟子》《三禮》皆注明“附陸德明音義”。惟《三禮》雖於首頁未加注明，而《周禮》《禮記》，亦實附《釋音》。清康熙中有重修本，見《儀禮注疏校勘記》。及崇禎改元(公元一六二八)，汲古閣毛氏，始於是年歲刊一經，(見《書林淸話》) 至庚辰(崇禎十三年，公元一六四〇)刊竣。毛氏家多宋本，而《注疏》僅以北監本翻刻。(見《毛詩校勘記》) 行款訛脫，多仍其舊。惟《論語注疏》，誤字少於監本。(見《論語校勘記》) 《爾雅注疏》分大、中、小三等字，似從閩本覆刊。此本行世極廣，脫誤亦甚。(如《周易》無《略例》《音義》，《公羊》不載景德牒文) 其後板歸掃葉山房席氏，漫漶不可識讀。乾、嘉中，脩補翻刻，益增訛舛。如《禮記注疏》《曾子問》外，《禮運》《禮器》《坊記》《中庸》《大學》《鄕飲酒》《射義》諸篇，脫誤累累，見於《羣書拾補》者，可考見也。此三本，《七經孟子考文》謂之嘉靖本、萬曆本、崇禎本，而顧千里所謂“於此三者，更不區別，謂之‘俗注疏’而已”。故今不復具論。

後　　語

余爲《阮氏重刻十三經注疏考》竟，曰：甚矣！乾、嘉之士，瞰名之甚也。夫淸儒於說經之

---

① 李氏事蹟，據《明傳記綜合引得》見萬斯同《明史》《國朝獻徵錄》《蘭臺法鑒錄》《明人小傳》《本朝分省人物考》《明詩綜》《明詩紀事》。江氏事蹟，見《明史》《明史稿》《皇明詞林人物考》《明詩綜》《明人小傳》《列朝詩集小傳》《明詩紀事》《靜志居詩話》，以及《福建、贑州各志》。《四庫提要》於江以達《江午坡集》云：“江係湖廣僉事，非福建編也”，反以《千頃堂目》爲誤。未詳考也。

書，標名古學，以自尊異於講章帖括之業。吳門三惠，皖南江、戴，實爲魁桀。然於校勘，實衍義門昆仲之緒餘。今檢《校勘記》，其校《周禮》《公羊》《穀梁》《孟子》各本，多據何校，是也。何氏之說，前人譏爲紙尾之學，① 而惠、戴之學，亦何以異於是。惟其取徑不同耳。其始皆不過於時文中，用一古義古訓，以求警策於主司。② 繼乃以詁訓校勘之學，曳裾於顯貴。③ 適其時清乾隆帝弘曆，驕矜自喜，欲以古書錮天下之耳目。而紀昀、朱筠、畢沅、阮元諸人，復逢迎提倡於下。於是舉天下學人之聰明心力，入於考訂一途。其上者，詁訓聲韻校勘之學，未嘗不能自立於今之世。然其弊，慕虛喪實，有不可言者。嘗謂清初曆算之學，與歐西不相遠，自戴東原作《勾股割圜記》，取梅文鼎所著《三角法舉要》《塹堵測量》《環中黍尺》三書，易以新名，飾以古義，以曆算成書，爲經生祕記。誠如李善蘭所謂："勿庵之著書也，惟恐人之不知，故闡幽扶微而不厭其詳。東原之著書也，惟恐人之知，故藏頭露尾而不覺其略。非學術之有異，乃心術之不同者也。"④ 復於四庫館校輯《算學十書》，開研求古算之風。同時錢大昕竹汀，欲以求勝，乃力主三統超辰及太陰太歲之說以自異。⑤ 使曆算之學，疲於故書而不知進，則錢、戴二氏，不得不謂爲之厲階也。是以乾、嘉時，考訂之風極盛，而變詐之行，亦幾不可問。若戴氏之擅改《永樂大典》，襲《水經注釋》，固無論矣。（見附錄《段、顧校讎篇》）他若各家著書，互相詆諆者，殆不勝數。⑥ 蓋當時學人，奔走於聲利之途，不依恃於達官貴人，如紀、朱、畢、阮諸人者，即締歡於大賈巨室。試檢《揚州畫舫錄》，則當時所謂大師，如惠定宇、戴東原、錢竹汀、全謝山、杭董甫，靡不往來邗上，寄身其間。而上溯朱竹垞、厲樊榭諸君，亦莫不主於巨家，乞其餘瀝。⑦ 至若抱經、雅雨，平津、馮翼，或漢北江南，萬里通譜者，益可嗤

① 《鮚埼亭集》《姚薏田壙志銘》："薏田嘗述義門之言，以爲厚齋不脫詞科中人習氣。予謂之曰，'義門不脫紙尾之學習氣也'。薏田大愠。"

② 惠、戴工制藝，見《制藝叢話》以及各家碑傳，言進試見知於座師者，不勝數。翁方綱《復初齋集》《考訂論》上之一："學者束髮受書，則誦讀朱子《四書章句集注》，迨其後用時文取科第，又厭薄故常，思騁其智力。於是以考訂爲易於見長。"可參證。

③ 見各家文集、筆記者夥，不列舉。沿至清季，猶有繆筱珊之爲端方、盛宣懷刋、購書籍。

④ 見李氏爲黃炳垕《交食捷算序》。按章學誠《與史餘村書》云："僕爲邵先生言，戴氏學識'雖未通方，而成家實出諸人之上。所可惜者，心術不正，學者要須愼別擇爾。邵先生深以僕爲知言。"……又《答邵二雲書》云："抑知戴氏之言，因人因地因時，各有變化，權欺術御，何必言之由中。"是戴氏言行不符，心術不正，當時固有人言之矣，非李氏之私言也。章書見《文史通義補遺續》。

⑤ 黃汝成《歲實朔實考校補序》云，"錢先生（竹汀）《三統術衍》亦未推原其所以創術者"，蓋"超辰"止劉歆一家言，錢以爲古曆固有，說誤。

⑥ 如章學誠《文史通義》《匡謬》《黠陋》諸篇，隱指全謝山、杭董甫，王鳴盛《蛾術編》指斥戴東原、《汪容甫年譜》隱斥蔣心餘，玆不詳舉。

⑦ 安麓村贈朱竹垞萬金，修《經義考》，惠松崖感參茸之惠，以《後漢書訓纂》贈汪對琴，全謝山於朱自天奔走醫藥，有再生之誓，見《畫舫錄》及《雕菰樓文集》。

矣。① 然則管培蘭所謂"阮門諸子，無不沽名趨利，聲氣之士，半出其中者"，豈獨一阮門哉。（見《花近樓叢書跋》）時未嘗無淡泊自安之士，而爲政治經濟所囿，雖欲自拔而不可得。是以媢嫉自私之心盛，而是非公義之心微，有不知其然而然者。滌塵振其聵，在今之世哉。

附錄：段顧校讎篇

考段、顧二家文集，互相諷斥，其見於顧氏《思適齋集》者，如：

爲張古餘《重刻儀禮注疏》，代撰序文，以見己意，曰："《儀禮鄭注、賈疏》，前輩每言其文字多誤者。予因徧搜各本而參稽之，知經文尙存唐開成石刻，可以取正。注文則明嘉靖時，所刻頗完善。其疏文之誤，自陳鳳梧以下，約略相同。比從顧千里行篋所，見所用宋景德官本手校疏，……又用宋嚴州本校經及注。視嘉靖本尤勝。遂與千里商榷，合而編之，重刻以行世。其列卷依景德爲五十者，以尙是賈氏所分也。自卅二至卅七，損失六卷，校以魏鶴山《要義》，而循其次第者，魏所用卽景德本也。餘卷有缺葉，不得不取明以來本足之，而必記其數者，傳信也。經注之間，有與疏違互者，以其原非一本，不可強同也。嚴州本之經，較諸唐石刻或有一二不合，今猶仍之者，著異本之所自出也。注與疏，兩宋本非無小小轉寫之訛，不欲用意見更易者，所以留其眞，愼之至也。至於經也疏也，於各本孰爲同，孰爲異，袪數百年承譌襲舛，以還唐、宋相傳之舊，則犖然具在，不難覆也。若復近日從事校讎者，不止一家。聚其論說，或取諸《經傳通解》或直憑胸臆而已。②"

按，其刻之如此之愼也。使阮氏當時從其議，何至來後人之訾議哉。（說見第五篇）又於《撫本禮記鄭注考異附記》曰："南雍本世稱十行本，蓋原出宋季建附音本而元、明間所刻。③ 正德以後，小有脩補，小異大同耳。李元陽本、萬曆監本、毛本則以十行爲之祖，而又輾

① 盧抱經文弨，系山陰，盧抱孫見曾，系德州，而抱孫於《雅雨堂叢書》《刊尙書大傳後跋》曰："家姪侍讀文弨，別撰《考異》一卷，《續補遺》一卷，爰幷刻之，以廣其傳。丁丑（乾隆二十二年公元一七五七）見曾識。"時盧官兩淮都轉也。孫星衍淵如，系陽湖，而孫葆年日秉，系承德，起家州縣，乾隆甲寅（乾隆五十九年，公元一七九四）擢山東布政使。次子馮翼，後更名彤，以蔭生通判官郎中，嘗刻《問經堂叢書》，見《雪橋詩話》。淵如於其所刊'世本'曰："余攜歸金陵，家郎中馮翼，亦爲此學，既得錢本，復據古書，補其未備，校訂付刊。"是孫於官山東河道時，與其通譜也。

② 本集《重刻宋本儀禮疏序》："張古餘太守，得其校本，（卽顧氏用'單疏'校本，此序代汪氏作。）別合嚴州經注，重編於江省。……惟時段若膺大令，亦得此校本，謂之《單疏儀禮》，亦訂正自來用《經傳通解》轉改之失。"按《文祿堂訪書記》《吳志忠儀禮校本跋》"碩甫（陳奐）借來稿冊，係其師江鐵君沅，以段茂堂《集解》校《注》，'單疏'校《疏》之本，續於乃祖艮庭先生舊讀本。……段校《集釋》，幷雜鍾人傑本。不知鍾刻較明代諸劣刻則善，若云嚴本，尙去霄壤。《集釋》雖佳，何如嚴本。段以得見嚴本者，乃去嚴本而從李。"是段雖見嚴本及"單疏"，尙多據《儀禮經傳通解集釋》之說。又本集《顧校儀禮疏跋》："校《疏》諸家，大抵見於盧紹弓《詳校》中。乃浦聲之多憑臆之改，金榜閻惟'通解'是從，識者病之。"案《儀禮集釋》，宋李如圭撰，戴東原於四庫館校上。

③ 案顧氏謂傳世十行本皆元、明間刻，亦未盡是，見第七篇。

轉相承。今於此三者，不更區別，謂之‘俗注疏’而已。近日有重刻十行本者，款式無異。其中字句，特多改易。雖當否參半，但難可徵信。”①

又於《重刻古今說海序》曰：“若夫南宋時，建陽各坊，刻書最多。惟每刻一書，必倩雇不知誰何之人，任意增刪換易，標立新奇名目，冀自炫鬻，而古書多失其眞。”

　　按以上二節，皆明宋坊刻之不足據。

又曰：“逮後坊刻就衰，而浮慕之弊起。其所刻也，轉轉舛錯脫落，殆不可讀者有之。又甚而奮其空疏，白腹敷衍，塗竄創痕，居之不疑。”

　　按，此似指斥黃蕘圃刻《輿地廣記》及李富孫爲汪氏刻《衢本郡齋讀書志》。②據淸華大學藏《古今說海》，道光元年苕溪邵氏酉山堂重刊。則此序作於元年辛巳左右，正顧、黃交絕時也。（顧黃交絕，余別有考）

又曰：“或且憑空搆造，詭言某本，變亂是非，欺給當世。陽似沽名，陰實盜貨。”

　　按，此似指戴東原襲趙一淸《水經注釋》事，考趙、戴《水經注》爭議，始於己巳，（嘉慶十四年）《段茂堂與梁曜北書》，見《經韻樓集》。去趙戴元初刊《水經注釋》時，（趙氏《水經注釋》，最初刊於乾隆五十一年丙午）已二十餘年。若非因“學制備忘”之爭，牽連及之，何以至是始加以追辯乎？

　　又按，顧氏與段氏諸書，爲徐紫珊於刻集時刪却。其後李越縵汰存其與段氏第二、第三書，見《越縵堂日記》（光緒四年五月）。僅存經義辯駁，於所謂枝辭側出者，皆不得見。蓋必有述及《水經注》者，於是趙、戴之議生。嗣復有以趙東潛曾受全氏之說，而爲謝山鳴不平者，於是張石舟有全氏《水經注》之辯。此雖無確據，固可推證而知，他日顧書重出，當有以證吾說。

又集中《重有感》詩：“南華發塚枉生哈，莫挽頹波是殉財。曲禮頓教王式去，公羊頻告鄭詹來。但存博士同門蔽，況有高人割席猜。獨恨漆書私改日，豎儒重敭祖龍灰。”（原注：“壬戌九月西湖作。”按壬戌爲嘉慶七年）

　　按，此千里於十三經局時爲當時學人寫照，似非僅指戴。然戴氏私改《永樂大典》，有不可諱者。王觀堂《跋聚珍本戴校水經注》曰：“由此氣矜之過，（指戴氏）不獨厚誣《大典》，抹摋諸家本，如張石舟之所讖。且有私改大典，假託他本之迹。如蔣氏所藏《大典》本，（按後歸涵芬樓，今藏北京圖書館）第一卷有塗改四處，《河水》一，‘遲記綿邈’，‘遲’‘邈’

──────────

①　案此嘉慶庚辰二十五年《重刻撫本禮記釋文考異後附記》，故云“近日有重刻十行本者”。其初刻《考異》，則丙寅十一年也。莫氏《經眼錄》附《撫本禮記釋文》有“嘉慶二十五年庚辰，宋本釋文再校修訖印行”一行。又《考異》末條，亦經改定。距丙寅初刊，已十五年矣。

②　見《思適齋書跋》卷二《輿地廣記殘本及新刻本二跋》，又《郡齋讀書志四跋》。

二字中，惟‘辶’‘辶’偏旁，係大典原本，‘叚’‘貌’二文，皆係刮補。乃從朱王孫箋。又‘令河不通利’，‘令’字大典作‘今’，乃從全、趙二本，改‘今’字下半作‘令’。‘天魔波旬’、大典與諸本同。乃改‘天’字首筆作‘天’，以實其校語中‘天’‘妖’字通之說。《河水》二，‘自析支以西濱於河首左右居也’，《大典》與諸本同作‘在右居也’。乃從全、趙二本，改‘在’字爲‘左’。（原注：‘全、趙從孫潛夫校。’）蓋戴既託諸《大典》本，復慮後人據《大典》本以駁之也。乃私改《大典》原本，以實其說。其僅改卷首四處者，當以其不勝改而中止也。此漢人私改蘭臺漆書之故智，不謂東原乃復爲之云云。”此與顧說可相印證者也。

又集中《陳仲魚孝廉索賦經函詩率成二十韻》：“南宋併‘注疏’，越中出最早。後則蜀有之，《沿革例》了了。今均無見者，款式詎可曉。唯‘建附釋音’，三山別離造。黃唐跋《左傳》，其語足參考。流傳爲十行，一線獨綿藐。勝國在南雍，修多元漸少，遞變‘閩’‘監’‘毛’，每次加潦草。年來幾同人，深欲白醜好，謂此已僅存，究遺乃當抱。寓公得陳髯，志力兩夭矯，盡改十一種，（按陳仲魚藏十一經，見《經籍跋文》。）雞蹠食庶飽。……阿誰負大力，悉舉重棃棗。……惜哉西湖局，雅志敗羣小，若爭自癡絕，未障狂瀾倒。……撫函再三嘆，冉冉吾其老。”

按，此亦述及經局事，云“若爭自癡絕，未障狂瀾倒”，可見當時爭議之劇烈。詩未著年月，但末云“冉冉吾其老”。按“五十以上曰老”，考千里五十歲，爲嘉慶二十年乙亥。陳氏卒於二十二年。詩內猶言“阿誰負大力，悉舉重棃棗”。是阮氏重刊之議尚未行，當係二十年左右時也。

其於校勘經疏也，阮氏《十三經校勘記》，成於丙寅（嘉慶十一年），則於丁卯（嘉慶十二年）《書尙書撰異後》曰：“《君奭》‘在讓後人於丕時，嗚呼’，盧文弨及某人，據《正義》云‘周公言而歎曰’，補‘公曰’二字於‘嗚呼’上。（按此盧氏《羣書拾補》據《七經孟子考文》古本補）按，此盧氏誤於某人之妄說，而《撰異》誤采之。……某人無足道，吾恐其爲《撰異》累，或且爲經累，不辭爲之辨如此。”

今按《尙書撰異》此條下曰：“盧補‘公曰’二字於‘嗚呼’上。顧氏廣圻曰：‘非也。’玩‘言而歎曰’云云，則知‘嗚呼’君已同，不當有‘公曰’也。”是段改從顧，當在丁卯段、顧交絕前。

又《書毛詩詁訓傳定本後》曰：“《玉篇》‘頎，渠衣切，《詩》云，“碩人其頎”，《傳》‘頎，長貌’，又頎頎然，佳也’。此爲黃門原本。一誤而爲‘碩人頎頎’，《傳》‘頎，長貌’，蓋‘其頎’涉下而訛成‘頎頎’而已。再誤而改‘頎頎’上字爲‘其’者，錯剡‘頎長貌’之‘頎’，又訛‘其’爲‘具’。凡此致誤之由，顯可尋究。讀者喜新尙異，於是臧琳撰《經義雜記》，乃據今日最誤之《玉篇》。（今本《玉篇》作‘碩人頎頎《傳》具長貌’）以爲據《鄭箋》，知《詩》‘頎’字本重文。六朝時猶未誤,故顧黃門據之。不知經文'頎'自一字,箋'頎頎然'自重字。……段氏旣因予駁之,知改經文之謬而不從。然又添改傳之'頎長貌',爲頎頎具長貌,云依《玉篇》。以'頎頎'歸之《傳》,固有重字之例也。俱'具'字爲'其'字之訛舛顚倒,則《玉篇》尙在,恐傳文亦未容改也。"

　　按《毛詩校勘記》下,引臧說而駁之。是顧不依段也。而今段之《毛詩詁訓傳》仍作"頎頎具長貌",是段亦不從顧。

又曰:"'頎弁',《傳》'霰暴雪也',並無誤。段云,'暴'必是訛字,當作'黍',則誤矣。"

　　按,《毛詩校勘記》,此條無說,是顧未採段說。而《毛詩詁訓傳》仍改"暴"爲"黍",亦未從顧。

又《與段大令論椒聊經傳書》云:"委補定《毛傳》,鹿鹿未得從事。兹承命取還,謹奉到。其中有記出者,亦無甚緊要。唯《椒聊》詩,鄙說向與尊定者不同。……此前爲阮中丞撰《考證》時,所以不載尊定而別作云云者也。今見尊定稿中頗有用《考證》者,而此經未改。故敢引用前說,附呈左右。"

　　按,此條段氏原改經文首章作"遠脩且"次章作"遠條且",增《傳》文"條長也"爲"脩條長也"。今檢《毛詩詁訓傳》經文傳文,已依顧不增改。又云,"此總釋二章"是段已用顧說。考段氏於《毛詩詁訓傳》明標顧說者,止《桑柔》"赫"字下一條。亦未言採之《考證》。引它家說者,有程瑤田,見《大車》;盧弨弓,見《伐檀》;阮元、汪龍,見《椒聊》。以上沿《校勘記》之餘波,皆丁卯作。是年學制之爭起,而兩家之交絕。

又於《重刻宋本儀禮疏後序》曰:"何用如若膺大令,及其晚年,別讀《詩序文王之所以敎鄭注》,而後始見其或不言文王、或言文王有不合。仍未述及賈公彥具有明文,轉謂從前不能知此哉。"

　　按,此指《經韻樓集》《讀詩序禮經二注》,文末段氏自跋"年七十四,戊辰(嘉慶十三年)六月二十四"。《儀禮疏》刻於道光庚寅十年(公元一八三〇)。時段氏早歿。而猶敍及,甚矣恩怨難爲言也。

其見於段氏《經韻樓集》者:丁卯以後各文,幾皆爲顧氏而發。其丁卯以前者,如《跋黃蕘圃蜀石經毛詩殘本》甲子(嘉慶十年)云:"余爲阮梁伯定《十三經校勘記》,則取《甘棠》'召伯聽男女之訟,重煩勞百姓',此與《司馬相如傳》'方今田時,重煩勞百姓'同解。今本有'不'字,非也。"

　　按,此條今見《毛詩校勘記》《蜀石經本》下,未標明段氏說。不知段氏校定時增入,抑顧氏隱而未言也。

　　又按,《濟及不濡軌》作於戊辰六月,而《毛詩校勘記》說同,此則疑係段氏重定時校增也。

其作於丁卯者,如《二名不偏諱說》《曲禮君天下曰天子》《周人卒哭而致事》《禮器先王之立禮
也有本有文》《禮器注告尸行節至無方》《雜記公視大歛》《喜饗二字釋例》(文內"莽人"指顧
氏,見己巳《答顧千里書》)皆駁顧氏《撫本禮記考異》之說。

己巳作《皖字考》、《詩執熱解》、《說文饗字解》、《鄉飲酒禮與養老禮名實異同考》、《與陳仲魚
書論文選考異是非皆異必之談》。《與黃蕘圃論孟子音義書》云:"凡宋版古書,信其是處必從
之,信其非處則改之,其疑而不定者,則姑存以俟之。不得勿論其是非,不敢改易一字。意欲
存其眞,適滋後來之惑。又不得少見多怪,疑所不當疑,如建屛不讀《左傳》,而欲改《易林》之
'子商'爲'于商'。"

　　按,顧氏爲胡果泉刻《文選》在戊辰(嘉靖十三年)、己巳兩年,則《與陳仲魚書》當作於己
巳、庚午間。

　　又按,《與黃蕘圃書》未著年月,書中云"建屛"者,"澗蘋"也。改《易林·旣濟之鼎》繇辭
"禍起子商"爲"于商"見顧氏代黃蕘圃作《焦氏易林後序》。刻《易林》在戊辰,此書當作
于己巳。

庚午作《吳都賦蕉蔦竹越解》,辛未作《奚斯所作解》、《罙入其阻》、《伊洛字古不作洛考》,甲戌
作《炮炰異字》、《摯仲氏任解》,亦皆爲顧氏刊校《詩》《禮》《文選》諸書而發。至與顧氏往復暨
《與黃紹武與諸同志論校書之難》諸篇,則已昌言指斥,無所諱言之矣。

　　考《經韻樓集》,不知誰何編定。所收各文,多二家往復之作。其卷四,收《春秋左傳校勘
記目錄序》一篇,劉盼逐先生撰《段氏年譜》,以爲與阮氏《左傳校勘記敍錄》全同,爲《校
勘記》出於段氏佐證。不知此文雖段氏草定,而阮氏曾加以刪改,未嘗卽以原文入書。蓋
段、顧之爭,在淳化刻《春秋正義》是否"注疏彙本",故段於《左氏校勘記》復自爲《敍錄》,
以實其說。然義有未安,故阮氏爲之刪正。今錄段氏作全文,而於阮氏所刪改者,以( )
識之,其阮氏所增補者,以〔 〕識之。則二者因改之迹,粲然明白也。

　　又按文中"本自單行"以下,至"畢集於是"一節,係編集者據阮氏改刪後文迴改,說見當
句下。

春秋左傳校勘記目錄序

《春秋左氏傳》漢初未審獻於何時,《漢藝文志》說孔壁事,祗云得《古文尙書》及《禮記》《論語》
《孝經》,不言《左氏經傳》也。《景十三王傳》,亦但云得《古文經傳》,所謂《傳》者,卽《禮》之
《記》及《論語》,亦未言有《左氏》也。《楚元王傳》,劉歆讓太常博士,亦以《逸禮》三十有九、
《書》十六篇,系之魯恭王所得,孔安國所獻。而於《春秋左氏》所修二十餘通,則但云藏於祕
府,不言獻自何人。惟《說文解字(敍)〔序〕》分別言之曰,"魯恭王壞孔子宅,得《禮記》《尙書》

《春秋》《論語》《孝經》。又北平侯張蒼，獻《春秋左氏傳》"。然後《左氏經傳》所自出，始大白
於世。顧許言恭王所得有《春秋》，豈孔壁中有《春秋》經文，爲孔子手定者歟？北平侯所獻，必
有經有傳，度其經必與孔壁經〔大〕同。然則《班志》所云《古經》十二篇者，指恭王所得歟？抑
指北平所獻歟？《左氏傳》之學，興於賈逵、服虔、董遇〔鄭衆〕、潁容諸家，而杜預〔因之〕分經比
傳，爲之《集解》。今諸家全書不可見，而流傳聞見者，往往與杜本乖異。古有吳皇象所書本，
宋臧榮緒、梁岑之敬所校本，今皆不可得。蓋傳文異同可考者，亦僅矣。唐人專宗杜注，惟
《蜀石經》兼刻經、傳、杜注文。而蜀石盡亡，世間搨本僅存數百字。後唐詔儒臣田敏等校《九
經》，鏤本於國子監。此亦經、傳、注兼刻者，而今多不存。至於孔穎達等依〔杜注經傳〕〔經、
傳、杜注〕爲《正義》三十六卷，本自單行，[1] 宋淳化元年有刻本。至慶元間，吳興沈〔作〕〔中〕
賓，分系諸經注本，合刻之。其跋云："踵給事中汪公之後，取國子監《春秋經傳集解·正義》，
精校萃爲一書。"蓋田敏等所鏤，淳化元年所頒，皆最爲善本。而畢集於是。後此併附《釋
文》之本，未有能及此者。（國朝乾隆中）元和陳〔芳林〕樹華（有左癖既得此善本）〔即以此本〕
（乃棄官杜門）遍考（他經傳記子史別集）〔諸書〕，〔凡〕與左氏經傳（及注）〔文〕有異同，可〔備〕
參考者，〔撰〕成《春秋內傳考證》一書，（往者戴東原師、盧紹弓氏、金輔之氏、王懷祖氏皆服其
該洽）《考證》所載之同異，雖與"正義本"夐然不同，然亦間有可採者。元更病各本之踳駁，
思爲諟正。〕錢塘〔監生〕嚴〔生〕杰，（博聞強識）〔熟於經疏〕（因授以慶元所刻淳化本）〔因授以
舊日手校本，又以慶元間所刻之本〕，並陳〔氏〕〔樹華〕《考證》，及《唐石經》已下各本，及《釋
文》各本。（令其）精詳捃摭。（觀其所聚而於是非難定者則余以眼目折其衷焉）〔共爲《校勘
記》四十二卷〕。雖班〔氏〕〔孟堅〕所謂多古字古言，許〔氏〕〔叔重〕所謂述《春秋傳》用古文者，
年代綿邈，不可究悉。亦庶幾網羅放佚，冀成《注疏》善本，用禆（好）學（之士云）〔者矣〕。（嘉
慶八年冬至日）

　　昔陳仲魚《跋宋本禮記注》云："此《考異》二卷，……千里云：'《祭義注》四郊之'四'當作
'西'，或又據（劉）芳傳所引，並欲改《王制》'虞庠在國之西郊'，亦爲'四郊'，致爲巨繆云
云。'（按所謂或據芳傳者，蓋指孫頤谷《讀書脞錄》。）是書初出，段茂堂大令作《禮記四郊疏
證》，申孫黜顧。凡數千言。顧復作《學制備忘記》以辯之。亦數千言。兩家遂成水火。余欲
爲調人，而終莫解。嘗彙集其書爲一冊，題曰《段顧校讐篇》。"余因取以爲題目，以彙集二家
之說，附著於篇，亦以備通人學者之參證云爾。

<hr>

[1]　按段氏於戊辰十三年作《校勘記序》，後於此文五年，猶云"合注疏在北宋之季"，不當於此文內，反云"慶元間沈作
　　賓分系諸經注本合刻之"云云也，且觀下文"因授以慶元所刻淳化本"句，可見段氏於草此文時，尚以爲慶元係
　　"覆刻淳化本"。是此文自"本自單行"以下，至"畢集於是"一節，必阮氏刪正之文。而編集者改從阮氏，以泯其
　　迹。惜於下文"慶元所刻淳化本"句，未及改正。益證其訛謬，所謂心勞日拙也。

共工傳說史實探源

楊 國 宜

如何正確對待傳說史料,在古代史的研究中,一直是一個問題。神話,當然決不是"現實之科學的反映"(《矛盾論》),但也並不是完全出於人們頭腦的空想。高爾基說:"一般說來,神話乃是自然現象,與自然的鬥爭,以及社會生活在廣大的藝術概括中的反映"(《蘇聯的文學》),也就是說神話的產生,還是有其現實生活的基礎,因此也就有一定的史料價值。早在全國解放以前,新史學家們便運用神話傳說史料,探索古代史的秘密。但,曾經有一些人却一再宣稱"神話爲宗教觀念所產生",企圖否認它有任何眞實內容,更反對寫入歷史書籍。因此,對遠古歷史的研究,有些人只運用了有限的考古資料,對衆多的傳說資料則避而不用,這當然是遠不足以反映我國古史的豐富內容的。其實,結合地下出土的考古資料,科學地運用古籍文獻和神話傳說,完全可以使古代史的研究在科學的基礎上出現新的面貌。這是我們應該大膽前進的新方向,努力追求的新目標。

一、一個與洪水作鬥爭的氏族

在我國古代文獻中,有關共工的傳說,記載很多,內容極爲豐富。當然,由於流傳的年代久遠和後人的附加,內容不免龐雜,抵觸之處也自難免;同時,還由於記載的簡略與疏漏,給我們的正確理解留下了不少困難,因此同樣的材料可以出現各種不同的解釋,結論常常相差很遠。這是任何研究工作中都會碰到的必然現象,只要經過不斷的探討,歷史事實的本來面目就會愈來愈清晰地呈現出來。

楊寬先生在《中國上古史導論》中,把共工與鯀的事迹進行類比,發現頗有幾點相似,因此主張共工卽鯀,實爲一人。意見很新穎,但證據似乎不足,很難視爲定論。古人行事相類,完全可以用生活環境相同來解釋;何況,相類者究竟有限,相異者或許更多。僅據《尙書·堯典》便同時記有:舜"流共工于幽州,殛鯀于羽山"(《孟子·萬章》上篇也引此),若確爲一人的話,實在沒有這樣記載的必要。今本《竹書紀年》也記載有"(帝堯)十九年,命共工治河;六十一年,命崇伯鯀治河",這一段雖出今本,但它的來源是出於《國語·周語》"崇伯鯀稱遂共工之過"。這句話很明確地指出他們二人是"前後師承"關係,並不是二而一者也。

吳則虞先生在《共工觸不周疏證》一文中,認爲傳說中的許多共工,只不過是《尙書·堯典》中那個"水利部長"一人的許多化身而已。我覺得這個意見也還值得考慮。因爲傳說中共工活動的時代是很長的,上自"開天闢地",下至"虞夏之世",中間無慮數千百年,堯時那個水利部長沒有長生不老之術,實在不可能活這樣大的歲數的。

因此,我認爲:共工決不是某一個人的名字或某一個時期的官名,很可能是一個古老的氏族。

傳說中共工的事迹,主要有下面這一些:

⑴太昊(伏羲)氏衰,共工氏始作亂,振滔洪水,以禍天下。(《路史·太昊紀》)

⑵昔者女媧氏煉五色石以補其闕,斷鼇四足以立四極。其後共工氏與顓頊爭爲帝,怒而觸不周之山。折天柱,絕地維,故天傾西北,日月星辰就焉。地不滿東南,故百川水潦歸焉。(《列子·湯問篇》,參看《淮南子·天文訓、兵略訓》、《史記·律書、三皇本紀》、《論衡·談天、順鼓》、《路史》引《汲冢瑣語》)

⑶昔共工之力觸不周之山,使地東南傾,與高辛爭爲帝。(《淮南子·原道訓》,參看《史記·楚世家》、《國語·周語》)

⑷帝(堯)曰:"疇咨若予采?"驩兜曰:"共工方鳩僝功。"帝曰:"靜言庸違,象恭滔天。"(尙書·堯典》,參看《韓非子·外儲說右上》、《周書·史記篇》、《大戴禮·五帝德》)

⑸舜之時,共工振滔洪水,以薄空桑。(《淮南子·本經訓》,參看《尙書·舜典》、《孟子·萬章上》)

⑹禹有功,抑下鴻,闢除民害逐共工。(《荀子·成相、議兵》,參看《戰國策·秦策》、《山海經·大荒西經、海外北經》)

我們若不是把這些材料各自孤立起來,而進行綜合考察的話,材料本身就會給我們導出它的結論。下面的幾個問題是非常明確的。

(一)共工氏確確實實是一個古老的氏族:它經歷了伏羲、女媧、神農、黃帝、顓頊、嚳、堯、舜、禹各代,打交道的人很多,決不可能是某個人的名字或某個時代官名。宋朝的羅泌不了解這一點,雖然在《路史·後紀》中給共工氏立了專傳,但把它列在伏羲、神農之間,爲什麼神農以後的材料不用呢?避而不答,實際沒有解決問題。明朝的郞瑛寫了一部《七修類稿》,其中有一篇《共工考》,他發現共工旣與女媧、顓頊、高辛打交道,又與堯、舜打過交道,懷疑不是一人。這個懷疑是頗有道理的,但究竟如何解釋,沒有作答。到清朝,崔東壁作《補上古考信錄》，不相信《漢書·律曆志》列共工於神農之前，只相信《春秋傳》共工在黃炎後，不但斥《淮南子》爲"荒唐之藪"，甚至連儒家經典的《尙書》中的材料也不用，旣在材料使用上有成見，其結論就不免偏頗，實際上是近於武斷的。若據我們的解釋，問題不就很容易解決了嗎？

（二）共工氏長期與洪水作鬥爭：在(1)、(4)、(5)、(6)各條材料中，都說明共工與水的關係很密切。這是由於它居住在多水的地區，《管子·揆度》言"共工之王，水處十之七，陸處十之三"，便是證明。那麼這多水的地區在今何地呢？歷來的學者都未能明指，只有徐旭生先生在《中國古史的傳說時代》中提出，共工氏以居於共地(今輝縣)而得名。這個意見是正確的。共地有共水(洪水、洚水、降水)，是黃河轉折向北時所納的大水之一。由於黃河在上游逕流山間，水勢尙小，未能爲患；自山陝而下至於河南，陸續匯納了汾、渭、洛、沁諸水，水勢漸大；到這時，進入平原，納了洪水(共水)，更奔騰澎湃起來，構成大患。"洪水"滔天，給人們留下了深刻的印象。共地是經常有水患的多水地區，怪不得這裏的居民要經常與水打交道了。他們"以水紀，故爲水師而水名"(《左昭十七年》)，治共水工程很重要，"共工氏"也許就是這樣出名的吧。後來，"共工"成爲專管水利的"官名"，大概也就是由於"共工氏"經常管理水利的緣故。歷來的解經家不理解這一點，僅僅指出"官名"(孔安國說)或"水官名"(鄭玄說)，看來當然不能說錯，但旣不能說明爲什麼水官要名"共工"，更不能解釋傳說中那麼多"共工"的活動。我們認爲共工是以水族而水官，是"以族名官"原則的通用，也許能够揭示問題的本質。

共工氏雖以治水而著名，但並不是一開始就有成效。萬事開頭難，事物的規律不是一下子就能掌握的，在沒有經驗的時候，失敗常常是不可避免的。共工的治水，自然也不能例外。在很長一段時期內，共工氏所採取的大概都是"壅防百川，墮高堙庳"(《國語·周語》)的老法子。就是說把高地剗平，把低地填高，築起土圍子來阻擋洪水，保障自己的安全。這種辦法是有一定效果的。在治水的初期階段能創造出這種辦法，是很不錯的。但這種辦法並不是十全十美的，有副作用，常常是保住了自己，却害了別人。因爲一個氏族築了堤防，擋住了洪水，固然保住了安全；但轉過頭來，被擋的洪水便以更大的聲勢去淹沒別的氏族。一到這樣的情況發生，共工氏就被鄰人視爲"振滔洪水，以禍天下"的罪魁，說它"象恭滔天"，給人的印象很不好。其實這怎能怪得共工氏呢！應該說共工氏這種在主觀願望上"欲壅防百川"的思想，是爲了保障人們生命安全，敢於向洪水作鬥爭偉大精神的表現；而"墮高堙庳"的辦法，也是一個出色的創造和有益的嘗試。只是它們那時還不懂得春秋時太子晉所說："古之長民者，不墮山，不崇藪，不防川，不竇澤"的道理，太子晉的觀點在今天看來固然不免保守些，但在當時的技術條件下却是一種老老實實的辦法，是適應自然法則的。而"昔共工棄此道也"，違背這個自然法則，硬對洪水採取阻擋的辦法，不僅害了別人，有時洪水潰堤而入，也免不了要害自己。這也是與自然作鬥爭而又還未掌握自然法則時的必然現象，不僅不能過高要求，而且要加以肯定。它不僅不是以水害天下的禍首，而且還是開始與水作鬥爭的英雄。

我們之所以說共工氏是治水的英雄，還由於它世代努力，堅持不懈，吸取教訓，積累經驗，終於在治服洪水過程中，建立了大功。我們知道共工治水的老辦法，後來被鯀機械地搬用，又一次造成了大害。鯀受到了嚴厲的懲處，鯀的兒子禹被任命治水。失敗的教訓，使禹"念前之非度，釐改制量"，改變治水方針，把堙障法改爲疏導法，"高高下下，疏川導滯"，順應自然，使山、川、澤、藪、原、隰各復舊觀，獲得了很大的成功。禹治水的成功，除了他自己所起的作用外，另一方面還由於共工氏提供了寶貴的經驗教訓，而且在整個過程中，"共之從孫四嶽佐之"，得到了富有治水經驗的共工氏的直接幫助（《國語·周語下》）。因此，禹治水的成功，與共工氏的作用分不開。共工氏是治水的英雄，不更明顯了嗎？

共工氏之所以成爲治水英雄，除了它摸索創造出了一些技術經驗以外，還由於它有一套必不可少的工作方法。據《尚書·堯典》記載，當時發生了大水，堯問誰可擔當此項重任，有人推荐共工，說他"方鳩孱功"。鳩者聚也，是組織發動羣衆的意思，"方鳩"是說他正在做廣泛地發動羣衆和組織羣衆的準備工作。孱者見也，"孱功"是說他工作能完成任務，很明顯，任何工作特別是像治水這樣的工作，離開了羣衆是寸步難行的。共工氏作爲水官，很能盡職，正式命令還未下來，便能及早準備，"方且鳩聚，而見其功"，是可以有把握的。

也許正是由於以上原因吧，共工氏治水終於獲得了很大的成功。《禮記·祭法》稱：共工氏有"子曰后土，能平九州（水土），故祀以爲社"，成了土神，受到人們的尊敬。

（三）從(2)、(3)各條材料中，都可以看出共工曾觸不周山。但材料本身有矛盾，很費解。在時間、原因和後果等問題上，歷來都被忽略了，未能確解。

關於共工觸不周的時間問題，據《史記·三皇本紀》列在女媧補天之前，這種說法是唐朝司馬貞補進《史記》中去的，他的根據可能是東漢時王充的《論衡·談天、順鼓》的記載。原文如下："共工與顓頊爭爲天子，不勝，怒而觸不周之山，使天柱折，地維絕。女媧銷煉五色石以補蒼天，斷鼇足以立四極。天不足西北，故日月移焉；地不足東南，而百川注焉。"其實這段材料本身是有毛病的。既言顓頊之時，又把女媧扯來，中隔神農、黃帝諸世，在時間上顯然對不上頭。既已立起四極，自當恢復平正；又言天不足地不足，日月西移，百川東注，在情理上也有些講不通。而且這種說法不見於東漢以前的記載，在這以前，只有《淮南子·覽冥訓》云："女媧煉五色石以補天，斷鼇足以立四極"，言女媧而不及共工；和《淮南子·原道訓、天文訓》的"共工與顓頊爭爲帝，怒而觸不周之山，天柱折，地維絕。天傾西北，故日月星辰移焉；地不滿東南，故水潦塵埃歸焉"，言共工而不及女媧，或如第(2)條所引《列子·湯問》把二者併起來但仍以女媧補天在前共工觸山在後的記載。我們認爲這種記載才是合理的，《論衡》在整理材料時發生了錯誤，前後搞顛倒了，司馬貞不察，據以補入《史記》，後人便輕信了。《故事新編》

和《女神》都沿襲了這個錯誤，因此有必要在這裏辨明一下。

關於共工與顓頊之爭，除了政治原因而外，或者說直接的導火線，我看與水的關係很密切。史稱"衞顓頊之虛"（《左昭十七年》），在今濮陽，與共（輝縣）相距很近，共工氏若要築圍障水的話，必然影響顓頊氏的安危。或稱"顓頊實處空桑"《呂氏春秋·古樂》，在今曲阜，與共相距也不遠，共工氏在舜時就曾"振滔洪水，以薄空桑"，這次雖未明言，想亦因此之故。這種想法，決不僅止推測而已，有兩個材料可以證明。一個是顓頊派了"火正"祝融來對仗，以火正對水官，決不是偶然的；另一個是《史記·律書》所記："顓頊有共工之陣，以平水害。"從這些材料看來，可以毫不含糊地說，當時共工氏治水不得法，影響了別的氏族，引起了誤會，認爲它是要"危害天下"，對它進行了鬥爭。從共工氏方面來說，這一次挨打，眞是"寃枉"，怪不得在失敗的時候要發"怒"了；不然的話，有什麽可"怒"的呢？

共工氏與顓頊戰不勝，怒而觸不周之山。奇怪得很，爲什麽要去觸山呢？據我的看法，還是由於水的關係。原來共工氏企圖用"墮高堙庳"築堤障水的辦法去"壅防百川"，現在顓頊旣然不同意，只好另找別的辦法。水是不能讓它留在原地的，應該想法使它流走，根本的辦法只能是改變自然面貌。共工氏於是怒而觸山，結果把山打出了一個缺口（故稱"不周"），水便流向東南低地了。當時人們不理解這一點，還以爲是把撐天的柱子搞折了，把繫地的繩子搞斷了，因此造成"天不足西北故日月星辰移焉，地不足東南故水潦塵埃歸焉"。不管怎樣，從此水泄無阻，共工氏確是改造自然的英雄。共工氏治水的老辦法行不通，可謂"窮"了；"窮則思變"，搞出來了這麽個觸山的怪辦法，可謂"奇"了；因此後世的人稱共工爲"窮奇"，（《左文十八年》注引服虔云："謂共工氏也，其行窮而好奇。"）窮奇的辦法竟獲得這麽好的效果，眞應該高興，眞算得治水史上的偉大創造。共工觸不周的秘密與意義原來如此。

二、在政治鬥爭的漩渦中失敗了

共工氏雖然在治水鬥爭中，終於是勝利者；然而在政治鬥爭中，却常常是失敗者。

吳則虞先生在《共工觸不周疏證》一文中，列舉史料指出：共工"把伏羲、女媧、神農、黃帝、顓頊、堯、舜等三皇五帝都鬥遍了"，"是個鬥爭性極強的人，他的鬥爭對象是帝王"。

共工氏和他的對手之間的鬥爭，除了水的原因外，還有政治的原因。黃帝、顓頊、高辛、堯、舜、禹都是姬姓，而共工氏却是姜姓，姬姜之爭，正是政治因素的表現。共工氏與女媧之爭是"霸而不王"（《路史·後紀》注引《帝王世紀》），與顓頊高辛之爭是"爲帝"（《淮南子·天文、原道》），與堯、舜之爭是政見不合（《韓非子·外儲說右上》）。

共工氏是具有進行鬥爭的力量的。且不說它"水處十之七，陸處十之三，乘天勢以隘制天下"（《管子·揆度》），有優越的地理條件。早在女媧末年，它便"任智刑以強"（《帝王世紀》），政治條件已很不錯。再加上它很早便掌握了先進武器,《韓非子·五蠹》稱,"共工之戰,鐵銛鉅者及乎敵,鎧甲不堅者傷乎體",物質條件也很好。何況,"共工氏之霸九州也"(《禮記·祭法》),控制的地方大,基礎雄厚。假若能够好自爲之,完全有可能把鬥爭引向勝利。

遺憾得很,事實却是另外一個樣子。在我們所能搜集到的材料中,幾乎都是說共工的鬥爭失敗了。女媧"滅共工氏而遷之"(《路史·後紀》)。"共工之卿浮遊,敗于顓頊"(《汲冢瑣語》)。"共工氏作亂,帝嚳使重黎誅之而不盡"(《史記·楚世家》)。"帝堯流共工于幽州以變北狄"(《大戴記·五帝德》)。"舜流共工于幽州"(《尚書·舜典》)。"禹闕除民害逐共工"(《荀子·成相》)。

爲什麽有那麽好的條件而失敗了呢?這恐怕只能是主觀方面的原因了。根據《國語·周語下》、《逸周書·史記篇》和《路史·後紀二·共工氏傳》的材料,綜合起來,約有下面幾點:第一是統治者的腐化墮落:"虞于湛樂,淫失其身。"第二是剝削的加重、刑法的苛刻、民心的喪失:"迫其跋扈,更復虐取,任刑以逞,人不堪命。"第三是統治者自以爲是,不接受臣下意見,任用非人,政治癱瘓:"共工自賢,自以無臣,久空大官,下官交亂,民無所附。""專任浮游,自聖其智,以爲亡可臣者,故官壞而國日亂,民亡所附,賢亡所從。"再加上"病荐作而菑屢臻",發生自然災害,疾病流行,人口死亡,土地荒蕪。在這種情況下,"皇天弗福,庶民弗助,禍亂並興",失敗當然是不可避免的了。

三、共工氏沒有死

由於共工氏所鬥的人太多了,得罪的人很不少,黃帝的子孫們從"成者爲王敗者寇"的角度出發,在傳說中一直把它描繪成一個大壞人。不僅是壞人,而且是人的形體都尚未全具:《歸藏·啓筮》說:"共工人面蛇身朱髮";《神異經》說:"西北荒有人焉,人面朱髮,蛇身人手足,而食五穀,禽獸頑愚,名曰共工。"不僅本人如此,連它的臣下也一樣,"共工之臣曰相柳氏,九首人面蛇身而青";"共工臣名曰相繇,九首蛇身自環"(《山海經·海外北經、大荒北經》)。有的更根本不是人,《海內北經》說:"窮奇狀如虎有翼";《汲冢瑣語》說:"共工之卿曰浮遊,其狀如熊。"甚至于說它死而爲厲鬼(《荆楚歲時記》)。給人印象之壞,實在是無以復加。勝利者的筆觸,眞是厲害極了。

然而,如我們所考查過的,假若不以成敗論英雄的話,共工氏確實是個不折不扣的英雄,應該根據事實把它的案翻過來,我想同意的人一定不少。問題在于根據哪些事實給它建立新的功碑。共工氏鬥爭性強,無疑的應該算一條,但目前大家發掘得還不深,至少應該指出它的正義性,否則就是到處搞亂,不會取得人們的同情的;進一步還應該指出鬥爭失敗的原因,以免使人喪氣失望。"怒觸不周山"的秘密,也應該加以合理的解釋,否則便眞成了遠離現實的無稽之談，失掉了它的眞正意義。至於它世代治水，功績很大，目前表彰的人却不多，更應該大書特書，讓人們永遠記住它。

不管勝利者的黃帝、顓頊、高辛、堯、舜的子孫們如何歪曲醜化共工氏的歷史，但畢竟不能完全掩住它的光輝。像共工氏這樣富于創造性和鬥爭性的氏族，在歷史上自會有它應得的地位。看吧，姬氏族雖然在鬥爭中多次宣布："共工用滅"（《國語·周語》）、"宗族殘滅，繼嗣絕祀"（《淮南子·原道訓》）。但總是"誅之而不盡"（《史記·楚世家》），不久又來了；原來它由於經常與水打交道，練就了一套水戰的本領，能够在水中浮游潛遁，當它與敵人硬打失利的時候，便用上了這些本領，轉移陣地；例如《汲冢瑣語》記載："共工之卿曰浮游，敗于顓頊，自沉于淵"；《淮南子·原道篇》也記載："共工與高辛爭爲帝，遂潛于淵。"力量便保存了下來，繼嗣並沒有絕祀。關於這一點，《山海經·海內經》記載得很清楚："共工生器術，是復土壤，以處江水。共工生后土，后土生噎鳴。"這決不是虛造，還有其他的材料可以證明，《國語·魯語》和《禮記·祭法》都說："共工氏之伯九有也，其子曰后土，能平九州，故祀以爲社。"《左昭廿九年》也說："共工氏有子曰句龍，爲后土，后土爲社。"此外，《風俗通義》還記載說共工氏有一子曰脩，被後世尊爲"祖神"。總之，看來共工氏的後嗣決沒有絕，據《姓纂》說，後來的共姓就是"共工氏之後"。誰說共工氏死了呢！

讀黃氏季剛《讀漢書札記》獻疑

李 次 箋

黃氏季剛《讀漢書札記》一文(載《文史》第一輯),讀後,就管見所及,獻疑二則如下:

《尹翁歸傳》:入市闞變。黃云:漢時稱私闞曰闞變,或曰變闞。《後漢書·馮異傳》注引《東觀記》、《續漢書》云:由是無爭道變闞者也(46—47頁)。按闞變疑本闞辨,《大戴記》曰:有闞辨之獄,則飾鄉飲酒之禮。諸言闞變,蓋皆本此,變辨聲同假借,變闞傳寫誤倒。

《王尊傳》:湖三老公乘興。黃氏謂公乘爵名(47頁)。余按公乘爲秦第八爵。此公乘則爲姓,既云湖三老矣,則公乘非爵稱可知,古有公乘姓,蓋其先以爵爲氏也,《陳餘傳》:富人公乘氏以其女妻之。《匈奴傳》:漢校尉公乘音。《史記倉公傳》有公乘陽慶,後漢更始有左輔都尉公乘翕。《新唐書》有公乘億。皆可爲證。

釋 "雙 題"

李 次 箋

《文選》謝惠連《擣衣詩》:"輕汗染雙題。"李善注引《說文》:"題,額也。"五臣注:"運杵用力,故有微汗,言雙者,兩人對爲之。"祝氏廉先謂:以題爲額,疑未當,未聞擣衣必須兩人對爲之者,引《小爾雅》"題,頭也"。因謂凡物之端亦曰題,《孟子》"榱題數尺",即謂榱之端,此言染雙題者,謂霑染杵之兩端也(見《文史》第一輯197頁,祝著《文選六臣注訂譌》)。

細味祝說,不無可商之處,擣衣固不必兩人對爲,而謂汗染杵之兩端,似亦未合。如所云汗染杵端,則非大汗如雨,必無此態,詩言輕汗,輕汗微汗也,微汗何能染於杵端,而端又必兩乎?未免語不近情,且以此怪態,喩運杵之勞,恐非詩人本意。以故,余疑題字仍當訓額。

戴侗《六書故》云:"髮下眉上爲額。"詳戴意蓋謂額承眉上,眉與眉連。其實,戴說猶有未完,不特額承眉上,實是眉位於額。眉字說文作省,許慎云:"象省之形,上象額理。"按額即省字,額理,謂額之紋理,即今稱縐紋,"上象額理",謂省字上部象額之紋理,眉字造形之怡如此,據此推之,言額可以兼眉,言眉亦可兼額,此詩"輕汗染雙題",題額也,額有眉,言微汗染於雙眉,眉位於額,染眉即是染額,眉有左右,故曰雙題。

淺見如此,願通人正其謬誤。

古籍述聞

陳 直

古籍述聞者，聞於先考輔卿府君，不肖加以敘述之也。憶在十三歲時，府君厝居蘇北東台縣，在縣之西溪鄉三賢祠課讀錢氏子，不肖亦附學受業。誦習史記以外，兼及古籍。閱三四年，府君每有心得，口講手畫，輒用短紙籤記，叢脞於廢冊之上。經過十年以後，經不肖加以整理，有直錄者，有申述者，有附益者，中間屢更喪亂，寫稿大部份散佚。偶檢得三五頁，亦首尾不完。現在抱殘守缺之中，再輔以記憶所及，既溫舊聞，復採新獲。府君之說，與不肖之說，不能分辨，故混合爲一，定爲今稿，約成一卷，紀念老人之敎誨，不敢云著述也。一九六二年十一月陳直謹記。

焦氏易林東漢人之附益

王應麟漢書藝文志考證易林引東觀漢記云，孝明帝永平五年，以京氏易林占雨，知東漢初書已漸行。現考繇詞中所用地名，多爲燕趙地，頗疑爲漢代燕趙人所附益。如卷三節繇云："升擢超等，牧養常山。"卷四兌繇云："邯鄲反言，父兄生患。"卷七臨繇云："崔巍北岳，天神貴客。"卷八歸妹繇云："兄征東燕，弟伐遼西，大克勝還，封君河間。"卷十四復繇云："馬服長股，（馬服山名，趙括封君葢在其地。）宜行善市。"古人著述於山川風土，皆就眼前言之，上述葢爲燕趙人附益之明證，焦延壽梁人，不得作斯語也。又卷二坎繇云："恆山浦壽，高邑所在。"浦當作蒲，漢書地理志，常山郡有蒲吾、靈壽二縣。鄗縣班固原注，世祖卽位，更名高邑，此條當爲東漢人撰，恆爲文帝之諱，東漢人有直稱爲恆山者。卷四恆繇云："典冊法書，藏在蘭台。"續漢書百官志云："蘭台令史六人，秩六百石。"與鴻都石室，皆爲藏書之府。卷十四謙繇云："齊東郭盧，嫁與宛都。"與文選古詩十九首"游戲宛與洛"同意，殆亦東漢人之詞句也。

考工記爲戰國時齊楚人之作品

考工記疑戰國時齊人所撰，而楚人所附益。河間獻王取以補周禮冬官之闕文，成書時代，尚遲於周禮之後，玉人與典瑞多同文，是其明證。終葵，終古，則爲齊人之方言，書出於齊人所撰，似無疑義。南史王僧虔傳，記南齊建元元年，襄陽有盜發古冢，傳爲楚昭王冢，其中出有竹簡書，簡寬數分，長二尺，有人得十二簡以示僧虔，僧虔辨爲蝌蚪書體，寫的爲周禮考工記，是此書大行於楚之一證。茲分析如下：

橘踰淮而北爲枳，鸜鵒不踰濟，貉踰汶則死。　按：殷敬順列子釋文，引此經解汶爲蜀之岐山，非是。余疑此經爲齊人所撰，楚人附益，引譬先取其近者，淮、濟、汶皆齊魯楚之地，蜀中殊而不聯屬也。

攻木之工，輪輿弓廬匠車梓。　按：梓匠車弓四人，在刮摩之後，與經上文不合者，其書非一人所撰。輈人別出一章，疑楚人所撰，方言，車轅楚衞人名曰輈也。

不微至無以爲戚速。　鄭注：“齊人有名疾爲戚者，春秋傳曰，蓋以爲操之爲己戚矣。”按：此經文爲戰國時齊人所撰之一證。

輪已庳則於馬終古登阤也。　鄭注：“齊人之言終古，猶言常也。”按：楚辭九歌云：“長無絕兮終古。”訓終古爲常，蓋齊楚人之通語也。

察其菑蚤不齵，則輪雖敝不匡。　鄭注：“泰山平原所樹立物爲菑，聲如胾。”按：此經文爲齊人所撰之一證。公羊文十四年傳曰，“如以指則接菑也”，公羊亦齊語也。

重三鋝。　鄭注引說文云：“鋝，鍰也。今東萊或以大半兩爲鈞，十鈞爲鍰，鍰重六兩，大半兩鍰鋝似同矣。”　按：此用齊東萊人之方言也。

山以章。　鄭注：“齊人謂麋爲獐。”毛詩陸疏云：“青州呼麇爲獐。”按：此經文爲齊人所撰之一證。

大圭長三尺，杼上終葵首。　賈疏引說文“椎擊也，齊謂之終葵”。按：此經文爲齊人所撰之又一證。　鄭注：“杼，殺也。”禮記玉藻注：“終葵首者，於杼上又廣其首，方如椎頭。”證之宣和古玉圖、呂氏考古圖，鎭圭皆上削薄方首如椎，與鄭注正合。

是故勾兵椑。　鄭注：“齊人謂斧柯柄爲椑。”按：此經文爲齊人所撰之又一證。

恆角而短。　鄭注引鄭司農說，“恆讀爲裂繃之繃。”按：楚辭九章云：“緪瑟兮蕭鼓。”繃亦楚人語也。

今夫茭解中有變焉，故校。　鄭注：“茭讀如齊人名手足腕爲骹之骹。”按：此經文爲齊人所撰之又一證。

筋三侔。　經典釋文云：“齊人呼土釜爲牟。”按：此經文爲齊人所撰之一證。

以上列舉十一條，屬於齊方言者佔九事，屬於楚方言者佔二事，故推斷爲齊人所作而楚人附益之也。至於解釋字義，可以補孫氏正義所未及者，亦附見如下。

燕無函。鄭注引鄭司農云："函讀如國君含垢之含。"按：杭州鄒氏藏有"燕函奇良"四字劍柲，葢戰國時物，可證燕無函之義。

作舟以行水。鄭注："故書舟作周。"按：此戰國時詭異之體，說文裯或作𧙕，其例正同。漢書路博德西河平州人（見衞青霍去病傳），地理志則作平周，在經傳中周、舟、州三字往往通用。

凡攻木之工七，攻金之工六。鄭注："故書七爲十。鄭司農云，十當爲七。"按：現證以杭州鄒氏藏齊丘子里陶器，長白端氏藏秦玉日晷，金石索金三、一百五十一頁，建武大官鍾，及南越甫木題字，七字皆作＋，中畫甚短。尤其居延木簡七字皆作＋字，故書當亦如是，非誤文也。

凡察車之道，欲其樸屬而微至。鄭注："樸屬猶附着堅固貌也。"賈疏："詩大雅棫樸，鄭箋云，相樸屬而生。"按：說文丵、草丵嶽叢生也，是丵嶽卽樸屬之義也。石鼓文第一云：我敺其樸，亦謂敺其丵嶽叢生之草也。

望其轂欲其眼也。按說文，引此經作"欲其輥"。艮昆二字，偏旁相似，從車者是古文以字從義也。

轂小而長則柞。按：柞借爲迫笮之笮，從木者是古文以字從義也。

以其圍之防捎其藪。鄭注："鄭司農云：藪讀爲蜂藪之藪。"段氏周禮漢讀考，改讀爲作讀如。然藪仍讀作藪，不當再比擬其音。按說文：櫢車轂中空也。葢故書本爲櫢字，先鄭、杜子春之注，皆用故書，原文當爲"櫢讀爲蜂藪之藪"。鄭君作注時，經文已易今字，故變爲"藪讀爲蜂藪之藪"。

去一以爲賢。鄭注："賢大穿也。"按：賢當作瞖，爲假借字。說文，"瞖大目也"，可證。古文從目，繁作從貝者，猶虢季子白盤賜字作睗也。

終日馳騁左不楗。按：石鼓第二鼓文云："左驂旛旛，右驂騝騝。"騝字不見於字書，從馬者，是兵車以字從義也，騝當與經文楗字同義。

鳥旟七斿，以象鶉火也。鄭注："鶉火朱鳥宿之柳，其宿有星七星。"按：續漢書輿服志，劉昭注引考工記鄭注云，"鶉火朱鳥宿之柳，其屬有七星"，與今本鄭注異，其義反明曉於今本。

龜蛇四斿，以象營室也。按：經義述聞以龜蛇爲龜旐之誤字，求之文例是也。然說文旐字云，"龜蛇四斿，以象營室"，雖不明稱經文，當爲考工記之文，是漢時一本有作龜蛇者矣。

築氏爲削。鄭注："今之書刀。"按：漢書循吏文翁傳云："減省少府用度，買刀布蜀物，齎計吏以遺博士。"如淳注："金馬書刀，今賜計吏是也。作馬形於刀環內以金鏤之。"晉灼注："舊時蜀郡工官，作金馬書刀，似佩刀形，金鏤其拊。"小校經閣金文卷十四，七頁，有永元十六年廣漢所造金馬書刀，與如、晉二家之說均合。鄭君以削爲書刀，蓋以漢制擬之也。又賈疏："築擣也，攻金之工必椎擣而成，故作削之工謂之築也。"按：古泉匯錢范類，有五銖錢范背題字云："神爵二年四月壬午造，九月丁酉築。"（僅舉一例。）泥范必須築擣始可造就，漢時仍沿用周秦人口頭語也。

桃氏爲劍，臘廣二寸有半寸。　鄭注："臘謂兩刃。"賈疏："桃名義未詳，疑卽鞀字之假借。"按：桃疑爲銚字之假借。莊子外物篇云："春雨日時，草木怒生，銚鎒於是乎始脩。"郭注："銚削也。"治劍必資磨削，故借以名官。

權之然後準之。　鄭注："準，故書或作水，杜子春云，當爲水。"按：漢書律曆志云："量以井水準其槩。"是今古文各用其一義。

槩而不稅。　按：薛氏鐘鼎款識卷十八，四至六頁，有漢谷口銅甬銘文云："北方槩南。"荀子宥坐篇云："盈不求槩。"楊倞注，"槩，平斗斛之木也。"銅甬銘，與經文及楊注義均合。

鮑人之事。　鄭注，"鮑故書作鞄"，引倉頡篇有鞄䩵。按：鮑人爲攻皮之工，鞄當爲本字，鮑爲假借字。然考其假借之由，荀子議兵篇云："楚人鮫革犀兕以爲甲，鞈如金石。"是楚人多以鮫魚爲甲，此鞄字假借爲鮑之理。

則是以博爲帴也。　鄭注："鄭司農帴讀爲翦。"按：詩召南"勿翦勿伐"，韓詩作勿剗，翦帴二字聲相近也。

則雖敝而不甐。　鄭注："故書或作鄰，鄭司農云：鄰讀爲磨而不磷之磷。"按：從瓦從石義相近，故書作鄰者，爲磷字之假借。隸續卷一，漢平輿令薛君碑云："摩而不鄰。"是磷，鄰二字古通之證。

湅帛以欄爲灰。　按：經文楝字繁加門字，蓋六國時詭異之古文，與禮記誻字作䛟，漢書藝文志儒家有諫言作讕言，皆加門字，與經文正同。

天子圭中必。　鄭注："必讀如鹿車縪之縪，謂以組約其中央爲執之，以備失隊。"按：必通縪者，說文㲄字引古文作瑆，無專鼎之縞必彤沙，亦以縪爲必。縪作必者，猶後代之省寫。鄭注讀如，當爲讀爲，蓋後代傳鈔之誤字。吳氏古玉圖考，駁鄭君說謂必爲柲字省文，然本經廬人柲字不作必，知吳說未可信也。

穀圭七寸，天子以聘女。　鄭注："穀善也，其飾若粟文。"按：宣和古玉圖撫有穀圭，飾若粟文，凡四十有九，與鄭說正合。

弓而羽殺。　鄭注："羽讀爲扈。"按：鄭君羽讀爲扈者：詩簡兮"碩人俁俁"，韓詩作"碩人扈扈"。羽俁同聲，鄭本韓義也。

中說阮逸注本之疏略

宋阮逸所注文中子中說十卷，乖謬違闕，所在皆是，略舉條列，補正如下。

文中子曰，甚矣王道難行也，吾家頃銅川六世矣。　按：隋書地理志，上黨郡有銅鞮縣無銅川縣，本文之銅川，蓋指銅鞮之川流而言。六世當爲五世之誤，謂王虬始家於河汾，虬生彥，彥生一，一生隆，隆生通，世系見文中子世家。

子在長安，楊素、蘇夔、李德林請見。　按：文中子世家，文中子以開皇四年生，大業十三年卒，年三十七歲。北史楊素以大業二年卒，文中子時年廿六歲，蘇夔亦以大業初卒。李德林以開皇十年卒，文中子時年七歲，德林似無向文中子請益之理，當是文中子子孫所附會，四庫書目提要疑之是也。

越公以食經遺子，子不受。　阮逸注："食經，淮南王撰，盧仁宗、崔浩亦有之。"　按：唐書藝文志，淮南王食經一百二十卷，諸葛潁撰；食經九卷，崔浩撰；食經三卷，盧仁宗撰。隋書經籍志又有神仙服食經十卷，老子禁食經一卷，崔氏食經四卷，四時御食經一卷，楊素所遺，不知爲何種也。

王孝逸曰，夫子之道，豈少是乎。　按：隋書文學傳，王貞字孝逸，梁郡陳留人，開皇初爲汴州主簿，煬帝時爲齊王暕所辟，以疾卒於家。立命篇亦云，陳留先達王孝逸。北史蘇威傳引作黎陽人王孝逸說有不同。

韋鼎請見子，三見而三不語。　按：隋書藝術傳，韋鼎字超盛，京兆杜陵人，開皇十二年官光州刺史，後以老疾終於家，年七十有九。又唐書藝文志，韋氏譜七卷，韋鼎等撰。

裴晞問曰，衞玠稱人有不及。　按：裴晞無考，唐王績答馮子華處士書有云："裴孔明雖異名敎，然風月之際，往往有高人體氣。"孔明疑晞之字。以上王道篇。

子曰，姚義清而莊。　按：王績答馮子華處士書云："高人姚義，常語吾曰，薛生此文，不可多得。"

芮城府君重陰陽。　按：隋書地理志，河東郡有芮城縣，注，舊置安戎，後周改焉，又置永樂郡，後省入焉。阮逸注，芮城府君爲文中子之兄，當在周末隋初也。王績答馮子華書，有"吾家三兄，生於隋末，傷世攖亂"云云，則文中子有二兄矣。以上天地篇。

楊素使謂子曰，盍仕乎。子曰，疏屬之南，汾水之曲，有先人之敝廬在，可以避風雨，有田可以具饘粥。　按：王績答馮子華書云："河渚間有先人故田十五六頃，河水四繞，東西趨岸各數百步，古人云，河濟之濱宜黍，況中州乎。"先人當指晉陽穆公及銅川府君而言。

尙書召子仕，使姚義往辭焉，曰必不得已，署我於蜀。　按：楊炯王子安集序云："祖父通，隋舉秀才高第，蜀郡司戶書佐，蜀王侍講。大業末退講藝於龍門，其卒也，門人諡之曰文中子。”與本文正合。以上事君篇。

或問宇文儉，子曰，君子儒也。　按：北史宇文敞傳，二子儉、璇。唐書宰相世系表云：“儉官九瀧令，生節字大理，相高宗，儉弟璇，璇弟紹水部員外郎。以上周公篇。

李播聞而歎曰，大哉乎一也。　按：唐書經籍志，有李播集三卷，爵里未詳。又孫氏續古文苑，有天象賦一卷，李播撰，苗爲注。孫氏考李播爲李淳風之父。以上問易篇。

仲長子光天隱者也。　按：仲長子光字不曜，王無功集，有祭仲長子光文。又答馮子華處士書云：“吾所居河渚，有仲長先生，結廬獨處三十載，非其力不食，雖患瘖疾，不得交語，風神穆穆，尚有典型。”又王子安集有秋日仲氏宅宴集序，疑子光後裔之所居也。

子謂北山黃公善醫，先寢食而後鍼藥。　按：王子安集，黃帝八十一難經序云：“醫和歷六師以授秦越人，秦越人始定立章句，歷九師以授華陀，華陀歷六師以授黃公，黃公以授曹夫子。”唐書經籍志，神臨藥祕經一卷，黃公撰，當即此人，惜名不可考。

汾陰侯生善筮，先人事而後說卦。　按：北史李文博傳，有魏郡侯白字君素，有文學，侯生疑即侯白也。以上禮樂篇。

其先漢徵君霸，絜身不仕。　按：唐書宰相世系表云：太原王氏，出自王離次子威，漢揚州刺史，九世孫霸字儒仲，居太原晉陽，霸生咸云云。

十八代祖殷，雲中太守，家於祁，以春秋周易訓鄉里，爲子孫賫。　按：唐書宰相世系表，烏丸王氏霸，長子殷，後漢中山太守，食邑祁縣，與世家官雲中太守稍異。

寓生罕。　按：宋書王玄謨傳作祖牢，自慕容氏爲上谷太守，居青州。

罕生秀。　按：宋書王玄謨傳云：“父秀早卒。”秀生二子，長曰玄謨，次曰玄則，玄謨以將略升，玄則以儒術進，玄則字彥法；即文中子六代祖也。按：玄則爲玄謨之弟，宋書無考。

問禮於河東關子明。　按：關朗爲魏太和時人，距此已百年，焉得有問禮之事，亦杜淹之誤也。以上文中子世家。

顏氏家訓趙曦明注本之疏略

清江陰趙曦明所注顏氏家訓二卷，未爲盡善，其缺誤者，補正如次。

敎子篇云：“齊朝有一士大夫嘗謂吾曰，年已十七，敎其學鮮卑語及彈琵琶，稍欲通解，以此服事公卿，亦豪事也。”　按：北史恩倖傳云：“曹僧奴子妙達，齊末以能彈胡琵琶，甚被寵遇，官至開府封王。”之推所云，當即指妙達也。

風操篇云：“王修名狗子。”　按：晉書外戚傳，王濛子修字敬仁，小字苟子，趙氏原注，誤作曹魏之王修。又云：“劉縚、緩、綏兄弟，並爲名器。”趙注，梁書文苑傳，劉昭二子縚、緩，不云有綏。按：隋書經籍志集部，梁有安西記室劉綏集四卷。又云：“黃門侍郎裴之禮，號善爲士大夫。”按：北史裴佗傳云：“子讓之字士禮，齊末爲黃門侍郎，清河太守。”當即此人，之禮爲士禮之誤字。又云：“梁世有庾晏嬰、祖孫登，連古人姓爲名字，亦鄙事也。”按：祖孫登見南史徐伯陽傳，梅鼎祚八代詩乘，亦有祖孫登紫騮馬詩，葢梁人而沒於陳代者，與之推時代正合。

慕賢篇云：“梁元帝前在荆州，有丁覘者，頗善屬文，殊工草隸。”　按：法書會要云，“陳世丁覘，亦工飛白”，葢亦梁人而沒於陳代者。伯父星南府君云：金樓子著書篇云，“夢書一秩，金樓使丁覘撰”，與本文正合。

勉學篇云：“吾初入鄴，與博陵崔文彥遊。”　按：北史崔鑒傳云，“崔育王子文豹字蔚”，文彥無考，疑爲文豹之昆弟。又云：“梁世彭城劉綺，交州刺史勃之孫，早孤家貧，燈燭難辦。”按：劉孝綽集，有高爽、劉綺等人聯句詩，劉勃無考。又略云：“齊有宦者內參田鵬鸞，本蠻人也，仕齊至侍中開府，後爲周軍所害。”　按：北史恩倖傳，田鵬鸞事，與此全同。當日李延壽修史時，疑即用此材料。又云：“梁世費旭詩云：不知是耶非。”　按：旭當爲昶字之誤，隋書經籍志集部，有梁新田令費昶集三卷。玉臺新詠選費昶詩亦多。又云：“潁川荀仲舉，琅邪諸葛漢，亦以爲然。”　按：北史文苑傳云：“諸葛漢潁字漢，丹陽建康人，隋時官正議大夫。”又云：“陳思王武帝誄，遂深永蟄之思；潘岳悼亡賦，乃愴手澤之遺。是方父於蟲，匹婦於考也。”　按：金樓子立言篇云：“陳思之文，羣才之儁也。武帝誄云：尊靈永蟄。明帝頌云：聖體浮輕。浮輕有似於蝴蝶，永蟄可擬於昆蟲，施之尊極，不其媟乎。”之推之言，葢與梁元帝相似。又云：“義陽朱詹，世居江陵，好學家貧無資，累日不爨，官至鎮南錄事參軍，爲孝元所禮。”按：金樓子聚書篇云：“又得州民朱澹遠送異書。”葢元帝牧荆州時事，江陵屬於荆州。本文詹爲澹字傳寫之誤，之推去遠字者，因之推之祖名見遠也。猶唐人稱韓擒虎爲韓擒也。又隋書經籍志子部，有朱澹遠撰語對十卷，語麗十卷。直齋書錄解題云：語麗，梁湘東王功曹參軍朱澹遠撰。

歸心篇云：“王克爲永嘉郡守。”　按：北周書王褒傳云：“江陵城陷，元帝出降，褒與王克等同至長安，俱授儀同大將軍。”

書證篇云：“趙郡士族，有李穆叔、季節兄弟，李普濟亦爲學問。”　按：北史李繪傳，李籍之子公緒，字穆叔，隋官冀州司馬。季節名槩，見隋書經籍志集部，又見唐書宰相世系表趙郡李氏，及陸法言切韻序。普濟未詳爲何人之字。

雜藝篇云：“方知陶隱居、阮交州、蕭祭酒諸書，莫不得羲之之體。”　按：書品云，阮研字文機。淳化閣帖題云：“梁陳留人，官至交州刺史。”趙氏原注作晉之阮放，殊爲乖謬。又云：“唯有姚元標工於楷隸，留心小學，後生師之者衆。”　按：魏書崔玄伯附崔恬傳云：“左光祿大夫姚元標，以工書知名於時，見崔潛書，謂爲過於已也。”與本文正合。又北齊西門豹祠堂碑，即爲姚元標所書，題名見於碑側。又云：“算術惟范陽祖暅精之，位至南康太守。”　按：隋書經籍志子部,天文家有天文錄三十卷,梁奉朝請祖暅撰,當卽其人。暅爲祖冲之之子,事蹟見南史祖冲之傳。

書品中人物小記

庾肩吾書品,爲批評自漢以來至梁代法書名家總結之作品。與謝赫畫品,鍾嶸詩品,同爲南朝流傳之古籍,惟其中所引人物,有半數不見於史傳,以致考索爲難。往歲先府君擬作注釋,復由不肖加以增補,頗能詳人所略。屬稿粗具,中經兵災,略有殘損。現擇要條次如下,凡已見正史有專傳之人,爲人所共知,故不再寫錄。

　　杜度伯度　　按:晉書衞瓘傳,載衞恆四體書勢云:"漢章帝時齊相杜度,號善作篇,結字甚安,書體微瘦。"

　　師宜官　　按:晉書衞瓘傳,衞恆四體書勢云:"靈帝好書,時多能者,而師宜官爲最,後爲袁術將。今鉅鹿宋子有耿球碑,是術所立,云爲宜官書也。"通志氏族略,師宜複姓,南陽人,書斷亦同。袁昂書評云:"師宜官書,如鵬翔未息,翩翩而自逝。"

　　張昶文舒　　按:後漢書張奐傳云:"芝弟昶,字文舒,善草書。"書斷云:"昶官黃門侍郎。"以上上之中。

　　梁鵠孟皇　　按:晉書衞瓘傳,衞恆四體書勢云:"梁鵠以書至選部尙書。"書斷云:"鵠字孟皇,安定烏氏人,少好書,受法於師宜官,以善八分書知名。"袁昂書評云:"梁鵠書如龍威虎震,劍拔弩張。"

　　韋誕仲將　　按:魏志劉劭傳,裴注引文章敍錄略云:"韋誕字仲將,京兆人,太僕端之子,官光祿大夫。初邯鄲淳、衞覬及誕善書並有名。"書斷云:"誕子態,鍾繇子會,並善隸書。"齊民要術載誕有製墨方。近年西安出土後秦追立漢京兆尹司馬芳殘碑,碑陰第一行題名"故吏功曹史杜縣韋誕字子茂"。據此當曰韋誕有兩字。

　　皇象休明　　按:吳志趙達傳,裴注引吳錄云:"皇象字休明,廣陵江都人,幼工書。時有張子並,陳梁甫能書,甫恨逋,並恨峻,象斟酌其間,甚得其妙。"梁書儒林皇侃傳:"侃吳郡人,青州刺史皇象九世孫也。"朱長文墨池編載有皇象論書,淳化閣帖載有皇象表文。袁昂書評云:"皇象書如韻音繞梁,孤飛獨舞。"

　　胡昭孔明　　按:魏志管寧傳云:"胡昭字孔明,養志不仕。昭善史書,與鍾繇、邯鄲淳、衞覬,韋誕,並有尺牘之迹,動見楷模。"晉書衞瓘傳,衞恆四體書勢云:"魏初有鍾胡二家爲之行書,法俱學之於劉德升,而鍾氏小異。然各有巧,大行於世。"嵇康高士傳,有胡昭傳,而獨不言其善書。

　　荀輿長允　　按:書斷引尙書故實云:"荀輿能書,嘗寫貍骨方,右軍臨之,至今謂之貍骨帖。”法書會要引王僧虔論書云：“長胤貍骨，右軍以爲絕倫。”陶弘景與梁武帝論書啓云：“廉遽、貍骨二帖，似是子敬臨本。”本文亦云：“長允貍骨方，擬而難迨”。

阮硏文機　　按：顏氏家訓雜藝篇云：“梁氏祕閣散逸以來，吾見二王眞草多矣，家中嘗得十卷，方知陶隱居、阮交州、蕭祭酒諸書，莫不得羲之之體。”陶弘景與梁武帝論書啓云：“近有一人學阮硏書，遂不可復別。”則硏爲梁初人無疑。李嗣眞書後評云：“江東阮硏。”淳化閣帖注云：“阮硏梁官交州刺史，東留人。”與書後評稱阮硏爲江東人，兩說不同。袁昂書評云：“阮硏書如貴冑失品次，不復排突英賢。”以上上之下。

郭伯道　　按：羊欣能書人名云：“漢末有郭道，”疑卽此人。

劉德昇君嗣　　按：晉書衞瓘傳，衞恆四體書勢云：“魏初有鍾胡二家，爲行書，法俱學之於劉德昇。”羊欣能書人名云：“德昇善爲行書。”書斷云：“德昇字君嗣，潁川人，桓靈之世，以造行書擅名。”

衞夫人名鑠字茂漪　　按：羊欣能書人名云：“李充母衞夫人善鍾法，王逸少之師。”淳化閣帖注云：“夫人爲廷尉展女，恆之從妹，汝陰太守李矩妻也。”

李式景則　　按：晉書文苑李充傳云：“充從兄式，善楷隷，官侍郎。”羊欣能書人名云：“李式善寫隷草，弟定、子公府，能名同式。”（世說新語棲逸篇，李公府條，劉注引文字志云：“李廞爲式之長兄，嘗爲二府辟，故稱李公府。”與羊欣所云李公府爲李式之子，未知孰是。）以上中之上。

任靖　　按：梁武帝與陶弘景書云：“給事黃門二紙，爲任靖書。”又云：“許任二迹，並摹古，並付反。”當卽本文之任靖，靖爲靖之或體。

范懷約　　按：南史張率傳云：“又使撰古婦人事，使工書人琅邪王琛，吳郡范懷約等寫給後宮。”袁昂書評云：“范懷約眞書有分，草書無功，故知簡牘非易。”梁庾元威論書云：“正書當以殷鈞、范懷約爲宗。”

張永景初　　按：南史張裕傳，敍裕子永字景雲，官征北將軍，南兗州刺史，工隷書，兼善造紙。與本文字景初不同。

吳休尙　　按：袁昂書評云：“施肩吾書，如新亭儈父，一往見，似揚州人共語便音態出。”隋智果僧論書，改施肩吾作吳施，疑卽指吳休尙，施方泰二人。

施方泰　　按：玉臺新詠，有施榮泰詩，爵里未詳，方泰疑與榮泰爲弟兄。以上中之中。

羅暉叔景　　按：趙壹非草書云：“故爲說草書本末，以慰羅趙，息梁姜焉。”

趙襲元嗣　　按：後漢書趙岐傳注引三輔決錄云：“襲字元嗣，先是杜伯度、崔子玉以工草書稱於前代。襲與羅暉拙書，見蚩於張伯英。英頗自矜高，與朱賜書云：上比崔杜不足，下方羅趙有餘也。”趙襲爲趙岐之從兄，則爲京兆長陵人也。

　　劉輿　　按：晉書劉琨傳云：“琨兄輿，字慶孫，官驃騎將軍，才能綜覈。”

　　朱誕　　按：世說新語賞譽篇云：“朱永長理物之至德，清選之高望。”劉注：“誕字永長，吳郡人，吳朝舉賢良，累遷議郎。”晉書陸雲傳，大將軍參軍孫惠與淮南內史朱誕書云云，則爲朱誕入晉以後之官。

　　張翼　　按：竇臮述書賦注：“張翼字君祖，下邳人，晉東海太守。”南史王僧虔傳，記所上古迹，有張翼字迹在內。

　　康昕　　按：羊欣能書人名云：“謝敷、康昕，並工隸草。”南史王僧虔傳，記僧虔論書，有“庾昕學右軍，幾欲亂眞”之語。庾昕即康昕之誤字。書斷云：“晉康昕字君明，外國人，官至臨沂令。”康昕蓋康居國人也，晉時康居人每冠以康字，如康僧淵之類皆是。

　　徐希秀　　按：南史徐爰傳云：“子希秀，甚有學解，亦閑草隸，正覺、禪靈二寺碑，即希秀書也。官驍騎將軍，淮南太守。”又王僧虔傳云：“王志善草隸，齊游擊將軍徐希秀，嘗謂志爲草聖。”袁昂書評云：“徐淮南書，如南岡士大夫，徒好風範，終不免寒乞。”

　　王崇素　　按：南史王素傳、素字休業，宋時屢徵不就，彬之五世孫也。王素疑即本文之王崇素。以上中之下。

　　姜翊　　按：羊欣能書人名云：“姜翊、梁宣、田彥和，皆張芝弟子。”晉書衞瓘傳，衞恆四體書勢云：“又有姜孟穎，梁孔達，田彥和及韋仲將之徒，皆伯英弟子。”據此翊字孟穎。趙壹非草書亦同。

　　梁宣　　按：趙壹非草書云：“余郡有梁孔達，姜孟穎者，皆當世之彥哲也。”據此宣字孔達，與姜孟穎，趙壹，皆爲天水郡人，東漢改天水爲漢陽郡。

　　魏徵玄成　　按：本文當爲“甄玄成”三字之誤字，後人以甄徵同音，又以魏徵字玄成知名，故又加以魏字。周書蕭詧傳云：“甄玄成字敬平，中山人，博達經史，善屬文，少爲簡文所知，以錄事參軍隨詧鎭襄陽”云云。隋書經籍志集部，有梁護軍將軍甄玄成集十卷。

　　韋秀　　按：南史文學顏協傳云：“時有京兆韋仲善飛白，在湘東王府。”仲疑即韋秀之字。

　　鍾輿　　按：南史鍾嶸傳云：“嶸弟嶼，字季望，官永嘉郡丞。”輿即嶼之誤字。

　　羊忱　　按：世說新語方正篇，羊忱性甚貞烈條。劉注引文字志云：“忱字長和，一名陶，泰山平陽人。父繇車騎掾，忱歷太傅長史揚州刺史，遷侍中，永嘉五年遭亂被害。”巧藝篇又云：“羊長和博學工書。”劉注引文章志云：“忱性能草書，亦善行隸，有稱於一時。”南史羊欣傳云：“曾祖忱，晉官徐州刺史，父不疑，桂陽太守。”羊欣能書人名云：“羊忱、羊固，俱善隸書。”

　　識道人　　按：南史陸厥傳云：“時有王斌者，不知何許人，初爲道人，博涉經籍，善屬文。”本文之識道人疑爲斌道人之誤字。

　　薄紹之敬叔　　按：淳化閣帖注云：“薄紹之字敬叔，一字欽叔，宋世官丹陽尹。”袁昂書評云：“薄紹之書，如龍游在霄，繾綣可愛。”

費元瑤　　按：隋書經籍志經部，有梁齊安參軍費元珪注周易九卷。陸德明經典釋文敍錄有“齊安西參軍費元珪注周易九卷”。注，蜀人。元瑤應即元珪之誤字無疑。

孫奉伯　　按：南史孫謙傳云：“廉父奉伯，位少府卿，淮南太守。”齊高帝本紀，亦載奉伯官淮南太守。隋書經籍志集部，有孫奉伯集四卷，題作南海太守，蓋誤。以上下之上。

楊經 （原文誤作陽經）　　按：潘岳楊仲武誄，經字仲武，滎陽宛陵人，爲東武戴侯肇之孫，東武康侯潭之子。羊欣能書人名云：“楊肇能書，孫經亦善草隸。”

諸葛隆　　按：吳志諸葛瑾傳云：“子融字叔長，官奮威將軍。”

楊潭　　按：文選潘岳懷舊賦，李善注云：“楊肇生潭字道源，東武康侯。”又潘岳楊仲武誄云：“戴侯康侯，多所論著，又善草隸之藝。”以潘岳楊荊州誄，及魏志田豫傳裴注證之，爲楊休生暨，暨生肇，肇生潭，潭生經，此書楊潭當在前，序次蓋後人所錯亂。（述書賦注云，楊肇字季初。）

張炳　　按：吳志趙達傳，裴注引吳錄云：“吳時善書者，有張子並、陳梁甫。”子並疑炳之字，次於岑淵之前，故定爲吳人。（後漢張超字子並，河間鄭人，在桓靈時，與吳錄里居時代皆不合，當別爲一人。）

岑淵　　按：抱朴子譏惑篇云：“吳時工書者，有皇象，劉纂，岑伯然，朱季平，猶中州之有鍾胡也。”岑伯然當即岑淵之名。

張輿　　按：晉書張華傳云：“孫輿字公安，太子舍人。”

庾景休　　按：南齊書庾杲之傳，杲之字景行，南陽新野人，官通直散騎常侍。景休應即景行之誤字。

褚元明　　按：梁書褚脩傳云：“脩吳郡錢塘人，善尺牘，頗解文章。”又南史張邵傳云：“錢塘有五絕，褚欣遠模書。”本文之褚元明，在褚脩，褚欣遠二人中應居其一，梁書、南史所紀則爲名，本文所紀則爲字。

孔敬通　　按：庾元威百二十體書云：“反左書，梁大同中東宮學士孔敬通作。”又南史庾肩吾傳云：“肩吾與孔敬通、劉之遴等爲高齋學士。”庾氏書品，疑兼錄生人，敬通其一也。以上下之中。

衛宣　　按：晉書衛瓘傳云：“武帝勅瓘第四子宣尙繁昌公主。”

陳基　　按：吳志趙達傳，裴注引吳錄云：“吳時善書者，有張子並、陳梁甫。”本文之陳基，疑陳梁甫之名。

張紹　　按：唐書宰相世系表，吳郡張氏，有張紹梁官零陵郡太守。

韋熊少季　　按：羊欣能書人名，韋少季爲韋誕之子工草隸。太平廣記二百〇九云：“韋誕子少季。"書斷獨以爲韋誕子態，韋康子熊，恐誤。

　　張暢　　按：世說新語賞譽篇論吳士條，劉注引蔡洪與周浚書云："張暢字威伯，吳時人。"又南史張邵傳云："邵從子暢，字少微，官會稽太守。"是皆不言其工書，二者未知誰屬，當俟續考。

　　宋嘉　　按：王羲之題筆陣圖云："鍾繇弟子宋翼，每作一波，嘗三道折筆。"本文之宋嘉，當卽宋翼之誤字。

　　羊固　　按：世說新語雅量篇，羊固拜臨海（太守）條，劉注引明帝東宮僚屬名云："固字道安，泰山人。"文字志云："固父坦，車騎長史，固善草行，著名一時，避亂渡江，累官黃門侍郎。"

　　辟閭訓　　按：文選劉琨勸進表云："主簿臣辟閭訓。"李善注引臧榮緒晉書云："訓字祖明，樂安人，沒石勒爲幽州刺史。"

　　孔間　　按：南史何承天傳云："曾孫遜，遜從叔僩，字彥夷，亦以才著聞"云云。隋書經籍志集部，"梁有義興郡丞孔僩集三卷、亡。"本文之孔間，當卽孔僩傳鈔之脫寫偏旁。

　　顏寶光　　按：南史顧琛傳云："次子寶先，大明中爲尙書水部郎。"又王僧虔傳云："吳郡顧寶先卓越多奇，自目伎能，僧虔乃作飛白以示之，寶先曰，下官今爲飛白屈矣。"述書賦注："顏寶光吳郡人，齊司徒左西掾。"本文之顏寶光當爲顧寶先傳寫之誤字。述書賦注，寶先亦誤作寶光。

　　張熾　　按：隋書經籍志集部，梁有祕書張熾金河集六十卷亡。

　　僧岳道人　　按：梁書庾承先傳云："乃與道士王僧鎭同遊衡岳。"疑卽本文之僧岳道人。本書前敍云："伯英以稱聖居首，法高以追駿處末，"據此法高當爲僧岳道人之字矣。以上下之下。

　　先府君諱培壽，字輔卿，號鄭齋，光緒壬寅舉人，著有武梁祠畫像題字合考、說文今義、楚辭大義述、六朝墓誌題跋等書。又本文所引史傳，爲文字方便起見，與原文有節括或聯綴之處，並記。

全漢三國晉南北朝詩詩人爵里訂正

　　丁福保先生此書，蓋仿嚴可均全上古三代文之例，共五十卷，誠會集古詩之大觀，前有緒論八項，頗多精湛之說。惟作者爵里，間有無考者或錯誤者，爰爲補正得若干人，皆爲玉臺新詠注、詞人麗句、八代詩乘諸書所未詳者。如漢詩有"應亨四王兄弟冠詩"，按：隋書經籍志，有晉南中郎長史應亨集二卷，應亨蓋爲西晉人，丁氏沿漢詩說之誤而收入漢詩者。其致誤之由，因西晉與東漢皆有永平年號也。晉詩有王彬之蘭亭詩，按：晉書穆帝紀云："永和九年十一月，殷浩使部曲劉啓王彬之討姚襄，爲襄所敗，遂進據芎陂。"當卽其人。又有王蘊之蘭亭詩,按書斷云:"王羲之永和九年三月上巳日,與陳郡謝安安石,廣漢王蘊叔仁等,會於山陰之蘭亭。"當卽此人,書斷恐脫落之字。王蘊之爲廣漢籍,且非羲之一族也。又有令華茂蘭亭詩,按:晉書華譚傳云:"二子化、茂,茂嗣父爵爲都亭侯。"本文令華茂當爲華茂之衍文。又有徐豐之蘭亭詩,按:唐書宰相世系表,北祖上房徐氏云(東海郯人):"徐褚晉太子洗馬,生寧字安期,吏部侍郎,五子豐之、實之、仁之、育之、祚之。"據此徐豐之爲徐寧之子無疑。徐寧與祚之,俱見南史徐羨之傳。又齊詩有王寂與第五兄揖別太傅竟陵王奉詩一首,按:南史王僧虔傳,記僧虔長子志,次揖,次彬,次寂字子玄,齊祕書郎,皆與本詩題相合。又有王延別蕭諮議詩,按:延下脫之字。南史王裕之傳云:"昇之子延之,字希季,齊尚書左僕射簡子。"又王侍常有離夜詩,按:侍常當作常侍,官名也。又有劉瑱上湘度琵琶磯詩,按:瑱字當作頊,見南齊書劉繪傳。頊或作瑱,見謝赫古畫品錄。又梁詩有劉溉儀賢堂聯句詩,按:劉溉當作到溉,所稱里貫官階,與到溉均同。初學記、述書賦注,皆作劉溉,爲後來刻本之誤。又有朱記室送別不及,贈何殷二記室詩,按:何遜集亦有酬朱記室詩。又有江革贈何記室詩,按:梁書本傳云:"革字休映,濟陽考城人,官光祿大夫,領步兵校尉。"又有沈君攸採桑詩,按:北周書蕭詧傳云:"沈君游吳興人,博學有詞釆,有文集十卷。"隋書經籍志集部,後梁有沈君攸集十三卷,與詞人麗句正同。又有施榮泰王昭君詩,按:書品之中有施方泰,疑爲其弟兄。又有房篆金樂歌,按:金樓子聚書篇云:"伏事客、(當爲伏曼容之誤。)房篆,有書三百卷,併留之。"又有阮研櫂歌詩,按書品上之下,有"阮研文機"。述書賦注,"阮研陳留人,梁官交州刺史"。又有聞人倩春日詩,按:吳均集有酬聞人侍郎詩二首,當卽其人。又有顧烜賦得露詩,按:隋書經籍志史部,有梁顧烜錢譜一卷,宋洪遵泉志,多引其說。又有王孝禮詠鏡詩,按:金樓子著書篇云:"詩英一秩十卷,付琅邪王孝祀撰。"孝祀當卽孝礼之誤字。又有王湜贈情人詩,按:北周書蕭詧傳云:"王湜爲王淀之弟,官尚書都官郎中。"又有蕭欣還宅作詩,按:蕭詧傳云:"宗室則蕭欣蕭翼。"據隋張盈妻蕭氏墓誌,蕭翼爲南平王偉之子,欣之世系,獨不可考。又陳詩有祖孫登紫騮馬詩,按:顏氏家訓風操篇云:"梁世有庾晏嬰、祖孫登,連古人姓爲名字,亦鄙事也。"當卽其人。又陽縉有賦得詠荆軻詩,按:唐書楊瑒傳云,"華州華陰人,五世祖縉,陳中書舍人,名屬文,終交愛九州都督武康郡公",當卽其人,陽字且當作楊也。至於陳詩有張君祖詠懷詩,贈沙門竺法頵詩,答庾僧淵詩,庾僧淵代答張君祖詩。按:張翼字君祖,庾僧淵爲康僧淵之誤字,詳考已見書品中之下。他若劉臻疑爲隋人,謝頊疑爲陳之謝禎,陳叔達疑爲陳叔達,尚無實據,不敢斷定耳。

讀淳化閣帖釋文偶書

　　清山左徐朝弼所撰淳化閣帖釋文四卷,姓字爵里,如薄紹之,劉瓌之,沈嘉等人,皆出於述書賦注，書未引明，亦是一病。古人僅云草隸，不云草書，歷考張芝，衞瓘，王羲之，王僧虔等傳，皆云善長草隸，與近歲出土之木簡，急就章草隸磚等，實爲同源。漢代本有此體，東漢始有此名，伯英羲獻，始集其大成，淳化所收，雖多出自唐橅，展轉相因，或有所本，特稍增姿媚之態耳。

　　按：淳化閣帖中，多六朝人手札，蘊藏許多豐富新史料，實爲文學可貴之遺產，一般學者，每不注意。清代王虛舟、包世臣等，對六朝帖文，頗有考證，然與余之鄙見尚有出入者，例如漢張芝書云："八月九日，芝白府君足下。"又云："餐食自愛，張芝幸甚幸甚。"前人解爲張芝與父奐之書，殊誤，蓋芝上弘農太守隲也。府君爲漢代太守之通稱。又云："去春送舉喪到美陽。"美陽屬右扶風，謂張奐之喪也。又晉王洽書云："洽頓首言，不孝禍深備豫安荼毒，蔭恃亡兄仁愛之訓，冀終百年，永有憑奉，何圖慈兄，一旦背棄。"按：此書王洽因兄王悅卒與人書也。晉書王導傳云："悅字長豫，官中書侍郎，先導卒。"本文豫上當脫長字。又晉王廙書云："七月十三日，告籍之等。"按：晉書王彬傳，王敦之亂，有司奏彬及兄子安成太守籍之等皆除名。姚姬傳疑籍之爲羲之之兄，說尚可信，籍之爲廙之猶子，故稱告某某等也。又晉郗超書云："王江州爲宗正，似已定。"按：晉書王彬傳云："遷前將軍江州刺史。"江州謂王彬也。又晉謝萬書云："七月十日，萬告郎等。"按：晉書謝萬傳，子韶字穆度，此謝萬與子韶之札也。王導傳云，"莫使大郎知之"，是晉時稱子爲郎之一證。又晉庾翼書云："故吏從事中郎庾翼，參軍事劉退死罪白。"按：此上陶侃之隲也。晉書庾翼傳云："始辟太尉陶侃府參軍，累遷從事中郎。"劉退傳云："初官龍驤將軍，平原內史。"參陶侃軍事，未知在何時。晉時屬吏上隲，稱死罪白，盧諶答劉琨詩亦同此例。又晉山濤書云："臣近啓崔諒，史曜，陳准，可補吏部郎。"按：魏志崔琰傳："琰兄孫諒字季文，仕晉爲尚書大鴻臚。"裴注引冀州記，亦云諒非琰之孫。唐書宰相世系表云："陳佐子準，字道基，晉太尉廣陵元公。"又宋薄紹之書云："江參軍甚須一宅。"按南史江夷傳云："宋武帝板夷爲行參軍，"當卽此人。又隋僧智果論書云："王儀同書，如晉安帝非不處尊位，都無神明。"儀同疑爲王志，見南史王僧虔傳。又云："徐淮南書，如南崗士大夫，徒尚風軌，然不免寒乞。"徐淮南爲徐希秀，見南史徐爰傳，及王僧虔傳。書品列徐希秀在中之下。又云："李鎮東書如芙蓉之出水。"鎮東疑爲李式，見晉書李充傳。又云："范懷約眞書有分，草書無功。"范懷約見南史張率傳及顏協傳及袁昂書品，庾元威論書及述書賦注。書品列范懷約在中之中。至於柳產，程曠平，李巖之三人事蹟未詳，他亦無所見。又王羲之書云："四月五日，羲之報，建安靈柩至，慈蔭幽絕，垂三十年。"姚姬傳考與兄靈柩垂至爲一條，因定王籍之爲羲之之兄，其說可信，建安當爲王彬，爲王廙之弟，羲之之叔父。晉書本傳云："初爲建安太守。"羲之蓋稱其始官，慈蔭云云，語氣亦合。又王獻之書云："阮新婦娩身得雄，散騎殊當喜也。"按：與獻之同輩中加散騎常侍者，有王珣，王珉，王謐等人，疑莫能定也。又云：“東陽諸妹，當復平安。”按：晉書王彪之傳云：“子臨之，官東陽太守。”爲獻之之從兄弟也。

隋進士科開始於煬帝大業元年考

進士科創始於隋代，盛極於唐代，人人知之。對於隋代考試制度的加强，進士科的形成，及進士科的開始，皆語焉不詳。通典卷十四選舉志，僅有“隋煬帝始建進士科”一句，文獻通考、通志，皆因其說。唐王定保摭言卷一，述進士上篇云：“進士科隋大業中所置也。”又散序進士條云：“進士科始於隋大業中，盛於貞觀永徽之際，雖位極人臣，不由進士者，終不爲美。”四種書的紀載，關於隋代進士科，究屬開始於煬帝大業某年，取中進士後，如何授官，隋代登科者有幾人等等問題，皆不具體，研究隋唐政治制度者，實有商討之必要。

一、北齊、北周考試制度的嚴密

選舉制度，在北齊北周時，又發生一大轉變，是由察舉偏重到科舉，由口試偏重到筆試。隋代的進士科，是淵源北齊北周的制度而進一步發展的，通典卷十四選舉云：

> 北齊選舉，多沿後魏之制，凡州縣皆置中正。其課試之法，中書策秀才，集賢策貢士，考功郎中策賢良。天子常服乘輿，出坐於廟堂中楹，秀孝各以班草對。字有脫落者，呼起立席後；書有濫劣者，飲墨水一升；文理孟浪者，奪席脫容刀。

北齊九品中正，與考試並行，實際因九品中正流弊滋多，故偏重在考試，尤注重秀才、貢士兩科目。貢士名稱，雖源本於成周，然翻陳出新，已等於隋唐之進士。其考試方法，亦開始嚴密。至於北周的考試，通典卷十五選舉志云：

> 後周宣帝大成元年，詔州舉高才博學者爲秀才，郡舉經明行修者爲孝廉，上州，上郡歲一人。

又金石萃編卷四十，隋洛州南和縣澧水石橋碑云：

> 于斯時也，使持節儀同三司刺史辛公，以明德上才，襄帷此境。公名懿字士信，隴西狄道人，風神秀起，雄圖傑出，博覽書傳，總括藝能，行成規矩，言爲楷則。是以曳裾棘座，高步禮闈，市朝遷革，位望彌重。

澧水石橋碑無年月，有“以開皇十一年爰共經始，數年乃就”之語。是橋之成，碑之立當在開皇十一年以後。辛懿見北齊書源彪傳云：“隴西辛懿，以才幹知名，入仕周隋歷通顯。”碑文所敍“曳裾棘座，高步禮闈”，在“市朝遷革，位望彌重”二句之上，當爲在北周時，曾取中秀才或孝廉科目無疑。考唐代考試場所名璨廳，閱卷方法有糊名，所謂棘闈、禮闈、禮部試各名稱，始於五代時。五代史和凝傳云：“是時進士多浮薄，喜爲喧譁以動有司。主司每放榜，則圍之以棘，閉省門，絕人出入以爲常。凝撤棘開門，而士皆肅然無譁。”又五代史李懌傳云：“懌笑曰，假令余復就禮部試，未必不落第。”以澧水石橋碑文證之，在考試上北周已有棘座。

（棘座不能解作三槐九棘之九卿坐位，因碑文此二句，是敍辛憼的出身。）禮闈等名稱。是知此等術語，雖流行於五代，實源本於北周，可謂文獻上的新發現。吾故曰北齊北周考試制度的加強嚴密，形成隋代進士科的開始。

二、隋初秀才科的重要

隋代開皇初年，罷州郡中正，選舉的重心，移到秀才科目。猶之唐代偏重於明經進士兩科目。文獻通考卷二十八選舉考云：「隋世天下舉秀才者不十人，而杜正玄一門三秀才。」隋書卷七十六文藝杜正玄傳云：「兄弟數人，俱未弱冠，以文學才辨籍甚三河之間，開皇末舉秀才，尚書試方略，正玄應對如響，下筆成章。」又隋書卷七十六王貞傳云：「開皇初舉秀才授縣尉，非其好也。」又金石萃編卷四十，陳叔毅修孔子廟碑，大業七年立。末行有「濟州秀才前汝南郡主薄仲孝俊作文」題名。綜合觀之，隋代秀才科目，可考者五人，取中的秀才，授官縣尉，形成隋代由秀才科發展到進士科的開始。

三、隋代進士科開始於煬帝大業元年

一九二零年，洛陽出土隋北地太守陳思道墓誌，文字殘缺很多，有云：

公弱冠及進士第，授北地太守，遷諫議大夫，以大業二年卒。

陳思道卒於煬帝大業二年，而上引諸說，皆云進士科始於大業，則必爲元年，時代可以確定。

隋代進士登第後，授官爲太守或郎官等，有二明證。一、上述陳思道及第後授北地太守是也。二、唐王定保摭言卷一，散序進士云：「獨孤及撰河南府法曹參軍張從師墓誌云：從師祖損之，隋大業中進士甲科，位至侍御史，諸曹員外郎」是也。又隋代登進士科，可考者四人，有陳思道，張損之，侯君素，孫伏伽四人。唐王定保摭言卷一，述進士上篇云：「進士隋大業中所置也，如侯君素，孫伏伽，皆隋之進士也」可證。

現在對於隋代進士科，所可確定者，爲開始的年代，取中後授官的職位，及登科可考的人名。至於終煬帝之世，共舉行幾科，每科取中的名額，考試的試題，均不能了解，尚有待於地下材料的發現。

<h3 style="text-align:center">張機、賈思勰、戴凱之、宗懍、裴孝源、王方慶、孫過庭、
崔令欽、封演、張彥遠、張懷瓘、竇臮、李綽
等人仕履及事蹟之鉤沈</h3>

張機　南陽張機字仲景，建安中官長沙太守，後漢書無傳。丁福保氏謂劉表傳「長沙太守張羨叛表，表圍之，連年不下，羨病死長沙，復立其子懌，表遂攻幷懌」。章懷注引英雄記曰：「張羨南陽人，先作零陵，桂陽長，甚得江湘民心。」丁氏因疑張羨即張機之一名，云南陽人，云

長沙太守與張機皆合。然其行動頗與機不相類。按：太平御覽卷四百四十四引何顒別傳云：
"顒字伯求，南陽人，（後漢書本傳並同）有人倫鑒。同郡張仲景，總角過顒，顒謂曰，君用思
精而韻不高，將爲名醫，卒如其言。"仲景事蹟見於載籍者如此，學者特未深考耳，故特表而
出之。

賈思勰　齊民要術思勰自署官高陽太守，始末不詳。按：陶齋藏石記卷七，十六頁，有
魏散騎常侍賈瑾墓誌云："祖天符，仕宋爲本州主□，□□中兵參軍，條縣令，高陽太守。父敬
伯，後轉別駕，州府爲司馬，出廣川、平原、濟南、魏郡、太原、高陽六郡太守。"墓誌刻於普泰元
年，瑾沒時年三十歲。敬伯疑卽思勰之字，勰有和意義，與敬字亦相適應。古人碑刻署官，皆
書最後之職，要術卷端題高陽太守，尤極合體例。魏書地形志云："高陽郡，晉置。"思勰仕於
北魏末，至東魏初尙生存，賈瑾當先父而卒者也。

戴凱之　竹譜舊本題晉武昌戴凱之撰。晁公武郡齋讀書志云，凱之字慶預，仕履無考。
左圭百川學海、四庫全書提要皆因其說。以余考之，凱之當爲劉宋時人，云晉人者誤也。竹
譜文云："九河鱗育，五嶺實繁。"注云："余往交州，行路所見，兼訪耆老，考諸古志，則今南康，
始安、臨賀爲北嶺，臨漳、寧浦爲南嶺。"按：晉書地理志，南康郡晉太康三年置，始安郡晉
置，臨賀、寧浦二郡皆吳置。宋書州郡志，越州有臨漳郡，先屬廣州。與百梁，憧蘇，永寧，安
昌，富昌，南流，合浦，宋壽，皆新立之郡。據此臨漳郡宋時始設立，凱之爲宋人，其證一也。譜
文又云："竹之堪杖，莫尙於筇。"注云："筇竹高節實中，出南廣邛都縣。"宋書州郡志，寧州有
南廣郡，晉懷帝分朱提立。統南廣，新興，晉昌，常遷四縣。南齊書並同，無邛都縣。又按：宋
爨龍顏碑云："遷本號龍驤將軍，領鎭蠻校尉，寧州刺史，邛都縣侯。"碑爲宋大明二年立，據
此邛都爲宋時暫置旋廢之縣，凱之爲宋人，其證二也。注中引有徐廣雜記二條，按：南史徐廣
傳，廣以元嘉二年卒，年七十四。凱之已引其書，凱之爲宋人，且爲元嘉時人，其證三也。隋
書經籍志集部有戴凱之集六卷，次於宋宛朐令湯惠休之後，凱之爲宋人，其證四也。詩品有
宋參軍戴凱，疑卽戴凱之之脫字，據此凱之則官參軍也。

宗懍　荊楚歲時記，四庫提要云：舊本題晉宗懍撰。直齋書錄解題作梁人。考梁書元帝
本紀，"承聖三年七月甲辰，以都官尙書宗懍爲吏部尙書"，當卽其人。按：北周書宗懍傳
云："懍字元懍，南陽涅陽人，梁元帝牧荊州時，以懍爲別駕江陵令。及帝卽位，擢爲尙書侍
郎，累遷吏部尙書，及江陵平，與王褒等入關。孝閔帝踐祚，拜車騎大將軍、儀同三司，保定
中卒。"（以上節括原文）北史並同。此書之撰，蓋在梁元帝牧荊州時也。又按：隋書經籍志
集部，有北周儀同宗懍集十二卷，唐書藝文志作十卷，懍之事實可考如此。

裴孝源　唐裴孝源撰貞觀公私畫史一卷，四庫全書提要云："孝源里貫未詳，卷首有貞
觀十三年八月自序，結銜題中書舍人。唐書藝文志，有裴孝源畫品錄一卷，注曰中書舍人，

與此序合。”按：唐郎官石柱記題名，吏部員外郎有裴孝源題名。在長孫祥之下，裴希仁之上。度支郎中再見孝源題名，在鄭文表之下，裴公緯之上。裴公緯見唐書宰相世系表，爲武后時人，蓋孝源亦爲武后時人，成書在貞觀時適官舍人，故以題銜，非久任不遷也。

　　王方慶　魏徵鄭公諫錄，四庫提要云：“此書前題尚書吏部郎中，蓋高宗時官，本傳不載，則史文脫略也。”　按：唐郎官石柱記題名，吏部郎中有王方慶題名，在張詢古之下，高思之上。提要未引，亦其偶疎也。

　　孫過庭　唐人墨跡，傳於現今者，以孫過庭所寫書譜，最爲熟在人口。四庫提要引述書賦注，孫過庭字虔禮，富陽人，右衞胄曹參軍。張懷瓘書斷則云，孫虔禮字過庭，陳留人，官至率府錄事參軍。然本文自題吳郡孫過庭，則述書賦所云富陽人，書斷所云陳留人均非也。自題寫於垂拱三年，則爲武后時人。又按：陳伯玉集卷六，有率府錄事孫君墓誌銘，文略云：“君諱虔禮，字過庭，有唐之不遇人也。”又云：“幼尚孝悌，不及學文，長而聞道，不及從事。”又云：“遇暴疾卒於洛陽植業里之客舍，時年若干。”此誌文無籍貫，無年歲，無卒年，無刻誌年月，且不稱其工書。今讀書譜駢儷之文，極瀟洒之致，陳伯玉謂其不及學文，殊非事實。但陳文隱晦，在其集中，考孫過庭事蹟者，皆未見引證，故特鈎沈出之。

　　崔令欽　令欽所撰敎坊記，四庫提要云：“唐書藝文志著錄，又總集類中載令欽註庾信哀江南賦一卷，然均不言令欽何許人，蓋修唐書時始末已無可考矣。”　按：唐郎官石柱記題名，倉部郎中，有崔令欽題名，在張巡、姚沛之下，丘爲之上，則爲玄宗時人無疑，與本書中多記開元中猥雜之事，正相脗合。近人任半塘著敎坊記箋訂，亦遺漏此條，僅知令欽官禮部員外郎云云。

　　封演　封氏聞見記十卷，唐封演撰。四庫提要云：“書中貢舉一條，記其登第時，張繟有千佛名經之戲，然不言登第在何年。卷首結銜題朝散大夫，檢校尚書吏部郎中，兼御史中丞。而尊號一條，記貞元間事，則德宗時終於此官也。”　按：唐書藝文志，史部編年類，有封演古今年號錄一卷，注天寶末進士，又有封演所撰錢錄一卷。唐郎官石柱記題名，吏部郎中，有封演題名，在溫彥博之下，趙宏智之上。唐書百官志，吏部郎中與朝散大夫，俱正五品，與結銜均相脗合，提要均未深考也。又湖北通志卷九十六，有唐張孚墓誌，爲侄張繟撰文，刻於開元二十八年，封演與張繟交游，益證明爲玄宗末年時人，而卒於德宗時也。近人所撰封氏聞見記校注，序言中引岑仲勉諸家之說，考證封演官階甚詳，獨未引及唐郎官石柱記題名，及張孚墓誌。

　　張彥遠　彥遠所著歷代名畫記，最爲煊赫有名。彥遠爲張嘉貞之玄孫，延賞之曾孫，弘靖之孫，文規之子。博學有文詞，乾符中官至大理卿，見唐書張嘉貞傳。宰相世系表作彥遠官祠部員外郎。又唐郎官石柱記題名，祠部員外郎，有張彥遠題名，在薛浒之下，趙璘之上，與世系表正合。而石柱記主客員外郎，再見張彥遠題名，在裴紳之下，韓乂之上。據此彥遠當爲先官祠部員外郎，轉主客員外郎，終於大理卿也。

張懷瓘　書斷三卷，唐海陵張懷瓘所撰。唐書藝文志著錄，稱懷瓘開元中爲翰林院供奉。本書敍述能書人名，與庾肩吾書品，同其珍貴。惟苟長胤貙骨帖，引尚書故實一條，當爲後人所附益。尚書故實爲李綽撰，綽仕履未詳，自稱書爲客張尚書家時所撰，尚書四世祖爲嘉貞，懷瓘與嘉貞爲同時人，豈有引及綽之著述者乎。

竇臮　述書賦二卷，唐扶風竇臮所撰。四庫提要云：“據竇蒙注，臮字靈長，扶風人，官至檢校戶部員外郎，宋汴節度參謀。蒙字子全，爲臮之兄，官至試國子司業，兼太原縣令，並見徐浩古蹟記。”　按：金石續編卷九，唐景昭法師碑，爲竇臮書，銜題“朝議大夫檢校尚書兵部郎中，兼侍御史上柱國竇臮書並篆額。”碑文又敍臮官浙江東西節度支度判官。碑文以貞元三年立。是臮雖不見於史，郎中御史爲最後之官，且知卒於德宗時，可考如此，提要僅據徐浩古蹟記之初官，未爲詳實也。又按：懷素自敍，大曆十二年石刻，竇侍御冀評云：“粉壁長廊數十間，興來小豁胸中氣”云云。是臮字又可寫作冀，似在肅宗時即官侍御史矣。又按：原書有竇蒙語例字格序云，“大曆四年七月，點發行朱，尋繹精嚴，痛摧心骨，其人已往，其蹟今存”云云。　按：貞元初臮尚撰碑文，大曆二字，必爲誤字無疑。

李綽　按：郡齋讀書志卷十二，有李綽撰輦下歲時記一卷，云綽避黃巢之亂，避地蠻隅所作，綽葢爲唐末時人。綽所撰之尚書故實，則爲早年客張尚書家所作。又按：書錄解題卷六，有秦中歲時記一卷題唐膳部郎中趙郡李綽撰，其序曰：“緬思庚子之歲，浛周戊辰之年。”庚子爲唐廣明元年，戊辰爲後梁開平二年，葢唐之舊臣，亡國之後，而爲此書也。予疑輦下歲時記與秦中歲時記，即一書之異名，避黃巢起義時撰，至後梁時方始告成，輦下歲時記今已亡佚，尚書故實，此書獨存，因四庫提要所云未諦，特再加以考索。

“臥 薪” 別 解

輿 薪

吳越爭霸事初見於《左傳》、《國語》，後見於《史記·越世家》及《越絕書》和《吳越春秋》。《史記》和《吳越春秋》僅記勾踐嘗膽事而無所謂“臥薪”。以“臥薪”與“嘗膽”相連爲文，實始於蘇軾的一篇游戲文章《擬孫權答曹操書》（見《東坡續集》卷九），却與勾踐無涉。王竹樓同志有《越王勾踐臥薪說質疑》，載《光明日報》一九六三年一月十六日《史學》雙周刊，考訂甚詳覈。惟王文未及文學作品，僅談到《東周列國志》，並認爲小說的記載是故事流傳廣泛的主要原因之一。實則在文學作品中，以臥薪、嘗膽二事並屬勾踐，蓋始於梁辰魚的《浣紗記》傳奇。較馮夢龍《東周列國志》之問世尙早了好幾十年也。

照我的主觀臆測，蘇軾在文章中把“臥薪”和“嘗膽”連有一起，還是有依據的，而且用的大約就是勾踐的故事。故南宋時人如曾開、眞德秀、黃震等皆以此二事並屬諸勾踐。考《吳越春秋·勾踐歸國外傳》有云：

> 越王念復吳仇，非一旦也。苦身勞心，夜以接日。目，臥則攻之以蓼；足，寒則漬之以水。冬常抱冰，夏還握火。……

“臥薪”的出典，疑卽從“目，臥則攻之以蓼”這句話引申創造出來的。按，《毛詩·東山》：“有敦瓜苦，烝在栗薪。”“栗”，《孔疏》引《韓詩》作“蓼”，通志堂本《釋文》引《韓詩》作“蓼”。據《廣韻》，“蓼”、“蓼”同爲一字，則《韓詩》實作“蓼薪”。馬瑞辰《毛詩傳箋通釋》卷六云：

> 今按，栗、蓼蓋一聲之轉。《廣韻》蓼、蓼同字，當讀如“予又集於蓼”之蓼。蓼，辛苦之荣也。《毛傳》蓋以栗爲蓼之假借。……《韓詩章句》訓“蓼薪”爲“聚薪”，亦非詩義。

竊謂釋“蓼”爲苦荣，晉了，馬說良是。而所以稱之爲“蓼薪”，則應從《韓詩》“聚薪”之義（見《釋文·毛詩音義中》和王應麟《詩考》引，《孔疏》引《韓詩》則作“衆薪”，義同）。蓋蓼之爲物，如果積聚得多了，便可以稱爲“蓼薪”，並非“蓼”、“蓼”有“聚”或“衆”之訓也。馬駁韓說，恐未必然。然則《吳越春秋》裏所說的“攻之以蓼”，實卽“攻之以蓼薪”。大約勾踐在疲倦要睡的時候，就利用“蓼”的苦味來“攻”（刺激）其“目”，爲的是打消睡意。當然，這種東西數量少了是沒有用的，必須成堆地擺在身邊，苦味才強烈。這可能就是“臥薪”的由來。

“嘗膽”是讓味覺感到苦；“臥薪”是讓視覺感到苦，其目的是在折磨眼睛而非折磨整個身體。二者性質旣近，所以蘇軾才把它們相連成文。這正是對《吳越春秋》本文作了正確的理解然後加以引申創造的結果。

左盦漫錄

孫人和

武闈疑義

左傳閔公二年傳秋八月辛丑。共仲使卜齮賊公于武闈。正義曰。名之曰武。則其義未聞。按唐修左氏正義依據劉炫沈文何蘇寬諸家。此云未聞。蓋六朝諸儒之舊說。孫詒讓攷工記匠人正義曰。凡天子七廟。諸侯五廟。皆有闈。疑卽魯武公之側門。猶襄十一年傳之盟諸僖閎。杜注以爲僖廟門。闈閎通稱。皆側門也。按閔公時。武公廟已毀。故成六年立武宮也。襄公時僖廟尚存。故有僖閎之名。不可以比論也。孫說非是。

竊疑武當作虎。聲之誤也。周禮地官師氏職。居虎門之左。司王朝。鄭注。虎門。路寢門也。王日視朝於路寢門外。畫虎焉以明勇猛於守宜也。大戴禮保傅篇。古者年八歲而出就外舍。學小藝焉。履小節焉。盧辯注。外舍小學謂虎闈師保之學也。蔡邕集明堂月令論。謂周官有門闈之學。師氏守王門。保氏守王闈。虎闈蓋路寢之旁門也。左昭十年傳。子良伐虎門。晏平仲端委立于虎門之外。是諸侯有虎門與天子同也。虎闈內外公有時出入。故卜齮因得賊公歟。

箕之役稱人辨

左僖三十三年夏四月辛巳。晉人及姜戎敗秦師于殽。癸巳。葬晉文公。秋。晉人敗狄于箕。傳云。遂興姜戎。子墨衰絰。夏四月辛巳。敗秦師于殽。又云。狄伐晉及箕。八月戊子。晉侯敗狄于箕。郤缺獲白狄子。先軫曰。匹夫逞志於君而無討。敢不自討乎。免冑入狄師。死焉。狄人歸其元。面如生。杜預注晉人及姜戎敗秦師于殽云。晉侯諱背喪用兵。故通以賤者告。又注晉人敗狄于箕云。郤缺稱人者。未爲卿。正義曰。劉炫云。案傳晉侯親兵。先軫死敵。則將帥非郤缺也。而稱人者。晉諱而以微者告。今知不然者。以戰于殽。

文公未葬。故譏其背殯用兵。此則文公既葬之後。於禮得從戎事。又敗狄有功。又何恥譏
而以微者告。故杜云郤缺稱人未爲卿。劉以晉侯稱人同於貶譏而規杜氏。非也。邵瑛劉炫
規杜持平卷二云。據傳箕之役。晉侯先軫皆在。郤缺尚未爲卿。而獲白狄子者實郤缺。杜
注云云。似當時爲將帥者乃郤缺也。以今詳味春秋經傳稱晉人。蓋穀梁傳所謂衆辭。固不
必指郤缺。亦不必指先軫與晉侯。晉人猶詩載馳許大夫而曰許人耳。如曰晉譏而以微人告。
此役於晉似無所譏。四月文公既葬。秋月於禮得從戎事。狄之強橫。迭侵魯衞齊晉。敗之
有功。且獲其君。又何恥譏而以微人告。是杜注固未善。劉規亦未盡得也。

　　按杜注孔駁至爲謬誤。邵違傳例。劉說近是而未詳切。兹分三章以明之。

　　一、喪中用兵　通典九十三凶禮十五引五經異義云。諸侯未踰年出朝會與不。出會何稱。
春秋公羊說。諸侯未踰年不出境。在國中稱子。以王事出。亦稱子。非王事而出會同安父
位不稱子。鄭伯伐許。未踰年。以本爵。譏不子也。左氏說。諸侯未踰年在國內稱子。以
王事出則稱爵。黜於王事。不敢伸其私恩。鄭伯伐許是也。謹案二字原脫。春秋不得以家事
辭王事。諸侯蕃衞之臣。雖未踰年。以王事稱爵是也。又云。未踰年之君繫父不。公羊說。
未踰年之君。皆繫於父。晉里克殺其君之子奚齊是也。左氏說。未踰年之君繫於父。殺奚
齊于次。時父未葬。雖未踰年稱子。成爲君。不繫於父。齊公子商人殺其君舍。父已葬。
謹案。禮制君喪未葬已葬。儀各有差。嗣君號稱。亦宜有差。左氏說是也。按晉文公薨于
僖卅二年十二月。卅三年夏四月敗秦師于殽。然後葬文公。秋八月敗狄于箕。是殽之戰于
未葬之時。箕之役於既葬之後。左氏之例。襄公在國內稱子。故傳曰遂與姜戎。子墨衰絰。
卽其證也。殽之戰亦當稱子。箕之役則稱爵。然鄭伯伐許。尚爲王事。文襄之霸也。共獎
王室。雖在始喪。金革無辟。外會稱爵。自無不可。此當先決者也。

　　二、左氏公羊之異同　諸侯居喪。左氏以未葬已葬爲例。公羊以踰年未踰年爲例。其
實踰年稱君。古今文所同。準左傳之義。諸侯薨而嗣子卽位。凡有三時。一是始喪卽適子
之位。二是踰年正月卽一國正君臣之位。三年除喪。而見於天子。天子令之嗣。列爲諸
侯之位（曲禮正義）。文元年傳云。晉文公之季年。諸侯朝晉。衞成公不朝。使孔達侵鄭。
伐緜訾及匡。晉襄公既祥。使告于諸侯而伐衞。及南陽。既祥伐衞。正是踰年。故彭衙之
戰。經書晉侯。此踰年之證也。其未踰年。公羊以爲說。左氏以未葬已葬爲別。然如僖九
年葵丘之會。宋襄公稱子。二十八年踐土之會。陳共公稱子。公羊以王事出會。未踰年皆
稱子。左氏以出會諸侯。未葬之前皆稱子。似異而實同也。惟左氏以王事亦得稱爵。爲不
同耳。又如文十四年齊商人弒其君舍。公羊以爲成舍爲君。惡商人之弒也。左氏以爲已葬。
雖未踰年。亦得稱君。亦有誤會經文。師傳遂異。不獨成四年鄭伯伐許也。僖十年里克弒
其君卓。公羊以爲踰年稱君。左氏以爲卓子九年死。但赴告在十年。以葬後故稱君。此其

異也。二傳同異如此。鄭玄注禮記雜記。用左氏義。駁異義。用公羊義。

三、稱人例說　晉文公卒。秦師乘喪東襲。旣違用兵之道。狄人迭侵鄰國。亦失親仁之旨。經傳稱人之例。雖有多端。非卿稱人一也。貶爵稱人二也。夷狄稱人三也。與衆同欲稱人四也。然人雖微者。往往有與衆同欲之意。弒立諸例。皆可證明。今經言晉人。殆以此也。箕之役在文公旣葬之後。而不稱爵者。以成其父志。孝示諸侯。昔武王除喪。師出孟津。猶稱太子。鄭玄云是爲孝也。僖廿五年夏四月。衞侯燬卒。秋。葬衞文公。冬十有二月。公會衞子莒慶。盟于洮。文公旣葬。而經猶稱子者。曲禮疏引服虔云。明不失子道。杜預注亦云。述父之志。降名從未成君。故書子以善之。與此經同。襄公旣祥。使告于諸侯而伐衞。伐衞皆大夫。而經書晉侯。反復相證。則箕之役稱人之旨昭然明矣。

公 姑 姊 解

左襄公二十一年傳。邾庶其以漆閭丘來奔。季武子以公姑姊妻之。

杜注。計公年不得有未嫁姑姊。蓋寡者二人。

釋文。杜以公之姑及姊是二人也。或曰。列女傳稱梁有節姑妹（今本妹作姊）。謂父之妹也。此云姑姊。是父之姊也。一人耳。以杜氏爲誤。案成二年。楚侵及陽橋。孟孫往略。以公衡爲質。杜云。衡。成公子也。楚師及宋。公衡逃歸。臧宣叔云。衡父不忍數年之不宴。以棄魯國。則公衡之年。下計猶十七八。成公是其父。固當三十有餘。從成二年至此三十八歲。姑又成公之姊。則年近七十矣。假令公衡非成公之子。猶是成公之弟。成九年伯姬歸于宋。伯者長稱。九年始嫁。則爲成公之妹。成公不得有姊矣。若成公別有庶長之姊。以成公公衡之年推之。亦不復堪嫁。故知二人也。唯公羊以成公卽位年幼。據左氏成四年傳云。公如晉。晉侯見公。不敬。公歸。欲求成于楚。得季文子諫而止。此非年幼也。反覆推之。杜氏不誤。

正義。杜以姑爲父之女昆弟。姊是己之女昆。故計公之年。以爲寡者二人。劉炫云。案十二年傳云。無女而有姊妹及姑姊妹。則古人謂姑爲姑姊妹也。而知此姑姊是襄公父之姊。止一人耳。不得云寡者二人。今知不然者。以襄公、成公之子。成公卽位二年。已令大子公衡爲質於楚。及宋逃歸。則公衡年十五六矣。成公卽位之初。已三十有餘。計至於今。七十許歲。其姊雖存。年極老矣。安可以妻庶其。劉以爲成公之姊而規杜氏。非也。按劉文淇左傳舊疏考正云。孔疏駁劉。襲用釋文語。陸氏卒于高祖時。正義作于貞觀之世。其爲沖遠襲用陸語無疑。陸氏所引或說。卽光伯語。孔氏略引之耳。

顧炎武左傳杜解補正。邵氏曰。姑姊一人也。其殆魯之宗女，於成爲妹者乎。故曰以姬氏妻之。稱姊。尊之也。按李慈銘云。姊妹猶言兄弟。通辭也。邵二泉謂稱姊尊之。非。

（語見邵瑛劉炫規杜持平）

惠棟春秋左傳補註。子惠子曰。成公同宗之女。于公爲姑姊。故云公姑姊。注及正義皆失考。

孔廣森經學卮言。此公姑姊卽季氏女也。季氏出自桓公。至武子四世。於左氏說爲公族祖父。其女子子則公之族姑。其女孫則公之族姊。季氏之女而稱公姑姊以嫁者。所以寵庶其耳。尋下文臧武仲語斥稱姬氏。可知非公女矣。古人立言有體。趙盾稱公之女則曰君姬氏。（見宣二年傳）

沈欽韓春秋左氏傳補注七。姑姊者謂外姊妹。襄公姑之女也。係母姓故曰姬氏。唐世以外甥女嫁番酋。猶謂之宗女。舊唐書契丹傳。首領李失活入朝。封宗室外甥女楊氏爲永樂公主。以妻之。奚國傳。首領李大輔入朝。詔封從外甥女辛氏爲固安公主以妻之。

按杜以姑姊爲二人。劉以爲一人。其後多從劉說。而說又不同。今據經傳稱謂。而推其義。

姑　爾雅釋親。父之姊妹爲姑。毛詩邶泉水。問我諸姑。遂及伯姊。傳曰。父之姊妹稱姑。左僖十五年傳。姪其從姑。六年其逋。儀禮喪服緦麻三月章。父之姑。鄭注。歸孫爲祖父之姊妹。按析言之則曰姑姊姑妹。合言之則父之女昆弟統稱姑也。

姑姊　儀禮士冠禮。入見姑姊如見母。鄭注。如見母者。亦北面。姑與姊亦俠拜也。不見妹。妹卑。左昭廿五年傳。爲父子兄弟姑姊甥舅昏媾姻亞。以象天明。墨子節葬下。姑姊甥舅皆有月數。（公孟篇作姑姊舅甥皆有數月之喪。）新序雜事四。子得罪於父。可以因姑姊叔父而解之。父能赦之。（韓詩外傳十作臣聞子得罪於父。可因姑姊妹謝也。父乃赦之。）

姑妹　列女傳五。有魯義姑妹。梁節姑妹。（兩妹字今皆誤姊）

姑姊妹　儀禮喪服齊衰不杖期章。姑姊妹女子子適人無主者。姑姊妹報。殤大功章。姑姊妹之長殤中殤。大功九月章。姑姊妹女子子適人者。大夫之妾。爲君之庶子。女子子嫁者未嫁者。爲世父母、叔父母、姑姊妹。大夫、大夫之妻、大夫之子、公之昆弟爲姑姊妹女子子嫁于大夫者。君爲姑姊妹女子子嫁于國君者。殤小功章。爲姑姊妹女子子之下殤。大夫、公之昆弟、大夫之子爲其昆弟庶子姑姊妹女子子之長殤。小功五月章。爲人後者爲其姊妹適人者。（鄭注不言姑者。舉其親者而恩輕者降可知。）夫之姑姊妹娣姒婦報。緦麻三月章。從祖姑姊妹適人者報。夫之姑姊妹之長殤。禮記曲禮上。姑姊妹女子子已嫁而反。兄弟弗與同席而坐。弗與同器而食。又。檀弓上。姑姊妹之薄也。蓋有受我而厚之者也。又。雜記下。如諸父昆弟姑姊妹之喪。則既宿則與祭。又。妻視叔父母。姑姊妹視兄弟。長中下殤視成人。又。卒哭而諱。王父母兄弟世父叔父姑姊妹子。與父同諱。又。姑姊妹其夫死。

而夫黨無兄弟。使夫之族人主喪。又。姑姊妹之大功。踊絕於地。又。主人之辭曰。某之子不肖。如姑姊妹。亦皆稱之。鄭注。姑姊妹見棄。亦曰某之姑。某之姊。若妹不肖。又。婦見舅姑。兄弟姑姊妹皆立于堂下。西面北上。左襄十二年傳。無女而有姊妹及姑姊妹。昭三年傳。則猶有先君之適及遺姑姊妹。若而人。公羊莊三年傳。魯子曰。請後五廟。以存姑姊妹。韓詩外傳十。臣聞子得罪於父。可因姑姊妹謝也。父乃赦之。（新序雜事四作子得罪於父。可以因姑姊叔父而解之。父能赦之。）　漢書地理志。始桓公兄襄公淫亂。姑姊妹不嫁。於是令國中民家長女不得嫁。名曰巫兒。爲家主祠。嫁者不利其家。民至今以爲俗。

按凡言姑姊者有三義。從尊者言之。即父之女昆及己之女昆，一也。父之女弟及己之女昆，二也。父之女昆，三也。凡言姑姊妹者有二義。父之女昆弟及己之女昆弟，一也。父之女昆弟，二也。襄傳云以公姑姊妻之。尋其語氣。明是父之姊也。杜以爲二人者。以年齡不合。故依儀禮冠禮分爲二人。不知冠禮所述。從尊者言之。故鄭注云云。與左氏不相應也。釋文正義申述杜義。殊不可信。按會於沙隨之歲。始生襄公。成十六年也。成公薨約在廿歲左右。是成公襁褓即位。是時十六七歲也。知者，襄公四歲即位。則成公行冠禮昏當在十二至十五之間。若成二年則公未離懷抱。安得有成長之男爲質乎。成四年晉侯不敬。意欲求楚。則是左右之意。故季文子阻止其事。不得據此而定成公之年齡也。成九年。成公未行冠禮。伯姬爲成之姊。亦無迕也。成公薨約廿歲。至襄二十一年。成公之姊無論適庶。當已四十餘歲。四十而嫁。世亦有之。不得拘滯於二十而嫁之禮論也。七十許歲。自是誤算。杜又云蓋寡者二人。尤爲謬論。即就杜注論之。既分姑姊爲二人矣。襄公四歲即位。此時二十四歲。其姊不足卅歲。成人未嫁。事何可怪。安見其爲寡也。劉說是。杜注非也。邵二泉孔撝約沈文起諸儒雖駁杜說。而曲折以就之。非光伯之旨也。

同姓不昏左氏義

左昭元年傳。晉侯有疾。鄭伯使公孫僑如晉聘。且問疾。叔向問焉。子產曰。僑聞之。內官不及同姓。其生不殖。美先盡矣。則相生疾。君子是以惡之。故志曰。買妾不知其姓則卜之。又曰。男女辨姓。禮之大司也。今君內實有四姬焉。其無乃是也乎。國語晉語四曰。異姓則異德。異德則異類。異類雖近。男女相反。以生民也。同姓則同德。同德則同心。同心則同志。同志雖遠。男女不相及。畏黷故也。黷則生怨。怨亂毓災。災毓滅性。是故娶妻避其同姓。畏亂災也。又鄭語曰。夫和實生物。同則不繼。於是乎先王聘后於異姓。春秋內外傳以生則不殖。同則不繼。說明同姓不昏之理。至爲明塙。惟左氏所謂不昏。實有年限。左哀十二年。孟子卒。傳曰。昭夫人孟子卒。昭公娶于吳。故不書姓。

（禮記坊記、論語述而篇。並述此事。）死不赴。故不稱夫人。不反哭。故不言葬小君。通典嘉禮、引五經異義曰。諸侯娶同姓。今春秋公羊說。魯昭公娶于吳爲同姓也。謂之吳孟子。春秋左氏說。孟子非小君也。不成其喪。不當諱。謹案。易曰。同人于宗吝。言同姓相娶。吝道也。卽犯誅絕之罪。言五屬之內。禽獸行。乃當絕。按傳文但記其事。未有評議。通典所引異義。似有刪併。蓋非原文。左氏之意。當以例與事定之。孟子不成其喪。於傳例不當諱評。自吳太伯至魯昭公。年事久遠。於事實亦不合諱評也。其以五屬爲限者。禮記大傳曰。六世親屬竭矣。又曰。繫之以姓而弗別。綴之以食而弗殊。雖百世而婚姻不通者、周道然也。太平御覽五百四十。引禮外傳曰。夏殷五世之後。則通婚姻。周公之禮。百世不通。所以別禽獸也。又五屬之外。謂之庶姓。庶姓、通言之卽是異姓。左隱十一年傳。薛、庶姓也。我不可以後之。是也。若與親屬或異姓對言。則庶姓卽是氏族之正姓。如周禮司儀職曰。土揖庶姓。時揖異姓。天揖同姓。鄭注。庶姓、無親者也。禮記大傳曰。其庶姓別於上。而戚單於下。皆是也。是左氏折衷三代之制。以此推之。許慎五屬云云。亦從左氏說也。更以本書證之。僖二十三年傳。鄭叔詹曰。男女同姓。其生不蕃。晉公子。姬出也。而至于今。杜注。犬戎狐姬之子。故曰姬出。國語晉語四。述此事曰。同姓不婚。惡不殖也。狐氏出自唐叔。狐姬。伯行之子也。實生重耳。成而儁才。離違而得所。久約而無釁。是重耳外祖家與晉同祖。自唐叔至獻公。久歷年所。重耳長大成人。英偉剛毅。並不因此而有闕陷。更足以證明左氏說矣。

學海片鱗錄

李思純 遺著

　　《學海片鱗錄》一卷,是李思純先生生前讀書箚記的未定稿,1939年寫於成都。原書166條,其中有的見於其所著《江村十論》,有的是節錄近人論著;也有幾條是此稿簡略而時人闡述較詳,且早已編印成文的。我們捨去了這些部分,選擇了可供研究者參考的三十二條,由傅振倫先生重加編次,整理文字、在本輯發表。

——編者

目　錄

一、中國名城惟蘇州未改古代舊址

中國古代名城，今世皆易舊址。漢之長安與唐之長安異址。洛陽雖在瀍澗二水之間，而今城僅爲舊址之一小部。金陵則六朝與南唐異址，明代更括舊址而築今城。成都則秦隋舊城與唐城及今城異。汴梁則明季決河，舊址盡改，僅存宋代一門。燕京則遼、金、元、明四代，各異其址。太原則宋初改宅，舊址已廢。其自周末迄今，兩千餘年而未改古代舊址者，惟蘇州一城耳。唐陸廣微《吳地記》云：“闔閭城，周敬王六年伍子胥築，陸門八，水門八。西閶胥二門，南盤蛇二門，東婁匠二門，北齊平二門。”又云：“匠門，又名干將門。門南三里有蛇門赤門，東南角又有魴鱮門，並非八門之數也。”余按今蘇州城址及其諸門之方位，皆與古代紀載合，可證其自周迄今，未改舊址。

二、中國語之一音二字一字二音

中國言語，俗皆認爲一字一音，實則不然。古代造字無定法，其一音二字、一字二音者甚多，鄭樵謂“中國有二合之音，慢聲爲二，急聲爲一。慢聲爲者焉，急聲爲旃；慢聲爲者歟，急聲爲諸；慢聲爲而已，急聲爲耳；慢聲爲之矣，急聲爲止”。顧炎武《音論》云：“按反切之語，自漢以上即有之。宋沈括謂古語已有二聲合爲一字者，如不可爲叵，何不爲盍，如是爲爾，而已爲耳，之乎爲諸。”余按以上皆爲虛字助辭，其有二聲，尚不足異。其可異者，則人名、物名之實字，亦有二聲者。如《春秋》言，“吳子乘卒”，《左氏傳》言，“吳子壽夢卒”。服虔注云：“壽夢乃發聲，吳爲蠻夷，言多發聲，數字共成一言。”郝懿行引《禮說》云，“勃鞮爲披，故寺人披一作寺人勃鞮”，此人名之二聲也。《禮記·少儀篇》有夫橈，鄭注云，“夫橈，劍衣也”。《說文》訓韜爲劍衣，則夫橈即韜之二聲。《方言》云，“雞、陳、楚、宋、魏之間謂之鸊鷉”，此亦雞之二聲。陸璣《毛詩草木蟲魚疏》云，“黃鸝，或謂之黃栗留”，則栗留即鸝之二聲。《詩經》云，“吁嗟乎騶虞”，《爾雅》作倨牙，而《尚書大傳》作虞，則騶虞與倨牙，爲虞之二聲。《爾雅·釋草》有蘠蘼，注云，“一名滿冬”，而《本草》則有天門冬、麥門冬，此亦二聲也。顧炎武《音論》，謂“蒺藜爲茨，胡蘆爲壺，鞠窮爲芎，丁寧爲鉦，僻倪爲陴，明旌爲銘，終葵爲椎，大祭爲禘，不律爲筆”，此物名之二聲也。又人名、物名之外，尚有二音成一字者。《宋景文筆記》云：“孫炎作反切，本於俚俗常言。故謂就爲鯫溜，凡人不慧曰不鯫溜；謂團曰團圞；謂精曰鯫令；謂孔曰窟籠。”此亦一音二字、一字二音之例。

三、唐代華陰有金天神廟

《太平廣記》卷四七○引《通幽記》云：“唐楚州白田，有巫曰薛二娘者，自言事金天大王，

能驅除邪厲，邑人崇之。”案其廟在華陰。《唐大詔令全集》七四《典禮類·嶽瀆山川門》載先天
二年八月二日封華嶽神爲金天王制云：“門下爲岳有五，太華其一，表峻皇居，合雲興運。朕維
恭膺大寶，肇業神京，至誠所祈，神契潛感。頃者亂常悖道，有甲兵而竊發，仗順除逆，猶風雨
之從助。永言幽贊，寧忘仰止？厥功茂矣，報德斯存，宜封華岳神爲金天王。仍令龍景觀道士
鴻臚卿員外，置越國公葉法善，備禮告祭。主者施行。”按先天爲睿宗年號，時傳位於太子隆
基，卽玄宗。先天二年，卽玄宗開元元年，時尚未定年號，故仍舊稱耳。《太平廣記》卷三七八
又引《逸史》云：“選人李主簿者，新婚。東過華岳，將妻入廟，謁金天王。妻拜次氣絕而倒，唯
心上微暖。求醫卜之人，縣宰曰：葉仙師善符術，公可往迎之。仙師曰：是何魅怪，敢如此！遂
畫符焚香，以水噀之。須臾口鼻有氣，漸開眼能言。問之，某初拜時，金天王曰，好夫人；第二
拜云，留取。俄有赤龍飛入，正扼王喉，纔能出聲，曰放去，乃第三符也。是知靈廟，女子不得
入也。”唐韋莊《秦婦吟》有云，“路傍試問金天神，金天無語愁於人。廟中古柏有殘枿，殿上金
爐生暗塵”。唐寫《秦婦吟》，一本金天神下注云，“華嶽三郎”。《西嶽華山志》之金天神，《逸
史》之金天王，卽韋莊詩所指也。其古柏與金天之名，皆與詩合。黃巢起事，秦婦東行，必經
華陰也。惟金天神究不知何神，唐鄭棨所撰《開元傳信記》云：“玄宗東封，次華陰，見岳神數
里迎接。帝問左右，左右莫見，遂召諸巫，問神安在？獨老巫阿馬婆奏云，在路左，玄鬟紫衣，
迎候陛下，帝顧笑之。仍勅阿馬婆，勅神先歸。帝至廟，見神囊韃俯伏殿庭東南大柏之下。又
召阿馬婆問之，對如帝所見。帝加禮敬，命阿馬婆致意而旋。尋詔先諸岳封爲金天王，帝自
書製碑文以寵異之。其碑高五十餘尺，闊丈餘，厚四五尺，天下碑莫大也。其陰刻扈從太子
王公以下官名。製作壯麗，鑴琢精巧，無與比倫。”阿馬婆當爲外族巫師，金天神殆亦外族所
信之神，託附西岳耳。

四、唐代文牘記數與今俗同

斯坦因（Aurel Stein）於清光緒中入新疆，劫去魏晉木簡及唐代寫本公私文牘契約十
餘紙。其中記載錢穀之數，別用筆畫較繁之字爲代，與今俗同。如云，“驢准作錢六阡”；又
云，“於護國寺僧虔英邊，舉錢壹阡文”；又云，“一共典錢伍陌”；又云，“常住錢壹拾伍阡”。按
一與壹，二與貳，三與叁，古已通用。《詩·鳲鳩·序》云，“刺不壹也”，而《詩》作“其儀一兮”。
《孟子》，“市價不貳”，趙氏云，“無二價也”。《易·繫辭》，“叁天兩地”，《釋文》云，“叁，音三”。
後人本此，以錢穀之數，懼有改易，故以壹貳叁肆伍陸柒捌玖拾，代一二三四五六七八九十。
陸容《菽園雜記》，以爲始自宋人，觀斯坦因所盜文牘，則唐人固已有之矣。

五、兩宋金牌之制

岳飛師次朱仙鎮，爲金牌十二召歸。金牌果爲何物，世少論者。按沈括《夢溪筆談》云：
"驛傳舊有三等，曰步遞，曰馬遞，曰急腳遞。急腳遞最速，日行四百里，惟軍興則用之。熙寧
中，又有金字牌急腳遞，如古之羽檄也。以木牌硃漆黃金字，光明炫目，過如飛電，望之者無
不避路，日行五百餘里。有軍前機速處分，則自御前發下。"是金牌卽金字牌急腳遞也。杭州
洞霄宮，在餘杭縣西鄉，號爲大滌洞天。南宋時，屢以宰臣提舉。金字牌共十二，今洞霄宮猶
存其三。1926 年，道士貧甚，燬其二，以金售人。其一爲杭紳費某購去，今猶存。宋代以大
臣提舉洞霄宮者甚衆，其姓名秀水朱竹垞彝尊曾有考，見《曝書亭集》。或曰，洞霄宮所藏，爲
金質牌而非木牌，非是。按洪景盧《容齋三筆》云："金國遣使，貴者佩金牌，次者佩銀牌，俗呼
爲金牌、銀牌郎君。"岳珂《愧郯錄》引《三朝國史·輿服志》云："唐制有金牌，五代庶事草創，奉
使但給樞密院劄。太平興國三年，因李飛雄矯乘厩馬作亂，乃詔：自今乘驛者，皆給銀牌。"洞
霄宮之金牌，如非木質者，殆奉使乘驛者所用也。

六、梁山泊因河徙遂爲平陸

施耐庵《水滸傳》所述梁山泊，多水而富蘆葦，地甚寥廓，其地在山東濟寧之北，東平之西
十八里，或云卽古鉅野澤。今尙有湖澤，而地頗狹小，與傳說迥異。司馬光《涑水記聞》卷一
五云："集賢校理劉貢父，好滑稽，常造介甫，值一客在座獻策曰：梁山泊決而涸之，可得良田
萬餘頃，但未擇得便利之地，貯其水耳。介甫傾首沉思曰，然安得處所貯許水乎？貢父抗聲
曰，此甚不難。介甫欣然，以爲有策，遽問之，貢父曰：別穿一梁山泊，則足以貯此水矣。介甫
大笑，遂止。"又明嘉靖間吳郡顧元慶《篔曝偶談》云："介甫當國，喜言農田水利。有獻議梁山
濼可涸之以爲田，介甫又欲行之，又念水無所歸，以問劉貢父。貢父曰：此事楊蟠無齒。貢父
退，介甫思其說而不得，呼其子雱，問以此語何意，且出何書。雱曰不知，當召而問之。貢父旣
至，雱以父之問問焉。貢父笑曰：此易曉耳，楊蟠杭人，善作詩，自號浩然居士，相公熟識之。今
欲涸湖爲田，此事浩然無涯也。一時聞者絕倒。"觀此，知梁山濼在北宋時水勢之大，然王介
甫欲涸之以爲田，則其水固可宣洩以成陸地。然亦可知其在北宋，固爲港灣迴互、蘆葦交橫
之所。小說所言，蓋非妄也。《金史》卷八〇《斜卯阿里傳》云："六年伐宋主，取陽穀莘縣，敗
海州兵八萬人，海州降，破賊船萬餘於梁山泊，招降滕陽東平泰山羣盜。盜攻范縣，擊走之，
獲船七百艘。"李心傳《建炎繫年要錄》卷二八云："建炎三年九月丙午朔，上幸登雲門外，閱水
軍。時諜報敵人陷登萊密州，且於梁山泊造舟，恐於海道以窺江浙。"《金史》卷一二九《李通
傳》云："十月癸亥，海陵至和州。是時梁山濼水涸，先造戰船不得進，乃命通更造戰船。"卷二

七《河渠志》云：“明昌五年春正月，尚書省奏，都水監丞田櫟議黃河利害，前代每遇古隄南決，多經南北清河分流。……可於北岸牆村，決河入梁山灤故道，依舊作南北兩清河分流。”又云：“百官咸謂櫟所言放河入梁山故道，臣等以爲黃河水勢非常，變易無定，非人力可以指使也。況梁山灤淤墊已高，而北清河狹窄，不能吞伏。所經州縣，農民廬井非一，使大河北入清河，山東必被其害。”《食貨志》云：“黃河移故道，梁山灤水退，地甚廣，遣使安置屯田，自是爲平陸矣。”所謂梁山灤，當即《宋史·河渠志》中之梁山張澤灤，即小說中之所謂梁山水泊。是其地於金代因河徙水涸，成爲平陸。元陳泰《所安遺集·江南曲序》云：“余童卯時，聞長老言宋江事，未究其詳。至治癸亥秋九月十六日，過梁山泊，舟遙見一峰，嶄嵲雄跨，問之篙師，云安山也，昔宋江事處。絕湖爲池，闊九十里，皆藥荷菱芡，相傳以爲宋妻所植。宋之爲人，勇悍狂俠，其黨如宋江者三十六人，至今山下有分贓臺，置石座三十六所。昔余過此，荷花彌望，今無復存者，惟殘香相送耳。”此亦元時泊涸之證。袁桷《梁山灤詩》，“交流千尋峰，會合百谷水”，言之不確。陳泰字志同，號所安，茶陵人。延祐甲寅，以《天馬賦》中省試，復進士及第，授龍南令。

七、畏吾兒語中之漢語

元代蒙古語多借自畏吾兒語，其例甚多。畏吾兒語則有借自漢語者，《蒙古源流》卷四云：“武帝命有名之托音垂濟鄂特色爾之羅咱斡僧人，將史咒各經，繙譯大半。”屠寄《蒙兀兒史記》卷一〇，改之爲“命朵甘思名僧羅咱斡繙譯內典甚多”。自註云：“托音垂濟爲朵甘思之異譯，鄂特謂部，色爾謂黃，蓋黃敎喇嘛也。”張爾田之《蒙古源流箋證校補》卷四，於托音垂濟之爲朵甘思，固無異議，僅不信其黃敎僧之說。按此人之名，據俄人施密德 (I. J. Schmidt) 刊蒙文本《蒙古源流》(Geschichte der Ost-Mongolen) 頁一二〇作 Choskyi Nom-un Odzer Gerel，蒙藏二名並列，殊誤。蓋蒙文之譯名爲 Nom-un Gerel，而藏文之名爲 Choskyi Odzer，元代譯爲搠思吉斡節兒，譯言“法光”，即垂濟鄂特色爾之對音也。羅咱斡爲藏文 Lo-tsa-ba，此云“譯人”，故“托音垂濟鄂特色爾羅咱斡”者，即華言“僧人法光譯師”也。“托音”爲畏吾兒語 togin 之譯音。此言“僧人”，古代僧人亦稱爲道人，此畏吾兒語之 togin，殆即漢語“道人”之對音也。按托音即道人，正猶領昆即令公，將軍即相溫，大石或即太師，或即太史之對音，兀眞烏斤藕琴福晉即夫人，台吉太極即太子之類，皆由漢語轉借者。

八、遼金元淸四代一足跪之禮因自高句驪

《梁書》載百濟爲高句驪所破，衰弱者累年，遷居南韓地。言語服章，畧與高句驪同，行不張拱，拜不申足，則異。又云高句驪人“跪拜申一脚”。《魏書》云“曳一脚”。蓋兩足一伸一屈，

頗類武坐之致左憲右，此殆該國之故習也。《文獻通考》云："百濟拜謁之禮，以兩手據地爲敬。"又云："新羅見人必跪，以手據地爲恭。"《金史·禮志》云："金之拜制，先袖手微俯身，稍復卻跪左膝，左右搖肘，若舞蹈狀。凡跪搖袖下拂膝上，則至左右肩者凡四，如此者四跪，復以手按右膝。單跪左膝而成禮，國言搖手而拜，謂之撒速。"《大金國志》卷三九《初興風土條》云："其禮則拱手退身喏，跪右膝蹲左膝，拱手搖肘爲拜。"清代跪安之禮，一曰請安，一曰打千，其俗始自遼代。《遼史·禮志》云："凡男女拜皆同，其一足跪，一足着地，以手動爲節，數止於三四。彼言捏骨地者，跪也。"孟森《心史筆粹·請安條》云："一足跪，一足著地，即一足立而著地，但屈彼一足也。以手動爲節，即垂手近足跗之處也。但言數止三四，似猶有繁簡之不同。"明《昭代典則》云："洪武五年三月，命禮部重定官民相見禮。先是元俗，官僚相見，輒跪一足以爲禮。拜則以叩頭爲敬。既拜，復跪一足。屬官下人見上司官長與爲禮，即引手於後，退却若避之狀。上甚厭之，自即位初，即加禁止。然舊習不能盡革，至是復定爲禮節，令頒示之。"是跪安之禮，始自遼代，逮及金元，明初革除之。至洪武五年以舊習難革，又沿行之，至清代不廢。

九、明史之一國兩傳

　　《明史·外國傳》，有一國兩傳者。既有《拂菻傳》，又有《意大利亞傳》。既有《爪哇傳》，又有《闍婆傳》。既有《蘇門答刺傳》，又有《須文達那傳》。此皆一國而有兩傳也。《拂菻傳》云，"即古之大秦國"，蓋沿襲唐宋元史之舊。其後明末有利瑪竇 (Matteo Ricci) 入中國，遂知有意大利亞，因爲立專傳，而不知意大利亞即唐宋時之拂菻也。爪哇 (Java) 與闍婆，僅譯音之異，而《明史》各爲立傳。《闍婆傳》云："或云爪哇即闍婆，然《元史·爪哇傳》不言。且曰，其風俗物產無可考。……其王之名不同，或本爲二國，其後爲爪哇所滅，然不可考。"則亦疑其似爲一國。余按《爪哇傳》載洪武十二年，其王八達那巴那務遣使入明。《闍婆傳》則云：洪武十一年，其王摩那駝喃遣使並攜方物，其後不復至。然所謂其王之名不同，實則譯以 Madnapnatva 之音，則爲一王之名，並無不同也。爪哇之名，本於梵語。法顯《佛國記》云曾抵耶婆提之地。章炳麟《太炎文錄》，誤以耶婆提爲美洲，其實耶婆提即爪哇也。梵語，爪哇讀作惹波提 (Java Dvipa)，惹波讀輕唇如惹弗，即今譯之爪哇，讀重唇則惹波即闍婆，故爪哇與闍婆，僅唇音輕重之別耳。又蘇門答刺 (Sumatrana) 與須文達那，實爲一國，而譯音不同。《明史·須文達那傳》云，或言須文達那即蘇門答刺，洪武時所更。然其使者所攜方物與王之名皆不同，無可考。"余按：須文達那以洪武十六年遣使入明，蘇門答刺則永樂二年遣使往通其國。時代先後不同，實譯音之異耳。

一〇、滿語官名多本元代舊名

滿語謂御前侍衞大臣曰轄,音本於元代之怯薛。元太祖功臣有四怯薛,皆其近衞之武臣也。怯薛爲波斯語之譯音。按波斯語謂近衞爲 kechik, 近衞武士爲 kechiktchi,《馬可孛羅遊記》作 quesitan, 當爲怯薛丹之對音。又元代官名多曰赤,卽掌某事之官也。每怯薛所屬之執事者,有曰莫倫赤 (Moritchi), 掌馬者也;有曰帖麥赤 (Temeghetchi), 掌駝者也;有曰速古兒赤 (Shogurtchi), 掌衣服者也,有曰必闍赤 (Bitketchi), 掌書記者也;有曰火你赤 (Gunitchi), 牧羊者也。滿語掌書記之官,曰筆帖式,卽本於元代之必闍赤。《黑韃事署》云:"韃人無相之稱,只稱曰必徹徹。必撤撤者,漢語令史也,使之主行文書耳。"又云:"管文書者,則曰必徹徹,管民則曰達魯花赤。"按必撤撤卽筆帖式。又元代謂勇士曰八都魯,又曰把都兒 (Batur), 滿語則曰巴圖魯 (Batoru), 此皆清代本於元代之證。

一一、古代建築壁畫其製作有四種

壁畫最早而紀載可徵者,《孔子家語》載繪周公圖像於明堂之墉。又云:"孔子於周明堂,觀堯舜之容,桀紂之像。"王逸《楚辭章句》云:"楚先王之廟,圖天地山川神靈,琦瑋僪佹,及古賢聖怪物行事。"是爲壁畫之最早者。漢初則《文苑英華》云:"文帝三年於未央宮承明殿,畫進善旌、誹謗木、敢諫鼓。"《漢書·郊祀志》云:"武帝作甘泉宮,中爲臺室,畫天地太一諸鬼神。"《漢書·蘇武傳》云:"宣帝甘露三年,畫諸股肱人像於麒麟閣。"又《金日磾傳》云:"甘泉宮圖休屠王閼氏。"《趙充國傳》云:"圖充國像於未央宮。"而《景十三王傳》云:"海陽嗣,十五年,坐畫屋爲男女裸交接。置酒,請諸父姊妹飲,令仰視畫。"此則後世春畫之濫觴也。餘若周公禮殿、魯靈光殿,紀載尤衆。其進而爲石刻者,則如《水經注》所紀之李剛石室及魯恭祠廟,米芾《畫史》所紀之朱浮墓石壁,《隸續》所紀之不其令董恢闕及孝堂山祠、武梁祠皆是也。其後壁畫益盛,不勝列舉,遂爲藝事中心,唐代尤冠絕古今,迄宋元而漸衰。其所畫者,周及漢時,皆爲聖哲功臣帝王禮俗等,鬼神之畫甚少。佛畫始於漢代。南北朝以來迄於唐時,大都釋道鬼神梵天地獄,以宗教畫爲獨多。山水畫始於唐時,而花竹動植蟲魚,亦俱興起,至宋漸衰歇。元明以降,寥落無聞焉。察其衰歇之故,蓋有三因:一則文人畫之勃興。文人畫與匠畫分途,俗有所謂士氣、匠氣之別。壁畫成爲工匠專業,文人鄙棄不屑爲,而專力於絹素。一則宋元以來,佛教殊少高僧大師,寺觀莊嚴與宗教狂熱,皆遜於唐,故崇飾亦寡。一則宋元以來,一變唐人莊嚴繁富之畫風,而爲雅淡超逸。元人更尙枯木竹石等簡筆之品,以壁畫爲俗事。斯則壁畫所以驟衰也。壁畫之製作有四種:第一、直用粉壁爲地,而施以采繪者。第二、粉壁采繪既成,更於壁面塗以油類,以防脫落污損者。此二種當建築物毀滅時,壁畫亦同毀滅。第三、壁上張氈以爲地，氈上更施以粉漆，然後作畫其上。其制最精，隋唐時北方寺院爲多。第四、用麻紙或粗絹爲地，繪畫旣就，然後裱背於壁上。亦有裝作屏風，嵌入壁間者，宋元時南方寺院爲多。此二種當建築物將毀滅時，可以捲取移動。今日壁畫之尙有少數能留傳人間者，均此種製作也。

一二、日本古有以生人殉葬之俗與中國同

中國古有以生人殉葬之俗。其最著者，秦穆公卒，以子車氏之三子爲殉，國人哀之，爲賦《黃鳥》之詩。孔子時，已有作土偶代人爲殉者，謂之俑。孔子曰，"始作俑者，其無後乎"，蓋深惡之也。漢人厚葬之風，略見《漢書·貢禹、劉向、楊王孫》諸傳，《晉書·索琳傳》、王充《論衡》，桓寬《鹽鐵論》。漢代似猶未絕殉葬之風。《論衡·薄葬篇》云："閔死獨葬，魂孤無副，丘墓閉藏，穀物乏匱，故作偶人，以侍尸柩。多藏食物，以歆精魂。積浸流至，或破家盡業，以充死棺，殺人以殉葬，以快生意。"《三國志·吳志·陳武傳》注引《江表傳》云："權命以其愛妾殉葬。"是漢末有之。《太平廣記》三八二引《法苑珠林》云："北齊時，有土人姓梁，甚豪富。將死，謂其妻子曰：吾生平所愛奴馬，使用日久，稱人意，吾死可以爲殉。"是南北朝亦有之。《大金國志》卷三九《初興風土條》云："死者埋之而無棺槨，貴者生焚所寵奴婢、所乘鞍馬以殉之。"《野獲編》云："嘉靖八年，山東臨朐縣有大墓，發之，乃古無鹽后陵寢。其中珍異最多，生縛女子四人，列左右爲殉，其尸得寶玉之氣尙未消。"明代帝室及諸王府，與北方蒙古部族首領，皆行殉葬。明蕭大亨《北虜風俗·葬埋》條云："虜王與台吉之死也，亦畧有棺木之具。並其生平衣服甲冑之類，俱埋於深僻之野。死之日，盡殺其所愛僕妾良馬，如秦穆殉葬之意。"《明史·周王有燉傳》云："有燉正統四年薨，帝賜書有燼曰：周王在日，常奏身後務從儉約，妃夫人以下不必從死，年少有父母者遣歸。旣而妃鞏氏，夫人施氏、歐氏、陳氏、張氏、韓氏、李氏，皆殉死。詔諡妃貞烈，六夫人貞順。"則諸王亦用殉也。《否泰錄》云："明英宗將崩，召憲廟謂之曰：用人殉葬，吾不忍也，此事宜自我止，後世勿復爲。遂爲定制。"《明史·后妃傳》云："太祖崩，宮人多從死者，建文永樂時相繼優卹。如張鳳、李衡、趙福、張璧、汪賓諸家，皆帶俸世襲，人謂之太祖朝天女戶。"自後歷成祖、仁、宣二宗皆然。又云，"宣宗崩，嬪何氏、趙氏、吳氏、焦氏、曹氏、徐氏、袁氏、諸氏、李氏、何氏，皆從死。正統元年，皆追加贈諡，冊文曰：茲委身而蹈義，隨龍馭以上賓。宜薦徽稱，用彰節行。景帝以郕王崩，猶用其制。至英宗遺詔，始罷之。"《滿洲實錄》卷三："九月內，中宮皇后薨。……太祖深爲悼惜，將四婢殉之。宰牛馬一百致祭。"是清初尙有殉葬之俗。又卷八云："七月二十三日，帝（太祖）不豫，八月十一日崩。在位十一年，壽六十八。帝后原係葉赫國主揚機努貝勒女，崩後，復立烏拉國滿泰貝勒女爲后。然心懷嫉妒，有機智，留之恐爲亂階，預遺言於諸王曰，俟吾終，必令殉之。諸王以帝遺

言告后，后遲疑未決，諸王曰，先帝有命，雖欲不從，不可得也。后遂服禮衣，盡以珠寶飾之，泣曰，吾自十二歲侍先帝，錦衣玉食二十六年，吾不忍離，故相從於地下。吾二幼子多爾袞、多鐸，當善撫之。遂以十二日晨自盡，年三十七，乃與帝同殞。又有二妃阿吉根代因扎，亦殉之。"《順治東華錄》卷一云，"太宗崩，章京敦達里安達里二人殉"。《史稿·世祖貞妃傳》云，"世祖崩，妃棟鄂氏殉"。《康熙東華錄》云，"侍衞傅達理殉"。《順治東華錄》云，"八年二月，多爾袞死，侍女吳爾庫尼殉"。《東華錄》云，"崇德四年四月岳託死，其福金殉"。可知妻妾殉夫，奴僕殉主，爲滿洲舊俗。《紅樓夢》十三回：秦可卿死，有婢殉之，亦滿洲俗也。王氏《東華錄》云："天聰八年二月初五日壬戌，定例，妻願殉夫葬者，仍與表揚。倡侍妾殉者，妻坐死。"又云："康熙十二年六月十七日乙卯，禁止八旗包衣佐領下奴僕隨主殉葬。"據涵芬樓祕笈《松下雜錄》云，由朱裴之請。《史稿·劉楗傳》附《朱裴傳》云："滿洲俗尚殉葬，裴疏請申禁，略言泥信幽冥，未有如此之甚者。夫以主命責問奴僕，或畏威而不敢不從，或懷德而不忍不從，二者俱不可爲訓。好生惡死，人之常情，捐軀輕生，非盛世所宜有。疏入報可。"（朱裴字小晉，山西聞喜人，順治三年進士。）方拱乾康熙壬寅年作《寧古塔志》云："男子死，必有一妾殉，當殉者必於主前定之，不容辭，不容僭也。當殉不哭，豔妝而坐炕上，主婦率皆下拜而享之。及時，以弓弦扣環而殞之。倘不肯殉，則羣起而搤之死矣。"日本以生人殉葬，與中國同。《日本國史·崇仁紀》云："西曆紀元前二年，爲中國漢哀帝元壽元年，當崇仁天皇時，凡殉葬，皆以死者侍從之人，並及馬匹爲殉。天皇母弟倭彥死時，其遺骸之四圍，皆爲殉葬之生人。軀埋土中，頭在土外，任其餓死而莫之救。呼號之聲，慘不忍聞。崇仁天皇乃下詔廢止殉葬。三十二年，皇后崩，以泥土製人代替之，號曰一輪。"此即中國所謂俑也。然雖經崇仁天皇下詔廢止，而日本以生人殉葬之俗，仍未能完全革除，迄大化二年（646 年，唐太宗貞觀二十年），尚有禁止之令焉。

<h2>一三、周秦婦女以玉塞耳垂珠漢以後穿耳垂環</h2>

婦女耳挂珠環之俗，起源甚古，蓋爲野蠻社會文身之飾。鄭所南《心史》云："韃人綰兩髻，或和辮爲一，直垂衣背，男子俱戴耳墜。"《元史·耶律希亮傳》云："王遺以大珠二，使穿耳戴之。希亮辭曰，不敢傷父母之遺體。"《元史譯文證補·太祖本紀》下云："主兒只遣使納賄行成，一大珠盛於盤，圍小珠無數。帝問何人之耳穿珠，可來領珠，盡散於衆。有續至求珠者，擲珠滿地，俟其自取。"清宮南薰殿所藏元代諸帝圖像中，太祖、成宗、武宗、文宗、寧宗諸帝，耳皆垂環，太宗、仁宗則無之，此足證韃靼男子之穿耳垂珠也。《太平治迹統類》云："元昊以兵法部勒諸羌，其僞官分文武，或韃笐蹼頭，餘皆禿髮，耳重環。"是西夏男子亦有耳環也。蒙藏此俗，今世猶然。至婦女穿耳，當亦本自古代。自周秦迄漢，皆有可考，其名曰瑱，曰璫，曰

珥。《鄘風》云，"瑱，玉之塡也"。詩傳云，"瑱，塞耳也"。《衞風》云，"充耳琇瑩"。又詩傳云，"充耳謂之瑱"。《正韻》云，"充耳，玉也"。而《釋名》則云，"瑱，鎭也，懸珠當耳旁，不使妄聽，自鎭重也"。則瑱有塞耳與懸珠之二義。《廣韻》云，"璫，耳珠"。《集韻》云，"充耳也"。《風俗通》云，"耳珠曰璫"。《詩周南·卷耳·疏》云，"卷耳，如婦人耳中璫，故今或謂之耳璫"。《古詩爲焦仲卿妻作》云，"腰若流紈素，耳著明月璫"，則璫亦有穿耳與懸珠二義。《玉篇》云，"珥，珠在耳也"。《韻會》云，"珥，一名耳璫"，且珥有插之義。左思詩云，"七葉珥漢貂"。《通典》言插貂之制云，"侍中插左，常侍插右"，可知珥貂卽插貂也，則珥亦有插耳懸珠之義。《說文》徐氏云，"瑱之狀，首直而末銳，以塞耳"。陳琳《神女賦》云，"紆玄靈之鬖髶兮，珥明月之雙瑱"。《說文》又云，"珥，瑱也，以玉充耳"。凡此皆足見周秦婦女以玉塞耳，而又穿耳垂珠以爲飾，所謂不使妄聽，自鎭重也。漢以後塞耳之俗漸廢，而穿耳懸珠如故。《史記·外戚世家》云，"夫人脫簪珥叩"。《後漢書·輿服志》云："太皇太后、皇太后入廟，簪珥，耳璫垂珠。皇后謁廟，步搖簪珥。步搖以黃金爲山題，貫白珠爲桂枝……金題白珠璫。"《晉書》亦同。可證漢晉時婦女之俗，亦以垂珠懸耳爲飾，同循古制。《宋史·輿服志》云："非命婦之家，毋得以眞珠裝綴首飾、衣服及頂珠、纓絡、耳墜頭䯼抹子之類。"元陶宗儀《輟耕錄》云："飛雲渡風浪甚惡。有一少年子，嘗俟船渡旁，見一丫環女子徘徊，悲戚若將赴水。少年亟止之，問曰，何爲輕生如此？答曰，我本人家小婢，主人有姻事，暫借親眷珠子耳環一雙，直鈔三十餘定，中途失去，寧死耳。"《明史·輿服志》云，"宮人冠服，制與宋同。鬏梳，垂珠耳飾"。又云，"士庶妻冠服，洪武三年定制，士庶妻首飾用銀鍍金，耳環用金珠，釧鐲用銀"。足證宋、元、明亦循此俗。穿耳懸珠，其名稱曰耳墜、耳環，與古代所謂瑱、璫、珥者，名異而實同。非僅中國爲然，歐洲亦有此物。英國人名之曰 hanging ears，義曰耳挂，法國人名之曰 pendant d'oreille。義曰耳懸，皆此物也。

一四、張騫自西域攜歸之苜蓿有黃紫二色

苜蓿爲西域漢時入中國之一種植物。法國拉克伯里 (Lacouperie) 所著《中國太古文明西源考》，謂苜蓿爲希臘語 medikai 之譯音，而德國湯瑪昔克 (Tomaschek) 所著《中央亞細亞研究》一書 (Die Central-asiatische Studien)，則謂爲中亞之吉爾吉特語 (Gilgit)，或今裏海附近伊蘭語 buso 之譯音。中國羣書於品狀花色，殊多異說。近人黃以仁著《苜蓿考》，辨之甚詳。按苜蓿產於西域之大宛及罽賓二地，蓋本用以飼馬，且多產於肥腴之土。大宛馬良，罽賓土肥故也。《史記·大宛列傳》云："馬嗜苜蓿，漢使取其實來，於是天子始種苜蓿肥饒地。離宮別館旁盡種蒲陶，苜蓿極望。"《漢書·西域傳》同，且云，"罽賓地平，溫和，有苜蓿雜草"。足證苜蓿之原產地。苜蓿之種，由張騫攜來。張華《博物志》云："張騫使西域，得蒲陶、胡蔥、

苜蓿。”陸機與弟書云，“張騫使外國十八年，得苜蓿歸”。任昉《述異記》云：“張騫苜蓿園，在
今洛中。”《晉書·華表傳》云，“表子廙，棲遲家巷垂十載，帝後又登凌雲臺，望見廙苜蓿園”。
劉歆《西京雜記》云：“樂遊苑玫瑰樹下，有苜蓿，日照其花，有光采。”陶隱居云：“長安中有
苜蓿園，北人甚重之。”唐顏師古《漢書注》云：“今北道諸州，舊安定北地之境，往往有苜蓿
者，皆漢時所種也。”足證洛陽、長安皆廣植苜蓿。《唐書·百官志》云，“凡驛馬給地四頃，蒔以
苜蓿”。王維詩云，“苜蓿隨天馬”，李白詩云，“天馬常銜苜蓿花”，杜甫詩云，“宛馬總肥春苜
蓿”，又云“秋山苜蓿多”。李商隱詩云，“漢家天馬出蒲捎，苜蓿榴花遍近郊”。足證其爲飼馬
之用，唐時猶然。又薛令之詩云，“朝日上團團，照見先生盤。盤中何所有，苜蓿長闌干”。宋
陸游詩云，“苜蓿堆盤莫笑貧”。則非但飼馬，且爲貧士之食物矣。然其品狀，則說者不一。宋
梅聖俞詩云，“苜蓿來西域，蒲陶亦自隨，黃花今自發，撩亂牧牛陂”，則謂爲黃色花。明周憲
王《救荒本草》云，“苜蓿出陝西，今處處有之，梢間開紫花”，則謂爲紫色花。繼此者，二說並
峙。李世珍《本草綱目》云，“苜蓿一科數十莖，入夏及秋，開黃色花”。王世貞《庶物類纂》引
陳懋仁《庶物異名疏》云，“仁過臨濟間，見苜蓿花，紫而長”。王蓋臣《羣芳譜》云，“張騫自大
宛帶種歸，今處處有之，梢間開紫花”。其說互異。厥後吳其濬著《植物名實圖考》，始辨苜蓿
有三種：一爲黃花之苜蓿，一爲紫花之苜蓿，又其一則開小黃花，即野苜蓿也。日本人松田定
久，更著《苜蓿考》，始定此三種之學名，黃苜蓿爲 Medicago Falcata, L. 紫苜蓿爲 Medicago
Sativa, L. 而野苜蓿即今南方所謂金花榮，非自西域攜歸者，其學名當爲 Medicago Denti-
culata, Willd, 且徵引英國植物學家虎克爾 (J. D. Hooker) 所著《印度植物錄》云，“紫苜
蓿爲黃苜蓿所化生之栽培特種”。由是而知漢使歸國所攜，有黃紫二色，而以黃色爲多。且
盛產北方。至若南方土產之野苜蓿，俗名金花榮，又名南苜蓿。上海松江曰盤歧頭，又曰草
頭，寧波、紹興曰黃花草子，太倉曰田草，皆非張騫攜來之種。張騫所攜歸之黃紫二種，今歐
洲植物學家考察土耳其斯坦地方所種，亦黃紫二種並存，蓋可爲證。

一五、漢唐時稱羅馬爲犂鞬弗菻之譯名源起

漢唐二代，稱羅馬皆有特譯之名。漢代稱曰大秦，又曰犂鞬，又曰犂軒，又曰犁軒。唐代
稱曰弗菻，又曰烏遲散。其譯名源起，殊不易解。大秦之名，漢代謂“其人民長大平正，與中
國同，故謂之大秦”。此蓋望文生義，殊不易認爲確詁。日本籐田豐八以爲美索不達米亞之
底格里斯河與幼發拉底河之間，一片腴壤，漢時稱爲 Daksina。傳入中國，遂以其地代表羅
馬東部，稱曰大秦。《後漢書·西域傳》云，“大秦國，一名犂鞬”。余按大秦、犂鞬、犂軒諸名，
殆皆出於音譯。德國人夏德 (Friedrich Hirth) 以爲犂鞬之名，實起於紅海沿岸之商港黎
堅(Rekem)。犂鞬、犂軒譯音，即本於此。日本人白鳥庫吉則以犂鞬爲埃及亞歷山大港之古

音譯，惟皆未能確切證明。烏遲散，古書謂阿荔散國，即埃及之亞力山大里亞。余按大秦、犛靬諸名，或即拉丁之音譯。拉丁爲羅馬主要人種，且爲主要國語，其音讀作 Latium。考西方古語，a 與 i 二字母，常有變易。例如阿利安民族本作 Aryans，其後在東方則變作 Iran，是 a 可變爲 i 也。由此推論，則西方之 Latium 一名，傳入東方，讀音訛誤，亦可變作 Litium，則大秦、犛靬、犛軒諸譯名，殆即本此。至菻拂一名，爲唐代所譯。《舊唐書》云，"拂菻國，一名大秦，在西海之上"。《元史》云，"愛薛，西域菻拂人"。是自唐迄元，皆有菻拂之名。所謂菻拂，即東羅馬也。東羅馬國都城，曰君士坦丁，洪鈞譯作康思灘丁諾潑里斯。《元史譯文證補》云："康思灘丁諾潑里斯，東羅馬本國之音。則稱康思灘丁諾潑凝，其地土人省文。惟稱潑凝，急讀之，音如潑菻，阿拉伯人稱之爲拂菻。唐時傳播入中華。此《唐書》拂菻所由來也。"其說亦未足爲確據。東羅馬國，一名 Byzantium，與拂菻音亦不相近。余按菻拂殆爲唐代對大西洋之通稱，亦非專指東羅馬國。且東羅馬建國，在中國東晉時，迄明代始爲土耳其所滅。當中國唐代，西歐最大之國，爲沙立曼大帝所建之佛郎克帝國 (Franc)。其建國稱爲佛郎克，在唐代宗大曆六年（公元 771 年）。其後子孫分國，裂而爲三，在唐憲宗元和十二年（公元 817 年）。沙立曼大帝於貞元十六年受教皇加冕。此後阿拉伯人稱歐洲爲法蘭克，波斯人至今稱歐洲爲法蘭格 (Farang)。回教著作家除東羅馬外，稱全歐洲皆曰法蘭 (Farange)，或阿法蘭 (Afrange)。Pegolotti《通商指南》謂蒙古人稱東羅馬以西之耶教曰法蘭。《元史·郭侃傳》、劉郁《西使記》皆載有富浪國。余意唐人於西洋諸國，皆稱曰菻拂，疑即佛郎克之音轉。唐人譯此，不用通常之林字，而用特異之菻字。《集韻》云，"菻，力錦切，讀若廩"。而林字則《唐韻》云，"力尋切"。《集韻》及《韻會》皆云，"犛針切，音臨"，則菻與林讀音不同，疑菻拂爲佛郎克之急讀或訛讀。清何秋濤《朔方備乘》中，有元代北徼地圖，云，"富浪國即拂菻"。則富浪與佛郎克，其音尤近。拂菻之名，疑即本此。雖亦未能確證，然菻拂爲唐代對大西洋之通稱，非專指東羅馬國，固當可信。

一六、漢唐用團扇六朝尚羽扇宋創摺疊扇傳入歐洲

扇之創始者，殊無定說。崔豹《古今注》云，"舜作五明扇"。《世本》云，"周武王始作箑"。其說互異。揚子《方言》云，"自關而東謂之箑，自關而西謂之扇"。漢代之扇，皆爲以紈素製成之團扇，班婕好《怨歌行》云："新裂齊紈素，皎潔如霜雪。裁爲合歡扇，團團似明月。出入君懷袖，動搖微風發。"詩謂扇似明月，可證爲紈素製成圓形，即近世所謂團扇也，然尚無加以書畫者。《續搜神記》云，"吳猛以白羽扇畫水"。江淹雜體詩《詠班婕好團扇》云："紈扇如明月，出自機中素。畫作秦王女，乘鸞向煙霧。"《南史·何戢傳》云："上頗好畫扇，宋孝武賜戢蟬雀扇，善畫者顧景秀所畫。時吳郡陸探微、顧彥先皆能畫，歎其巧絕。"則六朝時團扇已作畫

矣。《晉書·王羲之傳》云：“一老姥持六角竹扇賣之，羲之書其扇，各爲五字。姥初有慍色，因謂姥曰：但言是王右軍書，以求百錢邪？姥如其言，人乃競買之。他日姥又持扇來，羲之笑而不答。”按此所謂六角竹扇，亦團扇之一種，作六角而仍是圓形者。《世說》：“羊孚作雪讚，遂以書扇。”《宋書》：“范曄謀逆被繫，上有白團扇，送曄令書詩賦美句。”《南史》：“元顯每使羊欣書扇，常不奉命。”《南齊書·王僧虔傳》云：“宋文帝見其書素扇，歎曰，非惟跡逾子敬，方當器雅過之。”此又六朝時於扇上作書之證也。紈扇之外，漢末魏晉以來，更尙羽扇，諸葛亮綸巾白羽扇，世所熟知。《語林》云，“諸葛武侯，葛巾，白羽扇，指揮三軍”。《世說新語·言語篇》云，“庾穉恭爲荆州，以毛扇上武帝”。《宋書·明恭王皇后傳》云，“太后賜帝玉柄毛扇，帝嫌其毛柄不華”。《南史·張融傳》云，“道士陸修靜，以白鷺羽麈尾扇貽之，曰，此旣異物，以奉異人”。又《孔珪傳》云，“高帝餉靈產白羽扇、素隱几，曰，君有古人之風，故贈君古人之服”。蓋扇之初創，本以招涼，其後加以書畫，或用鳥羽玉柄，遂爲雅玩華飾之品。六朝時更有雉尾扇，則爲帝王諸侯之鹵簿法物。《南史·齊衡陽元王道度傳》云，“子鈞出繼，高帝給以通幰車雉尾扇”。又《荀伯玉傳》云，“齊高帝遊玄圃，長沙王晃捉華蓋，臨川王映執雉尾扇”。此則帝王鑾儀之飾物耳。唐玄宗曾賜張九齡以羽扇，而婦女仍用團扇。王昌齡詩云，“奉帚平明金殿開，暫將團扇共徘徊”。王建詞云，“團扇團扇，美人並來遮面”。是唐代尙無摺疊扇也。摺疊扇之創始，實在宋時。《春風堂隨筆》云，“摺疊扇，一名聚頭扇，始自宋時”。蓋扇式半圓，扇骨排列，以竹爲之，其骨上疏而下聚，故名曰聚頭扇也。又扇骨加物爲墜，亦始自宋時。《西湖志餘》云，“宋高宗宴大臣，見張循王俊持扇，有玉孩兒扇墜，上識是舊物”。明代名妓李香君短小，有香扇墜之稱，可徵宋代以後扇墜之盛行矣。南宋陸游詩云，“團扇家家畫放翁”，蓋自宋代以來，團扇、羽扇、摺疊扇，並行於世。日本塚田大峰《隨意錄》云：“倭語謂疊扇爲加波保利，是蝙蝠之倭名，蓋以其形似焉名也。異邦素無疊扇，而今有之，效我邦之製也。明馮時可《蓬窗續錄》云，聚頭扇，即摺疊扇，貢於東，永樂間盛行於國。東坡云，高麗白松扇，展之廣尺餘，合之只兩指，倭人所製。余至京，有外國道人利瑪竇，贈余倭扇四柄云云。又明陸深隨筆同焉。然則明世初行疊扇也。”《蓬窗續錄》云，“摺疊扇貢自東夷，永樂間乃盛行”。阮葵生《茶餘客話》謂“摺疊扇，明永樂間外國入貢，始有之”。言之未確。高江村《天祿識餘》謂摺疊扇，古名聚頭扇，僕隸所執，取其便於藏袖，以避尊貴之目。元時從高麗傳入。“明永樂間，稍稍爲之，今則流行濅廣，團扇廢矣。至于揮灑翰墨，則始於成化間。近有作僞者，乃取明初名公手蹟入扇，可哂也。”考之極是。至遠西歐洲，古無扇製，希臘羅馬時之繪畫石刻，皆未見有持扇者。至近代法國王路易十三、十四世，宮廷貴婦始盛行用扇。拉丁語之 flabellum，義曰扇，別一義曰捕蠅拍器 (fly-flap)。法語扇之名曰 eventail，義曰招風。英語扇之名曰 fan，義曰煽動，別一義曰風車，曰簸箕，曰鳥之鼓翼，曰孔雀之張尾。可證歐語於扇，初無專名。蓋歐洲氣候，有寒少暑，故扇非必需品。法國瑟諾波 (Ch. Seignobos)《近世歐洲史》云：
"法國王路易十三、十四世時，宮廷貴女，手必持扇。當十六世紀之末(明代中葉)，貴婦宮眷
常持羽毛之扇。十七世紀時(明末至淸康熙)，則持絹帛所製之摺叠扇。"今歐洲人建築美術
所用名詞有所謂扇形穹窿 (fan roof)、扇形窗飾 (fan tracery)、扇形氣孔 (fan window)，察
其所謂扇形，均爲聚頭摺扇之形。英語鳥鼓翼與孔雀張尾，與扇同名，亦象聚頭扇之形。蓋
十六世紀以來，東西交通大啓，法王路易十四世尤喜效中國之制度，宋代所創聚頭扇，乃傳入
歐洲，且極盛行矣。

一七、中國植棉古名譯自外語

中國種植棉花，古多異名。《禹貢》云，"島夷卉服"，疑卽指木棉爲衣也。《後漢書》謂之
白疊，蓋出於中亞之突厥語。《唐書》、《南史》、《宋書》則謂之古貝，或曰吉貝，蓋出於馬來
語之 kapas，或 karapasa。《南齊書·扶南傳》云："天竺道人那伽仙 (Nagasena)，獻古貝
(karpasa) 二雙，琉璃 (vaidurya) 蘇鉝二口，瑇瑁檳榔杅一枚。"《新唐書·環王傳》云："婆利
者，直環王東南。俗黑身朱髮而拳。穿耳傳璫，以古貝橫一幅繚於腰。古貝，草也，緝其花爲
布，粗曰貝，精曰氎。"觀此知中國古代棉產輸入，蓋有南北二途，北自中亞突厥之境，南自南
洋馬來之境，其時代亦略有先後焉。邱濬《大學衍義補》云："宋元間傳入木棉種，關陝閩廣首
得其利。"蓋閩廣海船通商，關陝接壤西域故也。棉花入中國有南北二途，邱說亦可以爲證。

一八、支那譯名起源有二

中國之譯名支那，本於佛經。按《大孔雀明王經》(Mahamayuri) 第八十行云，"住止那
(Cina) 地"。義淨譯云，"住大唐地"。扶南三藏法師僧伽婆羅 (Sanghabhadra) 譯本註云，
"止那，卽中夏地也"。不空譯本，則譯止那爲支那。西藏文譯本作 Rgya yul gyi sa，亦
云，"卽中國地"。《月藏經》五十五亦云，"半支迦 (Pancika) 爲支那 (Cina) 之藥義"，與《大
孔雀經》符合。支那遂成爲中國之通名。至支那一名，或云卽秦晉之轉。《大寶積經》中，有
秦蜀吳諸名，疑印度早知有秦，遂由秦而讀爲止那或支那。此則臆揣之辭，不足實證。惟支
那一名，實始於印度之佛經耳。其後羅馬強盛，通東方，遂由海道漸達印度與中國。《南史》
《中天竺傳》云："孫權黃武五年，買人秦論自大秦來到，交阯太守吳邈遣送詣權。權問論方土
風俗，論具以事對。"《梁書》同。《後漢書》亦云，"大秦王安敦遣使獻物"。時在桓帝延熹九
年，大秦旣破安息，由海道暢通東方，是時支那之名，遂由印度傳入羅馬。惟印度讀音作止那，
羅馬讀音作秦尼 (Sinae)，卽 Cina 之音轉。此外由中國西北陸路，經中亞以通羅馬，尚有貿
易之別途。羅馬市場有所謂 Sericum 及 Serica Vestio 者，卽中國之絲與繒絹也。中國與

羅馬通商,以蠶絲爲重要媒介物。當時羅馬人稱中國爲絲國,曰賽里斯 (Seres),亦爲中國之別名。故支那之譯名,起源有二,其一,由印度海道傳入羅馬,其譯音本於佛經,卽秦尼 (Sinae) 也;其二,由中亞陸路傳入羅馬,其譯音本於蠶絲,卽賽里斯 (Seres) 也。在拉丁語中,並爲中國之名。其時羅馬人有曰多勒麥 (Ptolomy) 者,著《世界地誌》,稱中國曰賽里 (Cerre),卽賽里斯之音;亞米尼亞人曰却倫摩西 (Choren Mosses) 者,稱中國爲秦那斯坦 (Jenastan),卽秦尼之音,瞭然可別。其後日本沿襲佛經稱支那,英語德語作 China,法語作Chine,則皆本拉丁語舊稱也。

一九、桃花石之七種解釋

西域諸國稱中國爲桃花石,苦難得其解釋。此譯名出於元初道士邱處機之《西遊記》,其文云:"九月二十七日,至阿里馬城,舖速滿國王暨蒙古塔剌忽只,領諸部人來迎,宿於西果園。土人呼果爲阿里馬,蓋多果實,以是名其城。土人惟以瓶取水,戴而歸。及見中原汲器,喜曰,桃花石諸事皆巧。桃花石謂漢人也。"按舖速滿卽回敎名,一作木速蠻也(Mussulman)。塔剌忽只,卽蒙古之地方長官達魯花赤 (Darughachin) 也,《秘史》謂之答魯合臣,義曰總督,或牧守。阿里馬 (Alm) 乃突厥語,謂蘋果也。耶律楚材《西遊錄》云,"西人目林擒曰阿里馬"。惟呼漢人曰桃花石,不得其解。徵之西史,第七世紀(隋代)初葉,東羅馬史家席摩喀塔 (Theophylactus Simocata) 著《莫利斯 (Maurice) 皇帝大事記》一書,以大業六年著成,書云:"突厥可汗爲 597 年(隋開皇十七年)降蠕蠕 (Avars),其別部逃於陶格司 (Taugas)。陶格司國王號曰泰山 (Taissan),義曰上帝之子。其都城附近,別建一城,名曰庫伯丹城 (Kkubdan)。后妃出乘金車,以牛牽曳之。國人能蓄蠶。其先裂爲二國,以河爲界。二國之兵,衣色不同,一曰黑衣國,一曰紅衣國。距今以前不久,黑衣國渡河,滅紅衣國,遂統一全境,國力甚強盛。"按此云陶格司,卽桃花石,亦指中國。其云國王號曰泰山,則天子之訛譯。其云都城附近,別建庫伯丹城,則隋文帝嫌古代長安城湫隘,於數里外,別築大興城。古代西亞突厥等族,稱長安曰克姆丹 (Khumdan),亦卽庫伯丹之對音。所謂新城,卽指大興城也。明陳繼儒《羣碎錄》云:"三代兩漢用馬車,魏晉至梁陳用牛車。唐雖人主妃后,非乘馬,卽步輦,自郊祀外不乘車。"是爲后妃乘車用牛之證。所云黑衣國滅紅衣國而統一,殆卽指隋之滅陳。明世宗嘉靖時,波斯人哈智摩哈默德 (Hajii Mahomet) 遊中國,言陝甘人尚黑衣,或隋起北方,亦尚黑歟?唐陳鴻祖《東城老父傳》云:"老人歲時伏臘得歸休,行都市間,見有賣白彩白疊布。行鄰比鄽間,有人禳病,法用皁布一匹,持重價不克致,竟以幞頭羅代之。近者老人扶杖出門,閱街衢中,東西南北視之,見白衫者不滿百,豈天下之人皆執兵乎?"所云老人,"以開元元年癸丑生,元和庚寅歲,九十八年矣"。其少年時,見衣白布者多,黑布則甚少,以民皆衣白，惟兵則黑衣耳。老年時所見，則白衣者少，其民多黑衣，故曰"天下之人皆執兵"，可爲隋唐軍士黑衣之證。至書云，"善養蠶"，又云，"庫伯丹城中有二河貫流之"，則徵之宋敏求《長安志》及李好文《長安圖》，皆符合，其指中國無疑。證以蒙古嗢昆河 (Orkhon) 突厥諸碑，稱中國爲 Tabgac，亦卽桃花石、陶格司之對音。惟此語所出之根源，頗難解釋。近日西方與中國人，討論紛歧。以余所知，凡有七說。第一大魏說，de Guignes 以爲此名實指中國，而爲大魏二字之對音。Klaproth 亦贊同此說，且以泰山爲太上之對音。其他學者如 Lassen 如 Henri Yule 均從此說。第二爲唐家說，夏德 (F. Hirth) 以桃花爲唐家之對音。然李唐建國於 618 年，而東羅馬史家作史於 610 年(大業六年)，早於李唐建國者八年，東羅馬史家已用此名，則年代不合。第三爲大賀氏說，洪鈞《元史譯文證補》云："多桑書音如唐喀氏，義不可解。所謂唐，必非唐宋之唐。及注《西遊記》，有謂漢人爲桃花石一語。循是以求，乃悟卽契丹之大賀氏也。"第四爲回紇說，近代西方人考證，有以爲回紇語，自稱其部族之名詞曰 Ta-gaz-gaz，此其對音。第五爲拓跋氏說，白鳥庫吉主張拓跋之古讀曰 tak-bat，或曰 tak-pat，此名卽拓跋氏之音譯。第六爲大漢說，張星烺《中西交通史料彙編》云："今代日本人讀大漢二字，音如大伊干 (Daigan)，其音本自隋唐。《蒙古史》載 1218 年遣使至花剌子模國，其王問使者，聞蒙古已征服唐格司國 (Tamgkaj)，有之乎？明初西班牙至帖木兒廷之使者克拉維局 (Clavijo) 所著紀行書，謂察合台汗國人，稱中國帝曰唐格司汗 (Tangus Khan)，譯言豬皇帝也。漢亡後，人仍稱中國爲漢土，法顯玄奘之書可證，故當認爲大漢之對音。"第七爲敦煌說，岑仲勉曰："敦音讀如屯，凡波斯大食作者，均書 Tangas，爲 Tamgaz，或 Tamgadj，故 tan 與 tam 之音，皆 ton 與 tun 之轉也。又突厥碑中之契丹，作 Kitai，而《後漢書》之大秦王安敦，袁宏《後漢紀》作安都，皆係省去尾之 n 音。故敦煌之音，原爲 Tungan，將其尾音省去，卽爲 Tangas 卽爲陶格司或唐格司或桃花石之語源。蓋以敦煌代表中國也。"以上七種解釋，其第一、第二、第四說，出自歐人；第五說出自日本人，而法國伯希和附從之；第三、第六、第七諸說，則中國學者之主張也。七說中之第二唐家說，不足據。第四回紇說，第三大賀氏說，於隋代亦未合，以其時之回紇契丹，殊未足以代表中國。第一大魏說與第五拓跋氏說，其魏字之音，與跋字之音，譯對殊未能相符。惟第六之大漢說，本於日本人之隋唐讀音。第七之敦煌說，引對譯之例爲證，皆較正確。然此二說，又互相違異，仍有未安。紛歧之說，終無由確立其定論也。

二〇、印度佛法宋時漸衰宋初尚有僧赴印求法

　　印度佛法，非特立生長，亦非卒然衰亡，其初興蓋依託古敎，如婆羅門敎 (Brahmanisme)。其衰歇蓋蛻變爲新宗，如印度敎 (Hinduisme 又曰 Sivaisme)。近人馮承鈞云，佛敎爲

印度從前宗敎進化之果，兼爲後日信仰孵化之因，印度古代先有婆羅門敎之吠陀(Vedisme)，一轉而爲數論 (Samkhya)，再轉而爲瑜伽之說 (Yogisme 又曰 Jainisme) 與佛陀之說 (Buddhisme)。更由是而區別爲小乘 (Hinayana) 與大乘 (Mahayana)。逐自簡單之解脫說，更進而爲高超之哲理說。如龍樹 (Nagarjuna) 法性皆空等說，非一般社會所能領悟，因之不免反動，而有印度敎之代興。其在中國，即佛敎之內，若世親 (Vasubandhu) 之俱舍宗 (Kosa)，呵梨跋摩 (Harivarman) 之成實宗 (Satya Siddhi)，馬鳴 (Asvaghosa) 之法相宗 (Dharmalaksana)，覺賢 (Buddha bhadra) 之華嚴宗 (Avatamsaka)，智顗之天台宗，道宣之律宗，皆與一般社會漸無關係，而成爲歷史上之宗派。此外惟菩提達摩 (Bodhidharma) 之禪宗 (Dhyana)，尚能保持其勢力。其能深入於一般社會而具有支配力者，惟淨土宗 (Amidisme) 與眞言宗 (Tantrisme) 耳。淨土以祈禱念誦爲主，眞言以神呪手印爲歸，故與一般社會，關係較切。余按印度佛敎大乘法，說理高深，非恆人所能喻，故平庸質實之印度敎，起而代之。其後回敎侵入，佛法乃益衰微。然中國僧侶赴印度求法者，由五代至宋初未絕。法國人沙畹 (Ed. Chavannes) 於 1897 年(清光緒二十三年)著《菩提伽耶漢碑考》，謂印度菩提伽耶 (Bodhigaya) 之大覺寺 (Mahibodhihara)，有新出土之漢碑誌五種：其一爲 950 年 (五代漢隱帝乾祐三年)；其三爲 1022 年(宋眞宗乾興元年)；又其一爲 1032 年(宋仁宗明道二年)。其乾祐一碑，上鑴有大漢國僧歸寶、志義、廣峰、惠岊、惠秀、智永、奉昇、清蘊諸人名。又五代及宋時漢僧之赴印度者，尚有道圓(晉少帝開運四年)、繼業(宋太祖乾德二年)、行勤(宋太祖乾德四年)、光遠(宋太宗太平興國七年還)、法遇(太平興國八年還)、辭瀚(宋太宗雍熙四年還)諸人。其中繼業同行者三百人，行勤同行者一百五十七人，不可謂不盛也。然諸僧中，惟繼業留有行記，范成大《吳船錄》及《通考》均引之。所記甚簡，更無異聞。可知宋初印度敎漸興，回敎亦入，佛法漸趨衰歇，故無大事可以記述耳。自宋仁宗以後，不聞有西行求法者。

二一、馬可孛羅不通漢語

意大利威尼斯人馬可孛羅 (Marco Polo)，以 1275 年(元世祖至元十二年)入華，元世祖授以官，曾久居中國二十二餘年，返國後著有遊記 (De Regionibus Orientalibus)，爲近世治東西交通史者之至寶。其初歐人詆爲荒唐無稽之談。及近世東西交通，取其書覆按之，一一皆合，乃知其果爲實錄也。惟此書亦時有闕略。馬哥孛羅久居中國，而多在北方，書中竟未言及萬里長城。其於中國南方之若干重要風習，亦闕而不載。蓋孛羅遊南方之時甚短，未得與南方漢人交往，且不通漢語，固未可深責也。孛羅之不通漢語，史無明文可資佐證，惟參以遊記中種種記載，未見孛羅有通漢語之徵。而孛羅書中，凡漢土地名，少用漢音，多用韃靼、突厥、波斯語。如稱中國曰契丹 (Cathay)，北京曰汗八里 (Cambalic)，桑乾河曰普里三星 (Pulisanghin)，西夏曰唐古忒 (Tangut)，雲南曰哈喇章 (Carajan)，又曰柴旦旦 (Zardandan)，金沙江曰白拉由斯 (Brius)，黃河曰喀喇木連 (Caramoran)，泉州府曰才通府 (Zayton)，皆其不用漢音之證。或曰泉州又名刺桐城，以昔時城下多植刺桐樹得名，見《讀史方輿紀要》卷九八，福建五泉州府晉江縣下。故才通卽刺桐之音轉。然孛羅之不通漢語則無可疑。

二二、葉菸當明代末年始傳入中國與歐洲

中國與歐洲，古皆無吸煙之習。有之，自十六世紀始。鴉片與葉菸，皆於明萬曆間入中國，同時亦輸入歐洲。按煙字，《唐韻》云"烏前切"。《集韻》云，"因蓮切"。《正韻》云，"因肩切"。《說文》云，"火氣也"。鴉片與葉菸，皆用火以吸，故假借而呼曰煙。葉菸則又作菸，此字亦爲借用，古義實不然。《集韻》云，"菸，衣虛切，音於"。《說文》曰，"殘也"。宋玉《九辯》云，"葉菸邑而無色兮"，可知爲枯戚之義。惟《正韻》云，"菸，音煙，義同"。蓋葉菸爲草類之物，故借用此草頭之菸字，以爲名也。葉菸初產於英屬之美洲一小島，名達巴戈島 (Tabago)，屬於安提羣島 (Antilles)。樹身高二米，葉長約爲六十或七十厘米，氣味香烈，而含尼古丁毒素 (Nicotine)。西班牙人發現美洲後，逐漸由西班牙人傳入歐洲及亞洲各地。南洋羣島若呂宋爪哇等地，相繼種植，遂於明代萬曆崇禎時，由福建傳入中國各地，名曰淡巴姑。蓋最初產於達巴戈島，卽以爲名，故西班牙語曰 tabaco，法語曰 tabac，英語曰 tabacco，中國譯音則淡巴姑。明李玉遒《蚓庵瑣語》云："煙葉出閩中，崇禎中下令禁之，民間私種者問徒。利重法輕，民冒禁如故，尋下令犯者皆斬。然不久因軍中病寒不治，遂弛其禁。余幼時尙不識煙爲何物，崇禎末，三尺童子莫不吃煙矣。"《寒夜叢談》云："煙草產自閩中，明季邊地苦寒，非此不治，至有以匹馬易一斤者。崇禎初重法禁之，不止，末年遂遍種矣。余兒時見食此者尙少，迨二十年後，男婦老少，無不手一管，腰一囊。"《三岡識略》云："明季服煙有禁，惟閩人幼而習之，他處百無一二也。近日賓主相見，以此鳴敬。俯仰涕唾，惡態畢具。始則城市服之，已而沿及鄉村矣。始則男子服之，已而遍閨閣矣。習俗移人，眞有不知其然而然者。"楊士驄《玉堂薈記》云："吃煙自天啓年中始。二十年來，北土自多種之，懷宗以煙爲燕而惡之，乃傳諭禁吸，後爲洪督所請而開其禁。"清王士禛引《姚旅露書》云："煙草，一名淡巴姑，出呂宋國。初漳洲人自海外攜來，莆田種之，反多於呂宋。"全祖望(康熙四十四年—乾隆二十年)《鮚埼亭集》外編卷五《明錢八將軍墓表》云："是時淡巴菰初出，然薦紳士人無用之者，文卿一見好之，太保見而怒，鞭之，文卿惶恐，扶服謝過，太保撫之而止。"《鮚埼亭集》卷三，有《淡巴菰賦》，序云，"今淡巴菰之行遍天下，而莫能考其自出。姚旅以爲來自呂宋，黎士宏曰，始於日

本，傳於漳州之石馬”。又註云，“韓慕廬尙書菼，嗜酒及棋，與此而三。或問以必不得已之說，初云去棋，繼云去酒，時人以爲佳話”。可證其明末自福建傳入中國，至清中葉而大盛。迄今旱菸之外，又有水菸。而絲煙猶以福建所產製者爲美。西方則西班牙人傳入歐土後，法王亨利二世之后加特林 (Catherine de Medicis) 攝政時，所遣使臣尼古 (Jean Nicot 1530—1600) 傳入法國，遂播全歐，故菸中所含毒素，日尼古丁，卽由尼古得名。時在明神宗萬曆間，與傳入中國大約同時也。其後廣布於世界，尤以古巴、呂宋、爪哇、蘇門答那、土耳其、小亞細亞及美洲之瑪麗蘭與威儿尼亞爲多。近世紙捲煙尤爲盛行，歐人傳說，英國人萊勒 (Walter Releigh) 初吸煙，其僕役向不知有此物，見其主口鼻有煙出，驚謂着火，取水傾主人之首以滅火。此固葉菸初行於世之一趣談也。

二三、佛書中曾論吸鴉片之法

鴉片產印度之孟加拉、麻打拉薩、孟買諸地。王之春《國朝柔遠記》云：“鴉片煙，一曰波畢 (poppy)，一曰阿芙蓉 (ophium)，一曰阿片 (opium)。” 按錢大昕謂古無輕唇音，今之輕唇，古讀重唇。鴉片與阿芙蓉譯音雖異，亦輕唇重唇之別耳。明代鴉片列爲藥品入貢，明徐伯齡《蟫精雋》云：“成化癸卯，令中貴收買鴉片，其價與黃金等。”《大明會典》九七、九八記暹羅、爪哇、榜葛剌(卽 Bengal，或譯爲孟加拉)三國贈明物品，俱有烏香，卽鴉片也。又俞正燮《癸巳類稿》所載明四譯館同文堂外國來文八冊，有譯出暹羅國來文云：“那侃進皇帝蘇木二千斤，樹香二千斤，馬前二百斤，鴉片二百斤。進皇后蘇木一千斤，樹香一千斤，馬前三百斤，鴉片一百斤。”可知明代以鴉片爲藥物。然吸食鴉片，似明代已有之。《明史》稱：神宗自萬曆二十年來，大小臣工，莫見聖容。一切傳免，郊祀廟享，遣官代行，政事不親，講筵久輟。至萬曆四十三年梃擊案，乃御慈寧宮，召諸臣。蓋帝不見羣臣，已二十三年矣。余按自古帝王慵惰，未至如此，疑明代萬曆時已有吸食鴉片者，神宗亦吸食之一人也。西域爲鴉片產地，然亦有吸食之事。佛書中曾論及吸鴉片之法。《癸巳類稿》記鴉片煙事迹，載有唐譯《毗耶那雜事律》云：“在王城嬰病，吸藥煙瘳損，苾蒭白佛，有病者聽吸煙。佛言，以兩椀相合、底上穿孔，中着火置藥，以鐵管長十二指，置孔吸之。用了，用小袋盛挂杙笐竿上。復用時，置火中，燒以取淨。不應用竹，不應水洗。” 此於西域吸食鴉片之法，論述頗詳，惟僞託佛言耳。

二四、淸康熙間基督教傳布之狀況

康熙間歙縣楊光先著《闢邪論》，有關於其時基督教分布之地點一段，可以考見其傳布狀況。其上篇云：“邪教開堂於京師宣武門之內，東華門之東，阜成門之西，山東之濟南，江南之淮安、揚州、鎭江、江寧、蘇州、常熟、上海，浙之杭州、金華、蘭谿，閩之福州、建寧、延平、汀州，江右之南昌、建昌、贛州，東粵之廣州，西粵之桂林，蜀之重慶、保寧、楚之武昌，秦之西安，晉之太原、絳州，豫之開封，凡三十窟穴。而廣東之香山墺盈，萬人蟠踞其間，成一大都會，以晤地送往迎來。湯若望藉曆法以藏身金門，而棋布邪敎之黨羽於大淸京師十二省要害之地，其意欲何爲乎？”觀此則西歐敎宗在康熙間已在中國分布甚廣矣。

二五、四書之最早歐譯

中國俗以《大學》《中庸》《論語》《孟子》爲四書。其最早之歐譯，爲公元 1687 年（淸康熙二十六年）巴黎出版之《西文四書直解》。其編譯者，共爲耶穌敎士五人，一曰郭納爵 (Ignatius da Costa)，譯《大學》及《論語》最前五篇爲拉丁文，題名曰 Sapintia Sinica，以 1662 年（康熙元年）出版於建昌。二曰殷鐸澤 (Prosper Intorcetta 1628—1696)，譯《中庸》(Chum Yum) 爲拉丁文，並附《孔子傳》，題名曰 Sinarum Scientia Polittico Moralis，以 1669 年（康熙八年）出版於廣東，1673 年（康熙十二年）出版於巴黎。其餘三人，皆爲編輯者，一曰柏應理 (Philippe Couplet)，一曰恩理格 (Christiane Herdtrich)，一曰魯日滿 (Francisci Rougimont)，皆爲共襄此舉之人。全書題名，卽用殷鐸澤所用之名，漢譯名則曰《西文四書直解》。其後有比國敎士衞方濟 (Francois Noël)，復以法文譯成，名曰《中國六大經典》，(6 Libri Classici Sinensis) 以 1711 年（康熙五十年）出版於比國之 Prague 地方。所謂六大經典者，（一）《大學》，（二）《中庸》，（三）《論語》，（四）《孟子》，（五）《孝經》，（六）《三字經》也。

二六、中國肩輿傳入歐洲

中國古所謂輿，乃以馬駕車也。或以牛曳，亦謂之輿。其以人力肩行而不用牛馬者，謂之肩輿，自晉以來卽有之。《晉書·謝安傳》云，“萬嘗衣白綸巾，乘平肩輿，逕至廳事前”。知晉代已有肩輿矣。按《北史·蕭督傳》云，“督惡見人白髮，擔輿者多裹頭，夏加蓮葉帽”。《梁書·蕭淵藻傳》云，“在益州乘平肩輿，巡行賊壘”。蓋六朝時已盛用肩輿。迄于唐宋，大臣乘馬，老病者則乘肩輿入署。《唐書·崔祐甫傳》云，“被病，詔肩輿至中書”。《宋史·輿服志》云，“神宗優待宗室，老病不能騎者，聽肩輿出入”。至南宋時，仕宦乃皆乘肩輿。宋孔平仲《雜說》云：“先是婦人猶乘車輿，唐乾元以來，乃用兜籠，若今之擔子矣。《唐志》咸亨中勅云多著帷帽，逐棄冪羅，曾不乘車，別坐擔子。” 兜籠，擔子云者，言以二人肩擔負之也。輻之名稱，亦始於是時。《癸巳類稿》云：“丁特起《靖康紀聞》所載，靖康元年十二月初五日，籍馬與金人，自是士大夫出入，止跨驢乘轎，至有徒步者。靖康二年正月二十九日，送戚里權貴女於金。搜求肩輿，賃轎之家，悉取無遺。” 轎，一作簥，故張端義《貴耳集》云：“渡江以前，無今之簥。”《朝野雜記》云：“故事，百官乘馬，建炎初，以維揚磚滑，詔特許乘轎。”《演繁露》云：“寓京乘轎,自揚州始。"可證乘轎之事,至宋始行。清故宮博物院藏畫中,有南宋夏珪(字禹玉,錢塘人,南宋寧宗時待詔)《西湖柳堤圖》,絹地,無款。畫中湖濱一舫,柳岸左折一長橋,岸上有二肩輿,一前一後,同行。其肩輿之制,爲二長竿,中設軟椅而坐,二人肩之,一前一後。坐者全身承露,上無覆蓋,四周亦無遮蔽,酷似今四川所謂滑竿,而非如近世所謂轎也。竊以爲轎之初型,皆屬此式,其後乃增以覆蓋遮蔽之物及華飾耳。《夷堅乙志》卷一七《十八婆條》云:"時方多日,有兩村夫荷轎輿一老婦人,自通爲馬先生妻,來相見。"又卷二〇《王德祖條》云:"成都人承信郎王祖德,紹興三十一年來臨安,得監邛州作院。一卒抱胡牀從外入,汗流澈體,曰作院受性太急,自秦州兼程歸,凡四晝夜抵此,將至矣,俄而六人荷一轎至。"可知宋代有二人轎,事急則增至六人也。迄於元、明、淸,皆盛行之。公元 1709(淸康熙四十八年),德人 Bottger 始仿製中國瓷器,1760 年(乾隆二十五年)後,約爲期百年,爲歐洲美術上之羅柯柯(Rococo) 時代,注重曲線及橢圓形細巧花紋,蓋盛行模仿中國風也。肩輿自明代之末,卽傳入歐洲。至法國王路易十四世,大修朝儀。以中國肩輿,質料采色,均有定制,可以分別官爵職位之尊卑,故樂於仿用之。1644 年(明崇禎十七年),巴黎人士以肩輿爲最新之時尚,見於紀載。戲劇家莫里哀(Moliere) 之劇中,亦屢言之。維也納官廳,曾以"病人僕隸及猶太人不得乘肩輿",著爲法令,直迄 1861 年(咸豐十一年),此項法令,猶見於德國,然歐洲久已不用肩輿矣。蓋中國肩輿之制,自十七世紀初年(明末)傳入歐洲,盛行約百餘年,迄十八世紀中葉(乾隆時)始廢止不用。其後歐人所用轎式馬車,或云仍由肩輿之制蛻變而成者。總之,肩輿之名始於晉,而宋代始謂之轎,歐洲肩輿,則輿夫以手提竿而行,非以肩荷,故亦不得謂之肩輿。法語於此物,呼曰 chaise a porteurs,義曰手荷之椅子也。乘者婦女爲多,蓋模仿中國而略變通其法者。

二七、淸道光間俄國贈書之異譯

淸代於北京設有俄羅斯館。其中監督一員,提調一員,以理藩院司員充之;助教滿漢各一員。凡俄羅斯學生到京時,令其在館居住,敎習滿漢文字。道光二十五年,俄國因換班學生,贈書三百餘種。何秋濤《朔方備乘》中備載其目。惟譯音歧出,頗費索解。余按其第二十六號曰《俄羅斯國晉丕喇托爾(晉丕喇托爾,卽拉丁語之 imperator, 義曰皇帝)在位時發明《西洋政事論》二本,指俄皇大彼得帝而言。拉丁語,皇帝譯作晉丕喇托爾也。第六十號曰《那普里勇犯界戰策誌》二本,卽法帝拿破侖之異譯,紀拿破侖征俄之事也。第二十八號曰,《開闢阿彌葉里喀新州地理誌》一本,又第一百三十號曰《阿彌葉里喀州記》一本,卽阿美利加洲 (America), 紀開闢美洲之事也。第一百零四號曰《阿細亞州記》七本,卽亞洲記也。第六十一號曰《平定空谷爾國方略》二本,又第一百十三號曰《空谷爾國誌》二本,卽土耳其之異譯也。第一百三十三號曰《莫斯廓瓦南都城誌》一本,卽俄國首都莫斯科之異譯也。第二百十五號曰《阿勒喀布拉數書》一本,卽代數學之異譯也。第二百十六號曰《貼斐葉楞齊數書》一本,卽三角術之異譯也。第二百八十五號曰《斯拉費揚各部風俗書》一本,卽斯拉夫族之異譯也。第二百九十號曰《底米忒里氏詩集》一本,則底米忒里 (Demitrius) 爲俄國君長之名,又希臘政治家與史家之名。第二百九十二號曰《喀拉瑪星氏各家文人論》九本,卽俄國大史家喀拉姆辛 (Karamzin, 1765—1826),曾著俄羅斯史者。第三百一十號曰《依里瓦達詩集》二本,疑卽俄譯之希臘著名史詩伊里亞德 (Iliade)。 第三百三十五號曰《俄羅帕州地理圖》一本,卽歐羅巴洲地圖也。第三百四十號曰《丕葉忒爾不爾噶城等處圖說》二幅,卽俄京聖彼得堡之異譯。丕葉忒爾卽彼得,布爾噶卽堡也。第三百五十四號曰《法啷錫兵丁渡河圖》一幅,又第五十五號曰《征法啷錫戰策》一本,第八十五號曰《俄羅斯征法啷錫言行記》一本,法啷錫,卽法蘭西也。

二八、明淸以來西方諸國之舊譯名

　　歐美諸國初通中國時,譯名紛歧,與今大異。《明史》載,"西洋人龍華民 (Nicolas Longobardi)、畢方濟 (Francesco Sambiaso)、艾如略 (Jiulio Aleni)、熊三拔 (Sabatthinus de Ursis),皆意大利亞人",卽意大利也。"鄧玉函 (Jean Terenz),熱爾瑪尼亞人",卽日耳曼也。"龐廸我 (Diago de Pantoja),依西把尼亞人",卽西班牙人也。"陽瑪諾 (Emmanuel Jeure Diaz),波而都瓦爾人",卽葡萄牙人也;俱見《外國傳》。其譯名與今殊異。希臘,明代譯作額里士,又作額里西,或作額力西、厄勒祭、厄勒西亞,皆 Hella 與 Greece 之異譯。波斯,《瀛寰志略》作法爾齊,清乾隆時總兵官陳倫烱之《海國聞見錄》作包社 (Pars),不知卽舊日之波斯也。俄羅斯,異譯亦多,《地理備要》作呃囉斯,清康熙間作羅刹,其後乃俱譯作俄羅斯。明代荷蘭人與葡萄牙人,首航東方,明人稱曰紅毛夷,其後省稱紅夷,傳其礮法。《清會典》云,"清太宗天聰二年,紅衣大礮成",紅衣卽紅夷也。又明人稱荷葡二國爲大西洋、小西洋,英吉利人至東方,清代始盛。《海國聞見錄》稱曰英圭黎,其後乃作喍咭唎。《四洲記》稱比利時國曰彌爾尼壬 (Belgium),荷蘭曰嗹國,瑞典曰瑞丁。西班牙,《明史》作依西把尼亞,《海國聞見錄》作是班牙,近譯又作曰斯巴尼亞。土爾其,明曰控葛爾,又作紅孩兒,《海國聞見錄》作多爾其,《海國圖誌》作度爾格,又作都魯機,不知卽突厥之音轉也。舊譯瑞典作瑞丁,又作綏林。挪威則作峇因,猶太作如德亞,奧國作歐斯特里,又作埃地利,波蘭作波羅尼亞,荷蘭又作拿達倫 (Netherland)。凡此諸譯,大率紛歧雜出。至法蘭西國,則《明史·兵志》云,"嘉靖八年造佛郎機礮, 名曰大將軍。佛郎機者,國名也"。其後《國朝柔遠記》,猶用佛郎機與瑞丁之舊譯名。

二九、中國歷代求法名僧行記之歐譯

中國歷代赴印度求法諸名僧著有行記者，均有歐譯。第一爲晉代法顯之《佛國記》，在歐洲有四種譯本。初爲法國人芮彌薩 (Abel Remusat) 之法文譯本，題名曰 Relation des Royaumes Boudhiques: Voyage dans la Tartarie, dans L'Afghanistan et dans L'Inde, execute, a la Fin du IV Sicle，以 1836 年(清道光十六年)巴黎出版。次爲英國傳教師比爾 (Samnel Beal) 之英文譯本，題名曰 Travels of Fab-Hian and San-Yun, Buddhist Pilgrims, from China to India，以 1869 年(同治八年)倫敦出版。三爲吉耳思 (Herbert Giles) 之英文譯本，題名曰 Record of the Buddhistic Kingdoms，以 1877 年(光緒三年)上海出版。四爲黎格教授 (James Legge) 之英文譯本，題名曰 A Record of the Buddhistic Kingdoms: being an Account of the Chinese Monk Fa-Hian of his Travels in India and Ceylon，以 1886 年(光緒十二年)牛津出版。第二爲北魏使臣宋雲與沙門惠生之行記，英國人比爾譯《佛國記》，卽附譯合刊之。其後法國人沙畹有法文譯本，題名曰 Voyage de Song-Yun dans Udyana et Gandhara，以 1903 年(光緒二十九年)越南河內出版。第三爲唐代玄奘之《大唐西域記》，法國人尤利 (Stanislas Julien) 有法文譯本，題名曰 Memoire sur les Contrees Occidentaux，以 1857 年(咸豐七年)巴黎出版。英國人比爾有英文譯本，題名曰 Buddhist Record of the Western World 以 1884 年(光緒十年)倫敦出版。又關於玄奘歷史之《大慈恩寺三藏法師傳》亦有尤利之法文譯本，題名曰 Histoayre de Hionen-Thsang et de ses Voyage dans L'Inde，以 1853 年(咸豐三年)巴黎出版。第四爲唐代義淨之《求法高僧傳》，法國人沙畹有法文譯本，題名曰 Les Religieux Eminents qui Allerent Chercher la loi dans les Pays Occident，以 1894 年(光緒二十年)巴黎出版。又義淨之《南海寄歸內法傳》，日本人高楠順次郎有英文譯本，題名曰 A Record of the Buddhist Religion as Practised in India and the Malay Archipelago，以 1896 年(光緒二十二年)牛津出版。第五爲唐代悟空之《行記》，法國人烈維 (Sylvain Levy) 與沙畹有法文合譯本，題名曰 L'itineraire D'oukong，以 1895 年(光緒二十一年)載《亞洲報》。第六爲宋代繼業之《行記》，法國人郁伯 (Huber) 有法文著作之《繼業行程》，名曰 L'itineraire du Pelerin Ki-Ye dans L'Inde，以 1902 年(光緒二十八年)載《遠東法國學校校刊》。

三〇、國際條約所用文字之例

列國條約，從未規定必用某種文字。然盟會往還，本於相對平等之理，皆各用其自有之文字，而更譯所對國之文字以副之。惟自昔已有取用他國之文字者。1713 年烏台西特條約

(Utrecht)用拉丁文，1738 年維也納條約用拉丁文與法文。1739 年波格拉德條約(Bolgrade)，用拉丁文與土耳其文。1774年俄土兩國之古楚喀條約 (Kondjouk-Kainardji)　俄國用俄文與意文，土國用土耳其文與意大利文。所以然者，兩國文字同用於一時，苟有所爭，無從取決，故用局外國明白易解之文字，以爲雙方共守之根據。十五世紀之末，西班牙文常見重於歐洲宮廷，並爲公牘往還之用。顧十八世紀之初，國際通行之文字，仍爲拉丁文。自十八世紀以來，法國王路易十四世盛倡章句之學，法文遂爲當時貴族應酬之語言。卒以其字句淸晰、辭義確實之故，成爲歐洲外交界通行文字。自十九世紀以來，法文之用，幾爲國際通例。1856 年巴黎條約，1878 年柏林條約，1885 年在柏林所訂之非洲條約，1899 年海牙和會條約，1909 年之倫敦布告，皆以法文爲主。至於我國則咸豐八年中俄條約，光緒十二年中俄琿春條約，皆以滿文爲主。光緒九年中英之滬港電報辦法合同，中丹之淞滬旱綫合同，三十二年中俄之黑龍江鐵路購地伐木合同，三十三年中俄之吉林伐木合同及中德山東採礦合同，皆以漢文爲主，此用自有之文字爲主也。光緒二十四年中俄會訂條約及續約，二十五年中俄勘分旅順大連租界專約及旅順大連租地條約，皆以俄文爲主。光緒十九年中法粤越界約，三十二年中法龍州至鎭南關鐵路合同及續立合同，二十五年中法廣州灣租界約，皆以法文爲主。光緒二十八年中英商約，二十九年中英滬寧路借款合同，三十年中英保工條約，三十一年中英道淸路借款合同，三十四年中英滬杭甬路借款合同，皆以英文爲主。此皆用相對國文字爲準也。其有別以局外第三國之文字爲證者，如光緒七年之中俄改訂條約，八年之中巴通商條約，二十八年之中俄交收東三省條約，皆以法文爲證。而光緒十四年之中葡條約，二十一年之中日馬關條約及遼南條約，二十二年之中日通商行船條約，二十五年之中墨商約，三十年之中葡商約，及廣澳鐵路合同，宣統元年之中瑞條約，則皆以英文爲證，此皆以局外國文字取決也。但光緒十一年之中法停戰條件，二十七年之辛丑各國和約，乃至不用漢文而只用法文。光緒九年之中俄塔城議定俄商貿易地址條約及兩屬“纏頭”商民事宜，十年之中俄塔城哈薩克歸附條約，乃至於中俄文字之外，以回文爲憑矣。

三一、淸道光時初譯之英語名詞

　　淸道光時，粤東以鴉片之戰，與英人初次交涉，所譯名辭，有與今日迥異者。牛津大學波德利安圖書館 (Bodleian Library) 所存《達衷集》殘本二冊，譯印度爲忻都斯擔 (Hindu-stan)；孟買爲港脚，亦作望買，或孟米；美國爲呵嗎唎噶；比利時爲吡嚕嗹；麻荅那薩(Madras)爲噆叮吵。此地名也。其人名則有嚛𠸄 (William)、喇㗲 (J. W. Roberts 東印度公司總理)、嗳哆呢 (Antony)、咁叻喇 (Pamell)、㘉嚧𠹎哓 (Captain Welbank)、啵嘟 (Brown)、嗑咃喕 (Jefferson)、吧哩 (Perry)、嗄臣 (Jackson)、嗎嗄嗜呢 (Lord George Macartney)、嘟

嚛嚛 (Rear-Admiral William Brien Drury) 等。其尊稱則有米氏 (Mister)，如"紅毛公司大班米氏咇啪、米氏哈、米氏哆嚩咬同台照"。又有咽咃咬 (Gentleman)，如"行商爲走私羽紗事，復大班及咽咃咬書"。又有大班 (Supercargo)，卽商船押貨者。其稱東印度公司，則曰"大公班衙"，卽 Company 之譯音也。南洋華僑猶稱殖民地政府爲公班衙。其事物之名，則有紅牌 (Port-clearance)，如"撫部院吾會海關，截留紅牌，一面飭商勒令大班交出兇夷"，卽碼頭稅關執照。又有七星，如私商致船主書云．"蒙雅愛相送十二粒七星"，殆卽鴉片之一種。此外復有嗎咦哆嘶 (Mackintosh)，殆卽當時 Hindustan 船主之名。凡此皆與今日譯名迥異者也。又道光時粵人順德梁廷枏著《夷氛紀聞》五卷，譯葡萄牙爲布路亞，猶太爲女德亞，孟加拉爲孟阿臘，倫敦爲蘭崙，亦與今異。其書有番禺人鄒誠序云："洋務以防姦爲第一要着。就廣東論，如琦侯之鮑聰，葉相之李善，大局已爲所誤。他如僧王、奕將軍、譚制府、劉制府，爲沙禿子、張桐雲輩所誤者，亦歷歷可指。"蓋當時諸大僚，每用地方土儈之與英人往來者，或自身親信之僕役，與英人口頭交涉。近日發現鴉片戰役史料，有張喜之《撫夷日記》一種，其人卽奕經之僕役，亦卽此序所言之張桐雲也。

賈誼《過秦論》分篇考

孫 欽 善

關於《過秦論》的分篇，清人盧文弨在自刻《新書》（下簡稱盧本）校語中說，他所見到的兩個宋本：建本（建寧府陳八郎書舖印）和潭本（宋淳祐八年長沙刻），就有所不同，前者分上下兩篇，後者分上中下三篇。明刻本情況相似。如正德八年刻李夢陽序本《賈子》分三篇，《漢魏叢書》本《賈子》則分兩篇。現在通行的盧本，參考了司馬貞《史記索隱》的三篇說，依從潭本，也分作三篇。這樣，三篇之分似乎便成了定論。直到四〇四期《文學遺產》胡念貽同志的《賈誼和他的散文》一文，仍襲用此說，結果是把斷爛的篇章當作完整的作品來分析。因此，這一問題似有辯清的必要。

我認爲《過秦論》原只分兩篇，第二篇再分中、下，乃是後人的割裂。這是有側面材料可證的。裴駰《史記集解》引班固《奏事》云："太史遷取賈誼《過秦》上下篇以爲《秦始皇本紀》、《陳涉世家》下贊文。"[1]這裏不提中篇，並不是司馬遷未取中篇，而是《過秦論》根本沒有中下篇之分。何以知之？比班氏稍後的應劭，說得更爲具體、明確，他說："賈誼原書有《過秦》二篇，言秦之過，此第一篇也（按，指《史記·陳涉世家》及《漢書·陳勝傳》所引部分），司馬遷取以爲贊，班固因之。"[2]把這兩段話參照來看，就可以肯定：《史記·陳涉世家》（下簡稱《世家》）贊所引是《過秦論》第一篇的全文，而《秦始皇本紀》（下簡稱《本紀》）贊所引是第二篇的全文。檢今本《史記》，《世家》載文無異，而《本紀》則載了兩篇《過秦論》的全部內容，如依三篇說，其編排次序是下上中。此又何故？是不是班氏的話不可信呢？我認爲並不如此，而是因爲今本《史記》的載文經後人竄亂，失去原貌。於此，晉宋間人徐廣給我們透露了一些消息。《史記集解》在"秦併海內，兼諸侯、南面稱帝"（按，中篇開頭）句下引徐廣曰："一本有此篇，無前者'秦孝公'已下（按，指上篇），而又以'秦幷兼諸侯山東三十餘郡'（按，下篇開頭）繼其末也。"徐廣所稱的"一本"，很值得注意，這當是《史記》的正本，其《本紀》對《過秦論》的載錄，正與《奏事》所云相合。又今本《本紀》和《世家》的《過秦論》上篇載文，有許多異文，如出司馬遷一手，也不當有這種情況。

從第二篇的內容和結構分析，我們還可以找到其不可再分的內證。賈誼在《過秦論》第一篇中敍述了秦的興和亡，最後指出滅亡的原因是"仁義不施而攻守之勢異也。"第二篇對這一原因，結合秦始皇、二世和子嬰的作爲作具體分析。文章先談形勢的轉變——面臨"守天下"之勢，然後依次言秦朝"三主"之過，最後總結說："三主之惑，終身不悟，亡，不亦宜乎？"並引出秦亡的經驗教訓。首尾一貫，結構謹嚴，斷斷不能割裂。前人也有從內容上給《過秦論》找分篇根據的，如明本《賈太傳新書》《過秦》中篇題下注曰："此與後篇舊俱作《過秦》下，今分之，蓋以其文辭重複而各有首尾所致，論者一爲二世、一爲子嬰發也。"這根據是不符合事實的。第一，所謂中篇，並不是僅對二世而發，還包括了對秦始皇的分析；而下篇也不只是對子嬰而發，還包括對秦朝"三主"的總括批評和整個秦王朝失敗經驗的總結。第二，分成中下兩篇後，也並不是各有首尾。如前所說，《過秦論》第二篇既是對秦朝"三主"作具體分析來論述秦的滅亡，那麼中篇從論秦始皇到論二世止，是有頭無尾，而下篇末尾針對整個秦王朝而發的一些結語，僅與子嬰事迹聯繫起來也未免有些"尾大不掉"。至於下篇開頭的一段文辭，實爲敍述二世之過所帶來的結果，與上文緊緊相連，同時也是子嬰立爲秦王時所面臨的危勢，下文"山東雖亂，三秦之地可全面有"，正是指此說的。所以這一段是由論二世轉入論子嬰的承上啓下的紐結，根本不是新篇的開頭。

---

[1] 見三家注《史記·秦始皇本紀贊》"秦併海內，兼諸侯，南面稱帝"下注。按，《索隱》云是班彪《奏事》。檢嚴可均輯《全上古三代秦漢三國六朝文》，班固文無《奏事》目，班彪文有，但中無此語。當是佚文。

[2] 《漢書·陳勝傳贊》"昔賈生之《過秦》曰"句下師古注引。

說　醻

段　熙　仲

禮，飲酒有獻酢與醻；醻，字一作醻。《詩·彤弓》：“一朝醻之。”鄭箋：“飲酒之禮，主人獻賓，賓酢主人，主人又飲而酌賓，謂之醻。醻猶厚也，勸也。”勸之飲，以將其厚意也。《楚茨》：“獻醻交錯。”箋曰：“始，主人酌賓爲獻，賓既酌主人，主人又自飲酌賓，曰醻。”醻之儀，主人先自酌而飲，卒爵，洗，酌以勸賓。先自飲者，《瓠葉》：“君子有酒，酌言醻之。”毛傳曰：“導飲也。”箋曰：“猶今俗人勸酒。”賈疏曰：“欲以醻賓，先自飲以導之。”是其義也。賓受醻爵，奠而不舉。《大雅·行葦》曰：“或獻或酢，洗爵奠斝。”箋云：“進酒於客曰獻，客答之曰酢，主人又洗爵醻客，客受而奠之，不舉也。用斝爵者，尊兄弟也。”

《禮·鄉飲酒》：一人舉觶于賓，實觶自飲，卒觶，降洗，實觶，進坐，奠觶于薦西。賓坐，奠觶于其所。正歌備，立司正，請安于賓。賓乃取俎西之觶爲旅醻始。既旅，二人舉觶于賓。介亦實觶自飲，卒觶，洗酌，薦西奠之。賓介奠于其所，徹俎，乃舉，爲無筭爵之始。其記曰：“獻用爵，其他用觶。”鄉射之禮，則射事畢而旅醻，賓舉俎西之觶，其舉觶亦同于鄉飲也。其在燕禮，獻主媵觚于賓，亦先自飲，洗酌以送爵，賓奠而不舉，公命下大夫二人媵觚，亦如之。大射之儀，亦不曰醻而曰媵觚，其實一也。故醻爵奠而不舉，舉之則爲旅始。其節文：曰醻，曰舉觶，曰媵觚，鄭注謂觚爲觝之字誤，爵一升而觶三升，其受，大于爵也。

凡獻醻之禮，《詩》與《禮經》合，後世俗則曰爲壽，或曰上壽。以其勸酒爲厚之意言之，則曰醻。《士冠禮》鄭注曰：“飲賓客而從之以財貨曰醻，所以申暢厚意也。”醻厚疊韵。其所以將厚意之財貨，則禮于醻也有幣。《士冠禮》曰：“主人醻賓，束帛儷皮。”凡壹獻之禮，皆用醻幣，冠主于賓，昏禮舅姑于婦氏送者，皆然，唯舅姑于婦，女父母于壻則無之。《聘禮》：主君醴聘賓，亦用束帛，歸饔餼亦如之，所謂“致饗以醻幣”，致食以侑幣，皆以厚意勸之飲食也。後世于束帛之外，蓋以他物，則有如澠池之會，秦趙之臣請以十五城咸陽爲壽者矣。《行葦》曰：“酌以大斗，以祈黃耇。”倘其濫觴也歟？

　　《漢書·高帝紀》：“項莊入爲壽。”小顏注曰：“凡言爲壽，謂進爵於尊者，而獻無疆之壽。”此則同于禮之舉觶，無幣而以言爾。范書《明帝紀》：“奉觴上壽。”章懷注曰：“壽者，人之所欲，故卑下奉觴進酒，皆言上壽。”此與小顏注意畧同。疑古者尊者于卑屬不用酬幣，客禮用之，天子於諸侯有不純臣之義，故或以琥璜也。卑者舉觶勸酒，或以祈耇之辭將之，故酬字亦作醻，從壽，後人逐迤曰上壽，或爲壽也。《高帝紀》：“九年，多十月，淮南王等朝歲首未央宮，置酒前殿，上奉玉卮爲太上皇壽，曰：‘始大人常以臣亡賴，不能治產業，不如仲力；今某之業所就，孰與仲多？’殿上羣臣皆稱萬歲，大笑爲樂。”此劉季以笑謔勸乃翁飲之辭矣。應劭注：“卮，飲酒禮器也，古以角作，受四升。古卮字作觚。”沈文起據觶三升駁之，云：“觚、卮，音義各別，而云卮作觚，未之前聞。”其實古三四字多積畫爲之，四當是三傳寫之訛，應注正得上壽本義。觶觚作卮，正以音近。奉卮上壽，即《禮經》之舉觶，騰觚矣。《漢書·齊悼惠王傳》：“惠帝以家人禮置齊王上座，太后怒，迺令人酌兩卮鴆酒置前，令齊王爲壽。齊王起，帝亦起，欲俱爲壽。太后恐，自起反卮。”按：此猶可見爲壽必先自飲其酒，（周壽昌以爲所以明無惡味，而後以壽長上，非其初義也。）古人醻之禮，尚未盡失也。酌二卮鴆酒者，其一，齊王爲壽，當自飲之；其一，酬爵奠而不舉，呂氏不虞其中毒也。至惠帝覺之，欲俱爲壽，則似二人舉觶，禮，皆先自飲然後洗爵更酌，是以呂后恐而自起反卮矣。卮即觶、觚，漢時之聲變。故韓詩說，爵觚觶角散，無卮也。《三都賦序》：“玉卮無當。”《文選》引劉淵林注曰：“卮，一名觶，酒器也。”劉逵去應仲遠時未甚遠，當有所受之，知非應氏一家之說矣，沈文起未之深考耳。

漢簡郵驛資料釋例

樓 祖 詒

甲、簡　說

一、漢代郵驛在郵政史中的地位

漢代郵驛在中國郵政史中占了繼往開來的關鍵地位,在和古代羅馬郵政、東西洋文化交流當中,也起了相互推動的進步作用。

在世界郵政歷史上,古代郵政中規模最大,組織形式較好的,首推公元前一千幾百年前的中國的國家郵政。[1]　進入到公元一世紀時期,歐洲古羅馬的郵政在它全盛時,曾有過八萬公里的郵政網。就在那時,在東方中國,隨着漢朝的"通西域",在政治、軍事、經濟各方面均產生了郵驛的需要,亭障郵驛烽燧通信由東向西大爲進展:"望烽走驛","萬里相望",古書盛稱"漢驛之所通,禹蹟之所窮",[2]　拿漢驛和禹蹟相提並論,其重視可知。漢代郵驛和古羅馬郵政,兩方建置,竟有"異曲同工"的紀錄。依中國古書記載,稱羅馬爲"大秦"。《後漢書·西域傳》談到"大秦"的郵政,"列置郵亭","鄰國使者到其界首乘驛詣王都","十里一亭,三十里一置",竟和漢代郵驛一模一樣。《後漢書》說漢代郵驛在西域的盛況是:"列郵置於要害之路,馳命走驛,不絕於時月……臨西海以望大秦,拒玉門陽關者四萬餘里,靡不周盡焉。"依《風俗通》的說法,"漢改郵爲置,置者度其遠近置之也"。漢代郵驛制度,承秦制加以改進,何以竟和羅馬完全相同,難道眞是"不謀而合"嗎?由於文獻缺乏,誰向誰學習或者誰影響了誰,也不能妄加揣測。但東西往來使者商旅那樣頻繁,在中國山西掘得羅馬古錢十六枚,錢面鑄文,也正是與漢同時的羅馬皇帝,[3]從這些情況看,至少可以說,古代郵政通信從不定期的軍

---

①　見波德哥羅捷茨基:《中國郵電經濟講座》。(人民郵電出版社)

②　唐呂溫《地志圖序》。

③　梯拜流斯帝卽位於新莽天鳳,死於光武建武十三年;安敦帝在漢桓帝延熹九年(公元166年)遣使來漢,見《西域傳》。Bushell: Ancient Roman Coins from Shansi, Peking Oriental Society, 1885 I. 2. (轉引自張星烺《中西交通史料匯編》)

事通信,推進到定期、定程的正軌郵班,"度其遠近",也是採取了比較相同的標準。

其次,從中國郵政方面來談。有關中國郵驛起源,過去一向根據孔子說"速於置郵而傳命"而認爲"起源於周"。近年由於殷虛甲骨文字的出土和研究,可以把時代提前到盤庚。(再前,甲骨文字還沒有發現。至於"夏"傳說時代,更將在所謂的以"洛達廟層"爲代表的遺存,作爲今後注意研究的對象。)同時我在學習甲骨文字的過程中,受到了郭沫若先生研究成果的啓發。根據戍守邊疆、諜報軍情的情報往還,得到古代初期郵遞的輪廓,而且還解決了春秋戰國時楚國的郵驛何以發展得最快的原因。從左傳的記載,春秋列國時諸侯國家郵驛制度,楚國的"乘馹"不但利用的次數在各國中首屈一指,而且以驛運輔助軍事勝利也靈活機動。本來在中原各國眼中,楚是"荊蠻",文化落後,爲何表現在郵驛史上有那樣高的文化建設?也就在郭沫若先生的《卜辭通纂》,《殷契粹篇》裏,全都解決了。有關"殷代文化"和"徐楚文化"的淵源,郭沫若先生說得最爲透切:"殷代文化爲我國文化之淵源……周人承繼殷人文化發展於北;徐楚人亦承繼殷人文化而發展於南。"書中還根據甲骨文字紀錄"小子小臣(留學生)"受殷人之"教戒"作了論證。

現就漢代郵驛來談,"漢承秦制",一般史書都如此說。可是仔細研究,還是有區別的。除去十里一亭,五里一郵,三十里一置,這些郵程考據不多述。[1]　其中最值得注意的,倒不是組織形式的制度而是嚴酷法令的規定。秦任法治,嚴刑酷法,"士不敢彎弓而報怨",獨獨郵驛工作者是能攜帶兵器的。在《韓非子》裏透露出消息說:"非傳非遞,載奇兵革,罪死不赦。"(《愛臣篇》)我們看到荊軻刺秦王時,"秦法,羣臣侍殿上,不得持尺兵",只得由醫官用藥囊來作阻格之器,猜防到侍衞羣臣,已令人不可想像。只有"傳遞"之士(郵驛工作者)是可以"佩刀劍之屬"的,[2]　爲的是郵驛文書使臣往來"以備非常"。漢高祖劉邦出身泗水亭長,亭長是基層組織的鄉官,親身主持徭役,遞送文書的郵人就是徭役之一,也是歸亭長來組織指揮管理的。漢簡裏邊塞上勒以軍制,塞上的亭叫燧,燧有長,有卒。內地的亭長和邊疆的燧長官階相平。劉邦在泗上(也稱泗水),身爲亭長,對郵驛制度是个"內行",很知道如何利用郵驛功能去鎮壓"叛臣"。[3]　泗淮屬於徐楚文化範圍,郵驛功效相當高。劉邦起兵,沛豐子弟從之。蕭何出身"不害吏",泗水郡卒史。漢簡中很多提到"不害吏","卒史",也有督察郵驛烽燧的任務,到劉邦進入咸陽,"何獨先入收秦丞相御史律令圖書藏之","所以具知天下阨塞戶口多少強弱之處,民所疾苦者,以何具得秦圖書也"。本來驛運包括文書遞寄、軍器裝備、糧秣轉輸和遣送兵源等等,注意到"秦圖書",就是"地志圖"上所說"漢驛之所通"的注脚。"關中事,計戶

---

①　其中置郵和督郵等,可參看拙著《中國郵驛史料》。(人民郵電出版社)

②　《淮南子·墜形訓》高注:"奇,隻也;奇兵、佩刀劍之屬。"

③　"言變"得采驛,又見《史記·黥布傳》。

口，轉漕給軍”，“興關中卒輒補缺”，這樣保持軍運（包括通信）的補給線，在軍事動盪不定情況下，必得藉助於交通路線的熟悉。原來“五里爲郵”，後來“改郵爲置”。置者，度其遠近而置之。這是一件重大的改革，不僅在距離上從五里擴展到三十里，而且主要是發揮了“靈活運用”的機動性，漢簡裏“以郵行”、“以亭行”，驛馬馳行在速率上要比步行加速許多了。當然，不是說就是蕭何主持了漢代郵驛的建置。但從漢簡中郵驛發展水平來看，必然有“行家”在裏邊主持大計。而漢代郵驛在“繼往”一方面，可以說確實繼承了以往的殷周文化、先秦法治，還承受了“徐楚文化”有關郵驛的特點，但是却排除了嚴酷的“非傳非遞……罪死不赦”的秦法。

　　談到漢代郵驛在“開來”的一方面，下面將比較詳細的說明幾件郵政的重大改革：唐代通信是在什麼基礎上發展到那樣最高度的水平？在置郵溯源的探討中，“官郵”和“私郵”當中，爲何有了“宋始許臣僚以家書附遞”的所謂“重大改革”之一的問題發生？還有元驛的重大發展於歐亞國際通郵上，在基礎上早就受到漢驛的傳統影響。① 此外在郵遞實踐上，如元驛的“長引隔眼”這樣細緻節目也找出了解決途徑。而漢代文書的封泥更是郵書保密制度上重要措施，一直被後代保持着。通過對這些問題的論證，可以說，漢代郵驛在中國郵政史上占了繼往開來的重要地位。

二、漢簡作爲郵驛史料的重要意義

　　這裏所談的漢簡，僅限於在敦煌和居延出土的漢簡，而可以作爲郵驛史料的也不是敦煌、居延全部出土的漢簡，只有其中一部分是郵驛遞寄生產過程的簿書工具。本文所研究的，又只是其中與現代郵遞重要原則有關涉的部分例簡，聊爲“發凡舉例”。本來郵驛制度除去業務處理而外，還有內部的組織、管理、人事、財經、設備、驛程交通等等值得研究的項目，而且，筆者看到的漢簡拓片，還不完全。因此，這裏所敍述論證的不過是一個初步的研討。

　　爲什麼這一些漢簡可以作爲郵驛研究的對象。漢“通西域”在軍事上“斷匈奴右臂”，在經濟上藉口取得“大宛善馬”，以滿足大商人地主的需要，打開國際商業路線。“敦煌設郡”，“居延築塞”是從“通西域”的需求而來的。② 這樣，沿着“河西走廊”一帶的障、塞、郵、燧，信使和商旅的往還，異常頻繁。其中有關文書通信“望烽走驛”自是這沿塞機構的重要任務之一，當然備有遞寄文書生產過程的一套實踐工具，如簿書、單册、檔卷等等。其中也免不了有從事郵驛工作者的個人書信、書籍等物。自從王莽從公元 16 年下令斷絕西域的交通，中間隔

---

① 例如李陵在漢驛史中是位組織郵驛的能手，見〈漢書·李廣傳〉。

② 漢書·武帝紀、李廣利傳、路博德傳〉、〈後漢書·西羌傳〉等，不具引。

絕了五十八年。後來光武中興，"障塞破壞，亭燧絕滅"，就"復員"了一部分障塞亭燧。其後又經"省官"運動，"復員"了的郵驛也許又復被裁撤。在上述兩種情況下斷絕西域交通和省官裁撤機構時，所遺留下來值不得遷移去的東西，其中必然包括上述有關處理文書的檔冊、簿書、單據等等，已經過時了的東西，任它扔棄在原址，隨着"障塞破壞，亭燧絕滅"，房屋傾圮，自行埋藏於敗瓦頹垣之下，以待後人作"地上發掘"再和世人見面。好在西北邊疆山地砂磧高亢，這些零編斷簡在地下保存了近兩千年歲月，還是相當完好。因此，我們今天研究漢代郵驛有了第一手的好資料。這些漢簡作爲郵驛史料的重要意義，毫不夸大，向上只有殷虛甲骨文字可以比美，如果深入研究，也許還有過之無不及。再拿周代彝器來比，也是同樣情況。再向下去看，在通信實踐方面，這些漢簡是眞物實證，還遠勝過唐宋文字紀錄的間接史料。這些實物中包括（用現代郵用詞語來說）：收寄方面的執據、清單、登記簿等；封發方面的封籤、袋牌、路單等；運輸方面的分段，分程和分別工具的標誌；投遞方面的登記，回單執據之類，一系列的日常處理"道具"的實物。我國二千年前處理郵遞實踐有這樣細緻和完備，"燦然如在目前"，眞令我們從事通信工作的人驚呼贊歎不置。

乙、簡文釋例

一、郵遞實踐的主要原則

　　郵遞文書的傳達思想，主要的原則是：(1)迅速，(2)準確，(3)安全。這幾個原則是古今一致的。圍繞着這幾項主要原則所要求的各種措施，從簡單到複雜，從粗疏到精細，從效率低到效率高，便能說明通信發展的歷史過程。從古代郵遞工作的實證——漢簡的各種情況來看，在相當高的程度上符合於上述原則。下面所收集的一些例簡，大多是經過前人化了勞動詳加考證過的，本文僅想再從郵遞實踐上作一些粗淺的解釋。

　　先從王國維氏"入西書"三簡談起。因爲這是研究漢簡首先提到和郵遞有關聯的東西。一般說三簡，實在是四簡。不過第四簡（《流沙墜簡》簿書類第 62 簡）是片斷簡，和第三簡同出土於敦 28（卽萬歲揚威燧所在），簡的廣度和一、二、三三個簡相同，全是十公厘，但斷缺太多。第一簡長 225 公厘，二簡長 231 公厘，三簡 230 公厘，這第四簡只有 93 公厘。上面文字也很少：僅存"入西蒲書一封　宜□"數字。① 因之一般說三簡，也未爲不可。可是值得注意的是王氏說這三簡"皆記郵書之簿"，因此列入"簿書類"。但下面王氏在《流沙墜簡》後序中節引的兩簡：

　　萬歲揚威燧長許玄受宜禾臨介卒張均　　　　　　　　　　（《流沙墜簡》烽燧類第十簡）

---

① 本文所用解釋漢簡的各種符號和以前研究者所習用的均屬一致。

萬歲揚威燧長石仮受宜禾臨介卒趙時　　　　　　　　（同上烽燧類第十一簡）

他認爲"此皆記受書簿錄，宜禾臨介卒之書傳至萬歲揚威燧"。既然同是"受書簿錄"，爲何"入西書"四簡列入"簿書類"而這兩簡便列入"烽燧類"呢？這兩簡和上引第四簡相同，全是傳至萬歲揚威燧的文書，不過第四簡斷的是下半截，還保存了"入西蒲書一封"，而這兩簡全斷的是上半截，就看不到"入西簿書"字樣了。其實這第十簡長達 160 公厘，存文很清楚：

　　（上缺）月十二日庚辰夜大晨一分盡時萬歲揚威燧長許玄受宜禾臨介卒張均

第十一簡較短，長 106 公厘：

　　（上缺）盡時萬歲揚威燧長石仮受宜禾臨介卒趙時

　　這裏我們不是在爭議漢簡歸類的問題。但同樣對"入西簿書"也是很注意的。試將上述六簡列表：

第一簡書二封 { 1. 中部司馬→平望候官 2. 中部司馬→陽關都尉府 }

第二簡書二封 { 1. 文德大尹→大使五威將莫府（塞外） 2. 文德長史→大使五威將莫府（塞外） }

第三簡書一封：魚澤尉→敦煌太守或都尉府

第四簡書一封（簡斷不知原寄和到達處所，但標明"入西"）

第十簡（簡斷不知封數）：宜禾臨介卒→萬歲揚威燧長

第十一簡（簡斷不知封數）：宜禾臨介卒→萬歲揚威燧長

　　上面幾簡雖然完缺的程度不同，但對於郵遞大原則的迅速、準確全都顧到了。第一簡書二封寄件人是"中部都尉屬中部司馬"。中部都尉府在步廣候吞胡燧（敦 28），收件人有二，一爲平望候官。平望候屬有青堆燧（敦22乙）和朱爵燧（敦 19），這一簡就在敦 22 乙出土。說明那封文書已經到了平望候官的屬境。青堆燧在朱爵燧之東。燧長當然很知道主管長官所在，於是收下轉交。另一封是寄交陽關都尉的，那是比較遠了。在青堆燧的登記簿上寫明"入西簿書"，方向確定，而且還注明時日交接和經手人名，以便於根查。這樣是完全符合郵遞原則的。第二簡在敦 15 出土，按玉門候官在敦 15 甲，位置很相近。文德就是敦煌。寄件人在敦煌，收件人已出關塞之外，只好"探投"幕府（莫府）。因之在登記簿上寫明由關嗇夫收轉，還得"西出陽關"，標明"入西簿書"。第三簡，第十簡，第十一簡，全都在萬歲揚威燧附近出土，而原寄局的魚澤尉和宜禾候全在效穀縣境，是在揚威燧之東，臨介燧是屬於宜禾候的。因之也注明"入西"，毫無錯誤。（請參看頁 144《漢簡出土地望示意草圖》）

　　根據郵遞實踐原則迅速和準確出發，分析這些簡記文書的原寄局（或寄件人）及最後轉口局（即如第十簡，第十一簡，在揚威燧來講，宜禾候的臨介燧便是最後轉口局，因爲簡斷了看不到"封泥"原寄件人的姓名職銜)可以肯定了這兩簡必然是"入西簿書",因之,就應當歸入"簿書類",和第一到第四簡同一看待。不應明知其爲"皆記受書簿錄",只是由於上半截斷缺了看不到"入西簿書"字樣,便歸入"烽燧類"。也許王氏以爲"郵遞屬於烽燧之中",所以才這樣做。其實借助於考證,進一步還可"補缺"。正如目下人民郵政"死信復活",不像從前一點不清楚便擱在"無法投遞"。話還得說回來,我們所引的地名考證,還是利用了王氏的辛勤勞動,不過原來分散在不相關各處,我們給它"還原",因爲有實踐的"眞物"給我們以有力的論證。然而同一實物又何以得到兩個不同的結論呢?王氏對這兩簡的利用目的在於考證地理方位,他引出的結論:"則萬歲之東必爲宜禾,宜禾之東,乃爲魚澤。"我們從郵遞實際來看,恰好證明這兩簡便是"入西簿書"的記錄簿了。一向東看,一向西看,二而一,一而二,絲毫沒有什麼奇怪。

下面要說到居延簡。居延簡的總數或郵遞文書的封數都超過敦煌簡,但這一方面的考據卻遠不能和王氏在敦煌簡考釋方面的成績相比。爲了全面說明問題,我們不能不引用居延簡的資料。已有考據的不足之處,筆者儘可能的作了一些補充。

居延簡沒有"入西書"。很清楚,從張掖往返居延是南北線,不像酒泉到敦煌是東西線。地理位置的各別,對郵遞實踐的迅速和準確兩大原則是沒有關係的。居延簡的"南書"簡"北書"簡數量相當多,每次記錄遞寄的封數比敦煌簡一封二封要多得好多。有一簡"扎五通,凡九通以篋封遺障卒□虜詣使"(154)。這裏先舉一個五封的例子來說。科學出版社《居延漢簡甲編》1671:

	其一封肩水倉長印詣都尉府	
	一封昭武長印詣居延	
北書五封　夫人	一封觻得丞印詣居延	三月庚戌日出十分呑遠卒□
	一封氐池長印詣居延	五分付不侵卒受王
	一封居延左尉印詣居延	

又同上 1691 及 1910-A,1910-B 兩簡"南書":

南書一封居延都尉章　詣張掖大守府

十一月甲子夜大半當曲卒昌受收降卒輔辛丑卒食分一臨木
卒□付州井卒弘□中□界定行☑□程二時二分

（《居延漢簡甲編》1691）

十月四日南書二封二封皆槀佗□□官一詣肩水都尉府一詣昭武

日出受沙頭卒同付不今卒
同金關時

（同上 1910-A）

寄去(簡背)

（同上 1910-B）

還有一簡雖沒寫明，仍可以肯定是"南書"。因爲交接情況和上簡內容相同。

一封居延簡都尉詣肩水府五日甲午起　　昏時驛馬卒良使沙頭卒同☒

☒□詣肩水府　　　　　　　　時良付不今卒豐

(同上 1874)

根据漢簡研究者的考訂，居延簡出土的兩個城障：紅城子屬於肩水候官，大抵屬張掖肩水都尉；破城子爲卅井候官屬於張掖居延都尉。肩水候官今名地灣，甲渠候官今名破城子，卅井候官今名博羅松治。又肩水都尉在今大灣，居延都尉在今黑城，張掖是甘肅的甘州。顧祖禹《讀史方輿紀要》有所說明：

昭武城在張掖西北千二百里，漢縣屬張掖郡。氐池在張掖東，漢縣屬張掖郡。舊志候塢在氐池西，去張掖百里。居延燧城在張掖西北千二百里，漢縣，屬張掖郡，郡都尉治此。

漢武帝太和元年始開置張掖郡。張掖廢縣漢爲轢得縣，張掖郡治焉。應劭曰，轢得匈奴王號也。

又肩水都尉下有三候官二肩水候官，廣地候官，橐佗候官。依《甲編》所示：橐佗候官今爲小方城，在大方城南。從小方城沿着額濟納河南下，經伯顧博格達，過砂磧旁沿河南行到地灣(肩水候官)後才到大灣(肩水都尉府)。

上述各簡，由肩水，昭武，轢得，氐池等寄居延的都是"北書"；而從居延寄張掖，橐佗寄肩水、昭武及由居延寄肩水的都是"南書"，根據地望來講是十分清楚的。這裏有兩個問題值得提出研究：(1)居延張掖間南北線有了"南書""北書"，爲何酒泉敦煌間的東西線，只看到"入西書"而沒看到"入東書"？(2)寫了"西書"、"南書"、"北書"，在郵遞實踐上究竟有什麼需要，起什麼作用？這兩個問題，如果從郵遞實踐的大原則上看，只是一個問題。首先應當分析這兩線的性質有所區別。前面早就談過：漢通西域的目的，在軍事上是"斷匈奴右臂"，在經濟上是打開國際商業路線。從長安到西域三十六國遠及大秦，主要的通道是敦煌、酒泉、張掖、武威這一東西線。至於張掖到居延的南北線，北達匈奴，比較來說，軍事功能重於經濟功能，這是有它的歷史根源的。《漢書·李廣利傳》："太初二年(公元前 101 年)益發戍甲卒十八萬酒泉張掖北，置居延、休屠，以衞酒泉。"除了軍事目的而外，也是爲了確保郵書寄遞能有高度效率。固然古代交通運輸受到種種限制不能和現代郵電相比，但不出差錯也應該是起碼要求。在往來大道上，從不定期郵班進展的定期開行，南路有南路的燧卒驛夫，北路有北路的郵人亭卒。在一開始假定是"北轍南轅"，尤其在昏夜匆忙趕班交替的時候，在登記簿上首先寫明是南書北書，是完全有必要的。也只有在這一基礎上，才能談到迅速準確等原則。至於"入東書"的問題，照說從敦煌遺址兩關內外傳遞由西域各國進入長安首都的公文，其重要性還應比入西、入南、入北更大。注明"入東"，事實上也有這種需要。夏鼐《新獲之敦煌漢簡》載敦17(玉門東，平望朱爵燧西)出土的一簡：

西書一封　□月辛丑黃昏時受東亭卒尊付西亭卒萬時　日入 　　　　　　（新獲第五簡）

既有東亭卒付西亭卒的西書，自必有西亭卒付東亭卒之東書。在張鳳《二編》看到有一殘簡，叫"都尉簡"：

五月丙戌柬書一封都尉印記太守府日且中時 　　　　　（《漢晉西陲木簡彙編》54 頁 26 簡）

這是由一位都尉寄給太守的，寄發和到達的地名都已殘缺了，值得注意的是這個"柬"字，有沒有可能就是"東"字的誤文呢？王國維《簡牘檢署考》"竹簡"條引《詩·小雅》"畏此簡書"，證柬或通簡。又居延簡(347)70.21"一月郵書刺北書二封　肩水☒"。名刺也叫名柬，似柬與刺亦可通。又《流沙墜簡》"簿書類" 37 簡：

將尹宜部　溉北河田一頃　六月二十六日刺

王氏釋此簡說，"亦下白上之書簡所謂刺者是也"。則柬書也可與刺相通（都尉寄太守書亦下白上者）。據此，"柬書"似未可相混。再，有關西域方面，漢廷諸臣向長安上書的簡，可以看出是遣人攜往的：

出粟一斗二升以食使莎車續相如上書良家子二人八月癸卯☒ 　　（《流沙墜簡》禀給類第 1 簡）
詔夷虜候章發卒日持樓蘭王頭詣敦煌，留卒廿人，女譯二人留守證☒ 《居延漢簡考釋》烽燧類
　　　　　　　　　　　　　　　　　　　　　　　　　　　　　　　　　　　〔10〕303.18)

上引敦煌簡"使莎車續相如上書"，《漢書·功臣侯表》云承父侯續相如以使西域斬扶樂王之首。王氏說："使莎車與斬扶樂殆一時事。良家子二人，乃相如所遣上書者，時過塞下，故出粟食之。"漢代的良家子指軍人，這二名軍人是專爲替續相如從西域去長安上書的。居延簡敘述有關傅介子斬樓蘭王頭懸首長安北闕的史實："此夷虜候章奉詔持樓蘭王頭入玉門詣敦煌再傳送長安。"續相如傅介子都以斬王頭立功西域，上書漢庭，由專人馳送，異常鄭重，絕不肯交給亭燧轉遞，《永樂大典》卷 14575 引元《經世大典》說："兵部議沿邊軍情公事，合遣使往來，已有奏准通例。"可見派人專送邊疆重要公文，不經驛遞，是有這樣情況，也許今天看不到"入東書"簡，或多或少就在"遣使"的關係。

以下試釋賀昌羣《烽燧考》所補充的幾片居延簡。

甲渠候官以亭行 　　　　　　　　　　　　　　　　　　　　　　（md 279 之 11）
甲渠候官以郵行 　　　　　　　　　　　　　　　　　　　　　　（md 139 之 9）
甲渠障候以亭行 　　　　　　　　　　　　　　　　　　　　　　（md 58 之 6）
卅井候官燧次行丁巳戊午 　　　　　　　　　　　　　　　　　　（B. T. 427 之 1）

賀昌羣同志說："此類簡牘發現甚多，蓋居延都尉府下於甲渠候官及障候之事，而令各亭

燧以次傳遞之。"並說:"可見漢時郵遞之制,亦寓於亭燧之中。"他和王氏結論相同,但作爲論證的簡文內容不同。我們依賀昌羣同志所引,同樣還可從敦煌簡裏找出不少,試舉例:

　　　大煎都侯官以次行　　　　　　　　　　　　　　　(《流沙墜簡》烽燧類第 5 簡)

　　　平望侯以次行　　　　　　　　　　　　　　　　　(同上第 17 簡)

　　　廣武燧傳至步昌凌胡以次行　　　　　　　　　　　(同上第 24 簡)

　　和上引居延簡沒有什麼大的區別,可是《流沙墜簡》却全列入"烽燧類"了。《居延漢簡考釋》將這類的簡,放在"封檢目"下,比王國維氏放在"烽燧類"似比較切合些。不過從郵遞實踐來看,管它叫"文書"的"封檢"仍是不完全恰當的,因爲它根本不是文書,也不止起封檢的作用,這類簡應當結合到《居延漢簡考釋》中的幾簡來談,便可清楚了:

　　　廣田以次傳行至望遠止　　　　　　　　　　　　　(〔488〕273.29)

　　　廣田燧以次傳行至望遠止　　　　　　　　　　　　(〔502〕363.1)

　　　☑以次傳行至望遠止　　　　　　　　　　　　　　(〔505〕88.7)

　　　傳至望遠止　　　　　　　　　　　　　　　　　　(〔510〕555.21)

　　　馬任傳行至望遠止　　　　　　　　　　　　　　　(〔506〕557.1)

　　以上五片居延簡作爲甲組,還有下列二簡作爲乙組。由於該書對居延簡的考釋遠不及王國維對敦煌簡考釋的精湛,以致許多地方暫時只得以意會之,這裏研究的初步意見還有待將來考正補充。

　　　卅井官以亭行　符普印　　　　　　　　　　　　　(〔110〕401.2)
　　　　　　　　　　八月乙未卒良以來

　　　肩水侯官以郵行　　　　　　　　　　　　　　　　(〔83〕53.18)

　　　肩水侯以郵行　張掖都尉更　　　　　　　　　　　(〔36〕74.4)
　　　　　　　　　　九月庚午卒孫惠以來

　　　肩水侯官吏馬馳行　辰甲　　　　　　　　　　　　(〔77〕20.1)
　　　　　　　　　　　　十二月丙寅盡☑□入卒外人以來　回

　　以上兩組九簡結合起來,正好說明郵遞實踐上一個問題,就是"標識"也就是"入西書"同一作用。不過"入西書"標誌着"方向"的南北。而這裏的則是按照規劃依程途的情況,交通運輸的工具等漸向分段運輸發展,以次逐步達到所謂"長引隔眼"、"排單"等直到現代郵用的"郵政航空路單"的一根重大線索。

　　上面引述的幾簡,從論點上來談,賀昌羣同志是補充王國維氏的"郵遞之制寓於烽燧之中",而沒有提到分類。可是這幾個居延簡"以亭行"、"以郵行"、"燧次行"在敦煌簡裏有同樣的東西。(卽上面引《流沙墜簡》"烽燧類",第 5,第 17,第 24 等例簡)尤其"卅井候官燧次行丁巳戊午"(B. T. 427 之 1)和敦煌簡的第 24 簡"廣武燧傳至步昌凌胡以次行",更是完全相同。依王氏考釋，廣武（敦5）、步昌（敦6甲）、凌胡（敦6乙）全都屬於大煎都候官，也正如賀昌羣同志所說令所屬以次傳遞之。（《居延漢簡考釋》所謂卅井候所屬究在何處未作說明，而丁巳戊午也許就是所屬的"代名"簡字，因卅井候屬有降虜、臨木、卅井、高要四燧，正好在數目上和"丁巳戊午"相合，但卅井候官，屬有遮安，纍虜，吞遠，萬歲、卅井五候，恰巧"卅井"兩字候官和他所屬的候相同，因之這四燧地望未能肯定。但就其所屬來講是沒有問題的。）根據賀昌羣同志的論證，認爲和"入西書"同一性質，雖非"簿"而確屬"書"。放在"文書類"中，是比放在"烽燧類"中切合了。可是還是不完全恰當。這可以引王國維氏的說法來談。王氏《簡牘檢署考》：

> 《古今注》下"凡傳皆以木爲之……又以一板封之。皆封以御史印章"。此言符傳，亦爲書函之制。所用以封之板謂爲檢。……檢，書函之蓋也，三刻其上繩封之，塡以金泥題書而印之也。（徐鍇《說文繫傳》）

這裏值得注意的，像上引的"以亭行"，"以郵行"那幾簡，只就"甲渠候官""障候"來說，可以認爲是一種"簡化"的封檢，長官對下屬令行的文書，自不必怎樣講究形式，也不必定有封泥題書，這是可以理解的。但是嚴格來講已經超出了封檢的原有作用，另兼"標誌"行爲了。很清楚，隧卒是走的，郵人驛卒是騎馬的。比較需要加快的才"以郵行"，"以亭行"，這在速率上有區別的。以現代郵政來比方，如藍紙的航空標簽，紅紙的保價標簽，貼在信封上就另具"標誌"作用。"以次行"具有"通函"作用，至於"傳至望遠止"那甲組五簡和乙組的四簡在形式詳署不同，而作用上同樣兼有"標誌"作用。所以提出甲組五簡是因爲形式和賀昌羣同志所舉相近，而且全都有"至望遠止"的"標誌"，值得單獨研究。然而《考釋》不够精湛，地望未能明確。只在居延都尉殄北候官屬下有"望遠燧"，似在卅井候官以北，廣田燧不知屬何候。殄北候之下除望遠外有制北、渠井、望春三燧。看來廣田是殄北候以外的另一候官屬境，但"傳行至望遠止"的簡有這麽許多，很可能望遠燧是一個轉口的比較繁忙的處所。

這裏已將三大原則中的迅速和準確署加淺釋。安全這一項，本來很可併在一起來談，因爲迅速和準確對郵遞文書來講，寄遞過程中不發生延誤和差錯，基本上效率已經很高。漢簡的眞物還給我們以很細緻的對保密安全的印象，試舉例簡：

田翁	（張氏《二編》"田翁封檢"，53頁第4簡）
家書弟權發	（同上"家書封檢"55頁第8簡）
都督　泰始三年以來府曹節度所下雜文書本事	（同上"都督署檢"43頁第十二簡）
限本事	（同上"本事封檢"44頁第12簡）
四月十三日威胡燧卒且巡西樂玄武燧巡卒會界上刻券	（同上57頁第4簡）
二日令□□守卒十四木	（同上50頁第22簡）

降歸義烏孫女子

復帚獻驢一匹㸯牡

兩拔齒　歲封頸以

敦煌王都尉章　　　　　　　（《流沙墜簡》雜事類第 45 簡。木簡出敦 14）

以上七簡依性質歸類，一二兩簡是書信的封檢。在"家書封簡"上很清楚可以看到在左上角有四方形小塊或即封泥刻齒處。結合到下面"田翁封檢"的摹印：依照王國維氏《簡牘檢封考》"三刻其上繩封之，塡以金泥題書而印之"云云，正好說明這個問題。家書封檢上印泥封齒的痕迹和田翁封檢的三刻繩封的刻痕全都可以看到。這"田翁"一簡上端缺了一段，在上面也許還有封泥刻齒餘痕。下面都督封檢兩簡，不是文書而是文書本事的匯篇的"簽條"，正好補"家書""田翁"兩簡上半殘缺，可以觀其全面輪廓，作爲參考。試摹印三簡：

這三簡中以《流沙墜簡》"雜事類"一簡最爲完備。王氏考釋，乃著於驢頸上之木楬，上有繩道三，是用以封緘之證，即所謂"封頸"，以敦煌王都尉章。唐苑馬皆加印於肩膊，漢時以印章封頸爲識，並經王氏考證此簡的年代在光武省官之後。謂以前漢敦煌羣有宜禾，中部，玉門，陽關四個都尉，沒有敦煌都尉之名。省官以後，只有一都尉故冠以敦煌郡名。

有關刻齒二簡拓片無法觸到刻齒，摹印也難以識別，引張鳳氏親身經歷聊備參考。張氏說：“此簡(即 57 頁第四簡)末一字初不識，後認簡左有二十刻齒，反復尋視發現在大刻齒內有‘十三日’三小字，遂識此簡與 50 頁第 22 簡均爲刻齒遺製。”封泥和刻齒都是爲了憑信也即安全的原則。本來文書寄遞防止內容宣洩，竊換內件或種種詐僞，又在交界處所兩卒交換傳遞，也是有關安全的措施。從邊塞亭燧作爲通信工作的單位來說，過往文書的封檢(封套)是隨着文書本身遞到收件人或其衙署的收發人員之手，不應存在通信機構手裏的。凡是敦煌居延兩地出土的所謂封檢，實際大都是“登記”性質的“簿”“清單”，所以上面寫着“××太守印”、“××候官章”，王國維氏也說得很清楚，“諸簡所云某官詣某官者，皆據封泥及檢署之文錄之”。下簡恰是正式封檢，不過只是寄件人的一檢，也許有了這一檢便不用封泥印章：

　　　元始三年十一月甲戌大煎都丞封(《流沙墜簡》簿書類，第 24 簡)

王氏釋：“殆書牘之檢，漢時書檢往往題受書之人，不題致書之人，以致書者官位姓名已見於封泥上之文也。此簡並題致書之人，殆一書用兩檢夾之，題受書之人於前檢而題致書之人於後檢，《說文》所云‘梜檢柙’者或謂是歟？”可是，我們能看到的眞是文書的封檢很少，大都全是郵遞實踐的工具。

二、郵遞實踐的生產過程

　　(1)收寄　本目原列各項，其中有已在討論原則時提出舉例的將不再重複敍述，只述簡名已見何段。分述如下：

　　　八月廿八日樓蘭白疏悴惶恐白　　　　　　　　　　　　　　(《流沙墜簡》簡牘遺文第 57)

　　　敦煌具書眸毗再拜　　　　　　　　　　　　　　　　　　　(同上 57)

　　　二月戊寅張掖太守福庫丞承熹兼行丞事敢告張掖官都尉護田校尉府(下畧)　(《甲編》11)

　　　地節二年六月辛卯朔丁巳肩水候房謂候長光官(下畧)　　　　　(同上 45-A)

　　以上數簡說明，漢代文書開始先將寄書人發信日期地址或官名，寄件人姓名及致收件人官名(或地名)姓名等全都寫得清清楚楚。這和現代郵政規程中信函封面的寫法是相同的。同時爲了也許碰到封套散落，現代郵政希望寫信人在信上寫明地址。機關、學校、商業行號等印就信紙，首頁都印上它們的名稱和地址，就是防備萬一信封散落。從漢簡來看，這種現象就更爲清楚。

　　有關封面的寫法，多見前面封檢。其上的封泥和“以郵行”“以亭行”，“燧次行”，“吏馬馳行”等等特殊處理，前面已經談過。收發登記可從“入西書”那幾簡得到一個輪廓。這裏介紹幾個“正軌”的封檢以及陸續增加“標誌”後漸漸可以構有後世“格眼”“排單”的雛型。例簡如下：

肩水候　回　　　　　　　　　　　　　　　（《居延漢簡攷釋》封檢類〔19〕74.1）

安漢　回　　　　　　　　　　　　　　　　（同上〔53〕10.7）

　　　□□□□
卅井官□□□□　回　　　　　　　　　　　（同上〔58〕428.1）
　　　□□□□

肩水府左掾門下　回　　　　　　　　　　　（同上〔120〕288.16）

第
六回　卒京賀自封　　　　　　　　　　　　（同上〔145〕208.4）
牘

一事一封　二月巳卯掾常奏封　　　　　　　（同上〔185〕264.19）

卷回　士吏卷臨　　□記吏以來六百萬八千六百　（同上〔B 29〕208.5）
　　　萬九千二百

　　以上七簡性質略有區別。從第一到第四簡，可以說是"正軌"封檢。正符合漢代簡牘的封面寫法。寄件人的官位姓名全在封泥上文。回即封泥記號。收件人則爲檢上所書之文字。上舉第一簡，是寄交"肩水候"，二簡寄交"安漢"，以下"卅井官""肩水府左掾"等都是收件人或單位。至於寄件人必須看到封泥之文，所以說這是正軌的封檢。正因爲這幾件文書就是寄交地的候燧自己的（上面已談過，居延簡出土以肩水和卅井兩地爲主，至於今名，已據《甲編》考訂肩水的候官在地灣，都尉在大灣；卅井候官在博羅松治）。這裏第一簡"肩水候"應在地灣，而第四簡"肩水府左掾"則是都尉府掾屬應在大灣了。至於"安漢"大概是一燧名或一候名，漢代燧候一般都用強漢、吞胡、顯威、揚威等標名。這是居延簡。但還有和敦煌簡上燧名相同也不少。敦煌簡在吞胡候下便有"安漢"燧，也可不深考。總之，絕不是什麼太守都尉那樣大的機構。拿這幾簡和"入西書""出北書"等"登記簿"一比，那些都寫出"××太守印""××都尉印""××章""××私印"這許多印和章，都是從正式封檢上的封泥文字抄下來的。很清楚，這是屬於登記簿而不是封套，全都混入"封檢"目下是不完全恰當的。上面第五簡第六簡說明沒有官職的"卒""掾"也有"打報告""上簽呈"的實際需要。這類封檢，有封泥"卒京賀自封"，也有不用封泥"掾常奏封"，全都是正軌的封檢。第七簡和前面"都督封檢"（張氏《二編》；43頁、44頁12簡二片）是文書或臨書的簿檢，也可看到，不一定高官如都督可有這類封檢，比較品級次些的官員還是有的。這類所謂正軌的封檢在敦煌簡中必然也有，還是應當從邊塞上障塞亭燧來找。試提出幾簡：

平望候以次行　　　　　　　　　　　　　　（《流沙墜簡》烽燧類第17簡，敦14出土）

大煎都候官以次行　　　　　　　　　　　　（同上第5簡，敦6乙出土）

萬歲東西部吞胡東部候長燧次走行　　　　　（同上13簡，敦28出土）

　　上面第一簡在玉門出土，可見各候"以次"傳行到玉門而止。第二簡在凌胡燧出土，屬大煎都候官治所，是傳行已畢回還歸檔的。第三簡在吞胡燧出土，屬中部都尉治所，也是傳行已畢退回歸檔的。也許這類對下屬傳行的文書不必定有封泥，可是爲了防止詐僞、洩密，主管長官蓋印封泥仍有必要。可惜這幾簡都沒提到封泥的事，也沒有像居延簡作出回誌號使人一望而知，因之就給考證工作帶來了一定的困難。拓片並非眞物，無法手觸。這幾簡都是斷簡，而封泥往往就在簡的下截，有無印齒痕跡也不可知。這一問題，只能暫時保留。

　　據科學出版社《居延漢簡甲編》拓片，細查居延簡有封泥的簡片，摹印兩簡於下，可以和敦煌簡參閱：

　　　安漢　回　　　　　　　　　　　　　　　　　　　　　　　　《甲編》第 68 號）

　　　肩水候官吏馬馳行　甲辰　　　　　　　　　　　　　　　　　《甲編》172）
　　　　　　　　　　　　十二月丙寅盡□入卒外人以來　回

← 封泥刻痕拓印很明晰

← 大概就是刻痕扎繩

　　按這兩簡可以說是正軌的文書封檢。寄件人不具姓名官位，卽以封泥爲憑。收件人及寄遞方式的標記全由署檢文字爲准。旁邊小字似卽寄發遞到日時並注明經手人備查。

　　其有"印日××太守""××都尉章"則是登記簿。

　　（2）運遞　這一節將交運、轉寄、投遞這一全部生產過程結合起來試作淺釋。有些例簡原則上大致可以說明包括這些項目，不過古代郵遞實踐的分工不是那樣細緻，分開來談反而失去了內部聯繫，甚至就在一簡或一簡的正面和背面便將全部過程說明了。我們在上面已經引過了《甲編》1910 "十月四日"一簡。這一簡很容易識別，從橐佗寄肩水和昭武，經過沙頭不今，金關，也已妥投了。"寄去"二字很可能同現代郵政的"回執"相似。但漢簡的遞寄也不是全都這樣簡單明了的。有的相當複雜，同一路線上還有因交通運輸的快慢不同，某一段是燧卒"走行"，下一段由驛卒馬遞，也有因同一交寄經轉的文書比較多，五封到七封，便漸有構成"路單"和"排單"的形式。試舉例說明：

> 十二月三日北書七封　口封皆張掖太守章詔書一封書一封書皆十一月丙午起詔書一封十一月甲辰起
> 　　　　　　　　　一封十一月戊戌起書皆詣居延都尉府　十二月乙卯日入時卒憲父不今卒恭
> 　　　　　　　　　二封河東太守章皆詣居延都尉府十月　夜昏時沙頭卒忠付驛北卒復
> 　　　　　　　　　甲子起一十月丁卯起一封府君章詣肩水

> 丁丑　口口口石　　　　　　　　　　　　　　　　　　　　　　　　　（《甲編》1914 A）
> 日十一　　　　　　　　　　　　　　　　　　　　　　　　　　　　　（《甲編》1914 B）

（按此簡《居延漢簡考釋》列"封檢目"第〔91〕505.22 號，石印本字多模糊不易讀。現據《居延漢簡甲編》，較《居延漢簡考釋》還多一"簡背"，合成 1914-A，1914-B。）

從這一個例簡可以看到，遞寄節目是比較複雜的，也是封數比較多的一例。敦煌簡據已看到的，大都只有一封二封。居延簡說札凡五通，九通便用篋了。這是七封，也已成為人轉口的"路單"，處理過程很細緻，已達到很高的水平。依《甲編》所記，這一簡在大灣出土。大灣 (Taralingin-dorbeljin) 漢為"肩水都尉府"，沿額濟納河東岸，稍北便是地灣 (Ulan-darbeljin) "肩水候"。居延城，居延都尉府在黑城 (Khata Khoto)，將近居延海遺跡。從此去居延都尉府和肩水候都是向北去，至於張掖太守，河東太守更是沿塞迤東，所以全都稱作"北書"。張掖發寄詔書一封，書三封，河東發寄二封，肩水都尉寄肩水候一封。經轉燧卒有不今卒恭，沙頭卒忠，驛北卒復，不今無考，沙頭和驛北同在一地 (506.22) 正好結合上面引證的《甲編》1910-A 一簡來看，"南書二封"、"受沙頭卒付不今卒"一是由南而北：不今→沙頭→驛北，一是由北而南：沙頭→不今。

上面舉出了七封的例簡，還有八封的例子，具引於下：

> 　　　　　二封王憲印　二封呂憲印
> 書五封檄三　一封孫猛印　一封王彊印　　二月癸亥令史唐奉校
> 　　　　　一封咸宣印
> 　　　　　一封王兗印

> 　　　　　　　　　　　　　　　　　　　　　　　　　　　　　　　（《甲編》1037）

依居延簡"九通便用篋"的規定，上簡可說是"八通"已到最高限額。可是記載的節目很簡單，只有寄件人姓名，很像是"收寄"的登記簿，而下面一行"二月癸亥令史唐奉校"初步來看是一種"檢查"制度的一種紀錄，不構成在寄遞中大"轉口路單"的條件。因此，只作參考，俟續有

得,再作研討。以下仍回到大轉口"路單"的轉遞節目。再參考下一例簡:

　　　南書一封居延都尉章　　詣張掖太守府　十一月甲子夜大半當曲卒昌受收降卒輔辛丑卒食一分臨木
　　　　　　　　　　　　　　　　卒□付卅井弘□中□界定行☑□程二時二分

(《甲編》1691)

這一簡在破城子 (Mu-Dutbeljin) "漢代一甲渠候官"出土。甲渠候官地望在納林河西,隔河不遠卽黑城(居延都尉府所在地)。因此, 由居延都尉寄張掖太守的稱爲"南書"。剛好相反的是由南寄北的一簡,也在甲渠候官"破城子"出土, 這也是一個大轉口"路單"還有"長引格眼"的雛型。試舉例:

　　　北書三封合檄板檄各一　　其三封板檄張掖太守章詣府
　　　　　　　　　　　　　　　合檄牛駿印詣張掖太守府牛掾在所
　　　　　　　　　　　　　　　九月庚午下餔十分臨木卒副受卅井卒弘鷄鳴時當□卒
　　　　　　　　　　　　　　　昌付收降卒福界中九十五里定行八時三分實行七時二分

(《甲編》916 號)

這一"路單"共有五件:文書三封,板檄一,合檄一。板檄也許是單面簡,合檄也許是雙面簡。現代郵政有單明信片,這是普通使用,不須解釋。另有雙明信片,便是聯在一起有"回片",以便收片人當時就在接到來片後,隨卽用"回片"作答,目的在於取其迅速。漢代"合檄"是不是就有這樣情況,抑或"合檄"是爲篇幅較長或爲保密而"合攏來",都難於確定,姑提出疑問,敬候博雅指教。這件"合檄"所以引起我"雙明信片"的想法,是因爲看到拓片上寫得很清楚:"合檄牛駿印詣張掖太守府牛掾在所。" 這一簡在《居延漢簡考釋》上印刷不清,又無拓片,開始還不敢引述,以爲旣是北書,從居延都尉附近來講,只應是從張掖太守府寄來,何能說是"詣張掖太守府"呢? 據拓片仔細推敲,"牛駿印" 當是說明原件的封檢上封泥(指文檄的真正封檢, 而不是有人誤將登記轉口簿認作封檢的說法),寄件人是牛駿,收件人是"張掖太守府"的"牛掾"。收件人的地址則"在所",這位"牛掾"是張掖太守府的掾吏,這時剛巧是到居延都尉府或其附近地方有公幹,那位寄件人"牛駿"也許是牛掾的親屬。牛掾的名字未曾寫明,不過寄件人已寫明了"張掖太守府牛掾",當然同時不會有兩位姓牛的從張掖來的。"在所"就是現代郵政的"探投","轉交"。

　　(3) 轉遞　上簡兩相對照,燧卒的名字正好相合。可見這兩簡所記來往函件,差不多是同在一個時期中的。南書:居延──➤張掖
　　　　當曲卒昌受收降卒輔　　臨木卒□付卅井卒弘
北書:張掖──➤居延
　　　　臨木卒副受卅井卒弘　　當□卒昌付收降卒福
　　這是很有趣的"郵路時間表",去程和回程完全相合,在兩簡上原來有幾個看不出的字,

如今已經可以肯定下來了。譬如南書上“臨木卒□”的名，可以叫他“副”或其同音字（因收降卒福和輔是同音，也許是“副”或者另一字）可是北書的“當□卒昌”這一個空白字，無疑就是“曲”字。因爲“當曲燧”、“臨木燧”、“收降燧”全是屬於甲渠候官，而“卅井燧”則是屬卅井候官。因此，從這一收發登記的轉遞節目很清楚看出：北書進口受卅井，南書出口付卅井。

丙、幾個問題的研究

(1)“長引隔眼”

“長引隔眼”之法，如今看到漢簡的實物後，在郵遞研究上已基本告一段落。所謂“長引隔眼”和“格眼”實際就是上引兩簡的小字幾行末尾：南書：“□中□界定行☑□程二時二分。”北書：“界中九十五里定行八時三分實行七時二分。”一般說，編造“郵路時間表”，計算去程回程的時限，除去山路有上坡下坡，往返應有些區別而外，平路大致都是差不多的。但南書二時二分，北書八時三分，塞外也許北道高，南下便，不過也不致相差這樣多。由於南書缺字很多，拓片也模糊，將來看到實物，也許還可以有新的結論。現在只能根據比較完整的北書來推測。“界中”當指甲渠候官的所屬各燧，計長九十五里，試以卅井—臨木—當曲—收降四燧來說，各燧之間的距離不詳，總之全長九十五里，步走全程時限爲八時三分。依照坡度平陡各勒程限，凡是符合程限的叫“中程”，否則便是“不中程”，這一簡則是“超額”完成了。依據史書紀載，漢代統治對郵遞文書的程限非常重視，就是皇帝本人也都關心。《漢書·霍光傳》上官桀等詐令人爲燕王上書告光罪，昭帝時年十四，便能從文書郵程日期計算，判斷那封告書是僞造，說：“調校尉以來，未能十日，燕王何以得知？”燕王都薊，從長安到河北往返郵程需要相當時日。顧炎武《日知錄》說“安祿山反於范陽，玄宗在華清宮，告急書六日而達”，是指單程而言。往返需十二日，“未能十日”自屬詐僞無疑。又《趙充國傳》載“六月戊申奏，七月甲寅璽書報”，趙充國和朝庭往復書奏很多，全可說明漢代郵驛計程勒限極其重視。漢簡中有些例簡：

平始六年三月　癸亥朔　　　　乙酉到官
　　　　　　　　丁丑逮辛十五日

（《流沙墜簡》簿書類第 41 簡）

按“平”當作“本”，“辛”應是“辛卯”。本始六年，王國維氏認爲就是“地節二年”。這一簡的時限是“癸亥朔——丁丑逮辛卯十五日”。依王氏說，敦煌去長安僅一月程。既然癸亥朔（當月初一日是癸亥），則丁卯者月之五日；辛卯者月之二十九日（原注：是月小盡），乙酉到官則二十三日。依支干排算日期，原定程限爲“丁丑（十五）逮辛卯（二十九）十五天”乙酉是月之二十三日，這樣，在原定時限內提早了六天。這還是驛程。文書寄遞的郵程，有“中程”,“不中程”,“失期”,“稽程”等例簡：

出亡人赤表函一北　　元康三年☑臨渠燧長×
　　　　　　　　　　昏時四分乘胡燧長普函行三時中程

（《甲編》1912 號）

　　此件文書經過相關三燧：臨渠—乘胡—並山，全部寄遞過程計行三時，合乎程限的要求，所以是“中程”。關於郵行中程的簡，含有檢查的意味，也許是由督郵，督燧等對某簡文書提出檢查的記錄。

　　　　十一月郵書留進不中程各如牒晏等知

　　　　　郵書數留進爲府職不事拘校所委

（《甲編》388）

　　　　郵書失期前數名候長敵詣官對狀　　　　　　　　（《甲編》687）
　　　　臨禾卒戎付誠務北燧卒則界中八十里書定行九時留遲一時解何　　（《甲編》767）

　　這幾簡都說明寄遞的相關文書不合程限，有的解釋緣由，有的是候長親自到官面陳，還有按程限稽遲發出責問口吻。下例受到責罰：

　　　　任小吏忘爲中程甚毋狀方議罰，檄到各相與邸校定吏當坐者須行法　（《甲編》385）
　　　　☑□中程不中程☑（此乃殘簡）　　　　　　　　　　　　　　（《甲編》1289 ）

　　按《唐律》“驛使稽程”條：稽程者一日杖八十，二日加一等，罪止徒二年，若軍務要速加三等。有所廢闕者，違一日加役流，以故陷敗戶口軍人城戍者絞。又“公事應行稽留”條，也有規定，不具引。《疏議》：“軍務要速，謂是征討掩襲，報告外境消息及告賊之類。稽一日徒一年，十一日流二千里，是爲加三等。……若臨軍對寇告報稽期者，自從‘乏軍興’之法。”按乏軍興者斬。可見上簡所云吏當坐者須行法，相當嚴重。也可從此看到唐律淵源還是從漢律基礎上發展來的。這在一定程度上也就解決了唐驛是從漢驛基礎上發展起來的問題。

　　從上引“中程”的一簡中看到當時記時非常認眞嚴格。下面是連“分”都不能馬虎的例子，如“☑昏時四分”，及下列二簡：

　　　　南書一輩一封潘和尉印　六月廿三日庚申日食坐五分沙頭亭長使驛北卒晉
　　　　詣肩水都尉府　　　　　日東中六分沙頭亭卒宣付驛馬卒同

（《甲編》1992）

　　有關漢簡記錄郵遞實踐過程，通過上面的例子，已勾出了一個輪廓。以下將試釋《永樂大典》引元《經世大典》所述關於“長引隔眼”之法。（明代用“格眼”兩字，和“排單”上實例也許同是一事。）

　　先舉《大典》中提到了一些郵遞稽遲情況及失悞嚴重事故：

傳到文字往往稽遲。動經旬月，並不依元定時刻、里數走遞。文字多有磨損或脫漏沉埋失悞公事。

遞到諸衙門文解多有磨擦破碎……吝文七件俱無封緘，破碎不堪呈押，並散亂陣亡病死手冊三本。

許多記載還定了嚴刑重典，笞刑、贖銅、罰俸，到三犯便斬決。到英宗至治三年（公元1323年），兵部提出"長引隔眼"之法，但還覺得"所據上項長引隔眼之法，固是可用，未能悉救其弊。又相離數千里去處，亦難每鋪標寫。擬合每十鋪設一郵長……於所管鋪分往來巡視……凡入遞文字，從始發官司，約量地理遠近，印帖長引隔眼於上。明白標寫件數，發行日時，至各各郵長去處，標寫發放轉遞，每上下半月，開具遞過文件及各各日時申復。"

詳細研究這一所謂新奇的辦法——"長引隔眼"，其內容與上引幾個例簡的精神是一致的。也就是現代郵政使用的排單和路單，很清楚，和例簡對照來談：首先在組織方面，"合十鋪設一郵長"便和漢簡中肩水、甲渠等候官屬有許多燧相似。至於寄遞過程，地理遠近，便是"界中九十五里，定行八時三分"，而件數日時更是簡中所常見。所謂"印帖"就是上面的"入南書""出北書"那幾簡，有人稱它為"封檢"而實際另有封檢在。如用現代用語來說，"印帖"便是印好了的"排單"或更新一些的"路單"，因為像清代驛站所用的排單就寫在"馬封"上面，（參看中國郵驛史料拓片）而"路單"則是另單填寫的。也許那一"印帖"是伴隨着相關文書附寄，如同掛號信件的執據相仿，不過是長路指引由沿途各各郵長標寫轉遞詳情，這就構成"排單"的作用了。明代用"格眼"二字，比較用"隔眼"更為明顯，大概是用線條劃格，將各各鋪分郵長寫記的寄遞各項節目，分別隔開，以便一目了然，不致彼此混淆，這就叫做"格眼"，也可以說"隔眼"。

(2)"封泥"與"印花"

《永樂大典》："入遞公文皆用印信封皮以防走泄公事。近聞往往私將所遞拆看，及有一等訴訟被論人，採聽官事，追會公文入鋪，先於道路等截……鋪兵於無人之地必欲求水滋潤開拆，雖重重封裹無濟於事……今令每發入遞於鎮上封訖仍用印封紙渾封匣面。"所謂"印花"便是"印封紙"，也許是用"高麗紙"即桑皮纖維紙製造，紙質甚薄而乾時甚有韌性，不易斷破，但一經水拆後無法再用，在這類紙上蓋印，比用一般大張印信封皮要有用些。記得最初郵局收寄保價封函全用信封火漆印，有如漢簡上的"封泥"，後來火漆不易得，改用桑皮棉紙小方塊上蓋圖章代替火漆貼用，大家都很滿意。所謂"印花"，《清會典事例》："加封用皮紙油紙包封黏貼印花，再加黃布總封，復貼印花。"（嘉慶十五年事例）或許即是這類東西。

(3)"宋許臣僚以家書附遞"

張鳳《漢晉西陲木簡彙編》二編中有四個例簡，並摹印二簡：

家書　弟權發　　　　　　　　（55 頁第 8 簡）

小封一　　　　　　　　　　　（53 頁第 2 簡）

受王孟堅書一封孫小六日付鄭　　（43 頁第 1 簡）

受王孟堅書二卽日朱虎付趙羌　　（44 頁第 1 簡）

　　以上四簡：家書封檢、小封簡及受書簡，對解決郵驛史上"宋始許臣僚以家書附遞"問題有很大啓發。宋代郵驛有三大特點：創設急遞鋪，以軍卒代民役，"始許臣僚以家書附遞"。根據宋王栐《燕翼詒謀錄》和元盛如梓《庶齋老學叢談》都記載宋仁宗景祐三年（公元 1036 年），詔中外臣僚許以家書附遞，明告中外，下進奏院，後以爲法。還引陸放翁詩爲佐證。放翁《得子虡濠上書》詩："日暮坐柴門，懷抱方煩紆。鈴聲從西來，忽得濠州書。"盛如梓還說："今所在士大夫私書多入遞者，循舊例也"（原書卷五，"入遞發書"）又《却掃編》："哲宗諭范忠宣公曰：有所欲言，附遞以聞。"還說明"附遞"的緣由："蓋臣子遠官，孰無坟墓宗族之念，此制一頒，則小官下位受賜者多。"可見這一措施於"小官下位"是確有其方便之處的。這裏又有一個問題："小官下位受賜者多"，難道"高官上位"就不相干嗎？原來"高官上位"的人以官驛附遞家書是公開的"違法"行爲，他們可以根本不管法令條文的規定，這在唐代文獻中已可得到佐證。《唐律》"驛使以書寄人"條："非其專使之書而便寄者，勿論。"《疏議》："其非專使之書，謂非故遣專使所齎之書，因而附之，其使人及受寄人並勿論。""勿論"是消極不爲罪，這種權利小官是享受不到的。[1] 宋代的"許以附遞"，不過是把這種原來爲"高官上位"者的特權合法化了，而且普及到"小官下位"中。而這種"附遞"的情況，從上引例簡來看，就更是"其來有自"的了。

　　上述三簡，試作淺釋如下：(a) 家書封檢　此件很明顯，注明是"家書"，還寫出寄件人"弟權發"，左上角有四方形小塊或卽"封泥"刻齒處。不過這一封檢沒有收件人姓名地址，也許是"附遞"，或卽夾在公文一道。(b) 小封簡　斷簡只有三字"小封一"，張氏注爲簡。也許不是簡，而是有如現時大封套裏的小封套"附函"之類的封檢。經將拓片仔細比較，和封檢的寬度差不多，而比一般書簡爲寬。封檢總比簡牘寬些，爲的可以掩蓋在簡牘之上，不使內容外露。細看右上角有似穿扎繩的殘洞痕迹。也許附遞小封不止一件，記作小封一，小封二，有如現代信函有附件一，附件二之類。因爲殘缺不全，姑且作這樣解釋。(c) 受書簡　簡文很清楚，王孟堅是私人，交來書第一簡一封，第二簡二封，孫小，趙虎是王交付"收寄"的經手人員，鄭和趙羌當爲"承運"燧卒（郵運員）。也許交通運輸有定期開班。第一簡要到六日才

---

[1]　這種"假公濟私"的情況是歷代官場中都有的。清代馮桂芬的《裁驛站議》中就批評過官吏把"平安家報"、"友朋通問"付驛遞送。

交運,而第二簡剛巧當天有班隨即發出了。張氏原稱爲簡,實際上這是"收文登記"的清單,備查考用的。至原書,受之於王孟堅的已交付鄭和趙羌帶往收件處所。

　　(4)人面形簡的假說:

　　這些人面形簡很可能是和郵遞實踐有關聯的。由於面積特大,比一般封檢都大得多,一定要用在很大物體上才相稱。居延簡有"札五通凡九通以篋封遣障卒□虜詣使","寫傳(詔書)以次行","各請輸札兩行燧五十,綖廿支須寫下詔書"等記載。這種傳寫詔書的事,漢簡中看到很多,古時沒有印刷術,活字版,對於通行屬下"通知""通函"只有傳抄,也許有時抄寫很多"通",或者五通的用繩捆紮起來,到了九通的便用篋子盛了封起來派燧卒去送。而又恐這些燧卒偷懶,嫌重,加上這種人面形有類封檢之物催促速遞,有如清代驛站馬封上特印有:"沿途驛站夫馬, 毋分兩夜星飛遞至……倘有片刻遲延, 定行挨查嚴究",還加上硃紅筆大圈點提醒注意,又如加上鳥羽毛"羽檄","羽毛信","鷄毛報"這類的辦法很多。再看外國也有,過去十六世紀初年,英國人風尚,寄信人每於信面上大書"加鞭逃命",或畫一骷髏及乂形枯骨,或畫一絞刑架上的懸尸,恫嚇驛夫火速奔馳。[1]現代郵政對於某種特殊內件往往也有所標誌如同紅色酒杯圖形印在簽條上,貼在木箱上,表示內有易於破碎的玻璃器皿,或有精製儀器,不能撞碰或倒放的包裹之類。

　　"人面形簡"用於文書遞寄也許起着這樣的作用。此外,古人迷信神權,東漢讖緯大興,照簡面人形來看,也有可能不是什麼惡魔鬼怪,而是表示"神靈呵護,降福辟邪"之意。

《居延漢簡甲編》第1607片。原拓片很大,長約二十四公分,寬約五公分。

---

① 《邋郵溯源》頁3。見薈《中華郵政二十五周年紀念特刊》。

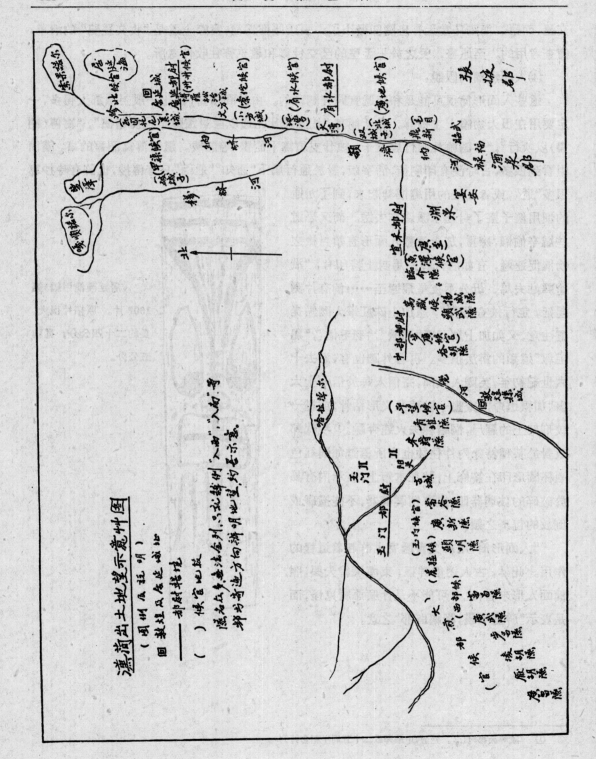

1960年吐鲁番新发现的古突厥文

冯家昇

吐鲁番雅尔和屯西南有七个洞，由南往北数第三个洞的西壁上，有用金属尖锐物刺的古突厥文。1960年11月，新疆维吾尔自治区博物馆考古队曾在此地首次发现。洞内阴暗匕毛狠难照像，但该队仍努力照下像并把横书一行摹写下。1961年北大闫文儒同志也来此地考察，照下像并把横书一行及另外一短行也照下像。

1961年春天，当我在乌鲁木齐时，博物馆李征同志曾将摹写的横书赠我。我初步把字母识别出来，但因脱落和错误太多，不敢自信，遂弃置箧中。同年三月返京，李征同志又把像片三张寄给我，可惜照片字体太小，又兼工作太忙，仍旧没有进展。今年五月闫文儒同志把他的两张照片和摹写的一叶都赠给我，可惜两张像片对不上，所摹写的横书一小行也不在照片上。其中照片一张可与李征同志前二张照片对得上，但缺后段，今定为甲；另外一张照片，有一短行突厥文则附于后，定名为乙。

（甲）横书长行：

今把李征同志的摹本和闫文儒同志的摹本横书一长行，舒二家的照片校对于下：

1. 李本作 ⌐，闫本作 ⌐，为代表 I 或 Ⅰ 的符号。

2. 李本作 ≫，闫本作 ⫝，细阅照片，当作 ⟩⟩，代表 D' 的符号。

3. 李本作 米，闫本作 米，细看照片作 米，即 ↓ ↑ 两个符号合成的，代表两个 Q、Q 的符号。

4. 说见上。

5. 李本作 〉，闰本作 〉，代表 N^1 的符号。

6. 李本作 ◇，闰本作 ◇，细图照片，以李本为正，代表 NG 的符号。

7. 李本作 ∣，闰本作 ∤，代表 S^2 的符号。

8. 李本作 ᚷ，闰本作 ᚠ，代表 $\ddot{O}$ 或 $\ddot{U}$ 的符号。

9. 李本作 ᚺ，闰本作 ᛉ，代表 R^1 的符号。

10. 李本作 ᚲ，闰本作 ᒉ，细看照片为 ᒉ，代表 B^1 的符号。

11. 李本作 ∧，闰本作 A，以李本为正，代表 $\check{S}$ 的符号。

12. 李本作 ⟩⟩，闰本作 ᛋᛋ，细看照片多作 Y，代表 K 的符号。

13. 李本作 ∣，闰本同，代表 S^2 的符号。

14. 李本作 ᚷ，闰本作 ᚠ，代表 $\ddot{O}$ 或 $\ddot{U}$ 的符号。

15. 李本作 ᚷ，闰本作 开，以李本为正，代表 M 的符号。

16. 李本作 ᚠ，闰本同，代表 $\ddot{O}$ 或 $\ddot{U}$ 的符号。

17. 李本作 ᚱ，闰本同，代表 P 的符号。

18. 李本作 丑，闰本作 ᚷ，以闰本为正，代表 M 的符号。

19. 李本作 Y，闰本同，即 Y，Y，Y 的变体，代表 $\check{S}$ 的符号。

20. 李本作 ᛞ，闰本同，当即 D，代表 y^1 的符号。

21. 李本作 ⊐ ，闫本同，代表 y¹ 的符号。

22. 李本作 ℰ ，闫本同，代表 G 的符号。

23. 李本作 ⅎ ，闫本作 ∪ ，细看照片，当作 ∫ ，代表 B¹ 的符号。

24. 李本作 ∧ ，闫本同，代表 T¹ 的符号。

25. 李本作 ⌐ ，闫本同，代表 I 或 Ï 的符号。

26. 李本作 ╱ ，闫本作 Y ，细看照片，中间有一大片模糊不清处。左边露头处似为 Y ，但以下不清；右边露头处似有 ⋉ 的痕迹，代表 M 的符号。

27. 李闫本都缺，照片有 Γ ，代表 Ö 或 Ü 的符号。

28. 李闫本都缺，照片为 | ，代表 S² 的符号。

29. 李闫本都缺，照片为 ⌐ ，代表 I 或 Ï 的符号。

30. 李本作 ⋉ ，闫本作 ⅄ ，以李本为正，代表 M 的符号。

31. 李闫本缺，细看照片，下部露头处似为 ß ，代表 K 的符号。

32. 李本缺，闫本作 ⟨ 。细看照片，似为 √ 的变体，代表 A 或 Ä 的符号。

33. 李本缺，闫本作 ß ，照片同，代表 K 的符号。

34. 李本作 X ，闫本作 ⅋ ，依照片当作 Y ，代表 L² 的符号。

35. 李本作 Y ，闫本作 ⊐ ，细看照片，似为 Y ，代表 NG 的符号。

36. 李本、闫本、照片都作 | ，代表 S² 的符号。

37. 李本作 𐰴，闫本同，代表 Q 的符号。

38. 李本作 ＞，闫本作 ᛋ，细看照片，以李本为正，代表 O 或 U 的符号。

39. 李本作 ᛦ，闫本作 ᛦ，照片作 ᛦ，疑係 人 的变体，代表 Č 的符号。

40. 李本作 Ɛ，闫本作 C，细看照片，当作 Є，代表 G 的符号。

41. 李本作 Y，闫本、照片同，代表 L^2 的符号。

42. 李本作 ↑，闫本、照片同，代表 I 或 Ï 的符号。

43. 李本、闫本、照片都作 𐰚，代表 K 的符号。

44. 李本作 卜，闫本缺，照片不清，但接着不清处有 Y，代表 L^2 的符号。

45. 李本作 Y；闫本同，细看照片，当作 Y，代表 NG 的符号。

46. 李本、闫本、照片都作 |，代表 S^2 的符号。

47. 李本作 ч，闫本作 ч，照片作 ч，代表 R^1 的符号。

48. 李本、闫本作 ＞，与照片合，代表 O 或 U 的符号。

49. 李本作 人，与闫本、照片合，代表 Č 的符号。

50. 李本作 夫，闫本作 人，细看照片当作 人，代表 Č 的符号。

51. 李本作 Y，闫本、照片同，代表 L^2 的符号。

52. 李本作 ∧，闫本作 ↑ 与照片同，当从后者，代表 I 或 Ï 的符号。

53. 李本作 〔符号〕，间本作 〔符号〕，照屯缺，姑从间本，代表 K 的符号。

今依順序将突厥和拉丁符号排列于下：

1	2	3	4	5	6	7	8		9	10	11
i, ï	D'	Q	Q	N'	NG	S²	ö, ü	……	R'	B'	Š

12	13	14	15	16	17		18	19	20	21		22	23	24
K	S²	ö, ü	M	ö, ü	P		M	Š	y'	y'		G	B'	T'

25		26	27	28	29	30	31	32	33	34	35	36
i, ï	……	M	ö, ü	S²	i, ï	M	K	A, Ä	K	L²	NG	S²

37	38	39	40	41	42	43		44	45	45		47	48
Q	O, u	Č	G	L'	i, ï	K		L²	NG	S²		R'	O, u

49	50	51	52	53
Č	Č	L'	i, ï	k

今将突厥文符号去掉，只用拉丁符号，并補上元音符号，便成为词和词组如下：

ïd^üg　qa^n'　ïng　s²ü　……　a^r^ia　b^ia^š　k^is²i　omupïm'š

圣神　　汗　　的　罩　　　中　头　　人　　人名

y^iay^i^ig　b^ia^t^iï[ïip]　……　müs²　imkä　kä^ji²ng　s²　……

夏病　　　下记　　　　　　治疗　　　来

quč　^igi²ik　……　a^ji²ng　s²ü |　a^r^ia　uč　č^i^i²ik　……

四肢　病　　　国家的　罩　中　锋　传令官

【译文】

"神圣汗的罩 …… 其中头人 ömüpmiš 夏病况重，因来治疗。
…… 四肢病。…… 国罩中锋传令官。"

因有脱文，完全的意思不太暸然。大致是：汗的牙罩中的一个
头人夏天病得况重，来此治疗。结果把四肢的病〔治好了〕。因此，罩
队的中锋传令官刻此以作纪念。

uč 是飞的意思，也作尖锋、侧讲。čiǐik 这个词各书找不到，
只有 C. Brockelmann 的 Mitteltürkischer wortschatz s:56 作吩羊的
声音讲，今姑且译为"传令官"；但也可能是人名。

（乙）横书短行：

以下是闫文儒同志照片所独有的一短行，姑定名为乙，也是从
左列右横号的。因符号不清楚，辨识如下：

1. 𐰯 似当作 𐰰 ，即 𐰍 的删号，代表 B² 的符号。

2. 𐰑 似即 D ，代表 y¹ 的符号。

3. Y 代表 L² 的符号。

4. | 代表 S² 的符号。

5. ⊞ 一般无此符号。巴特满诺夫（И. А. Батманов）的字

母表中有 ⌸ 和 ⌸ ，代表 Z 的符号，或者 ⊞ 是一种变体。（ Язык Енисейских Памятников Древнетюркской Письменности. Фрунзе 1959. стр.16 ）

6. ⋔ 由上部露头处 ⋀ 推想列的，代表 R^2 的符号。

7. Ᏼ 上部不清，由全形推测是如此，代表 K 的符号。

8. Ψ 代表 L^2 的符号。

9. Ɛ 上部不清，由全形推测是如此，乃代表 G 的符号。

10. Υ 代表 NG 的符号。

11. Ᏼ 代表 K 的符号。

12. Ψ 代表 L^2 的符号。

13. Ɛ 代表 G 的符号。

14. Ᏼ 代表 K 的符号。

15. Γ 代表 I 或 Ï 的符号。

16. Ϊ 代表 S^2 的符号。

17. 𐰴 代表 K 的符号。

18. 𐰴 代表 K 的符号。

19. Γ 初疑为 ⌐ ，但终以 ⋔ 为是，代表 I 或 Ï 的符号。

20. Γ 代表 I 或 Ï 的符号。

21. Χ 代表 D^2 的符号。

22. Γ 代表 I 或 Ï 的符号。

23. ⋔ 右边不清，由全形推测是如此，代表 R^2 的符号。

24. 以下缺。

今依顺序将突厥和拉丁符号排列于下：

1	2	3	4	5	6	7	8	9	10	11	12	13	14
B^1	Y^1	L^2	S^2	Z	R^2	K	L^2	G	NG	K	L^2	G^1	K

15	16	17	18	19	20	21	22	23	24	
$I, \ddot{I}$	S^2	K	K	$I, \ddot{I}$	$I, \ddot{I}$	D^2	$I, \ddot{I}$	R^2	……	

今查突厥文符号只留丁符号，并加上元音，使成为词和词组如下：

b^1u　$y^{ii}l^2$　s^2iz　$\ddot{a}r^2 k\ddot{u}l\ddot{u}g$　ing　$k\ddot{u}l\ddot{u}g$　kis^2i　$k\ddot{o}ki$　idi　$\ddot{a}r^2$ [ür].

本　年　您　人名　的　人名　夫人　水　主　是？

这里 är 意为英雄男人。külüg 意为光荣,有名。唐代突厥语族人以 külüg 为名的很多，如：külüg čur, külüg Toγan, külüg Tutuq, külüg Apa, итинди külüg 等等（C. E. Малов：Енисейская Письменность Тюрков. Москва-Ленинград 1952. стр. 108 ）。这里 är külüg 也当是一个人名。kiši 一般意为人、夫人、仆役，还有时候为大师、法师讲。这里姑作夫人讲。kök (köki) 意为蓝，有时指天，有时指水，今天和田地区管水的叫 kök baš (水头)，这里当水讲。今把全句译出来当为：

"本年您 Är külüg 的 külüg 夫人是水主"。

不论古代或现代，新疆地区把水看的很重要，所以常有专人来管，在社会团体内有一种特别称谓。这个水主可能就是那时候一种管水的称谓。

　　突厥文题记是在由南往北数的第三个洞内，闫文儒同志编号为第七个洞内。这个洞可能是 külüg 一家住的地方。闫文儒同志亲自对我说，这一短行是紧接着刻在长行左下方。如果是这样，我们不得不考虑这两行突厥文是出于一人的手跡，记载着一件事。大概因为 külüg 治疗好汗的军队里的一个头人，汗的中锋传令官为了纪念他的功绩，刻了这两行突厥文并给 külüg 夫人以水主的职衔。

　　雅尔和屯突厥文有它的几种特点：在书写方面，它不是一般从右向左横行，而是从左向右横行的。在符号方面，它有的是用鄂尔浑文符号，有的是用叶尼塞文符号的，更有的是既不见于鄂尔浑文也不见于叶尼墨文，而是雅尔和屯所独有的，如 D¹ 不作 𐰓 而作 ≫ ，Q·Q 连写为 ✳ ，š 不作 𐰺、𐰼、𐰽 ，而作 𐰯 ，č 作 𐰱 而另一个作 人 （以上见长行）；B¹ 不作 𐰖 而作 ？ ，Z² 作 ⊕ 等（以上见短行）。

　　在鄂尔浑和叶尼墨大碑文中，词与词之间一般句以两点 ⋮ ，一些小碑文中，有的句以两点，有的句以一点，有的句以 ♪ 和一点，有的什么也没有。（И. А. Батманов：Язык Енисейских Памятников Древнетюркской Письменности . стр. 18 ）今雅尔和屯刻文因为照片字跡太小又兼甚多破坏，很难令人看出词与词之间的两点是原刻的，还是后来剥落的。另外有些词与词之间加以 ¦ 号，这显然是用尖形刀刻的。所刻的两点 ⋮ 和 ¦ 号究竟有什么区别？为什么有的词与词之间有？有的没有？这可能如鄂尔浑文和叶尼塞文在词与词之间忽而有两点或一点和其他符号，忽而又没有，是刻写人的疏忽；今刻文中忽而用 ⋮ ，忽而用 ¦ ，也可能是因为刻写的工具在刻写过程中变换了的缘故。

　　早在十九世纪末，突厥文的创通者汤姆生 V. Thomsen 曾对于 ⟨s¹⟩、⟨s²⟩、⟨š⟩ 详尽的讨论过，特别指出后边两号符号 ⟨s²⟩、⟨š⟩ 在鄂尔浑和叶尼塞碑文中常交互应用。如：⟨bis⟩ 也作 ⟨biš 五⟩，⟨kisi⟩ 也作 ⟨kiši 人、妇人⟩，又 ⟨-mis 或 -mïs⟩ 也作 ⟨-miš 或 -mïš 过去式语尾⟩；还有 ⟨öküs⟩ 也作 ，⟨öküš 许多⟩，⟨kümüs⟩ 也作 ⟨kümüš 银⟩（Inscription de l'orkhon. Helsingfors 1896. p. 36-39）。苏联突厥学家马洛夫 C. E. Малов 更指出突厥文阙特勤碑文在同一词中不顾阳性、阴性符号而交互应用的，如：⟨b'at's²ïg 沉落⟩，⟨s²ïmad'ï 未破坏⟩，⟨aɣïs²ï 他的珍物⟩等（Памятники Древнетюркской Письменности. Москва-Ленинград 1951. стр. 44）。在雅尔和屯文中也有此现象，如长行中 ⟨-mus 或 -müs⟩ 不作 ⟨-muš 或 -müš⟩，短行中 ⟨kiši 人、妇人⟩ 不作 ⟨kiši⟩；短行 ⟨y'ïl² 年⟩ 不作 ⟨y'ïl'⟩ 之类。

　　这两行古突厥文题记是什么时候刻的？题记没有年月，很难确定它的时代。不过有四点值得注意。

　　（一）一些七、八世纪早期的古突厥文石刻，不论早年在鄂尔浑和叶尼塞发现的，或是在苏联吉尔吉斯加盟共和国新近发现的（参看

Эпиграфика Киргизии. Выпуск I. Фрунзе 1963), 一般是从右向左横写的，而雅尔和屯的刻记则是从左向右横写的。这反映了雅尔和屯的刻记是七、八世纪以后的产物。

（二）唐太宗贞观十四年（公元640年）灭麴氏高昌，以今吐鲁番盆地为西州，今雅尔和屯为交河县。德宗贞元六年（公元790年）吐蕃陷西州，历七十余年迄懿宗咸通七年（公元866年），始为东迁来的回鹘人所驱走。自此以后，这一带地区属于高昌回鹘。从唐太宗十四年至懿宗咸通七年，今雅尔和屯不可能有称汗的臭欧语族人在此驻扎。

（三）今雅尔和屯是天山南北的要衝，过去为攀家所必争之地，自汉以来又曾为一些民族的政治中心的都城。所以不论它在唐政权直接管辖之下，或在吐蕃七十余年的侵占时期内，断不能容许有臭欧语族的汗带着军队驻扎在此地。

（四）题记中有"汗"、"国家"等字样显然说明 雅尔和屯地区是在一个说臭欧语族汗的政权之下管辖着。那末，把这两行题记推测为咸通七年（公元866年）以后高昌回鹘时代的产物是比较合理的。

据阎文儒同志考察雅尔和屯七个洞洞形与壁画的结果，认为它"最早的应在晋设高昌郡时期，最晚也应延续到回鹘高昌时代"（《文物》1962年7-8期 页59）。那末题记叙述回鹘人 küllüg 在此洞疗病救人正说明高昌回鹘初期经营这些洞窟的开始。

1962年夏初稿，1963年夏改定。

ᚺᚦᚲᛜᛝᛟᛁᚱ ᛏᚤᚦᚨᚦᛁᚦᚾᚨᚦᚤᚦᛟᚦᛁᛖᛃ ᚺ
ᛁᛃᚤᛃᚤᛝᛁᛁᛃ …… ᛏᚲ ᛏᚾᛎ ᚵ ᛜᚤᛁᛁᛃᛃᛁ ᛝᛁᛃ
ᚤᛁᛁᚤᛝᛝᛁᛁᚤᛏᚤᛁᚦᛝᛁ

以上是一行橫書

ᛁᛝᛁᛁᛁᛝᛁᛁᚤᛁᚦᚤᛁᛁᛁ
ᚤ

交河城西南河南岸洞窟西壁刻字
（北京大學閻文儒同志摹）

ᛏᚺᚲᛜᚲᛝᛟᛁᛁᚱᚲ ᚾᛁᛁᛁᚨ ᛁᚦᛁᛝᛝᚨᛁᚦᛁᚦᚨᛟᚦᛟᛟᛁᛖ ……
ᛃᛁᛃᚤᚺᛝᛁᛝᛏᛝ ᛁ ᚦᚦᛟᛟᛜᚤᛁᛟᛁᛃᚵᛜᛁᛃᚤᛁᛃᚤ
ᛁᛃᚤᚤᛁᛁᚤᛝᛃᚤᛝᚤᚤᛁᚤᛁ

吐魯番雅尔崖子溝第三溝五窟西壁刻字
（烏魯木齊李征同志摹）

唐長安郊區的研究

武 伯 綸

　　自來研究唐長安的人多注意城內，關於郊區注意的不多，這裏擬填補一些研究工作中的空白。

一、萬年、長安鄉里考

　　唐長安城以朱雀門大街爲界分爲東西兩部，街東歸萬年縣轄，街西歸長安縣轄。以此爲界綫，從城南面正中的明德門引伸出去，筆直達南山石砭峪的大路，就是萬年、長安兩縣郊區的分界。這條大路，唐人亦名天門街，簡稱天街，蓋和宮城的承天門有關。到宋代這條大路還存在。宋張禮《遊城南記》說："自翠台莊由天門街上畢原。"下邊注解說："翠台莊不知其所以，莊之前有南北大路，俗曰天門界，北直京城之明德門，皇城之朱雀門，宮城之承天門，則界爲街俗呼之訛耳。"翠台莊在今長安縣人民委員會所在韋曲鎮西北塔坡附近，今名雀家莊。

　　唐代的基層行政單位是城內分爲坊，郊區分爲鄉和里，"一百戶爲里，五里爲鄉"（《舊唐書》卷四三《職官志》）。據宋敏求《長安志》卷十一《萬年縣志》和卷十二《長安志》知，唐萬年縣有四十五鄉，長安縣有五十九鄉，合共一〇四鄉，每鄉五里，應有五二〇里。以下先考查萬年縣的鄉里。

　　宋敏求《長安志》卷十一關於唐萬年縣鄉名說："唐四十五鄉，霸橋東有大陵鄉，元載墓在黃台鄉，眞光中（陸耀遹《咸寧縣志》作貞元中）有霸城鄉，餘不傳。"畢沅在此條下，據《水經注》及庾信撰《將軍侯英陳道生墓志》，《安平縣公崔訦神道碑》，常衮撰《新平郡王李儼墓志》，白居易撰《永穆公主墓志》及韓愈撰《校書郎李觀墓志》，增加廣明鄉、洪原鄉、平原鄉吉遷里、龜川鄉、上好鄉、慶義鄉，並總結一句說："則皆古鄉名也。"現在由於西安附近出土很多唐代墓志，使我們對於這一問題能作更進一步的研究。

　　1. 滻川鄉　此鄉是唐長安城東郊一個重要的墓葬區。解放前後出土唐墓志，題明葬於滻川鄉的,據不完全統計,共約四十方之多,其中宦官墓志佔很大比重,這大概是由於大明宮和興慶宮都接近唐長安城東壁,宦官多爭住宮廷附近,而此鄉又距城較近的原故。由於這些墓志的出土地點主要爲滻河東邊的郭家灘和滻河西邊的韓森寨和高樓村一帶,因此可以斷言此鄉範圍必跨有滻河東西兩岸之地。一九五四年郭家灘出土的天寶三年《右龍武將軍史思禮墓志》,序文有"水臨灞岸,山接芷陽,風傳長樂之鐘,日下新豐之樹"等語,芷陽原卽白鹿原的另稱,爲滻灞兩河間的高地,應視爲此鄉東界。一九五六年韓森寨出土的大和九年《淸河張榮恩墓志》,銘文說:"新塋創製,松檟徘徊,東臨滻逝,西接城隍。"是此鄉西界靠近東城垣的明證。

　　屬於此鄉的里名,見於出土墓志的,有:(1)崇義里　同前《張榮恩墓志》:"大和九年乙卯歲二月丙子九日甲申,葬於長安東滻川鄉崇義里鄭村北二里之地。"(2)觀台里　一九五四年郭家灘出土會昌四年《內侍省奚官局令梁元翰墓志》:"安厝之於萬年縣滻川鄉上傳村觀台里之隅,禮也。"一九五五年同地出土的咸通二年《昭州刺史田文雅墓志》作管台里,當是一地。(3)務政里　一九五三年西安東郊高樓村出土《沙州刺史李思貞墓志》:"粵以神龍元年七月五日遷窆於雍州萬年縣滻川鄉務政里長樂原,禮也。"(4)鄭村里　一九五六年出土會昌元年《劉士瓌墓志》:"返葬於京兆府萬年縣滻川鄉再接鄭村里之原野。"鄭村里當卽鄭村,是此里似與崇義里接。(5)長樂里　開皇二十年《孟顯達碑》:"窆於雍州大興縣滻川鄉長樂里之原。"據以上資料,適符合每鄉五里之數。

　　2. 長樂鄉　這亦是一個主要墓葬區。解放前後出土唐墓志題曰葬於長樂鄉的,據不完全統計,約在三十方左右。一九五五年由高樓村東北出土的開元十六年葬於萬年縣長樂鄉龍首原的《左萬騎使薛莫及夫人史氏墓志》,序文有"西臨京闕,恨近日而長陰,東俯滻河,觀逝川而增悼"等語,可知此鄉位置是在滻川鄉之北,西近唐城,東邊亦可能跨越滻河。一九五六年出土的龍朔元年《內侍省內寺伯段伯陽墓志》謂:"葬於萬年縣長樂鄉界南窰村西南一百步。"今西安東郊十里鋪之北約三四華里處有南窰村之名,如果此村卽是唐代的南窰村,可能卽是此鄉北界。又十里鋪下渡滻河崖岸的坡,在唐代稱長樂坡,唐人送客到此告別,故白居易《長樂坡》詩云:"行人南北分征路,流水東西接御溝,坡前終日恨離別,謾名長樂是長愁。"(《白氏長慶集》卷一八)據說原名滻坡,隋文帝楊堅改名長樂坡,蓋因長樂鄉而起。

　　屬於長樂鄉的里,發見的有《壯武將軍元哲墓志》,云貞觀十三年"葬於萬年縣長樂鄉純化里。"一九五六年出土的《邛州別駕李紹墓誌》謂貞觀十六年"葬於長樂鄉長樂里。"此里名已見滻川鄉,蓋是位在兩鄉交界處。又有一九五五年出土的《李崇望妻王氏墓誌》,云:"大周天冊萬歲元年九月十九日,趙郡李崇望妻王氏年二十二卒,其月二十五日權殯於京城東長樂鄉春明里。"

　　3. 龍首鄉　由西安附近出土墓誌查明,在唐代萬年、長安兩縣各有一鄉名龍首,蓋由龍首原得名。萬年縣龍首鄉出土墓誌,共約十六七方,出土地點主要在今韓森寨一帶。一九五八年出土的唐玄宗朝著名宦官《虢國公楊思勗墓志》,記楊思勗開元二十八年"葬於萬年龍首鄉之神鹿里"。又云:"初公之遷厝皇考妣也,以夫率性純孝,不忍違離,葬於春明門外,雖免喪之後,常朝夕拜掃。"神鹿里之名今尚存,現因坊的小學教育與勞動生產工作相結合先進而格外有名,位置在今韓森寨東南,郭家灘直南七八華里處,似可視為此鄉東界。又《金石粹編》卷十收有《司兵參軍杜行方墓志》,序文說"大和六年葬於京兆府萬年縣龍首鄉龍首原"。銘文末句說:"永矣潛寐兮國城東隅。"東隅當是東南隅的省文。由此可以清楚判定此鄉位置,北界滻川鄉,亦跨有滻河東西兩岸,東抵白鹿原,西接唐城。著名的龍首渠即由此鄉的馬頭埪村堰滻水引入城內。唐馬頭埪今地圖作馬登空,亦作馬騰空,在今延興門村東南。馬頭埪北不遠,又有地名月燈閣,今亦存在,在唐代清明節似為遊覽勝地,《南部新書》乙說:"每歲寒食,薦餳粥雞毬等,又薦雷子車,至清明尚食,……都人並在延興門看人出城灑掃,新進士則於月燈閣置打毬之宴。"

　　屬於此鄉的里,除神鹿里外,還有大和六年《王公夫人李氏墓志》,說是"葬於萬年縣龍首鄉成義里鳳棲原"。鳳棲原是曲江池南邊的高地,似可視為龍首鄉的南界。另外此鄉似乎還有青門里,和名詩人賈島有關。賈島有《青門里作》詩(《長江集》),張籍有《過賈島野居》詩(《全唐詩》六函六冊),頭二句說:"青門坊外住,行坐見南山。"可見賈島所居,確在青門坊。但未有註說明此坊所在。朱慶餘有《尋賈島所居》詩(《全唐詩》八函六冊),頭二句說:"求閒身未得,此日到京東。"說明是在唐京城之東。姚合在"《寄賈島》"(《全唐詩》八函三冊)詩頭二句說:"寂寞荒原下,南山祇隔籬。"賈島自己在《原東居喜唐溫琪頻至》詩(《長江集》)有二句說:"曲池春草生,紫閣雪分明。"可知青門里必距曲江池不遠,所說的原當是龍首原或鳳棲原,以位置推斷,此里必屬龍首鄉無疑。漢長安城東壁三門,最南邊一門,本名霸城門,通稱青門,唐人蓋沿漢代舊習,把京城東壁最南邊的延興門亦稱青門,是青門坊名蓋因近延興門而得。又漢長安城南面最東邊的門名覆盎門,唐長安城南面最東邊的門名啓夏門,南去樊川即出此門,但杜牧在《憶朱坡四韻》詩頭二句說:"秋草樊川路,斜陽覆盎門。"(《樊川文集》卷二)亦是沿用漢代舊稱。

　　4. 崇道鄉　此鄉已出土墓志二十方左右。咸通八年《朗寧公主墓志》說"八年四月十六日葬於萬年縣夏侯村",開成五年《安王墓志》,說是"葬於京兆府萬年縣崇道鄉之原"。此二墓志均灞橋區農民捐贈,出土時間不詳,出土地點則為霸橋草堂村和新興堡。一九五四年出土的大中八年《峰州刺史路全交墓志》,說是"葬於萬年縣崇道鄉白鹿原"。出土地為郭家灘。白鹿原是灞滻兩河的分水嶺,可知此鄉位置必在滻川鄉以東而與之相接。又大中五年《南安郡王夫人仇氏墓志》，說"葬於萬年縣崇道鄉只道里"。此志出土時間不詳。只道亦作軹道，是劉邦受秦王子嬰降處。王昌齡在《弔軹道賦》序言中說："軹道，秦故亭名也。今在京師東北十五里，署於路曰：秦王子嬰降漢高祖之地。豈不傷哉！余披榛往而訪之，則莽蒼如也。"(《全唐文》卷三三一)此可視爲崇道鄉的北邊。王昌齡這個著名的詩人，即此鄉人。他的《灞上閑居》詩，頭二句說："鴻都有歸客，偃臥滋陽村。"(《全唐詩》二函十冊)《別李浦之京》詩，頭二句說："故園今在灞陵西，江畔逢君醉不迷。"(同前)是王昌齡家確在灞橋附近。滋陽當即芷陽，是白鹿原的另稱。由於居住近，故能披榛莽訪軹道古蹟。《新唐書·宰相世系表》王氏世系，有烏丸王氏，北齊亡，徙家萬年，華陰王氏，後徙京兆新豐；又有京兆王氏，居霸陵。王昌齡可能出自其中某一世系。

屬於崇道鄉的里，除上述只道里外，已發現的還有：(1)齊禮里　一九五五年西安東郊郭家灘出土的開元十八年《陪戎副尉高木盧墓志》："葬於京兆府崇道鄉齊禮里白鹿原之右。"(2)夏里　一九五二年灞橋東南卞家村出土的大和八年《鄖王李經墓志》："遷窆於京兆府萬年縣崇道鄉夏里。"(3)蛇村里　一九五五年郭家灘出土咸通十四年《吉州長史郭克全墓志》："窆於萬年縣崇道鄉蛇村里。"

5.義豐鄉　解放後，新發見的唐墓志，注明葬於義豐鄉的約六七方，出土地點都在灞橋東南惠家村、路家灣、紅慶村一帶。一九五五年出土的貞元十九年《宜都公主墓志》，謂"遷神於萬年縣義豐鄉銅人原"。此外，一九五六年出土的元和七年《李瞻妻蕭氏墓志》，同年出土的大和七年《廬江縣令李稷墓志》亦都記葬於義豐鄉銅人原。此原是灞河東南之高地，可知義豐鄉位置是在灞水之東，和崇道鄉的東南面。屬於此鄉的里未有發見。

6.霸城鄉　此鄉名當和霸城縣有關。《太平寰宇記》卷二五"萬年"節內關於霸城縣說："秦襄王葬於其坂，謂之霸上，其城即秦繆公所築，漢爲縣，在今縣東北二十三里霸水東，霸陵故城是也。"會昌元年《贈隴西郡夫人董氏墓志》，序文中有"葬於萬年縣霸城鄉南窰村"等語。此墓志出土時地不詳。南窰村名已見前長樂鄉，是此鄉位置似在長樂鄉之北，西接禁苑，東邊可能亦跨過灞河。又大中十三年《內寺伯王公素墓志》謂葬於"京兆府萬年縣霸城鄉招賢里"，是目前所知此鄉惟一里名。此墓志出土時地亦不詳。

7.渭陰鄉　《法苑珠林》卷一一五《捨身篇》記有西京弘福寺僧玄覽貞觀十八年四月，"密去京東渭陰洪陂坊側，且臨渭水，稱念禮訖，投身波中，衆人接出"之事。渭陰後未著鄉字，但從文意玩味，似應爲一鄉名。此鄉北臨渭水，應是唐萬年縣最北邊的鄉區。洪陂坊即洪陂里，唐雖規定在城曰坊，在鄉曰里，但每混稱。又前引宋敏求《長安志》，將此鄉隸於長安縣境，但《法苑珠林》明謂在京東，可能是重名，兩縣同有龍首鄉，亦是重名。

8.龜川鄉　《全唐文》卷四三九韓述撰《奉天皇帝長子新平郡王李儼墓志》，志石不知何時出土，志文亦見《古志石華》。略謂永泰元年歲次乙巳二月十七日新平郡王薨於西京之內邸，以其年五月七日遷窆於萬年縣龜川鄉細柳原。末尾並有"俄辭舊邸，言向佳城，近霸陵之高原，當細柳之古地"等語，銘文亦有"細柳之地，灞陵之川，泉扃一閉，幽壙千年"等語。此處所謂細柳是否卽漢周亞夫屯兵之地，雖有問題，但灞陵之原，灞陵之川，方位十分淸楚，此鄉位置當在灞河之東，邵平店北一帶，應爲萬年縣最東的鄉區。

9. 銅人鄉　解放後新出土墓志註明葬於銅人原或銅人鄉的，出土地點多在霸橋東邵平店南紅慶村和惠家村，是這一帶在唐爲銅人鄉地。一九五六年霸橋東南路家灣出土的天寶七載《右威衞兵曹參軍吳巽墓志》，且有"葬於京兆府會昌縣銅人原"之語，今臨潼縣在唐代曾名會昌縣，是此鄉與龜川鄉同爲萬年縣最東之鄉。

屬於此鄉的里，已發見的有：(1)銅人里　貞觀十二年《蒲城縣侯郭榮神道碑》："葬於銅人鄉銅人里。"(2)信義里　《吳夫人韓氏墓志》："永泰元年九月十三日卜葬於信義里之銅人原。"

10. 慶義鄉　唐韓愈有《李元賓墓銘》(《韓昌黎合集》卷二四)中有"友人博陵崔弘禮葬之於國東門之外七里，鄉曰慶義，原曰嵩高"等語，是唐長安城東七里之地尚有慶義鄉，但嵩高原之名，一切關於長安的志書，均無記載。

11. 寧安鄉　此鄉位置可由下列碑石大體考定：陝西省博物館碑林存有顏眞卿撰文並書的《顏勤禮神道碑》："歸窆於京城東南萬年縣寧安鄉之鳳棲原。"又有《朝議郎楊崇夫人甘氏墓志銘》，謂乾符三年"葬於京兆府萬年縣寧安鄉曲池坊"。《河南府錄事趙虔章墓志》，則謂乾符三年九月"葬於京兆府萬年縣三兆村"。三兆村名今尚在，在曲江池東南，曲池坊當近曲江池，鳳棲原卽曲江池南高地。又有乾符四年《楊弘夫人李雅墓志》，謂"葬於京兆府萬年縣寧安鄉通安里"。此志一九五五年出土於曲江池東南之三兆鎮附近之繆家村。《關中金石文字存逸考》卷一"西安府上"還著錄有《京兆府功曹韋希損墓志》，有開元八年正月八日"奉神輿權安厝於城東南曲池里"等語。曲池里亦卽曲池坊。是今曲江池南到三兆鎮一帶爲唐代寧安鄉地。

屬於寧安鄉的里，除上述曲池里、通安里外，又有杜光里。《關中金石文字存逸考》卷五"咸寧縣"著錄《李琮墓志銘》云："大和二年八月十五日葬於京兆府萬年縣寧安鄉杜光里。"宋張禮《游城南記》："由杜光村南歷仇家莊，莊西北有二大碑：一壽州刺史郭敬之神道碑……一郭氏所尚昇平公主碑。"《關中金石文字存逸考》卷五"咸寧縣"著錄此二碑在杜光村，下附案語云："杜光村一名南窰，在慈恩寺東南。"南窰村之名今尚在，在曲江池東南，可見寧安鄉在唐代是京城南壁啓夏門外最近之鄉。郭敬之是唐汾陽王郭子儀之父，昇平公主是郭子儀子郭曖之妻，李琮是唐代名將西平郡王李晟之孫，合以顏氏祖墓，似此鄉多唐代名人墓葬。《郭敬之神道碑》，簡稱《郭氏家廟碑》，亦顏眞卿書，現存陝西省博物館碑林。《昇平公主碑》和《李琮碑》不知何在。

12. 洪固鄉　《關中金石文字存逸考》卷一"西安府上"著錄《大都督王善相夫人祿氏墓志》,說:"永隆二年二月九日合葬於京城南洪固鄉界韋曲。"卷二"西安府下"著錄《魏邈妻趙氏墓志銘》,則說:"會昌五年十一月祔於萬年縣洪固鄉北韋村北原。"《歐陽行周文集》有《左驍衛將軍御史中丞馬實墓志》,說:"貞元十四年卜葬於京兆府萬年縣洪固鄉延信里司馬村之少陵原。"韋曲當是今韋兆,司馬村之名今尚在,在今杜曲鎮北少陵原上。是這一帶乃唐洪固鄉地。

洪固鄉的里,除上述延信里外還有:⑴胄貴里　《全唐文》卷七九二路巖撰《義昌軍節度使渾公神道碑》:"葬於萬年縣洪固鄉胄貴里。"又韓滉卽此里人。顧況撰《檢校尚書左僕射同中書門下平章事上柱國晉國公贈太傅韓公行狀》:"京兆府萬年縣洪固鄉胄貴里韓滉年六十五。"(《全唐文》卷五三○)韓滉是韓休之子,《舊唐書》卷九八《韓休傳》,說休"京兆長安人"。據此應為京兆萬年人。⑵永貴里　一九五四年出土《魏東夏州刺史姬買勖墓志》,略謂:"君諱□字買勖,京兆萇安人也,大統元年天□尚德尊齒,就家詔拜君撫軍將軍東夏州刺史,春秋八十二,遘疾薨於永貴里舍。"未說明永貴里屬何鄉。但一九五六年出土的《東荆州刺史鄧子詢墓志》,却有"大統十二年正月二十日卒於第,其月二十九日窆於長安洪固鄉永貴阜"等語,永貴阜當卽永貴里。

13. 高平鄉　《關中金石文字存逸考》卷二"西安府下"著錄大和八年《太府寺主簿楊迴墓志》,有"安厝於萬年縣高平鄉高望里"之語。高望里今名高望堆,在韋曲西北原上。同卷還著錄貞元十七年《趙郡李氏女墓石記》,說是"窆於萬年縣高平鄉西焦村"。焦村之名今亦存在,在高望村西南附近。是高平鄉位置在洪固鄉北,而與之接近,鄉名高平,蓋在原上。高望里似很有名,潘岳《西征賦》卽有此里名。又杜牧《望故園賦》:"越余之思歸兮,走杜陵之西道,巖曲天高,地平木老,隴樹秦雲,風高霜早。"(《樊川文集》卷一)描寫的卽是這一帶的景色。

14. 山北鄉　此鄉名和山北縣有關。《關中金石文字存逸考》卷五"咸寧縣"著錄《鷹揚郎將義城子梁羅墓志銘》云:"大業四年八月葬於京兆郡山北鄉樊川之岡。"《隋書·地理志》記京兆郡大興縣有西魏山北縣,後周廢。《方輿紀要》:"山北城在西安府東南五十里。後魏分長安藍田二縣地置山北縣,屬京兆郡,後周廢。"《咸寧縣志》:"隋梁羅墓志有山北鄉,今杜曲或卽山北縣治。"志石亦原存杜曲,應卽杜曲附近出土。詩人杜甫恐卽此鄉人,甫《曲江三章章五句》:"自斷此生休問天,杜曲幸有桑麻田。"(《分門集註杜工部詩》卷二五)

15. 大陵鄉　前引宋敏求《長安志》說萬年縣"唐四十五鄉,霸橋東有大陵鄉"。未註明何據。杜曲北原上有漢宣帝許皇后墳,北距漢宣帝墳杜陵約七八華里,因體積較杜陵為小,故稱少陵(少小字同)。唐有少陵鄉(見後),大小相對,杜陵當有大陵之稱,而杜陵附近區劃,當亦稱大陵鄉。如果此說不錯,則大陵鄉位置在少陵原上,不能列在霸橋以東。

16.洪原鄉　至德二年《壽王第六女贈清源縣主墓志銘》,記清源縣主"窆於咸寧縣洪源鄉少陵原"。此墓志一九五八年由西安城南興教寺北原上龐留村出土。是此鄉位置在山北鄉東南。又顏真卿撰《杜濟墓志銘》(《顏魯公集》卷十),杜牧撰《弟顗墓志銘》及《自撰墓志銘》(《樊川文集》卷九、十),皆有葬於少陵原洪原鄉語,是杜氏祖塋在此鄉內。

17.義善鄉　《關中金石文字存逸考》卷五"咸寧縣"內著錄《乾符三年漢州刺史李推賢墓志》,謂"葬於萬年縣義善鄉大仵村鳳棲原"。大仵村在曲江池西南原上。是此鄉在寧安鄉東南。又宋有"義善寺在縣南十五里,貞觀十九年建"(宋敏求《長安志》卷十一《萬年縣志》)。寺以鄉名,應卽其地。

18.黃臺鄉　《舊唐書》卷一一八《元載傳》:"遣中官於萬年縣黃臺鄉毀載祖及父母墓。"無法確定此鄉大約位置。或與黃渠有關,西安城東南二十華里,舊有黃渠社。

19.崇義鄉　《關中金石文字存逸考》卷五"咸寧縣"著錄有大和三年《沔王府諮議參軍張牟墓志》及大中四年《內侍省內府局丞王守琦墓志》,或曰"窆於萬年縣崇義鄉南姚里",或曰"鄉曰崇義,村號南姚"。南姚當卽南窰,已見寧安鄉內,是此鄉位置當在寧安鄉西。

屬於此鄉的里,除南姚里外還有懷信里。(大中四年《茂州刺史何溢墓志》:"葬於萬年縣崇義鄉懷信里南姚村。"出土時地不詳。)

20.靈泉鄉　《法苑珠林》卷七一:"唐永徽五年,京城外東南有陂名獨嘉嚕,有靈泉鄉里長姓程名華,秋季輸炭時,程華已取一炭丁錢足。此人家貧,復不識文字,不取他抄。程華後時,復從丁索炭。炭丁不服。程華言,我若得你錢,將汝抄來。炭丁云,吾不識文字,汝語吾云,我既得汝錢足,何須用抄。吾聞此言遂行不取,何因今日復從我索錢。"此為供應唐長安城內貴族薪炭的鄉,必是萬年縣東南接近南山的鄉區。

21.白鹿鄉　一九五四年記錄稱為郭家灘出土的《蹇紹業墓志》,云:"長安三年十一月十一日卜宅於萬年縣白鹿鄉之原禮也。"是此鄉位置應在滻灞之間的白鹿原上。

22.永寧鄉　《安邑里民尹家故人婦女王銘記》:"大業十一年正月二十日,大興縣永寧鄉,住在安邑里尹家故人婦女王銘記。"意卽住安邑里尹家的王姓婦女死後葬於永寧縣。此磚墓志一九五四年出土於郭家灘東國棉四廠基建工地,以位置推斷,此鄉似在白鹿鄉西,或並與之連接。

23.雲門鄉　《內侍省內府局令劉奇秀夫人駱氏墓志》,謂元和三年"冬十月十三日葬於萬年縣雲門鄉祔先塋,禮也"。此墓志出土時地不詳。劉奇秀本人墓志一九五三年由郭家灘出,內云"以貞元十四年六月四日薨於興寧里之私第,其年十月二十六日遷厝於滻川鄉,禮也。夫人會稽駱氏"。是夫婦必葬一起,雲門鄉或與滻川鄉連接,致有此混淆。

24. 義川鄉　《關中金石文字存逸考》卷一"西安府上"著錄永隆二年《濟度寺尼比邱尼法樂闡師墓志銘》,謂"窆於明堂縣義川鄉南原"。《新唐書》卷三七《地理志》:"萬年……總章元年析置明堂縣,長安二年省。"明堂縣治在唐長安城內永樂坊,轄萬年縣南部。義川鄉既屬明堂縣,必在城南無疑。終南山有義谷,宋敏求《長安志》:"義谷在縣東南八十里,"爲滻水上源所自出。鄉名義川,蓋與此有關。

25. 加川鄉　同上卷二"西安府下",著錄貞元二年《華州下邽縣丞韋端妻王氏墓志銘》:"遷殯於萬年縣加川鄉西原。"《太平寰宇記》卷二五滻水條說:"滻水,荊溪狗枷川二水之下流也。"是此鄉或由狗枷川而得名,其位置可能在滻水上游。

26. 芙蓉鄉　權德輿撰《贈戶部尚書韓洄行狀》(《權載之文集》卷二十):"葬於京兆府萬年縣芙蓉鄉龍游里。"宋敏求《長安志》卷九:"《劇談錄》曰:曲江本秦時隑州,唐開元中疏鑿爲勝障,南即紫雲樓芙蓉苑,西即杏園慈恩寺。"芙蓉鄉名當和芙蓉苑有關,元李好文《城南名勝古跡圖》在曲江東南列有芙蓉原。

27. 進賢鄉　一九五六年西安東郊韓森寨東南出土《吳氏女奈波羅磚墓記》,文云:"雍州明堂縣進賢鄉吳氏女奈波羅碑銘,王藏子妻也,儀鳳三年五月六日記。"是今韓森寨東南,有唐進賢鄉地。

28. 御宿鄉　《關中金石文字存逸考》卷五咸寧縣內著錄《眞空寺尼韋提墓志銘》,無埋葬年月,僅謂"厝於萬年縣御宿鄉"。《陝西金石志》卷十一著錄《韋公夫人裴氏墓志銘》,石現存陝西省博物館碑林,記明裴氏於"景龍三年歲次己酉七月乙卯朔十九日癸酉歸窆於萬年縣御宿川大韋曲之舊塋,媲先姑也"。此石於清光緒二年出土長安縣韋曲西北原上李王村。鄉蓋因川得名。是今韋曲一帶乃唐御宿鄉地。裴氏夫名韋頊,蓋係合葬,石槨雕刻極精麗。一九五六年這一帶還發見韋洄墓葬,亦有雕刻花紋的石槨,並有壁畫。唐代韋氏世族祖塋可能即在此鄉。

29. 大明鄉　《呂曇殘磚墓記》,文云:"維大業三年十一月十(下缺)郡大興縣大明鄉(下缺)伏波將軍通儀(下缺)金寺丞呂曇。"隋大興縣,唐改稱萬年縣。此殘記墓磚一九五五年出土西安東郊韓森寨附近,大明鄉當距此不遠。

30. 安盛鄉　《李文都磚銘》曰:"維大隋大業元年歲次乙丑二月壬戌朔六日丁卯,雍州大興縣安盛鄉李文都銘記。"玩文意,李文都蓋是籍貫安盛鄉。此銘記,一九五四年出土郭家灘國棉四廠附近,貧苦人民無力遠求葬地,或即在安盛鄉範圍。

31. 神禾鄉　宋張禮《遊城南記》:"謂之東閣,以西有華嚴寺故也。下閣至澄襟院。……澄襟院唐左街僧錄過覺大師智慧之塔院也。碑云起塔於萬年縣神禾鄉孫村。"可知今樊川華嚴寺一帶,在唐代乃神禾鄉地。朱坡即在華嚴寺附近。詩人杜牧蓋即此鄉人。杜牧在朱坡有美麗別墅。他的詩歌曾屢次提到朱坡。

32. 樂遊鄉　　唐高祖李淵《旌表孝友詔》（《全唐文》卷一）：「雍州萬年縣樂遊鄉民王世貴孝性自天，……」元李好文《城南名勝古蹟圖》，在今小雁塔南列有樂遊原。

33. 安福鄉　　同前《旌表孝友詔》：「安福鄉民宋興貴立襍雍和，……」詔書文意聯貫，可以肯定唐萬年縣有此鄉名，但無從考定其方位。

34. 上好鄉　　前引畢沅補宋敏求《長安志》唐萬年縣古鄉名，據白居易撰《永穆公主墓志》謂萬年縣有上好鄉。但《白氏長慶集》無永穆公主志文，卷二五有《大唐故賢妃京兆韋氏墓志銘》，中云：「以其年四月某日詔葬於萬年縣上好里洪平原。」曰里不曰鄉。又據誌知永穆公主是賢妃之母，畢氏援引顯誤。

35. 平原鄉　　庾信撰《崔訛神道碑》（《庾子山集》）：「建德四年正月十日薨於永貴里私第，」「即以其年二月二十四日葬於平原鄉之吉遷里。」永貴里已見前洪固鄉中，似平原鄉亦在今韋曲東之洪固原上。

36. 青蓋鄉　　李翺撰《唐故金紫光祿大夫檢校禮部尚書徐申行狀》：「京兆府萬年縣青蓋鄉交原里東海徐公，年七十一。公諱申，字維降，東海剡人，永泰元年寄籍京兆府。」（《李文公集》卷十一）此鄉位置無考。

此外，宋敏求《長安志》卷十一記宋代萬年縣境共「七鄉，管二百九十六村，二里」。此七鄉為「洪固鄉在縣南一十五里，……龍首鄉在縣東一十五里，……少陵鄉在縣南三十里，……白鹿鄉在縣南四十五里，……薄陵鄉在縣東三十里，……東陵鄉在縣東三十里，苑東鄉在縣東北二十里」。可以看出宋代鄉區較唐代大大減少，然名稱則沿唐之舊，洪固、龍首、白鹿都是，因此餘四鄉少陵、薄陵、東陵、苑東自亦可確定是唐代萬年縣舊鄉名，並可容易指定其位置所在，即：37. 少陵鄉在漢宣帝許后陵一帶，前已言及，許后陵較宣帝陵小，故稱少陵。38. 薄陵鄉名當和漢文帝薄太后陵有關。薄后陵亦稱南陵，在白鹿原上。39. 東陵鄉當在東郊，距今郐平店可能不遠，邵平曾為秦東陵侯。40. 苑東鄉當是因在唐禁苑之東而得名。

以下再考察長安縣的鄉里：

1. 龍首鄉　　萬年縣亦有龍首鄉，係重名。這個名稱，當和龍首原有關。合新舊出土唐代墓志，說明葬於長安縣龍首鄉或原的共約三十二三方。出土地多為土門村、棗園村、閆莊一帶。可知這一帶即唐龍首鄉地。天寶十四載《右龍武大將軍張登山墓志》說明墓葬在「開遠門外西三里龍首原」。此墓志出土時地不詳。開遠門是唐長安城西壁三門中靠北邊的門。門外當即屬此鄉。

屬於此鄉的里，已發見的有：⑴興台里　　一九五五年西安西郊小土門村出土永徽元年《劉世通磚墓志》首書：「大唐雍州長安縣龍首鄉興台里。」⑵龍首里　　一九五五年西安西郊土門村附近出土《左神武軍宿衛朱庭玘墓志》：“元和三年十月二十八日龜筮叶吉將窆於京兆府長安縣龍首鄉龍首里之地。”(3)未央里　《續陝西通志稿》卷一五二劉繼墓志：“卜葬於長安縣西龍首鄉未央里白帝壇西隅三百步。(4)隆安里　《陝西金石志》卷九《皇甫文欽墓志》：“其月三十日葬於龍首原隆安之里。”(5)另外似乎還有金光里，《金石萃編續編》六有《折夫人曹氏墓志》，謂開元十一年葬於金光坊龍首原，里名蓋從金光門而得。

2.龍門鄉　《關中金石文字存逸考》卷四“長安縣下”著錄劉智暨妻合葬墓志銘，序文有“以天寶十五載歲在涒灘五月甲寅朔十九日壬申合葬於京兆府長安縣國城門西七里龍首原龍門鄉懷道里。嗚呼，前矚終南，良木其壞，後臨清渭，逝者如斯”。以里程推斷，此鄉當在龍首鄉西。

3.承平鄉　《金石萃編續編》有《宮闈令西門珍墓志銘》說，元和十二年七月“遷窆於長安縣承平鄉先修之塋”。並有“克遵象外之談，不諱生前之事，遂於長安縣龍首原西距阿城塗域，高崗雖枕，夏屋未封，君子聞之，僉曰知命”等語。阿城即阿房宮城，今西安市西郊有阿房村。又有咸通十一年葬於長安縣承平鄉小劉村的《義昌軍節度使荊從皋墓志》，一九五五年出土於今西關外飛機場附近，是此鄉當在龍首鄉之南，阿城向東一帶。

4.青槐鄉　《趙王府長史王祥墓志》：“以上元二年八月十三日遷窆於青槐鄉阿城原，禮也。”此墓志出土時地不詳。阿城原當即阿房宮城遺址所在之原，此鄉位置當在承平鄉西。

5.萬春鄉　《關中金石文字存逸考》卷三“長安縣上”著錄開元二十九年《尚書祠部員外郎裴積墓志銘》云：“窆於長安縣萬春鄉神禾原。”又有神功元年《大中大夫行神都總監王緒太夫人郭氏墓志銘》云：葬於“乾封縣萬春鄉杜永村。”《新唐書》卷三七《地理志》，長安縣“總章元年析置乾封縣，長安二年省，”縣治在唐長安城內懷真坊，轄長安縣南部。杜永村名今尚存在，在今西安城南香積寺西北，是神禾原的這一帶在唐代爲萬春鄉地。

6.居德鄉　《關中金石文字存逸考》卷三“長安縣上”著錄《金滿州都督賀蘭君大使沙陀公故夫人金城縣君阿史那氏墓志銘》云：“開元七年八月二十四日遘疾終於軍舍，粵以八年三月二十九日遷祔於長安縣居德鄉龍首原先公特府君之塋。”龍首原的位置在長安之西偏北，前已有龍首鄉，此鄉蓋在其西。

7.義陽鄉　《續修陝西通志稿》卷一五二有《李朝成尊勝陀羅尼經幢》，附按語：“幢立於長安縣義楊鄉。義楊當是義陽。《長安志》云，在縣西南二里。”《金石萃編續編》五陸耀遹在《韓寶才墓志》文後考證說：“義陽鄉在縣西南二里管正文里。”

8.永壽鄉　《關中金石文字存逸考》卷一“西安府上”著錄《武部常選韋瓊墓志銘》，除說明天寶十四載五月“卜葬於長安縣永壽鄉畢原”外，並有“南臨太乙，北帶皇城”等語，而同書卷四“長安縣下”還著錄有《佛頂尊勝陀羅尼經幢》，銘文說：“大中九年十二月陳鴻爲亡妻武氏建於永壽鄉姜村。"今西安城南杜城西北有村名姜村,蓋即此鄉所在。

9.永平鄉 《金石萃編續編》著錄張貫然撰《忠武將軍茹義忠神道碑》,謂"葬於長安縣永平鄉阿房殿之墟"。說明此鄉位置在阿房宮遺址範圍。又一九五五年在遺址東南賀家村出土的開成九年《會稽賀從章墓志銘》說:"葬於長安縣永平鄉靈安里。"是這一帶爲唐永平鄉地。

10.豐樂鄉 柳宗元《種樹橐駝傳》(《註釋音辨唐柳先生集》卷一七),說橐駝"其鄉曰豐樂,在長安西"。又有《先太夫人河東縣太君歸祔志》(同前卷十三)說:"某始四歲,居京城西田廬中。"鄉名豐樂,蓋和豐水有關。這一帶大概多菓木園林,故有以善種樹而有名的郭橐駝。柳宗元年幼時,蓋曾生長此鄉,故多知農村瑣事,能爲善種樹的人寫傳,藉以寄託其感想。

11.豐谷鄉 《法苑珠林》卷一〇二《唐沙門釋空藏》條:"又有京城西豐谷鄉南福水南史村史呵誓少懷信念,常誦法華。"同前卷二六《福水史呵誓》條:"唐郊南福水之陰,有史村史呵誓者,誦法華經。"一說京城西,一說郊南,應以西南爲是,潏水與王曲川水相會後,流入豐河之水,稱交水,亦稱福水,福水南有豐谷水,爲豐河上源之一,豐谷鄉蓋和豐谷水有關。

12.豐邑鄉 《唐龍州刺史郭恆墓志銘》:"景龍二年十月四日捐館,以其年十一月十四日合葬於豐邑鄉馬郎原。"此墓志於一九五六年出土於長安灃西張家坡,志石現存中國科學院考古研究所西安研究室;墓葬附近,應即唐豐邑鄉境所在。

13.孝悌鄉 李至遠撰《唐維州刺史安侯神道碑》(《全唐文》卷四三五):"永隆二年二月二十三日,葬於雍州長安縣孝悌鄉之原。"開成四年《尊勝陀羅尼經幢》(《續陝西通志稿》卷一五二)刻有"孝悌鄉程劉村唐仕安爲亡父母立"字樣,還有《內侍省令堵穎墓志》(同前)文云:"維大中元年歲次丁卯閏三月景寅八日□□,故內侍省令堵穎年三十五,其月四日一更時卒於上京頒政坊饆饠曲東。本貫常州晉陵縣五湖鄉臨湖里。權殯於長安縣龍首鄉□嚴村買地一段。地主王公政。其小嚴村即開遠門外臨臯驛西南孝弟。集賢供奉申顥記。"孝弟即孝悌鄉,在臨臯驛西南。宋敏求《長安志》卷十二:"臨臯驛在縣西北一十里開遠門外,今廢。"地位當在今西十里舖附近,在唐代這是西去的第一個驛。

14.清官鄉 道宣《終南山北灃福之陰清官鄉淨業寺戒壇佛舍利銘》(《全唐文》卷九一一):"惟唐乾封二年,仲春八日,京師西明寺沙門釋道宣乃與域內嶽瀆諸州沙門商較律義,討擊機務,於京南遠郊灃福二水之陰,鄉曰清官,里稱遵善,持律衆所,建立戒壇。"此亦在灃福二水之陰,當與豐谷鄉接近。

15.清化鄉 《關中金石文字存逸考》卷三"長安縣上"著錄《宜君縣開國子張纂妻趙夫人墓版》題云:"貞觀六年五月二十九日雍州長安縣清化鄉宜君縣開國子故張纂妻趙夫人"云云。可知唐長安縣有此鄉名,但無法指定其位置。

16.高陽鄉 《高僧傳》三集卷十七《唐京兆福壽寺玄暢》傳:乾符"二年三月二十一日示

滅”，“以其年四月二十五日窆於長安邑高陽鄉小梁村”。長安邑卽長安縣。此鄉名當和高陽原有關，在今西安城西南。

17.靈臺鄉　《天下郡國利病書》卷五五，引范守己《雍談》：“漢書云文王作豐，顏師古注曰，今長安西北界靈臺鄉豐水上是。”這所謂靈臺旣在長安西北，當非周靈臺。鄉名蓋因漢或後周的靈臺而起。應是灃水下游的唐長安鄉區。

18.龍泉鄉　《寧遠將軍守左金吾衞翊府中郎將李鎬墓志銘》：“以乾元元年歲次閼茂四月二十五日歸窆於京兆長安縣龍泉鄉馬祖原，禮也。”此志一九五五年出土於西安西郊小土門村，當卽唐龍泉鄉地。

19.居安鄉　《續陝西通志稿》卷一四五有開元二年《李府君夫人王氏墓志銘》，云“安厝於京兆府長安縣居安鄉高陽之原”。權德輿撰《馮翊郡王贈太保嚴震墓志銘》（《權載之文集》卷二一）云貞元十六年十月“葬於長安居安鄉某之原”。今西安城西南郭杜公社有大小居安二村，亦卽高陽原所在，應卽唐安居鄉地。

20.禮成鄉　《楊士貴磚銘記》：“仁壽元年正月二十六日長安縣禮成鄉洽恩里住居德坊民故楊士貴銘記。”意卽居德坊人楊士貴葬於禮成鄉洽恩里。此磚銘記一九五五年出土於西安西郊权楊村，是此村乃唐代禮成鄉洽恩里地。

21.修仁鄉　《趙長述磚銘》：“開皇十七年四月十八日□□長安縣修仁鄉故民趙長述銘，住在□遠坊。”意卽懷遠坊人趙長述葬於修仁鄉。此磚銘亦是一九五五年西安西郊权楊村出土。

22.合郊鄉　《上開府皋郡公扈志碑》（《關中金石文字存逸考》卷五“咸寧縣”）略謂“以開皇十四年二月十九薨於京師弘政鄉敬仁里”，“卽以其年十一月十二日安厝於大興城西南合郊鄉修福里”。此墓志《存逸考》作者雖著錄於咸寧縣卷內，但碑文明言葬在大興城西南，與咸寧縣無關。

23.渭陰鄉　宋敏求《長安志》卷十二長安縣境說：“唐五十九鄉，有渭陰鄉見於下，餘不傳。”前於萬年縣部分引《法苑珠林》說唐京東有渭陰鄉，今長安又有渭陰鄉，蓋是重名，一如長安萬年各有龍首鄉。

24.司農鄉　同前：“《景龍文館記》曰，安樂公主西莊，在京城西延平門外二十里司農鄉。”延平門是唐長安西壁最南邊的門，循所指之方和里數，當可確定此鄉位置。

25.大統鄉　董曾臣《長安縣志》卷十二《土地志下》：“《長安志》引《李順興古記》，順興初居長安大統鄉昆明池南居賢村。”昆明池南，當在今長安斗門鎮一帶。

26.醴泉鄉　同前：“《王夫人墓志》，葬於醴泉本鄉。今志石在崇聖寺，當附近唐城西。”唐長安城內有醴泉坊，在皇城西第二街西市之北，蓋是重名。

此外,宋敏求《長安志》卷十一記宋代長安縣境是:"六鄉,管六里。義陽鄉在縣西南二里,管布政里;善政鄉在縣西一十五里,管安化里;同洛鄉在西南四十里,管安寧里;豐邑鄉在縣西二十里,管龍臺里;苑西鄉在縣三里,管崇徵里;華林鄉在縣南一十五里,管居安里。"可以看出沿用的亦同樣都是唐代鄉名。除義陽、豐邑兩鄉已見前外,餘四鄉:宋華林鄉既管居安里,27.唐華林鄉當亦和居安鄉接近,28.苑西鄉必在唐禁苑之西,29.善政、30.同洛兩鄉亦可藉《長安志》所言距縣里數方向而大約確定其方位。

以上萬年長安兩縣,萬年縣共得鄉四十一,較長安志所記唐原有四十五鄉,尚少四鄉;長安縣共得三十鄉,長安志記唐原有五十九鄉,尚少二十九鄉,這許多空白,暫時無法塡補。又董曾臣《長安縣志》卷十二《鄉里》條說:"《長安志》,唐五十九鄉……《寰宇記》又作五十鄉。"如果是五十鄉,則長安縣尚少二十鄉。

以上所列,鄉名居多。關於里,除少數鄉的以外,都因缺乏材料,未能列述。但出土唐墓志還有不少村名,一九五五年西安西郊出土永徽元年埋葬的《劉世通妻王氏磚墓志》,開頭一行說:"大唐雍州長安縣龍首鄉興台里。"中間說:"葬於興台村南三百步。"又有鄭村里(見前滻川鄉內),似村即里,古代鄉村,蓋無零星散居的。前已言及,唐長安萬年兩縣郊區共應有五二〇里,現在即使把所有村里名合計起來,亦和此數相差很遠。

前已說過,鄉里是唐代(其實不僅是唐代)地方基層行政單位,是維護封建社會的政治基礎。藉着這種制度,一切人都被粘附在土地上,而不能任意離開,這是為地主階級提供和儲備勞動力,遇有事故,並便於追查的一個主要方面。因此首先是每個人都要有戶籍,而戶籍則要書明是某鄉某里人。其次里是鄉村農民的聚居點,周圍有牆垣,夜晚里門關閉,防止農民夜晚出外作不利於地主階級的活動。第三更是主要的,即土地收授,農桑生產,交納賦稅,派服兵役等都以里為單位來進行,並由里正負責辦理,《唐會要》卷三說:"若應收授之田,皆起十月,里正勘造簿歷,十一月縣令親給授。"卷三十又說:"百戶為里,五里為鄉。兩京及州縣之廓內分為坊,郊外為村(應即里)。村坊皆有正以司督察。里正兼課農桑,催驅賦役。"杜甫詩:"去時里正與裹頭。"都可想見這種制度和人民生活關係的密切。

鄉有鄉長,里有里正。鄉長里正的任務既如此繁重,當然不是等閑人所能勝任。《新唐書》卷八八《劉義節傳》說:劉義節并州人,隋大業末補晉陽鄉長,富於財。可以想見,充當鄉長里正的,必然大半都是地主階級分子,此等人剝削成性,又常交接官府(所謂庶人之在官者),借機苦害人民,當然是常事,前引《法苑珠林》卷七一所記萬年縣靈泉鄉里長程華訛詐不識字的窮苦炭丁即是一例。(以上所引墓誌碑石,凡是解放後發見的,原石均存陝西省博物館,因多數尚未發表,故未另注明出處。)

二、莊園管窺

地主莊園有各種名稱，如莊、別莊、墅、別墅、別業、山池、山莊、園亭、園林等。

地主莊園的性質，主要有兩個方面，一是用以剝削人民，二是供少數人居處遊賞，兩者可以分開，但每多交織一起。

唐代在我國歷史上似乎是在莊園經濟上升的時代，它破壞了唐朝政府初年所制定的租庸調稅法的均田制度，在唐代維持了二百多年，直到黃巢農民起義，才遭受了打擊和破壞。

封建王朝政府都是代表地主階級利益的。但在稅收方面却和莊園經濟的發展有一定的矛盾，因此唐朝某些皇帝曾疊次命令禁止土地兼併，如"初永徽中禁買賣世業口分田。其後豪富兼併，貧者失業，於是詔買者還田而罰之"。(《新唐書》卷五一《食貨志》)唐玄宗也有《禁買賣口分永業田詔》(《全唐文》卷三十)和"禁官奪百姓口分永業田詔"(《全唐文》卷三三)。後者把情況說得相當嚴重：

> 如聞王公百姓及富豪之家，比置莊田，恣行吞併，莫懼章程，借荒者皆有熟田，因之侵奪，置牧者惟指山谷，不限多少，爰及口分永業，違法賣買，或改籍書，或云典貼，致令百姓無處安置，乃別停客戶，使其佃食。既奪居人之業，實生浮惰之端，遠近皆然，因循亦久。

唐玄宗雖然發了此種詔令，並規定"兩京去城五百里內不合置牧地，地內熟田，仍不得過五頃以上十頃以下"，但在當時封建莊園經濟的發展形勢下都成了徒託空言，在唐代末年人孫樵作的《興元路新記》一文中還是這樣情況：

> 渡渭又十里至鄠，鄠多美田，不爲中貴人所併，則籍東西軍，居民百一繫縣。自鄠南行二十五里，至臨溪驛，驛扼谷口，居民皆籍東西軍。出臨溪驛百步，南登黃蜂嶺，……自黃蜂嶺洎河池關，中間百餘里，皆故汾陽王之私田，嘗用息馬至萬蹄，今爲飛龍租入地耳。(《孫樵集》)

鄠縣如此，唐長安近郊也有同樣情況。《舊唐書》卷一八下《宣宗紀》大中五年條說：

> 十月己亥，京兆尹韋博奏：京畿富戶爲諸軍影佔，苟免府縣色役，或有追訴，軍府紛然。請准會昌三年十二月勑，諸軍不得强奪百姓田入官。

但尤其在唐長安近郊，皇族和一些權要官僚佔有的恐怕更要多些。唐高宗的女兒太平公主"田園遍近甸，皆上腴"。(《新唐書》卷八三《諸公主傳》)汾陽王郭子儀"前後賜良田美器，名園甲館，聲色珍玩，堆積羨溢，不可勝紀"。(《舊唐書》卷一二〇《郭子儀傳》)這些都是明顯的例子。給皇族專管莊田的有內莊宅使，《金石萃編》卷一一八著錄《內莊宅使劉遵禮墓志》，說莊宅使管理"上第甲田，職夥吏繁"。可見是一個管理良田美宅多，職務極其繁重的部門。

在唐長安近郊，莊園佈列，向府縣納租，屬於農民自有的土地大概不多。從其性質說，大概有如次一些種類：1. 供遊賞讌宴的山池園亭。2. 供個人優遊逸居的別墅別業。3. 作爲一個家族的產業而置備的莊或別業。4.寺院的莊田。5.墳墓的下帳和灑掃田。茲分別述之。

　　屬於第一類的,由於和大明宮、興慶宮接近,唐長安城東郊,滻灞兩河流域的大片地面,多被皇族和權要的山池園林所佔據,成爲少數人春秋遊賞,夏日納涼的非生產性的宴樂地區,唐高宗的女兒太平公主,唐中宗的女兒長寧公主,唐玄宗時薛王李業,寧王李憲,駙馬崔惠童,權相李林甫等,都在城東有花木繁盛,臺榭輝映,小橋流水,曲折幽邃,面積很大的別業。沈佺期有《陪幸太平公主南莊》詩:"主第山門起灞川,宸遊風景入初年。鳳凰樓下交天仗,烏鵲橋邊敞御宴。往往花開逢綠石,時時竹裏見紅泉。今朝扈畢平陽館,不羨乘龍雲漢邊。"(《全唐詩》二函五冊)韓愈亦有《太平公主山莊》詩:"公主當年欲占春,故將臺榭押城闉。欲知前面花多少,直到南山不屬人。"(《韓昌黎集》)《舊唐書》卷八《玄宗紀》,開元十八年四月丁卯,"侍臣以下讌於春明門外寧王憲之園池。上御花蕚樓邀其回騎,便令坐宴,遞起爲舞"。《冊府元龜》卷三一九《宰輔部·褒寵門》:"李林甫爲相後,天寶中任遇大重,……城東有薛王別業,林沼幽邃,當時第一,特以賜之。"可見這一地區,由於皇族和權要官僚的奢侈生活,曾盛極一時,灞滻之間,有"三輔勝地"之稱(麟德元年《何剛墓志》)。又天寶時樓穎有《東郊納涼詩》,序言中說:

　　　　僕三伏於通化門東北數里避暑之地,地即故倅天官顧公之舊林,今貳宰君李公之別業。右抵禁籞,斜介沁園。雲水相揮,步虹橋而下視;竹林交映,弄仙櫂而傍窺。足滌煩襟,陶蒸暑,獨往成興,恨不與諸公共之。(《全唐詩》三函九冊)

劉禹錫《城東閑遊》詩:

　　　　借問池臺主,多居要路津。千金買絕境,永日屬閑人。竹逕縈紆入,花木委曲循。斜陽衆客散,空鎖一園春。(《劉夢得詩集》卷三)

　　從以上兩段詩文看,當時唐長安城東郊,灞滻之間實際是在皇族和權要官僚意圖下佈置成的遊覽區。唐代詩人多有遊城東的詩,錢起有《太子李舍人城東別業》、《陪考功王員外城東池亭宴》、《仲春宴王補闕城東山池》詩,杜甫有《懷灞上遊》詩,白居易有《城東閑遊》詩等都是。此等園林別業或者其中的某一些,似乎還具有某種公園性質,一般士大夫知識分子都可進入遊賞宴樂,顯示了唐長安東郊文化發展的一種情況。杜甫還有《崔駙馬山池宴集》詩(《分門集注杜工部詩》卷一〇),崔駙馬卽崔惠童,是唐玄宗的女兒晉國公主的丈夫。又《全唐詩》四函八冊有《崔惠童宴城東莊》及其弟《崔敏童宴城東莊詩》各一首,可見山池亦名莊,但依此類莊的性質言,名曰山池,似乎更合適些。

　　唐長安近郊的另一個莊園集中的地區,是南郊出產最豐富,風景最優美的樊川。這一廣大地區的莊園性質,和東郊的基本相同,但有某些區別,首先一點是這一帶是唐代韋杜兩姓世代貴族聚居之處,依靠封建門第傳統勢力保護,比較穩定。不像東郊的那些莊園,主要以一時的政治勢力爲背景,因而有忽起忽滅的現象,如太平公主城東的園池,固然盛極一時,皇帝也曾去遊覽,但旋即失敗,被沒收,"賜寧、申、薛、岐四王,都人歲祓禊其地"。(《新唐書》卷八三《諸公主傳》)

其次這一地區的莊園似乎主要是屬於第二類的,即主要是供個人優遊逸居的別墅別業。此類莊園持續的時間久,和士大夫知識分子接觸的多,因而更多見於唐代詩文的吟詠記述稱揚,而名聲益著,後世人不斷前往尋訪,而成爲名勝古蹟。如何將軍山林,鄭駙馬池臺(《分門集註杜工部詩》卷一〇),牛僧孺樊鄉郊居(《新唐書》卷一七四《牛僧孺傳》),杜祐城南別墅(《舊唐書》卷一四七《杜祐傳》)等都是。此等莊園內部布置精美,故極適合於官僚士大夫的優遊逸居,茲節錄唐權德輿撰《司徒岐公杜城郊居記》,略見一般情況。司徒岐公即杜祐。

啓夏門南出凡有十六里,而仁智之居在焉。縈迴巖巘,左右勢勝,徑衢逶迤於木表,臺亭塞產於山腹,下崇崗,冒青蒼,步履平夷,以至於堂皇四廠,實楊中容。……乃開洞穴,以導泉脈,其流泠泠,或決或渟,激而環紆,瀑爲玉聲,初蒙於山下,終進於池際,白波淪漣,繚以方塘,輕艫緩棹,沿洄上下。(《權載之文集》卷三一)

前引《舊唐書·杜祐傳》亦說:"佑城南樊川有佳林亭,卉木幽邃,佑每與公卿讌集其間,廣陳伎樂。"又說:"杜城有別墅,亭館林池,爲城南之最。"

在唐代此等美好莊園大概很有被皇族勢家奏奪的可能,故杜佑事先提出皇族詔令和杜家鄉里來作保障,他在《杜城郊居王處士鑿山引泉記》一文中說:

或曰茲地頗堪遊玩,深慮勢家凌奪。佑以爲不然。聖主明君,固當制抑。神龍中故中書韋嗣立驪山幽棲,谷莊實爲勝絕,中宗愛女安樂公主恃寵懇求,竟不之許,曰大臣產業,宜傳後代,不可奪也。……貞元中族叔司空黃裳,時任太子賓客,韋曲莊亦謂佳麗,中貴人復以公主愛賞,請買賜予,德宗不許,曰城南是杜家鄉里,終不得取。(《全唐文》卷四七七)

此外據唐人詩集知岑參、郎士元、韓愈、鄭谷、權德輿、元稹、貝半千等都在樊川有此類莊園。王維、裴迪、崔興宗在長安附近另一個莊園中集中地區藍田輞川莊亦屬此類。韓愈的城南莊到宋代還存在,宋張禮《遊城南記》說:"韓店即韓昌黎城南雜題,及送子符讀書之地,今爲里人楊氏所有,鑿洞架閣,引泉爲池。"輞川即因王維的詩而成爲名勝地區。杜甫也曾到輞川,他的詩題《九日藍田崔氏莊》(《分門集註杜工部詩》卷四)說的就是崔興宗的莊。杜佑的別墅,在今朱坡附近,到其孫詩人杜牧時又加修治,唐裴延翰撰《樊川文集序》說:"長安下杜樊鄉酈元注水經實樊川也。延翰外曾祖司徒岐公(即杜佑)之別墅在焉,上五年冬,仲舅(即杜牧)自吳興守拜考功郎中知制誥,盡吳興俸錢,創治其墅。"有九曲池,玉鈎亭等建築。總之唐代士大夫在作官弄到錢後,多在長安附近,選擇幽勝,競治別墅,中國特具風格的庭園藝術得到很大發展。

　　在樊川一帶似乎亦有屬於第一類性質，任人遊賞的莊園。鄭谷在《遊貴侯城南林墅》詩說的卽是一例：

　　　　韋杜八九月，亭臺高下風。獨來新晴後，閑步淡煙中。荷密連池綠，柿繁和葉紅。主人貪貴達，清
　　境屬鄰翁。（《全唐詩》十函六冊）

　　屬於第三類，卽作爲一個家族的產業而置備的莊或別業，在唐長安近郊，以至京兆府所屬各縣，眞是星羅棋布，無法列舉。但發展規律亦約略可尋，卽封建官僚地主基本物質需要，須由土地求得滿足，因而一個地主在不同地區要求有不同性質的莊，如爨炊用薪要有柴莊，宋敏求《長安志》卷一五《鄠縣志》：

　　　　雲際山大定寺，內有李順興先生古記云，……順興自魏武之始隱居此山，……其地舊有寺，周武末
　　寺廢，至大業中，乃以此地賜駙馬都尉吳國公尉遲安爲柴莊。

　　唐人愛馬，官僚貴族多有馬，而養馬得有牧地，因此亦應有牧莊之類。唐玄宗曾詔令“兩京去城五百里內不合置牧地”（見前）。但顯然沒有行通，前引孫樵《興元路新記》文中卽說，郿縣山內“自黃峰洎河池關，中間百餘里，皆故汾陽私田，嘗用息馬至萬蹄”。郿縣去長安不到五百里。

　　官僚貴族祭享日常食用，需要大量花木菓蔬。唐長安西郊爲一大產地，因而豐樂鄉有郭橐駝種樹能手（見前）。因此不少官僚貴族在城西有園林。前記長安縣司農鄉，曾說安樂公主城西莊有趙履溫專管種植，所種植當是花木菓蔬。而唐德宗爲酬李晟平朱泚亂的大功，賞賜李晟的亦有“延平門之林園”（《舊唐書》卷一三三《李晟傳》）。

　　但最重要的恐怕還是生產糧食的莊，前邊已說郿縣和長安近郊土地爲左右神策軍霸佔的情況，而涇河流域的鄭白兩渠的灌區，亦是此類莊園的集中地區。前引《舊唐書》說唐德宗賞賜李晟的除延平門之林園外，還有“涇陽上田”。皇帝賜田能在這裏，可見必有衆多豪族莊田。此等莊園還有另一種情況，卽紛紛霸佔水力，設立碾磑。連皇帝的公主亦屬入其間，而有脂粉磑，實卽脂粉莊之稱。《冊府元龜》卷四九七《邦計部·河渠二》說：

　　　　先是大曆初李栖筠爲工部侍郎，時關中沃野千里，舊資鄭白二渠，爲豪家貴戚壅隔，上流置私磑百
　　餘所，以收末利，農夫所得十奪六七。栖筠舉奏其弊，悉毀拆之，人大賴焉。……又一云：帝以是年（大
　　曆一三年）有詔，毀除白渠水支流碾磑，以妨民溉田。昇平有脂粉磑兩輪，所司未敢毀撤。公主見代宗
　　訴之。帝謂主曰：“吾行此詔，蓋爲蒼生耳，爾豈不識我意耶？可爲衆率先。”公主卽日命毀。由是勢門
　　碾磑八十餘所皆毀之。

　　此文記大曆初年李栖筠已經“舉奏其弊，悉毀拆之”，而大曆十三年又毀八十餘所，可見所謂毀，實不過是空言。又段成式《酉陽雜俎》卷一三《尸穸》條說：“劉晏判官李邈莊在高陵，莊客懸欠租課積五六年。邈因官罷歸莊，方欲勘責，見倉庫盈羨，輸尙未畢。”一個判官，當然

說不上是勢家，但一回到莊，農民即趕緊交納懸欠五六年的租課，可見地主的厲害。

此類一般官僚地主的莊，大概經常互相買賣，因而在長安附近一個地主可以有數處別業，如"岑嘉州有杜陵別業，有終南別業，而石鱉谷、高冠谷皆有其居"。（宋張禮《遊城南記》）岑參是唐初名臣岑文本的族裔，世代官宦，故能買置莊田多處。又白居易在祭弟文中用口語表示親懇的說："下邽楊琳莊今年買了，並造堂院已成。往日亦曾商量他時身後，甚要新昌西宅，今亦買訖。"（《白氏長慶集》卷六十）是白氏兄弟曾商量買莊，現在買了，而愛弟已死，故仍在祭文中告知，可見地主對莊園的關心。

白居易說買得楊琳莊，還新造了堂院，是地主對莊田的建置。權德輿在《謁昭陵過咸陽墅》一詩中也說到建置莊園的情況，節錄如下：

> 季子乏二頃，楊雄才一廛。伊予此南畝，數已過前賢。……乃葺場圃事，迄今三四年。適因拜昭陵，得抵咸陽田。田夫競致辭，鄉毫爭來前。林盤即羅列，雞黍皆珍鮮。……塗塗溝塍霧，漠漠桑柘煙。荒蹊沒古木，精舍臨清泉。……（《權載之文集》卷一）

權德輿是唐憲宗元和年間的宰相，作的詩也不少。此詩標題曰墅，從詩的內容看，實際是經營農業生產的。因此名曰莊似乎更合適些。舊日中國北方把農作物叫莊稼，把農民叫莊稼漢，蓋和此類莊園有關。權德輿大概和劉晏的判官李遜一樣，忙於做官，故在咸陽莊田買置後三四年，才得到莊上去看。這個莊大概不小，路看不到頭，所謂"荒蹊沒古木"，內邊有坊圃可供農作，有溝塍可資灌溉，有桑柘可以養蠶，有臨流精舍可供地主居住。而為生活所迫，不得不耕作人家土地的莊客，知道地主駕臨，老的少的都來說話問候，做好飯給地主吃，簡單描繪出了唐長安附近地主莊園的景象。

作為封建社會的支柱，寺院莊園的發展，在唐代初年即已引人注目。唐高祖李淵在武德九年曾有詔書說："妄為剃度，託號出家，嗜欲無厭，營求不息，出入閭里，周旋闤闠，驅策田產，聚集貨物，耕織為生，估販成業。"（《舊唐書》卷一《高祖本紀》）具體事例，如《高僧傳》二集卷三九有《慧胄傳》，說慧胄"後住京邑清禪寺，草創基構，並用相委，四十餘年，初不苦倦。故使九級浮空，重廊遠攝，堂殿院宇，眾事圓成。所以竹樹繁森，園圃周繞，水陸莊田，倉廩碾磑，庫藏盈滿，莫匪由焉。京師殷有，無過此寺"。據傳知慧胄死於唐太宗李世民貞觀初年。由此段文字看，清禪寺肯定是在唐長安近郊，但不知其確切位置。依此段文字看，清禪寺是由慧胄的苦心經營，才發展成了具有水陸莊田的殷有寺院，和李淵詔書指責的完全相合，但顯然，李淵的話並未發生作用。

在唐代中葉後，由於貴族官僚的推波助瀾，寺院莊園更有新的發展。《舊唐書》卷一八四《魚朝恩傳》：

> 大曆二年，朝恩獻通化門外賜莊為寺，以資章敬太后冥福，仍請以章敬為名，復加興造，窮極壯麗。

以城中材木不足充費，乃奏壞曲江亭館，華清宮觀風樓，及百司行廨，將相沒官宅舍給其用。土木之費，僅逾萬億。

宋張禮《遊城南記》亦說：

> 章敬寺，《長安志》曰，在通化門外，本魚朝恩莊也，後爲章敬皇后立寺，故以爲名。殿宇總四千一百三十間，分四十八院。以山江亭館，華清宮觀風樓，百司行廨，及將相沒官宅舍給其用。

可見這個寺院規模之大，實可與當初武則天女兒太平公主的山莊相頡頏，反映了唐長安東郊滻灞之間的貴族氣氛。依《舊唐書》及宋敏求《長安志》言，這個寺的位置當在萬年縣的滻川鄉或長樂鄉內。但實際唐中葉後的情況是絕不止此一寺爲然。"凡京畿之豐田美利，多歸於寺觀"。(《舊唐書》卷一三八《王縉傳》)可以想見其形勢。總之，寺院和世俗莊田的關係，由於政治的和宗敎迷信的種種原因，旣互相轉化，亦相應滋生，凡是貴族官僚莊園集中的地區，卽亦多有寺院。

唐長安城內，更是各種寺觀集中之處。在唐文宗李昂開成和武宗李瀍會昌年間，曾在長安居住的日僧圓仁，在他的《入唐求法巡禮行記》中說："長安城內佛堂三百餘所，佛像經樓裝校如法，盡是名工所作，一個佛堂院敵外州大寺。"城內的這些寺院也和城內的官僚貴族一樣，都在城郊設法霸佔土地。陝西省博物館碑林存有柳公權書的《大達法師玄秘塔碑》，碑陰刻有等於買地券的莊宅使牒，說安國寺在萬年縣滻川鄉陳村置莊一所，有房舍三十九間，雜樹四十九根，地一□畝九分，估價一百三十八貫五百一□文。安國寺在長安城內的長樂坊，而在城外滻川鄉置莊，可以想見其他寺院亦是如此。

關於寺院佔據莊田的具體情況，因文獻缺乏，記錄不多。《金石粹編》卷一一三著錄有大和乙卯年立的《重修大象寺碑》文，(陝西省文管會調查，此碑尚存，在鳳翔縣東北，萃編著者謂在隴縣不確)內記該寺"管莊大小共七所，都管地總五十三頃五十六畝三角"，又《金石續編》卷一三著錄宋淳化三年立的《廣慈禪院莊地碑》文，內記該寺接受晉昌軍節度使安審琦施捨的萬年縣春明門莊和涇陽縣臨涇敎坊莊各一所，前者稱爲東莊，共地十七頃三十四畝二分，後者稱爲北莊，共地四十頃三十六畝。這兩事例，一地不屬唐京兆，一時已晚到宋代，但似仍可作爲研究長安郊區寺院莊田的參考。又《廣慈禪院莊地碑》記春明門莊地段四至，中有一段說："一、沈香亭垟東道南掘地，南北長二百一十六步，南北各闊一百六十八步，計一頃五十一畝二分，東自西九龍池南古垟。"此碑立於淳化三年，卽公元九九二年，距唐朝滅亡不到一百年，而興慶宮早已變爲莊田，有名的沈香亭成爲地界的座標，這些變化說明沒有人民基礎的東西，是很難長久存在的。

在唐代西安近郊和咸陽原上，都是重要的墓葬區。這些邱壠累累，還有大片松柏樹林的墓羣佔去多少生產地面，無法估計。但很顯然墳墓也成爲地主階級發展莊園的一個方面，

《舊唐書》卷八《玄宗紀》開元二年條說："且墓爲貞宅，自有便房，今乃別造田園，名爲下帳。"下帳不知何義，但旣造田園，當然具有莊園性質。《續陝西省通志稿》卷一五一《金石門》著錄《唐石忠政墓志銘》，略云："府君八十有二，終於長□二年七月十日，以其年八月二十二日葬於城西小巖村，長子義亡後，亦葬於□□□□□元年，當家□□□□□鄉南姚□□掃灑莊一所，遂再□□□其莊東南□十步。"此墓志缺文太多，不能通讀，但謂在某某鄉南姚里置或造掃灑莊一所，却十分明確，下帳或卽掃灑莊之別稱。此類莊田建造太多，以致皇帝下令禁止。

　　以上僅是一種簡略敍述。可以想見當時長安郊農民，由於各種莊園布列，特別一些非生產性的莊佔據廣大地面，農民極端缺乏土地，以致不得不忍受高額地租，唐代的政論家陸贄爲此曾大聲疾呼：

　　　　今京畿之內，每田一畝，官稅五升，而私家收租，殆有畝至一石者，是二十倍於官稅也，降及中等，租猶半之，是十倍於官稅也。（《陸宣公奏儀》卷一五）

三、生產和人民生活

　　解放以來，西安地區發見的唐墓志中，有一些看來是勞動人民的墓志，利用一塊磚，刻或寫上簡單樸素的語句，和一些達官貴人的體積龐大，雕飾華麗，文字繁縟，夸耀門第，歌功頌德的墓志銘，構成鮮明對照。這些人的姓名，很少見於士大夫知識分子的筆記文獻，成爲歷史研究上一大缺憾。現在有了這些材料，使人似乎能夠接觸到古代鄉村勞動人民的生活實貌，數目雖然不多，性質却很重要，因此在此段文章前，願意首先介紹幾塊此類墓志。

　　　　《李文都磚銘記》
　　　　維大隋大業元年歲次己丑二
　　　　月壬戌六月丁卯雍州大
　　　　興縣安盛鄉民李文都銘
　　　　記

此銘記一九五四年由西安東郊郭家灘區出土，李文都是安盛鄉，葬地可能卽在此鄉內。

　　　　《尹張氏磚墓記》
　　　　□貞觀廿二年三月□□日雍州
　　　　高陵縣修眞鄉尹客仁母夫人
　　　　張氏之靈權殯於萬年縣滻
　　　　川鄉尹寶□兆內殯

此墓記一九五五年亦郭家灘區出土，尹克仁是高陵縣人，蓋係寄居滻川鄉的客戶。

　　　　《劉世通妻王氏磚志》並蓋
　　　　大唐雍州長安縣龍

首鄉興台里
永徽元年歲次庚戌
四月己巳朔五日癸
酉故劉世通夫人王
氏人世飄忽以奄從
風燭葬於興台村南
三百步天地久田成
碧海故勒此碑用旌
銘記

此墓志一九五五年出土於西安西郊小土門村。興台里屬長安縣龍首鄉,(見前)劉世通當即此鄉人。未書任何官職,必是長安郊區一普通人戶。做法頗特別,有墓志形式,但却稱碑,蓋僅篆刻"大唐永元"四字,似即永徽元年之略。志文簡樸有致,書法筋骨有魏意,極覺可愛,似爲工人之文直接刻於磚上的。

《王氏婦□氏磚墓志銘》
乾封元年六月廿六日□□□□
王氏之婦□氏墓志銘□□
痛結□□顯隱途寧□□代□□□
十一□□□明四德持操如形影□
□執禮闍□軌□悅服中乎□□□□
尊奉上姑舅美稱運□□□奄□物故□□
風慘□□□傷悲□□□□□□□
乎哀哉乃爲銘曰
□儀蹈理溫良爲則□□□□□
明四德□□□□□□□□□□
□□□□□□□□□□□□□
□□□□□□□□□□□□□

一九五四年西安東郊郭家灘區出土。文係墨書磚上,多磨滅不清。郭家灘區出土墓志包括唐代數個鄉名(見前),不知王氏是何一鄉人。

《王藏子妻吳氏波奈羅墓記》
雍州明堂縣進賢鄉
吳氏女波奈羅碑
銘王藏子妻也

　　　　儀鳳三年五月六日

　　　　記

　　此記墓磚一九五六年於西安東郊韓森寨區出土。唐進賢鄉可能距此地不遠。王藏子當即此鄉人。波奈羅似爲佛敎名稱，可見當時佛敎在農村的影響。

　　　　《母丘令恭磚墓志》

　　　　開元十八年十月

　　　　十日母丘令恭

　　　　亡卜於此殯

　　此記墓磚一九五五年亦韓森寨區出土。母丘令恭是否亦進賢人，不能確定。

　　　　《楊大娘磚墓記》

　　　　開元廿八年

　　　　六月廿四日殯

　　　　楊大娘

　　此記墓磚亦一九五五年韓森寨區出土。書法極稚樸，似是僅識文字，或初入學的兒童自行刻在磚上的。唐人習慣，請人撰寫墓志，例須付錢，窮人無錢，自得自行書刻。又中國北方，把父之嫂亦稱大娘，此稱楊大娘，似是孤寡老婦，別人代辦殯葬者。

　　　　《阿娘磚墓記》

　　　　咸通十五年　　阿娘墳墓

　　　　孟元簡　　（此處之字不淸，似爲月日）

　　一九五五年西安東郊高樓村出土。在唐代當屬滻川鄉地。是孟元簡給他母親刻的。簡單不成志體，書法亦極稚樸，却給人一種深刻的眞摯感。解放後出土唐代墓志，證見滻川鄉多有官僚地主別業莊地。孟元簡可能是此等地主的莊戶。

　　此類墓志還有一些，不盡抄了。可以想知，唐長安郊區的各種生產工作，主要是由這些人來負擔。

　　在唐長安郊的各種生產事業中，當然農業仍佔主要地位。從上一節的敍述已經可以看出由於莊園經濟的發展，農民不得不擔負高額地租，因此他們雖然辛勤勞動，土地還是在不斷失掉，白居易有《觀刈麥》詩（《白氏長慶集》卷一），是他作盩厔尉時作的。這首詩的前一段，寫的是男女老少農民工作忙的情況，說："田間少閒月，五月人倍忙。夜來南風起，小麥覆隴黃。婦女荷簞食，童稚攜壺漿。相隨餉田去，丁壯在南岡。足蒸暑土氣，背灼炎天光。力盡不知熱，但惜夏日長。"關中農民至今把收麥稱爲龍口奪食，緊張異常，女人小孩送飯送湯，丁壯在烈日下不知疲倦的工作，勞動人民爲社會創造財富的緊張活動，在這幾句詩中集中描繪出來了。這首後一段寫的是因失掉土地拾麥充飢的婦人：“復有貧婦人，抱子在其傍。右手秉遺穗，左臂懸弊筐。聽其相顧言，聞者爲悲傷。家田輸稅盡，拾此充飢腸。”他還有《杜陵叟》詩（《白氏長慶集》卷三），亦是說農民因納稅，不得不典桑賣地。白詩雖說的是納稅，實際主要是地租。在此種情況下，農民生活異常貧困，“迴顧村閭間，十室八九貧。北風利如劍，布絮不蔽身。唯燒蒿棘火，愁坐夜待晨。”（《白氏長慶集》卷一）郊區農民失掉土地，當有不少人走入城市，當手工業者、韓愈《圬者王承福傳》（《朱文公校韓昌黎集》卷一二）說，王承福原是長安農，被迫去當兵，及至復員回來，家裏土地已沒有了，只得跑進長安城裏當泥水匠，即是一例。靠山的人則只得種山，錢起有《觀村人牧山田》詩（《錢考功集》卷三）前段說：“六府且未盈，三農爭務作。貧民乏井稅，瘠土皆墾鑿。禾黍入寒雲，茫茫半山郭。”錢起在藍田輞川有莊，這首詩大概描寫的是藍田農民種山田的情景。

郊區農民居住的房屋，當然是簡陋的。杜甫有《夏日李公見訪》詩（《分門集註杜工部詩》卷二〇），其中有幾句可以使我們想見當時唐長安城南樊川一帶農民家屋的形狀：“隔屋喚西家，借問有酒不？牆頭過濁醪，展席俯長流。”隔屋可以問話，牆頭可以送酒，可見房的簡單，牆的低矮。和那些有亭臺樓閣的別墅比較，亦成鮮明對照。

其次一項主要生產工作，是燒木炭。唐長安城內的皇族和官僚貴族大概需用很多木炭，都要由靠近南山的農民負責燒造。這一帶的農民，可能被編爲炭戶，世代以燒炭爲業。在唐代爲運輸南山木炭，曾特別修有漕渠。京兆尹許多都帶有木炭使名義。《唐會要》卷六六“木炭使”條說：

> 天寶五載九月，侍御史楊釗充木炭使。永泰元年十月，京兆尹黎幹充木炭使。自後京兆尹常帶使。至大曆五年停。貞元十一年八月戶部侍郎裴延齡充西京木炭採造使，十二年九月停。

燒造木炭要由京兆尹挂帥辦理，可見是一項重要任務。炭戶燒造木炭，備受勒索訛詐。前引《法苑珠林》卷一七，說靈泉鄉里長程華，訛詐窮苦炭丁的事，即是一例。那段文章後段說，炭丁被迫無法，只得再借錢給程華，但不久程華即死亡，炭丁家裏母牛適生一犢，額上有程華二字。這當然是無稽之談，但反映了農民羣衆對借勢欺壓剝削人民的里長的憤恨心理。

炭丁的生活，當然極其困苦。白居易有《賣炭翁》詩（《白氏長慶集》卷四），描寫了一個做此項營生的人的形象：“賣炭翁，伐薪燒炭南山中。滿面塵灰烟火色，兩鬢蒼蒼十指黑。賣炭得錢何所營？身上衣裳口中食。可憐身上衣正單，心憂炭賤願天寒。”南山農民蓋能燒造上好木炭，至今還有一種用名叫青岡龍柏樹材燒成的木炭，橫斷面有花瓣紋，叫菊花心，敲之作金聲，火力強，燒燃時間亦長。

第三項主要生產工作，是製造磚瓦。唐長安城內的皇族和官僚貴族，不斷的修造高大房屋，當然需要很多磚瓦。此項工作，恐怕主要由官匠戶負擔。解放後在興慶宮遺址發掘的磚，上面有的印有官磚字樣。在大明宮遺址範圍內，作者曾見到不少殘磚上面印有官匠戶某某字樣。前節長樂鄉考中曾有一九五六年出土的龍朔元年《內侍省內寺伯段伯陽墓志》，說是"葬於萬年縣長樂鄉界南窰村西南一百步"。今西安郊區東西南面，都有村名南窰或北窰，但有作姚的，可能是以職業爲姓。這些村名可能都是唐代遺留下來的。以窰爲名，當時必是專門燒造磚瓦陶器的村落。可惜我暫時舉不出有關這一方面具體事跡來。

第四項主要生產工作，可能是經營菓樹菜圃。地區可能主要是在城西。柳宗元有《寄許京兆孟容書》（《註釋音辯唐柳先生集》卷三〇），說他在長安的家，"城西有數頃田，樹菓數百株"。同書卷一七有《種樹郭橐駝傳》，說郭橐駝是長安城西豐樂鄉人。善種樹，"凡長安富豪家爲觀遊及賣菓者皆爭迎取養，視駝所種樹或移徙無不活，且碩茂早實以蕃"。

前引《唐會要》卷六六"木炭使"條後段說：

> 七年（貞元）十月，司農卿李模，有罪免官。初，司農當供三宮多菜二千車，以度支給車價稍賤，又阻雨不時，菜多傷敗。模以度支爲辭。上責其不先聞奏，故免之。

僅供宮廷多菜，就要二千車，可見唐長安郊區每年要生產很多菜蔬。但不知是否有專門菜戶。

第五項主要生產工作，可能是漁獵。唐朝政府有明文規定在長安近郊三百里內皆不得弋獵採捕（見後）。但王昌齡詩有"小弟家鄉尚漁獵，一封書寄數行啼"，（全唐詩二函十冊《別李浦之京》）等句。因此，這些似是專供官僚貴族吃食祭享之用的漁戶或獵戶，但無其他資料可資證明。

最後一項，特別在通往關東的大路上，尚有不少開設店舖，以謀生活的。《舊唐書》卷七四《馬周傳》說：

> 馬周……少孤貧，……落拓不爲州里所敬。……遂感激西遊長安，宿於新豐逆旅。主人唯供諸商販，而不顧待，周遂命酒一斗八升，悠然獨酌。主人深異之。

新豐在唐代以出美酒名。從這段文字，可以想見當時旅店商販顧客之多，主人來往應承，對於行李蕭條的馬周，不免有所疏忽。又在昭應（今臨潼）華清宮和長安城中間，往來人員當然衆多，曾有不少零星商販。《開元天寶遺事》有"歇馬杯"條說：

> 長安自昭應縣至都門，官道左右村店之民，當大路市酒，量錢多少飲之。亦有施者。故路人號爲"歇馬杯"。

唐長安郊區的生產事業和人民生活，當然決非如此簡單。這裏僅是就筆者個人的認識，列舉認爲是主要者如上。當然在郊區農村中亦有土著地主階級，一九五五年西安出土的《張難墓志》，似即爲其中之一家。略謂："祖仁居貞履素，業重丘園。父德寶粹含貞，賞清林壑。君以志堅金石，常懿報國之心；操潔冰霜，果徇捐生之分。以前後征討有功，遂加上騎都尉。

然而忠誠顯節,履危陣而愈勤,斬將搴旗,赴轅門而彌固。爲從軍得患,逐歸家而不仕。養疾私庭,時敦妙賞;乘閑虛室,每重玄書。……以龍朔三年歲次癸亥十二月庚辰朔十三日壬辰,卒於潏川鄉里第。"

唐人家在城內,而在城外或別處買置莊田的多稱別業,亦有稱墅、別墅或別莊的。此稱"潏川鄉里第",當是當地住戶。此志未記張難祖若父曾居任何官職,然而生活很好,張難從軍雖掙得上騎都尉,旋卽回家養疾,優游念佛。以此等情況看,張難無疑是潏川鄉一家土著地主。但是此種人家,在郊區恐爲數不多。在有關潏川鄉的四十多方墓志中,絕大多數都是注明死在別處,埋葬此鄉,說是"卒於潏川別業"的,亦不少,如開元十六年的《蹇如珪墓志》,大中四年的《左武衛倉曹參軍丘君妻柳氏墓志》等都是。但是像張難一樣的墓志,却未另見。這說明一種情況,卽唐長安郊的土地,多被官僚貴族地主霸佔,卽普通土著地主亦爲數不多,農民不能自己保有土地,更不待言。

此外,和郊區人民生產生活有關的渠道陂池,亦應於此附帶略述。

西安郊區,在古代不像現在這樣乾枯。有很多渠道陂池。據宋敏求《長安志》卷十二和十一所記在長安萬年縣境的有:

永安渠　隋開皇三年自城南香積寺附近,引交水西北流入城,由大安、大通等坊,經西市之東,北流入禁苑。此渠開鑿目的,似主要爲解決禁苑用水。

清明渠　隋開皇初自城南引潏水入城,經安樂、昌明等坊,流入皇城、宮城,瀦爲數個海池。此渠開鑿目的,似主要爲美化皇城、宮城風景。

龍首渠　隋開皇三年自城東南龍首鄉馬頭埪引滻水西北流入城,此渠在唐代曾多次引伸,分爲數枝,流入大明宮禁苑者,瀦爲凝碧、積翠、太液等池;流入興慶宮者,灌爲興池、九曲等池;亦有引入皇城、宮城匯爲池沼的。此渠開鑿目的,似與清明渠同,主要爲美化皇族居處環境而供遊賞。

黃渠　此渠不知何時開鑿。徐松《唐兩京城坊考》卷三引《劇談錄》曰:"曲江池本秦時隑州,唐開元中疏鑿爲勝境。"駱天驤《類編長安志》卷六:"黃渠自南山東義谷堰水由少陵原至杜陵南,分爲二渠,一灌鮑陂,一北入曲江。"是此渠開鑿當在玄宗開元時,目的爲增加曲江池水量。

永通渠　宋敏求《長安志》卷十二"長安縣":"永通渠,隋開皇四年開,起縣西北渭水興城堰。初名富民渠,四年改。"但同卷"漕渠"條又說:"漕渠唐天寶二年京兆尹韓朝宗引渭水入金光門,置潭於西市,以貯林木。"(《舊唐書·玄宗紀》作天寶元年)同是自城西北引渭水,應爲同一渠。是此渠目的在運輸木材。

漕渠　《舊唐書》卷十一《代宗紀》,永泰二年"九月庚申,京兆尹黎幹以京城薪炭不給,奏開漕渠，自南山谷口入京城，至薦福寺東街，北抵景風延喜門入苑，闊八尺，深一丈"。是此渠之開，主要爲給皇族運輸薪炭。

此外，《新唐書》卷三十七《地理志》，"鳳翔府寶雞縣"條下有"東有渠，引渭水入昇原渠，通長安故城，咸通三年開"。等語，隨接在"虢縣"條下，亦有"又西北有昇原渠，引汧水至咸陽，垂拱初運岐隴水入京城"。等語。寶雞和長安相距很遠，中隔渭水，引渠似不可能。在年代或說咸通，或說垂拱，亦很錯亂。

關於陂池，著名的有：

昆明池　西漢武帝時開鑿，是長安附近最大的人工湖，持續的時間也最長。在唐代初年似乎還是重要遊宴場所。唐高祖李淵武德三年六月、五年正月、六年三月、九年三月，唐太宗李世民貞觀五年正月，都曾幸昆明池，宴會百官。(《舊唐書》各本紀及《冊府元龜》卷七九帝王部慶賜一、二)此地在唐代爲皇室直接所有，並由京兆尹維修。但在曲江池興起後，即失去遊賞地位。

定昆池　宋敏求《長安志》卷十二："定昆池在縣西南十五里，《景龍文館記》曰，安樂公主西莊，在京城西延平門外二十里司農鄉。趙履溫種植，將作大將楊務廉引流疏鑿，延袤十數里，時號定昆池。"但此池保持時間似乎很短，安樂公主失敗後，即無消息。

皇子陂　亦名永安陂。在城南樊川，周圍七里，水上可以泛舟，在唐人詩篇中，常可以看到這個地名。

另外，據宋敏求《長安志》所記，著名陂池，在長安縣境的還有河池陂(亦名女觀陂)、雁鶩陂(方六頃)、鶴池(在縣西一〇里)、盤池(在縣西北二〇里)等，在萬年縣境的還有豐潤陂(在縣東北二五里，周圍六里)、洛女陂(在縣東一五里)、鮑陂(《冊府元龜》卷四九七《邦計部·河渠門》謂，隋開皇五年改名桂陂)等。

由上可見，唐長安近郊，實是渠道縱橫，陂澤羅列，這對於交通運輸，農田灌漑，蒲葦魚蝦水產，應該是便利豐富的。但由於當時的封建特權社會制度的關係，郊區的這種優厚的自然條件，未能發生於人民生產上有利的作用。首先是郊區農民不能利用上述渠道灌漑田地，這有明文規定，《新唐書》卷四八《百官志》："都水監掌判監事。凡京畿諸水灌漑盜費者有禁。水入內之餘，則均王公百官。"就是說京畿各水首先要保證皇族享用，其次是均分王公百官，去作園亭池沼。生產灌漑，則禁止使用。"開成二年，崔珙爲京兆尹。京畿旱，奏漊水入內者，十分請減九分，賜貧民漑田。從之"。(《唐會要》卷六六"京兆尹")急用時要請，平時不請不得用可知。其次是蒲葦魚蝦之利，也都被霸佔，人民也不能自由採捕。這也有明文規定。"凡京兆河南二都，其近爲四郊，三百里內皆不得弋獵採捕"。(《舊唐書》卷四三《職官志》)這大概有數種用意，一是保證宮廷吃食祭祀之用；二是留作官僚貴族遊獵行樂；三是要徵稅。因此，唐德宗貞元十三年，濬修昆明池後，特令免徵近水之人的採捕租稅，而被認爲是一項莫大恩惠。(《白氏長慶集》卷三《昆明春冰滿》詩）鄠縣的渼陂在唐敬宗寶歷二年，被收由宮廷的尚食監直接管理，"勅鄠縣渼陂宜令尚食使收管，不得令雜人採捕"。(《冊府元龜》卷四九《邦計部　河渠門》)第三，由於從各方面雍堰，把水向城裏引，以致宣洩不暢，郊區經常發生嚴重水災。元和七年"六月庚寅，京師大風雨，……水積城南深丈餘"。(《舊唐書》卷三七《五行志》)唐代文獻記載城內水災多起，郊區都被忽略了，這一條記錄了郊區的一種情況。

　　最後，《南部新書·丁》還有一條說："天下貢賦，惟長安縣貢土，萬年縣貢水。"似是皇族宮廷修建用土和日常飲食甜水亦要由此兩縣人民供給。

1962.7.12 於陝西省博物館葵園

關於松贊干布生卒年的幾種資料

正　之

松贊干布漢譯又作棄宗弄讚、棄蘇農、棄蘇農贊、蘇隆贊、松贊岡保等。關於他的生年和卒年，漢、藏、蒙文的史籍中都各有不同的記載。

《通典》、《舊唐書》、《新唐書》、《通鑑》等均未載松贊干布之生年。兩《唐書》及《通鑑》僅言其"弱冠嗣位"，"永徽元年卒"。永徽元年爲公元六五〇年，而兩《唐書》記其迎文成公主之年在貞觀十五年(六四一)，則其死時尚在壯年。

西藏地方記載關於松贊干布生卒年則有幾種不同說法。布頓的《西藏佛教史》說："朗日松贊之王后哲蚌女支薩脫噶於陰火牛年生松贊干布。"按藏曆陰火牛年爲丁丑，卽隋大業十三年(六一七年)，與兩《唐書》所載"貞觀八年(六三四)其贊普棄宗弄讚始遣使朝貢"，及"弄讚弱冠嗣位"事合。因此，據以上參證，松贊干布的生卒年應爲隋大業十三年(六一七)——唐永徽元年(六五〇)，享年三十四歲。這是目前通行的說法。

但此說尚有欠完滿的地方。《舊唐書》稱："弄讚子早死，其孫繼立。"三十四歲(三十三周歲)有孫並非絕不可能，但漢藏史籍，載唐文成公主及尼泊爾公主均無子，而在這以前也沒有關於松贊干布結婚或生子的記載，因此，松贊干布之子顯然係在娶文成公主後或另娶所生。按娶文成公主在貞觀十五年(六四一)，則松贊干布於六五〇年死時斷無有孫之理。因此卒年六五〇年不是不可以懷疑的。

西藏地方另一種說法則謂松贊干布生於陰土牛年，卽己丑，爲陳宣帝太建元年(五六九)，十三歲登位，唐永徽元年卒，享年八十二歲(見法尊:《西藏民族政教史》)。這種說法，把生年較上說提前了四十八年，解決了"其孫繼立"的問題，但卻又顯露了另一缺陷，如按此說法，則松贊干布娶文成公主時已是一位七十以上的老人，江夏王道宗護送文成公主見到了這位老人，難道歸來後不會向太宗訴說嗎？而且《舊唐書》言其"貞觀八年其贊普棄宗弄讚始遣使朝貢，弄讚弱冠嗣位"，可以看出貞觀八年左右正是松贊干布弱冠之年，漢文史書記載朝貢之年是不會弄錯，因此五六九年之說顯然是不合理的。

另一種西藏地方的資料則把松贊干布的卒年向後推遲。據《西藏王統記》所載，松贊干布生於丁丑年，十三歲卽位，於庚戌年去世，享年八十二歲，云云。按此說也有矛盾。庚戌年可爲唐永徽元年(六五〇)；也可爲唐唐隆元年(七一〇)。如爲永徽元年則爲享年三十四歲，與前說漢籍記載同；如爲唐隆元年，則享年九十三歲，這均與該書言享年八十二歲不符。因而此說也是值得懷疑的。

十七世紀中葉蒙古人所寫的一本《蒙古源流》也保存了古代西藏王統紀年的資料。其中稱松贊干布生於丁丑年，己丑年十三歲卽位，辛丑年二十五歲迎唐文成公主，戊戌年八十二歲卒云云。以上紀年，除卒年外，都與漢籍記載相符，《蒙古源流箋證》云，"丁丑，陳武帝永定元年(五五七)，"這顯然是錯誤地提前了六十年，實應爲隋大業十三年(六一七)。卒年戊戌年則爲武則天聖曆元年(六九八)。因此據《蒙古源流》的記載，松贊干布的生卒年是隋大業十三年(六一七)——武則天聖曆元年(六九八)，享年八十二歲，這一說法似可解決以上諸說之矛盾。《蒙古源流》一書所記年代，與明人史料雖多不相符，但它自成體系，前後統一，所載西藏史料，雖然年代較遠，但出自蒙藏的佛教記載和流傳，比起漢籍所記，隔閡似乎更小，因此，關於松贊干布生卒年的說法，除現在通行的六一七——六五〇說外，六一七——六九八說也是可供研究的。

唐代婚姻禮俗考略

趙守儼

我國史籍雖然浩瀚，記載社會生活的專書却寥寥無幾。因此我們研究某一項風俗，就必須把散見羣書的一鱗半爪搜集在一起，加以爬梳整理，才能窺見其涯略。本文試就史書、筆記、詩文和敦煌文獻中記載唐代婚禮的材料，略作綴輯考證，以見當時嫁娶儀節之一斑。惟唐人禮繁，段成式已有"其禮太紊雜"之歎（《酉陽雜俎》卷四），千餘年後的今天，對於很多細節，更是只能推知其大概。爲了行文的方便，不能不給每一種儀注都安排一個位置，却不敢說先後次序必然無誤。

一、通 婚 書

通婚書不是議婚，而是婚事旣定之後的一種形式上的禮節。據敦煌"婚事程式"，[①] 婚書共兩幅，一幅是男方家長給女方家長的通問候的客套短函；另附別紙，才是婚書的主體，格式大抵如下：

> 厶（某）自第幾男（原注：或第〔弟〕或姪，任言之），年已成立，未有婚媾。承賢第厶女（原注：或妹、姪女），令媛有聞，四德兼備，願結高援。謹同媒人厶氏厶乙，敢以禮請。胧（脫？）若不遺，佇聽嘉命。厶白。

這相當於後世的庚帖，所不同者，不寫新郎的年歲生辰。婚書用精紙工楷繕寫，卷好納入特製木函。函用梓木、黃楊木或楠木做成。[②] 函外以五色線分三道纏繞，函蓋上寫明受函及致函者的官銜姓名。送婚書的叫做"函使"，有正副二人，須在親族當中選擇體面伶俐的青年充

---

① 見劉復《敦煌掇瑣》七三（巴黎圖書館藏 p.3284）。原件無總題，劉氏擬題"婚事程式各件"。該文分爲通婚書、答婚書、女家受函儀、成禮夜祭先靈、女家鋪設帳儀、同牢盤合巹盃、賀慰兒家父母語等若干段。以下簡稱"婚事程式"，凡不注出處者皆引此。

② 函長一尺二寸（原注：象八節。按：八節，與上一尺二寸不相應，數字必有一誤），闊一寸二分（原注：象十二時），函板厚二分（原注：象二儀），函蓋厚三分（原注：象三才），函內闊八分（原注：象八節）。

當。函使不止於送信,也兼負解送聘禮的使命。豪富之家還須奴婢護送,一方面是爲了禮品繁多,同時也是表示闊綽。這一行人在途中的排列次序如下:

　　第一,押函細馬兩匹,不着鞍轡,以青絲作韁("籠"本字)頭(原注:無絲,青麻亦得),紅綠縗(縆?)驄尾,令人兩邊攜行,至女家門前交馬而住。次函羃(原注:三細婢隨羃),次五色綵,次束帛,次錢羃(原注:隨多少,並須染青麻爲貫索),次豬羊,次須麪,次野味,次菓子,次油鹽,次醬醋,次椒薑蔥蒜(原注:已上物並須盤盛。花單羊皿入羃,綾羅以箱襆入羃。其函使押送,切須了事,依次第,不得前却)。

按樂府《孔雀東南飛》中描寫郡守迎娶蘭芝的情況說:"齎錢三百萬,皆用青絲穿,交廣市鮭珍,從人四五百,鬱鬱發郡門。"無論排場或聘禮的種類,都很近似,同是有食物,有錢幣,而錢幣也都用青絲穿成。可知這種禮俗自魏晉以來一直相沿未改。

　　到達女家之後,聘禮須陳列中庭,任人觀看品評;婚書要當衆朗讀。如女家父母已亡,讀畢則微泣三聲,[1] 表示思親。婚書交接禮畢,女家主人卽設宴款待函使以下人等,然後以衣服段疋爲贈。其應對進退的細節,詳見原文,不贅述。女家答婚書的格式略同男方的婚書,如何遞送,"婚事程式"未作說明,想是交託函使帶回。婚禮的前奏大致如此。

二、新郎迎娶和女家的儀節

　　成禮之夜,男女雙方分別祭祖,這本是古制。[2] 祭祖時要宣讀祭文,把婚事"敬告先靈"。新郎如已喪父,行禮完畢照例也要微哭三五聲。然後在儐相陪同下,到女家迎娶。士大夫家的婚禮,儐相多以有名望的人物,或出身高門華族者當之。"親迎"是婚禮熱鬧場面的開端,"婚事程式"稱之爲"向女家戲謔",倒是名副其實。女家也有祭祖儀式,行禮時刻,大約在新郎到來之前。

　　和後世一樣,新郎到了女家,要受到對方親友們的一番戲弄,叫做"下壻"。這種風俗在北朝已經流行,謂之"弄女壻"。所謂"弄",包括口頭的調笑以至杖打,新郎甚至有被打得狼狽不堪的。《北史》齊文宣皇后李氏傳附段昭儀傳云:

　　段昭儀,韶妹也。婚夕,詔妻元氏爲俗弄女壻法戲文宣,文宣銜之。後因發怒,謂韶曰:"我會殺爾婦。"元氏懼,匿婁太后家,終文宣世不敢出。

《酉陽雜俎》卷一"禮異"云:

　　北朝婚禮……拜閣日,壻家親賓婦女畢集,各以竹杖打壻(壻)爲戲樂,至有大委頓者。

---

[1] "微泣","婚事程式"原作"微位"。按該文成禮夜祭先靈一節,有"如偏露,微哭三五聲"云云,則此處當是"微泣"之誤。

[2] 《左傳》隱公八年,"四月甲辰,鄭公子忽如陳,逆婦嬀。辛亥,以嬀氏歸。甲寅,入於鄭。陳鍼子送女,先配而後祖,鍼子曰,'是不爲夫婦,誣其祖矣,非禮也,何以能育!'"杜預云:"鄭忽先逆歸而後告廟,故曰先配而後祖。"

這種惡作劇，在唐代也有鬧出人命官司的，《酉陽雜俎》同卷就記載着這樣一個案子：“律有甲娶，乙丙共戲甲。旁有櫃，比之爲獄，舉置櫃中覆之，甲因氣絕。論當息薪。”

敦煌卷子有《下女夫詞》，顧名思義，當也是由“下壻”蛻變而來，但內容完全是用吉利話編成韵語，新郎新婦互爲問答，只是湊趣而已，已經大失原意：

> 兒家初發言：賊來須打，客來須看，報道姑婭（嫂），出來相看。
>
> 女答：門門相對，戶戶相當，通問刺史，是何祇當？
>
> ………
>
> 兒答：本是長安君子，進士出身。選得刺史，故至高門。
>
> 女答：既是高門君子，貴勝英流。不審來意，有何所求？
>
> 兒答：聞君高語，故來相頭（投）。窈窕淑女，君子好求（逑），
>
> ………
>
> 女答：立客難發遣，展褥舖錦床。請君下馬來，摸摸便相量。
>
> 束帶結凝妝，牽繩入此房。上圓初出卯，不下有何方（妨）？
>
> 兒答：親賢明鏡近門臺，直爲橋（嬌）多不下來。只有綾羅千萬疋，不要胡傷（觴）數百盃。
>
> 女答：酒是蒲桃酒，將來上使君。幸垂與飲却，延得萬年春。
>
> 兒答：酒是蒲桃酒，先合主人嘗。姑婭已不嘗，其酒灑南墙。
>
> 女答：酒是蒲桃酒，千錢沽一斗。卽問姑婭郎，因何灑我酒？（《敦煌變文集》，人民文學出版社版頁二七三）

向達先生說，近世西南某些地區的婚禮，賓客還往往擁至新房中，向新人用韵語說些吉利話，新人大方地並立卽用韵語回答，和《下女夫詞》的情景還彷彿相似（《唐代長安與西域文明》三聯版頁二四七）。

新壻在女家，每到一處，每見一物，幾乎都要詠詩。玆引《逢鑰詩》、《至堂門詠》兩首爲例：

> 《逢鑰詩》：鑰是銀鈎鑰，銅鐵相鉸過。暫借鑰匙開，且放刺史過。
>
> 《至堂門詠》：堂門策四方，裏有合歡床。屏風十二扇，錦被畫文章。（同上書）

比較鄭重的一項儀式是“奠鴈”。奠鴈在堂上舉行：“令女坐馬鞍上，以坐障隔之。女聟取鴈，隔障擲入堂中，女家人承（承）將。”所用的鴈應當以紅羅裹體，五色錦縛口，不讓它鳴叫。等到婚禮過後，由男家用財帛把鴈贖回放生。如果家貧買不起活鴈，也可以權用結綵代替。坐障大概是帷幕之類，去障也要詠詩。坐馬鞍亦稱乘鞍，是指新婦乘坐夫壻的馬鞍，據說這也是源於北朝。依《蘇氏演義》卷二的解釋，“夫鞍者，安也，欲其安穩同載也”，恐怕是望文生義，未必可靠，很可能這是古代劫奪婚姻的遺跡。又據歐陽修《歸田錄》卷二說：“（五代）劉岳《書儀》，婚禮有女坐壻之馬鞍，父母爲之合髻之禮。”尋其文義，合髻似乎是與坐鞍同時

舉行的,不知道是否如此。但至少有一點可以肯定,卽行此儀式的是新嫁娘的父母,因爲這裏的"父母"承上"女"字爲文,不可能指她的公婆。合髻,是把新郎左邊的頭髮與新婦右邊的頭髮纏結在一起,《夢粱錄》"嫁娶"條有具體說明。但《東京夢華錄》(卷五"娶婦")和《夢粱錄》都把它夾敍在男家的儀節當中,在合卺之前,也沒有說動手合髻的是誰,又和劉岳《書儀》所記不同,也許是唐宋風俗有些變化。合髻又稱合髮,《下女夫詞》附有《合髮詩》云:

　　　　本是楚王宮,今夜得相逢。頭上盤龍結,面上貼花紅。

新婦的髮形面飾,於此也可略見一二。

　　以上的儀注結束以後,新婦就可以準備出堂登車。但不知道是捨不得娘家,還是故意表示嬌貴,新婦卻照例要遲遲不出,男方也照例要詠詩催妝。《唐詩紀事》卷三五有一段記載說:

　　　　(陸暢)詔作催妝五言詩①曰:"雲安公主貴,出嫁五侯家。天母親調粉,日兄憐賜花。催鋪栢(《全唐詩》栢作百)子帳,待障七香車。借問妝成未,東方欲曉霞。"內人以其吳音捷才,以詩嘲之。……

東方欲曙,新婦尚未出堂,其儀節之繁縟可以概見。固然宮庭的婚禮格外豪奢,而"婚事程式"亦有"如深夜卽作催妝詩"之語,可見民間也常有鬧到深夜的。又《說郛》卷三二唐高擇《羣居解頤》"重婚"條:

　　　　元和初,達官中外之親重婚者,先以涉滲洧之譏,就禮之夕,儐相則有清河張仲素、宗室李程。女家索催妝詩,仲素朗吟曰:"舜耕餘草木,禹鑿舊山川。"程久之乃悟,曰:"張九,張九,舜禹之事,吾知之矣。"於是羣客大笑。

由此復可知,催妝詩可以由女家向男家索取,而詩的內容有時是很輕褻的。

　　新婦臨行,父母一般都有幾句贈言,並以"蔽膝"覆女之面。這裏先考察一下什麼是"蔽膝"。《方言》卷四:

　　　　蔽鄃,江淮之間謂之褘,或謂之袚。魏宋南楚之間謂之大巾,自關東西謂之蔽鄃,齊魯之郊謂之袡。

清人錢繹箋疏說:

　　　　《釋名》:"韠,蔽也,所以蔽鄃前也。婦人蔽鄃亦如之。齊人謂之巨巾,田家婦女至田野,以覆其頭,故因以爲名也。"《漢書·東方朔傳》:"館陶公主自執宰敝膝。"敝與蔽通,膝卽鄃之今體。……蔽鄃又有大巾之名,叔然(孫炎)以褘爲帨巾,蓋謂佩之於前可以蔽鄃,蒙之於首可以覆頭。與《釋名》、《方言》之義並合。

已經很清楚,所謂蔽鄃者,就是婦女隨身佩帶的一幅大帕子,旣可用來遮膝,又可蒙頭。婚禮中覆面的蔽膝,也就是後世的"蓋頭"。嫁女蒙頭,也是由來有自的,據杜佑說,東漢魏晉之際,在兵荒馬亂的歲月裏,民間急於嫁娶,卽"以紗縠幪女之首,而夫氏發之。因拜舅姑,便成

──────────
① 《全唐詩》卷四七八詩題作《雲安公主下降奉詔作催妝》。注云:"順宗女下嫁劉士涇,百僚舉暢爲儐相。"

婦道"(《通典》卷五九)。如杜說不誤,這就是蓋頭的起源。

　　新娘上車以後,新郎騎馬繞車三匝(案:此亦因襲古禮。《禮記·昏義》:"(壻)降出,御婦車,而壻授綏,御輪三周。"疏云:"御輪三周者,謂壻御婦車之輪三匝,然後御者代壻御之。"雖不完全一樣,繼承關係却很明顯)。然後喜車還要經過"障車"的一關,才能起程。所謂"障車",就是阻擋住車子,不讓新嫁娘動身。其起源,可能是女家對於新嫁娘表示惜別,但到了後來,名存實亡,變爲鄉里無賴勒索財帛的藉口。唐紹於太極元年(七一二)曾奏請禁斷障車,表云:"往者下里庸鄙,時有障車,邀其酒食,以爲戲樂。近日此風轉盛,上及王公,乃廣奏音樂,多集徒侶,遮擁道路,留滯淹時,邀致財物,動以萬計。遂使障車禮貺,過於聘財;歌舞喧嘩,殊非助感。"(《唐會要》卷八二)建中初,顏真卿也有過類似的建議。可見借障車爲名來勒索財物已嚴重到成爲社會問題。儘管一直有人反對,而終唐之世此風並未稍殺。甚至到了宋朝還在流行,只不過改換了名字,稱爲"攔門"(《東京夢筆錄》卷五"娶婦")。下面摘引兩段唐代障車的故事。《通鑑》二〇九中宗景龍二年:

　　　　初,武崇訓之尙(安樂)公主也,延秀數得侍宴。延秀美姿儀,善歌舞,公主悅之。己卯,成禮,假皇后仗,分禁兵以盛其儀衛,命安國相王(按:即睿宗)障車。

《朝野僉載》卷三:

　　　　……崔玄信命女壻裴惟岳攝受州刺史,貪暴,取金銀財物向萬貫。有首領取婦,裴郎要障車綾,索一千疋,得八百疋,仍不肯放,捉新婦歸,戲之,三日乃放還。

上引兩段,睿宗可能以母家近屬的身分來擔當這個差事,尙大體不失障車之初義。後面的一例,則說明障車的不限於鄉里中浮薄少年,連地方官也可以從中敲詐。

　　障車亦有文,明張萱《疑耀》卷三"障車文"條云:

　　　　世皆知古有催妝詩,而不知有障車文。唐天祐中,南平王鍾傅女適江夏杜洪子,時及昏暝,令人走乞障車文於湯篔。篔命小吏四人,各執紙筆,倚馬而成。今其文不傳,想亦催妝之類也。

其實他的推論並不很確,湯篔障車文雖已失傳,司空圖的障車文却幸而保存下來。文長不全錄,只摘引能夠顯示其特點的一段:

　　　　兩家好合,千載輝光。兒郎偉,且子細思量,內外端相。事事相稱,頭頭相當。某甲郎不誇才韻,小娘子何暇調妝。也甚福德,也甚康強。二女則牙牙學語,五男則鴈鴈成行。自然繢畫,總解文章。扠手子已爲卿相,敲門來盡是丞郎。榮連九族,祿藏千箱。見却你兒女婚嫁,特地顯慶高堂。兒郎偉,重重祝願,一一誇張。且看抛賞,必不尋常。簾下度開繡懷(幪?),階前勇上牙床。珍織煥爛,龍麝馨香。金銀器撒來雨點,錢絹堆高並坊牆。音樂嘈嘈,燈燭瑩(熒)煌。滿盤羅餡,大擡酒漿。兒郎偉,總擔將歸去,教你喜氣揚揚(《司空表聖文集》卷十)。

全篇不過把一些吉慶話連綴成文,除"且看抛賞,必不尋常"云云還看得出是索賞而外,其餘

與一般賀詞並沒什麼兩樣。但有兩點是值得注意的，第一，此文雖是文人的手筆，却寫得極
爲通俗，俚語滿紙，與敦煌的同類資料風格十分近似；第二，通篇是韻文，而"兒郎偉"字樣屢
見，足見也是要朗誦的，而且可能有一定的節拍腔調。"兒郎偉"是一種襯詞，上梁詩文之類
也往往有之，大概每讀到這裏，周圍衆人就要齊聲相和。拽重打夯，每有呼這種口號的，爲的
是齊力（盧文弨《鍾山札記》"兒郎偉"條）。障車文用這個襯詞，一方面是爲了調音節，同時也
藉以助興，給婚禮增添幾分熱鬧。"兒郎偉"後來又演變成民間通俗文學的一種體裁，敦煌曾
發現這類的作品多件（"偉"或作"衛"），有的寫明是"驅儺文"，有的內容像是慶祝軍功的頌詞
（見《敦煌遺書總目索引》王重民先生《伯希和劫經錄》）。司空圖文中"五男""二女"的數目字
也不是亂用的，《何彼穠矣》《詩序正義》引皇甫謐云"周武王五男二女"，或本於此。《夢梁錄》
"嫁娶條"亦有所謂"五男二女花扇"，"五男二女綠盞"，在下一節所引的撒帳呪願文及撒帳錢
文"五男二女"凡兩見，足證這已成爲唐宋間流行的表示子息蕃衍的成語。

三、男家的儀節

　　成禮之夕，男家有設"帳"之禮，① 露天安置在住宅西南角"吉地"。《封氏聞見記》卷五
"花燭"條所提到的婚嫁有"卜地安帳"，卽指此而言。據說這是北方游牧民族的習俗，也叫做
"青廬"，《酉陽雜俎》續卷四："……今士大夫家昏禮露施帳，謂之入帳，新婦乘鞍，悉北朝餘風
也。《聘北道記》云'北方婚禮，必用青布幔爲屋，謂之青廬，於此交拜，迎新婦'。"（卷一六又
有記青廬一則，與此略同）唐人更有坐實它是元魏遺風的，如《唐會要》卷八三建中元年十一
月二日禮儀使顏眞卿等奏："近代（婚禮）設以氈帳，擇地而置，此乃元魏穹廬之制。"其實它的
來源恐怕要早於北朝，樂府《孔雀東南飛》中已有"新婦入青廬"的話，《世說新語·假譎》也
記載着曹操青年時代與袁紹共入青廬劫奪新婦的故事，② 那麼至少在漢魏之際，設帳之風
已盛。

　　這個帳，唐人另有專名，叫做"百子帳"，卽陸暢催妝詩所謂"催舖百子帳"者是。③ 宋人
程大昌《演繁露》卷十三"百子帳"條，於百子的取義和帳的形制，作過一番詳盡的考證：

　　　　唐人婚禮多用百子帳，特貴其名與昏宜，而其制度則非有子孫衆多之義。蓋其制本出戎虜，特穹
　　廬、拂廬之具體而微者耳。椶柳爲圈，以相連鎖，可張可闔。爲其圈之多也，故以百子總之，亦非眞有

---

①　"婚事程式"有"女家舖設帳儀"一題，而根據唐宋其他記載，女家並不設帳。宋朝的設帳已與唐不同，改爲室中懸
　　帳，也引申爲廣義的陳設洞房，當時的習慣，成禮前一天，由女家派人到男家布置。所謂"女家舖設帳儀"，不知
　　是否也是女家替男家設帳的意思，存疑待考。
②　《世說新語·假譎》卷二七："魏武帝少時，嘗與袁紹好爲游俠。觀人新婚，因潛入主人園中。夜叫呼云：'有偸兒
　　賊。'青廬中人皆出觀，魏武乃入，抽刀劫新婦。"
③　《唐詩紀事》卷三五。程大昌以爲宋之問作，恐誤。參本文頁 204 注①。

百圈也。其施張既成，大抵如今尖頂圓亭子，而用靑氊通冒四隅上下，便於移置耳。白樂天有靑氊帳詩，其規模可考也。其詩始曰“合聚千羊毳，施張百子拳。骨盤邊柳健，色染塞藍鮮”，其下注文，自引《史記》“張空拳”爲證，卽是以柳爲圈而靑氊冒之也。又曰“北製因戎狄，南移逐虜遷”，是制出戎虜也。“有頂中央聳，無隅四嚮圓”，是頂聳旁圓也。旣曰“影孤明月夜”，又曰“最宜霜後地”，則是以之弛張，移置於月於霜，隨處悉可也。又曰“側置低歌座，平舖小舞筵”，則其中亦差寬矣。旣曰“銀囊帶火懸”，又曰“獸炭休親近”，則是其間不設燎爐，但用銀囊貯火，虛懸其中也。又曰“蕙帳徒招隱，茅菴浪坐禪”，其所稱比，但言蕙帳、茅菴，而不正比穹廬，知其制出穹廬也（下略）。

這樣說來，靑廬也罷，百子帳也罷，其形制與我們今天所見的蒙古氊帳是差不多的。

迎婦之前，男家“以粟三升塡臼，席一枚以覆井，枲三斤以塞牕，箭三隻置戶上”（《酉陽雜俎》卷一）。安放這些東西，不外乎祈求發家和辟除不祥。新婦下車，不能履地，要步步踐踏着特備的氊條（宋代也有用靑布條、用席的，大槪貧家如此）入戶。白居易《和春深詩》二十首之一有“靑衣轉氊褥，錦繡一條斜”之句，可以爲證。這種儀式一直沿用到近世，與白詩所描寫的竟一般無二，今古印證，很容易理解，毋須多考。新婦進門以前，公婆以下要從便門出去，然後繞道跨進正門，爲的是踐踏新人的足跡。其用意，當是表示壓服新婦的銳氣，以免日後難於駕馭。將入門，新婦要跨過馬鞍，入門後先拜猪圈及灶。

新婦在成禮之夕，是可以任人品頭論足的。這種風氣也有長久的傳統，《漢書·地理志》八下紀燕俗云：“初，太子丹賓養勇士，不愛後宮美人，民化以爲俗，至今猶然。賓客相過，以婦待宿；嫁娶之夕，男女無別，反以爲榮。”降至六朝，此風猶盛，《陔餘叢考》卷三一“初婚看新婦”條：

> 世俗新婚三日內，不問親故，皆可看新婦。固係陋習，然自六朝以來已然。《南史·徐摛傳》：“晉宋以來，初婚三日，婦見舅姑，衆賓皆列觀。”唐李涪《刊誤》云：“婚禮來日，婦於庭拜舅姑，次謁夫之長屬及中外故舊，通謂之拜客，故有拜客之名。今代非親非故，皆列坐而覷婦容，豈其宜哉！”則此習由來久矣。

據《刊誤》所記，唐代新婦拜見舅姑在翌日，與《徐摛傳》中所謂“初婚三日”者異，朱慶餘《近試上張水部》詩有“洞房昨夜停紅燭，待曉堂前拜舅姑”之句，那麼唐代新婦拜見公婆確是在第二天。對舅姑如何拜法，各書都不曾明言，我們卻可以從《太平廣記》裏找出一些綫索：

> ……其第三參軍又曰：“爾之所爲絕易。吾能於（陸象先）使君廳前作女人梳妝，學新嫁女拜舅姑四拜，則如之何？”（卷四九六“趙存”條）

看來新嫁女對於舅姑通行的是四拜。《酉陽雜俎》又云“娶婦之家弄新婦”，則賓客不僅是列觀受拜而已，還要對新婦加以戲弄，這恰與下壻先後相映成趣。戲婦的習俗，也是源遠流長的，《抱朴子》外篇廿五《疾謬》已經談到“俗間有戲婦之法，於稠衆之中，親屬之前，問以醜言，責以謾對。……或懲以楚撻，或繫脚倒懸……至使有傷於流血，踒折支體者"。這是戲婦中最極端的例子。但這還不是它的起源，再往上追溯，至少可以推到東漢。《後漢書·袁隗妻傳》：

> 汝南袁隗妻者，扶風馬融之女也，字倫。……倫少有辯才，融家世豐豪，裝遣甚盛。及初成禮，隗問之曰："婦奉箕帚而已，何乃過珍麗乎？"對曰："慈親垂愛，不敢違命。君若欲慕鮑宣梁鴻之高者，妾亦請從少君孟光之事矣。"隗又曰："弟先兄舉，世以為笑。今處姊未適，先行可乎？"對曰："妾姊高行殊邈，未遭高匹。不似鄙薄，苟然而已。"……隗默然，不能屈。帳外聽者為慚。①

俞正燮以為這就是"聽房"（《癸巳存稿》卷十一"鬧房聽房"條），固然不錯，而說它是戲新婦的另一種方式，亦未嘗不可。所不同的有兩點：其一，這裏的戲婦是新郎與賓客合謀，由新郎首先"發難"；其二，馬倫能够逞其慧辯，把對方駁得啞口無言，不像後世的新婦那樣任人擺佈。這種一問一答的方式，倒與前引的《下女夫詞》如出一轍。

《封氏聞見記》"花燭"條曾提到唐俗有拜堂之儀，繼而又說顏眞卿、于邵等奏："並請依古禮見舅姑於堂上，薦棗栗腵脩。無拜堂之儀。"趙翼以此為疑，認為見舅姑於堂上，即後世之拜堂，而下文又說"無拜堂之儀"，疑唐人所謂拜堂另是一種儀式。按唐人記載沒有把拜公婆叫做拜堂的，這是兩種不同的禮節，非常明顯。所謂拜堂，當是指夫婦相互為禮。

最熱鬧的一項節目是用菓子、金錢"撒帳"。② 賓客無論長幼，都爭拾錢菓相為戲謔。趙翼《陔餘叢考》卷三一"撒帳"條云：

> 《知新錄》云："漢京房之女適翼奉之子。房以其日三煞在門，③ 犯之損尊長。奉以為不然，以穀米禳之，則三煞可避也。自是以來，凡新人進門，以麻米撒之，後世撒帳之俗起於此。"按此說非，撒帳實起於漢武帝。李夫人初至，帝迎入帳中，預戒宫人遙撒五色同心花果，帝與夫人以衣裾盛之，云多得子多也。事見《戊辰雜抄》。唐中宗嫁睿宗公主，鑄撒帳錢重六銖，文曰"長命富貴"，每十支繫一綵縧。今俗婚姻奩具內多鐫長命富貴等字，亦本於此。

"撒穀豆"與"撒帳"究竟是一是二，很難斷言。有把它說成兩回事的，撒穀豆行於新婦剛進男家大門之後，所用的東西有五穀、豆類、草節、綵果、金錢；撒帳行於合巹之前，只用雜綵果和金銀錢。孟元老和吳自牧都是這樣記載的。高承《事物紀原》卷九以為京房故事是撒穀豆之濫觴。但是也有混為一種儀節的，《清平山堂話本·快嘴李翠蓮記》就是這樣描寫的，茲將有關撒帳的一段摘錄於下：

> 張狼在前，翠蓮在後，先生捧着五穀，隨進房中。新人坐床，先生拿起五穀念道："撒帳東，帘幕深圍燭影紅。佳氣鬱葱長不散，畫堂日日是春風。撒帳西，錦帶流蘇四角垂。揭開便見姮娥面，輸却仙郎

---

① 《太平御覽》卷四六四引《列女傳》與此略同，惟末句作："外聽者云：‘使君努力，何為新婦所困之有！’"把當時的情景描繪得更為有聲有色。

② "婚事程式"把撒帳記於"女家饌設帳儀"項下，奠鴈之前，疑誤。

③ 三煞，青羊、烏雞、青牛之神。見高承《事物紀原》卷九。

捉帶枝。撒帳南，好合情懷樂且耽。涼月好風庭戶爽，雙雙繡帶佩宜男。撒帳北，津津一點眉間色。芙蓉帳暖度春宵，月娥苦邀蟾宮客。撒帳上，交頸鴛鴦成兩兩。從今好夢叶維熊，行見蠙珠來入掌。撒帳中，一雙月裏玉芙蓉。恍若今宵遇神女，紅雲簇擁下巫峰。撒帳下，見說黃金光照社。今宵吉夢便相隨，來歲生男定聲價。撒帳前，沉沉非霧亦非烟。香裏金虹相隱映，文簫今遇彩鸞仙。撒帳後，夫婦和諧長保守。從來夫唱婦相隨，莫作河東獅子吼。

這個話本大概是宋元之際的作品，時間已經較晚，或兩種儀節由分而合，亦未可知。不過在唐代文獻中所能看到的是用果子金錢撒帳，撒穀豆的記載却十分罕見。上引趙翼所謂中宗嫁睿宗公主云云，蓋本之洪遵《泉志》。該書卷十五"厭勝品"有唐代撒帳錢，並附圖，其錢作梅花形，五出，文曰"長命守富貴"。洪氏考云：

> 《舊譜》曰："徑寸，重六銖，肉好背面皆有周郭，其形五出，穿亦隨之，文曰長命守富貴。背面皆爲五出，文若角錢狀。景龍中，中宗出降睿宗女荆山公主，[1]特鑄此錢，用以撒帳，勅近臣及修文館學士拾錢。其銀錢則散貯絹中，金錢每十文即繫一綵縷，學士皆作却扇(詩)。其最近御座者所獲居多。有學士考功員外武平一既出，逢韋巨源、蘇味道，各執平一，將在燭下，云：'員外事僕射省主，欲何取？'以手探平一懷，盡而後已。"李孝美曰："頃見此錢於汝海王霖家，形製文字皆如《舊譜》所說，但差大而銅鑄耳。"

這一段把臣僚們不拘禮法，任意笑謔的情態，描畫得淋漓盡致，民間婚禮的火熾自當不下於此。李孝美所見銅鑄者，也許就是民間所用的撒帳錢。據丁福保《撒帳錢考》(《泉幣》十四期)，除"長命守富貴"一種以外，還有鐫成"夫妻偕老"、"弄璋添喜"、"上上大吉"、"長命富貴"、"五男二女"、"永安五界"、"福壽延長"、"福德長壽"、"百年長壽"、"長壽富貴"、"福壽永昌"、"龜鶴齊壽"、"長命百歲"、"福如東海"、"壽比南山"、"金玉滿堂"、"早生貴子"等字樣的，又云：宋朝的撒帳金錢皆用開元通寶、乾封泉寶等鍍以金，銀錢則以眞銀鑄成。

撒帳時須誦祝詞，"婚事程式"載有呪(祝)願文：

> 今夜吉辰，厶女與某氏兒結親。伏願成納之後，千秋萬歲，保守吉昌。五男二女，奴婢成行。男願惣(總)爲卿相，女郎盡聘公王。從茲呪願，已後夫妻，壽命延長。

下面有附注說："此略言其意，臨時彤飾，裁而行之。"可見這類祝詞雖有大致的套頭，却無固定的詞句，可按具體情況隨時增減。下女夫詞後面附有"呪願新郎文"和"呪願新婦文"，與上引祝詞同一格調，《敦煌變文集》校語云"呪願文各自不同，則因呪願文必須隨着新郎新婦的家庭具體情況而措詞也"，這個看法是正確的。

---

① 岑仲勉先生以石刻與《唐書》印證，以爲並無荆山公主其人，《新傳》卷八三"荆山公主下嫁薛伯陽"，實卽"鄎國公主下嫁薛儆"之重誤。詳見《唐史餘瀋》卷一"鄎國公主初降薛儆"條。

婚禮的高潮是同牢盤、① 合巹盃。"婚事程式"於此有詳盡的說明：

> 帳中夫妻左右坐。主饌設同牢盤，夫妻各飯三口，儐相夾侍者飼之，則酌合巹盃。盃以小瓠作兩斤（片）安置柘子裏，如無，卽以小金銀東西盞子充，以五色錦繫足連之。令童子對坐，云："一獻奉上女聲，一盞奉上新婦。"如女聲飲酒，女家人製之，三酌三製訖，則女聲起，側近脫禮衣冠，情（請？）劍履等，具襴笏入。男東坐，女西坐。女以花遮面。儐相帳前詠除花、去扇詩三五首。去扇訖，女聲卽以笏約女花笈於儐相，夾侍俱出。去燭禮成。

去花有詩，也可以找出佐證。《下女夫詞》中附有《去花詩》一首云：

> 一花却去一花新，前花是價（假）後花眞。假花上有銜花鳥，眞花更有綵（採）花人。

去扇也叫却扇，材料就更多了，《通鑑》二〇九記載着這樣一段故事：

> 中宗景龍二年十二月丁巳晦，敕中書門下與學士、諸王、駙馬入閣守歲，設庭燎，置酒，奏樂。酒酣，上謂御史大夫竇從一曰："聞卿久無伉儷，朕甚憂之。今夕歲除，爲卿成禮。"從一但唯唯拜謝。俄而內侍引燭籠、步障、金縷扇自西廊而上。扇後有人衣禮衣，花釵，令與從一對坐。上命從一誦却扇詩數首。扇却，去花易服而出，徐視之，乃皇后老乳母王氏，本蠻婢也。

> 胡注：唐人成婚之夕，有催妝詩、卻扇詩。李商隱代董秀才卻扇詩："莫將畫扇出帷來，遮掩春山滯上才。若道團圓是明月，此中須放桂花開。"

據此宮庭中也有却扇之儀。這個扇不是新婦自執，而是旁人拿着來掩護的。民間所行大同小異，只是執扇的是侍娘，《下女夫詞》去扇詩："千里羅扇不須遮，百美嬌多見不殙。侍娘不用相要勒，中（終）歸不免屬他家。"可以爲證（以下引詩不注出處者皆據此文）。

此外，還有所謂"去帽惑"，詩云：

> 璞璞一頭花，蒙蒙兩鬢渣（遮）。少來鬢髮好，不用冐或遮。

什麼是帽惑呢？《敦煌變文集》校記云"冐或"卽詩題的"帽惑"，又有寫作"毛惑"的，以爲兩字的含義不得其解。按新婦上車之前，是用"蔽膝"覆面的，這幅帕子不能一直留在頭上，所謂"帽惑"者，很可能就是蓋頭（宋代風俗，蓋頭要請男家雙全女親用秤桿或機杼挑去）。帽惑（或冐或、毛惑）當是唐代俗稱。

又有繫指頭詩：

> 繫本從心繫，心眞繫亦眞。巧將心上繫，付以繫心人。

這個禮節雖不知其詳，依情理揣度，想也是用彩色綫之類把新夫婦的手指纏結在一起，表示同心。《西京雜記》卷三說，漢代宮庭中，"至七月七日，臨百子池作于闐樂，樂畢，以五色線相

---

① 今緬甸風俗，婚禮進餐時，新郎新娘要共用一整餐，叫做"對手用餐"，和我國古代的同牢盤十分相似。見《人民日報》一九六二年一月十六日五版《緬甸的婚禮》。

羈,謂爲相連愛",場合雖然不同,用意却大體相似。尚有脫衣詩、下簾詩等等,因無關重要,一概從略。

婚禮中的詩文,大概可以由新郎自誦,也可由儐相代勞;可以當場現作,也可諷讀現成篇什或請人代作,並無固定的規矩。像前面提到的竇從一,出名不善屬文,中宗在大明殿爲栢梁體連句,都不肯叫他參加(《唐詩紀事》卷一"中宗"條),就只好念人家現成的作品了。

參加人家的婚禮,叫做"看新婦";因爲有有花有燭,也叫"看花燭"。永州等地亦謂之"破酒",《新唐書·韋宙傳》:

> 初,(永州)里民婚,出財會賓客,號"破酒"。晝夜集,多至數百人,貧者猶數十。力不足則不迎,至淫奔者。

其排場之大,靡費之多,由此亦可見一斑。

唐人忌臘月成婚,傳說"臘月娶婦不見姑"(《酉陽雜俎》卷一)。又忌子午卯酉年辦喜事,把這四年叫做"當梁"(《封氏聞見記》"花燭"條)。按"當梁"的俗忌,早見於西晉,《初學記》卷十四引張華《感婚賦序》云:"方今歲在己巳,將次四仲……"賦云:"彼婚姻之俗忌,惡當梁之在斯。逼來年之且至,迫星紀之未移。"作賦之年是己巳,則來年是庚午,"惡當梁之在斯"者,正是指的這個庚午,與唐俗完全相合。

上面徵引的材料,雖然屬於士大夫階級的居多,但在一定程度上,仍可反映當時民間的習俗和風氣。唐代婚禮儀節之繁,賀客之衆,勒索之甚,即以中人之家而論,舉辦一次婚禮,也難免傾資蕩產,這就無怪乎影響到男女的婚嫁,甚至成爲嚴重的社會問題。唐紹、顏眞卿等屢請禁斷繁文縟節,表面理由是斥其不合古禮,實際上還是企圖解決婚禮繁費所造成的男不能娶、女不能嫁的現象。嫁娶不時,人口就不能蕃衍,這就會影響封建國家的賦稅和徭役。

唐代社會是一個民族接觸頻繁的社會,民族的融合與文化的交流,也影響到社會各種制度和習俗,婚俗也不例外。從有關當時婚姻儀式的材料看來,唐代的婚俗,大框子仍舊沿襲遠古的六禮,維持着歷代相襲的舊制,但從比較樸素的古代婚俗,到前面所敍述的那一套繁文縟節,有些固然是事物的躋事增華的自然過程,也有不少是受其他民族風俗習慣的影響。民族融合對於人民生活影響之深巨,在這裏也有很鮮明、很有趣的證據。一葉知秋,從上面所勾畫的唐代婚姻禮俗這個輪廓,也未始不可以使我們對研究整個唐代社會和文化得到一些啓發。

史可法生年及誕辰考

劉汝霖

《明史》史可法本傳不記其年歲，因而無法直接推定生年。但本傳載崇禎十七年(1644)可法初往江北督師時說當時"可法年四十餘"。同治七年趙承恩刻《史忠正公文集》附有他後人的一篇祭文：

> 大淸乾隆四十六年，歲次辛丑，十一月己亥朔，越十四日壬子，……茲當仲冬，厥日壬子，百有八十誕逢弧矢。

自乾隆四十六年上推三甲子一百八十年，正當萬曆二十九年（1601），這一年應當是他的生年。又，史可法《祭左忠毅公文》：

> 蓋師素擅文名，更稱冰鑑，當共提衡冀北，八郡羣空。法甫弱冠，亦隨行逐跡，步諸生後，聲名固寂如也。師不以爲不才，而拔之以冠八郡。

按光緒間《順天府志》卷七十三、七十九均載萬曆四十八年(1620)左光斗出督畿輔學政，天啓初擢左僉都御史。由祭文中"弱冠"一語，上推十九年，其生年也正是萬曆二十九年，與祭文所推正合。

史可法的誕辰，上引祭文已明言十一月十四，但奇怪的是就是同一個集子，同一篇文章，同治十年刻本這兩句又作"六月壬申朔，十有四日乙酉"。對這兩處不同記載，必須詳加考查，後印本未必就正確。應廷吉《青燐屑記》：

> 十一月四日，爲閣部懸弧之辰，舟抵崔鎮，各官免參。

《小腆紀年》卷八崇禎十七年十一月有：

> 先是十四日戊子爲可法誕辰，舟抵崔鎮，……惟應廷吉從。

應廷吉是史可法的幕客，親眼見到他誕辰所發生的事情，所記載應當是可靠的。崇禎十七年十一月四日正是戊子，《小腆紀年》"十四日"之"十"字下當脫"一月"二字。此說與同治七年刻本祭文所記合。至六月十四的異說，也不是偶然的。假如"六"和"十一"是刊刻之誤，不應干支仍然相合。(乾隆四十六年六月十四日正是乙酉，十一月十四日正是壬子。)我以爲趙承恩的兩個刻本分收的是冬夏兩次祭祀的不同祭文。乾隆以前，對史可法的公祭普通在六月。這個日期，大概是根據當時入葬日期。《淸實錄》世祖卷十七載順治二年六月南京平定後，才下詔有司"昭例以時致祭"名臣賢士坟墓。史可法家人敢於尋找尸首並加安葬，必在此時。傳之旣久，就以六月安葬的日子代替了他的誕辰。待《小腆紀年》出，才知道史可法的眞正誕辰，但相沿已久的祭日已無法改動，於是才有了一年兩祭。不過《小腆紀年》在這時已錯成十一月十四日了，祭文沿襲其誤，但干支不錯，並有《青燐屑記》作證，史可法的誕辰似乎是可以確定了。

舊五代史輯本引書卷數多誤例

陳　垣

　　四庫全書本舊五代史,號稱從永樂大典諸書輯出,初次定稿每條均注有所引永樂大典及冊府元龜卷數,後來定本及武英殿刻本將所引大典、冊府書名卷數盡行刪去,讀者以爲憾,不知辦書者當時實有隱衷也。隱衷爲何?即所注引書卷數多誤,而四庫成書,期限迫促,無法覆檢,索性盡刪之也。

　　近年熊氏羅宿、劉氏嘉業堂先後將舊五代史輯本初次定稿印出,涵芬樓百衲本廿四史復用劉本影印,此三本均注有引書卷數,大典八百十六條,冊府三百條,學者善之。今永樂大典原書不全,而目錄六十卷尙有連筠簃刻本,又冊府元龜全書具在,試將熊、劉兩本所注引書卷數細爲覆覈,錯誤者竟達十之一二,開卷第一條引大典即誤:

　　卷 1 梁太祖紀本名溫條,引大典 8687,據大典目錄係騰字及滕字韻,與名溫何涉。

　　又卷 1 誕孩條,引大典 16019,係旱字韻,與孩何涉。

　　又卷 1 星隕條,引大典 3271,係軍字韻,與星何涉。

　　又卷 1 飛矢條,引大典 20712,係易字韻,與矢何涉。

　　以上皆在第一卷,知其所引卷數有誤,而一時不知爲何誤者。有知其誤而並知爲何誤,可以改正者:

　　卷 4 梁太祖紀,四次引大典 2630,據目錄係萊字韻,誤。應作 2631,災字韻。

　　又卷 4 燃燈條,引大典 6666,係江字韻,誤。應作 8666,燈字韻。

　　又卷 4 昇壇條,引大典 4376,係檀字韻,誤。應作 4375,壇字韻。

　　又卷 4 奔鳳翔條,引大典 3513,係坤字韻,誤。應作 3516,奔字韻。

　　又卷 5 祠嵩岳條,卷 6 分禱靈迹條,均引大典 1521,係齊字韻,誤。應作 2521,齋字韻。

　　大典五代漢高祖事迹有五卷,從 16198 至 16202,大抵採自舊五代史。今輯本漢高祖紀併作二卷,自九九至一百,三次注出處,皆引大典 16098。據大典目錄 16098 係漢字韻漢宣帝事迹,與五代漢高祖何涉,亦可見當日館臣之粗略也。

　　大典凡二萬二千八百餘卷,書型特大,覆檢一次誠不易。冊府不過千卷,且有刻本,覆檢不算甚難,但今輯本所注冊府卷數亦多錯誤:

　　卷3梁太祖紀避諱條,引冊府282,係承襲門,誤。應作182,名諱門。

　　又卷3制定殿門條,引冊府186,係勳業門,誤。應作196,建都門。

　　又卷3搜訪賢良條,引冊府210,係旌表等門,誤。應作213,求賢門。

　　又卷3詔書給復賦租條,引冊府194,係崇儒等門,誤。應作195,恤征役門。

　　冊府以朱梁爲閏位,閏位部自182卷起,凡182卷以前,皆屬帝王部,與梁無涉,今輯本梁本紀引冊府有在182卷之前者,如:

　　卷3梁太祖紀進百官衣條,引冊府167,乃帝王部招懷門,誤。應作197,閏位部納貢獻門。

　　又卷3高季昌進瑞橘條,引冊府169,乃帝王部納貢獻門,誤。應作197,閏位部納貢獻門。

　　又卷3赦逃亡條,引冊府95,乃帝王部赦宥門,誤。應作195,閏位部仁愛門。

　　又卷3廣南管內獲白鹿條,引冊府169,乃帝王部納貢獻門,誤。應作202,閏位部祥瑞門。

　　凡此皆可以常識斷其誤,而並知爲何誤者也。而當時輯書諸臣全不注意及此,迨至發見錯誤時,又未能一一覆覈,乃盡舉而刪之,所謂因噎廢食也。以上緒論,以下分六例說明之。

一　引大典卷數誤例

　　輯本引大典卷數誤而又知爲何誤者,除上述各條外,尚有下列諸條。

　　卷17成汭傳,巨蛇繞身條,引大典5940,係車字韻,誤。應作5950,蛇字韻。

　　卷20寇彥卿傳,兩次引大典19330,係寇字韻,莊子列禦寇篇,誤。應作19331,寇字韻,姓氏。

　　卷25唐武皇紀,引大典18155,係將字韻,宋將,誤。應作18125,將字韻,唐將。

　　卷46唐末帝紀,引大典1774,係書字韻,誤。應作7174,唐字韻,唐廢帝。

　　卷49夏皇后傳,引大典13552,曹皇后、魏皇后、孔皇后傳,引大典13555,均係制字韻,誤。應作13352,諡字韻,皇后諡。

　　卷55康君立傳,引大典18118,係將字韻,唐將,誤。應作18128,將字韻,後唐將。

　　卷59丁會傳,引大典18189,係將字韻,元將,誤。應作18129,將字韻,後唐將。

卷 65 李建及、石君立、高行珪傳，卷 66 康義誠傳，均引大典 18029，係將字韻，鄭衛燕楚
　　將，誤。應作 18129，後唐將。

卷 68 封舜卿傳，請御前香條，引大典 6034，係陽字韻，誤。應作 6634，香字韻。

卷 70 元行欽、姚洪傳，均引大典 18189，係將字韻，元將，誤。應作 18129，後唐將。

卷 88 李從璋傳，引大典 18120，係將字韻，唐將，誤。應作 18130，後晉將。

卷 89 殷鵬傳，引大典 2206，係盧字韻，誤。應作 3206，殷字韻。

卷 90 安重阮傳，引大典 18331，係葬字韻，誤。應作 18131，將字韻，後晉將。

卷 94 祕瓊傳，引大典 12866，係宋字韻，誤。應作 13866，祕字韻。

卷 95 皇甫遇傳，引大典 18031，係將字韻，吳越魏趙將，誤。應作 18131，後晉將。

卷 95 翟璋傳，引大典 22340，係賣字韻，誤。應作 22240，翟字韻。

卷 98 安從進傳，空名宣敕條，引大典 20470，係尺字韻，誤。應作 20475，敕字韻。

卷 99 卷 100 漢高祖紀，三次引大典 16098，係漢字韻，漢宣帝，誤。應作 16198，五代漢高
　　祖。

卷 123 安審暉、安審信、安叔千傳，均引大典 18144，係將字韻，宋將，誤。應作 18132，後周
　　將。

卷 126 馮道傳，三次引大典 17930，係相字韻，宋相，誤。應作 17910，五代相。

卷 127 和凝傳，引大典 5710，係渦字韻，誤。應作 5718，和字韻。

卷 128 王朴傳，引大典 18123，係將字韻，唐將，誤。應作 18132，後周將。

卷 128 司徒詡傳，引大典 2128，係婁字韻，誤。應作 2168，徒字韻，司徒。

卷 137 契丹傳，引大典 4558，係天字韻，誤。應作 4358，丹字韻，契丹。

二　引册府卷數誤例

　　輯本引册府卷數誤，而又知爲何誤可以改正者，除緒論所述各條外，亦尚有下列諸條，惟
輯本自梁書太祖紀後，引册府者無幾，未能盡册府之用也。

卷 4 梁太祖紀，帝御金祥殿條，引册府 190，係姿表等門，誤。應作 197，朝會及納貢獻
　　門。

卷 4 李詒封萊國公條及立二王三恪條，均引册府 212，係招諫等門，誤。應作 211，繼絕
　　門。

卷 4 詔裴迪復爲右僕射條，卷 5 念王重榮舊功下詔褒獎條，亦引册府 212，招諫等門，誤。
　　應作 211，求舊門。

卷 4 李存勗誘結北蕃條，引册府 117，係親征門，誤。應作 217，交侵門。

卷 4 賜僧法通等紫衣條,亦引冊府 117,親征門,誤。應作 194,崇釋老門。

卷 4 以繁臺爲講武臺條,引冊府 195,係惠民等門,誤。應作 196,建都門。

卷 4 獵畋于含耀門外條,引冊府 209,係欽恤等門,誤。應作 205,畋遊門。

卷 4 車駕發西都及駕巡朝邑條,均引冊府 202,係祥瑞門,誤。應作 205,巡幸門。

卷 5 梁太祖紀,敕改乾文院爲文思院條,引冊府 199,係命相等門,誤。應作 196,建都門。

卷 5 帝御朝元殿條,引冊府 205,係巡幸等門,誤。應作 197,朝會門。

卷 5 追贈常參官先世條,引冊府 250,係攻伐門,誤。應作 210,延賞門。

卷 5 衡王友諒進瑞麥條,引冊府 220,係形貌等門,誤。應作 202,祥瑞門。

卷 5 禁造假犀玉眞珠條,引冊府 197,係朝會等門,誤。應作 191,政令門。

卷 6 梁太祖紀,帝御朝元殿及畋於伊水條,引冊府 179,係姑息門,誤。應作 197,朝會門,及 205,畋遊門。

卷 6 至楡林觀稼條,引冊府 220,係形貌等門,誤。應作 205,巡幸門。

卷 7 梁太祖紀,丁亥復至貝州條,引冊府 202,係祥瑞門,誤。應作 205,巡幸門。

卷 7 辛未宴於食殿條,引冊府 179,係姑息門,誤。應作 197,宴會門。

卷 7 制加博王友文爲特進檢校太保條,引冊府 266,係儀貌等門,誤。應作 269,委任門。

卷 51 李存義傳,歷鄜州刺史條,引冊府 205,係巡幸畋遊等門,誤。應作 281,領鎭門,歷鄜州節度使。

卷 51 李重吉傳,詔贈太尉條,引冊府 275,襃寵門,誤。應作 277,襃寵門。

卷 131 扈載傳,文價爲一時之冠條,引冊府 842,係知人門,誤。應作 841,文章門。

又扈載傳附劉袞年二十八而卒條,引冊府 930,係傲慢不恭等門,誤。應作 931,短命門。

卷 134 王延鈞傳,仍稱藩於朝廷條,引冊府 222,係勳伐門,誤。應作 232,稱藩門。

卷 136 王建傳,改元天漢又改元光天,子衍嗣條,引冊府 119,係選將門,誤。應作 219,姓系及年號門。

卷 136 孟知祥傳,應順元年稱帝,改元明德條,引冊府 229,係求納聽諫等門,誤。應作 219,姓系及年號門。

三　引大典卷數誤不知爲何誤例

輯本引大典卷數有知其誤而不知爲何誤者,緒論已言之,此等錯誤,多在大典各韻姓氏之中,但大典姓氏每占數卷或數十卷,僅據目錄未見原書不能確定其在何卷也。

卷 13 蔣殷傳,引大典 10831,據目錄係補字韻,誤。或應作 11831,蔣字韻。但大典蔣字韻姓氏有六卷，自 11830 至 11835，不知在何卷。

卷 24 杜荀鶴傳，引大典 15730，係論字韻，誤。或應作 14730，杜字韻。但大典杜字韻姓氏有九卷，自 14725 至 14733，不知在何卷。

卷 56 周德威傳，引大典 9997，係占字韻，誤。或應作 8997，周字韻。但大典周字韻姓氏有廿七卷，自 8990 至 9016，不知在何卷。

卷 58 趙光逢傳，引大典 18991，係令字韻，誤。或應作 16991，趙字韻。但大典趙字韻姓氏有四十卷，自 16985 至 17024，不知在何卷。

卷 59 王瓚傳，引大典 6680，係江字韻，鎮江府，誤。或應作 6860，王字韻。但大典王字韻姓氏有一〇二卷，自 6816 至 6917，不知在何卷。

卷 91 王建立傳，引大典 6530，係長字韻，誤。或應作 6880，王字韻。

卷 95 王清傳，引大典 6351，係張字韻，誤。或應作 6851，王字韻。

卷 59 張溫傳，引大典 6660，係江字韻，詩文，誤。或應作 6360，張字韻。但大典張字韻姓氏有六十五卷，自 6331 至 6395，不知在何卷。

卷 65 張廷裕傳，卷 129 張彥超傳，均引大典 5360，係朝字韻，誤。或應作 6360，張字韻。

卷 70 張敬達傳，引大典 6651，係江字韻，江名，誤。或應作 6351，張字韻。

卷 69 孫岳傳，引大典 3591，係榛字韻，誤。或應作 3571，孫字韻。但大典孫字韻姓氏有廿五卷，自 3554 至 3578，不知在何卷。

卷 74 楊彥溫傳，兩引大典 6351，係張字韻，誤。或應作 6051，楊字韻。但大典楊字韻姓氏有廿九卷，自 6041 至 6069，不知在何卷。

卷 90 李承約、李德珫傳，均引大典 20420，係稷字韻，誤。或應作 10420，李字韻。但大典李字韻姓氏有九十卷，自 10356 至 10445，不知在何卷。

卷 94 李瓊傳，引大典 10340，係里字韻，誤。或應作 10390，李字韻。

卷 92 吳承範傳，引大典 3321，係春字韻，誤。或應作 2321，吳字韻。但大典吳字韻姓氏有十八卷，自 2319 至 2336，不知在何卷。

卷 94 劉處讓傳，引大典 9909，係嚴字韻，誤。或應作 9099，劉字韻。但大典劉字韻姓氏有五十九卷，自 9073 至 9131，不知在何卷。

卷 128 段希堯傳，引大典 16310，係判字韻，誤。或應作 16370，段字韻。但大典段字韻姓氏有三卷，自 16369 至 16371，不知在何卷。

卷 138 占城傳，引大典 8439，係平字韻，太平府，誤。據目錄 8116 城字韻，有占城國。

卷 147 刑法志，引大典 8290，係兵字韻，元兵，誤。據目錄 7767 刑字韻，有五代刑。

四　熊劉兩本異而皆誤例

熊、劉兩本，均鈔自輯本初次定稿，而兩本所注大典卷數，時有異同。有熊、劉兩本異而皆誤者：

卷 2 梁太祖紀，帝夢白龍條，熊本引大典 15207，係歲字韻，誤。劉本作 15270，係尉字韻，太尉，亦誤。

卷 59 李紹文傳，熊本引大典 10189，係史字韻，誤。劉本作 10198，係齒字韻，亦誤。

卷 61 孫璋傳，熊本兩次引大典 3461，係渾字韻，誤。劉本作三萬千四百六十三，萬字衍，3463 係溫字韻，誤；又一次作 3462，係昆字韻，亦誤。

卷 91 張從訓傳，熊本引大典 5360，係朝字韻，誤。劉本作 5370，堯字韻，亦誤。

卷 96 孟承誨傳，熊本引大典 11113，係水字韻，劉本作 11112，亦水字韻，均與孟無涉。

卷 127 蘇禹珪傳，熊本引大典 3392，係文字韻，誤。劉本作 3393，文字韻，亦誤。

卷 138 牂牁蠻傳，熊本引大典 5150，係元字韻，改元。劉本作 5105，係專字韻，均與牂牁無涉。

五　熊劉兩本異不知誰誤例

又有熊、劉兩本異而不知其孰誤者，熊本係用原鈔本影印，劉本則由鈔本重寫一次付刻，在未得大典原書對勘前，吾人寧信熊本所引為少誤也。

卷 18 李振傳，熊本引大典 10386，係李字韻；劉本作 10380，亦李字韻，未知孰誤。

卷 21 李唐賓傳，熊本引大典 10388，係李字韻；劉本作 10360，亦李字韻，未知孰誤。

卷 67 李愚傳，熊本引大典 10389，係李字韻；劉本作 10398，亦李字韻，未知孰誤。

卷 69 胡裝傳，熊本引大典 2242，係胡字韻；劉本作 2243，亦胡字韻，未知孰誤。

卷 134 李昇傳，熊本引大典 10391，係李字韻；劉本作 10390，亦李字韻，未知孰誤。

六　熊本不誤劉本誤例

應有熊本誤而劉本不誤者，但尚未發見。至於熊本不誤而劉本誤者，其數不少，此則後來刻書者之責，而非當日輯書諸臣之責也。

卷 4 梁太祖紀，白龍見條，熊本引大典 520，係龍字韻。劉本作 560，係庸字韻，中庸，誤。

卷 7 梁太祖紀，告諭百姓備淫雨條，熊本引大典 2632，係災字韻，弭災。劉本作 1632，係虞字韻，姓氏，誤。

又卷 7 帝泛九曲池條，熊本引大典 1052，係池字韻，池名。劉本作 1502，係圻字埼字韻，誤。

卷 15 馮行襲傳，熊本引大典 403，係馮字韻。劉本誤作四萬三。

卷 15 孫德昭傳，熊本引大典 18126，係將字韻，後梁將。劉本作 18146，係將字韻，宋將，誤。

卷 17 成汭傳，勤於惠養條，熊本引大典 11827，係養字韻。劉本作 11817，係若字韻，誤。又汭赧然而屈條，熊本引大典 21128，係屈字韻，劉本二萬誤作云萬。

卷 19 朱友恭傳，熊本引大典 2031，係朱字韻。劉本誤作二十三十一。

卷 24 張儁傳，熊本引大典 6350，係張字韻。劉本作 6320，係漳字韻，誤。

卷 50 李嗣肱傳，熊本引大典 18128，係將字韻，後唐將。劉本作 18126，係將字韻，後梁將，誤。

卷 53 李漢韶傳，熊本引大典 18128，係將字韻，後唐將。劉本作 18028，係將字韻，列國晉將，誤。

卷 56 符存審傳，熊本引大典 18128，係將字韻，後唐將。劉本作 18218，係象字韻，誤。

卷 67 豆盧革傳，熊本引大典 2214，係盧字韻，姓氏。劉本作 3214，係雲字韻，誤。

卷 71 藥縱之傳，熊本引大典 21617，係藥字韻，姓氏。劉本作 21670，係樂字韻，晉樂，誤。

卷 73 李鄩傳，熊本兩次引大典 10389，係李字韻。劉本刪第二次。

卷 77 晉高祖紀，熊本引大典 15643，係晉字韻，五代晉高祖。劉本作 15642，係晉字韻，東晉總論，誤。

卷 107 閻晉卿傳，熊本引大典 18132，係將字韻，五代後漢將。劉本作 18131，係將字韻，五代後晉將，誤。

卷 127 景範傳，熊本引大典 17911，係相字韻，後周相。劉本作 17910，係相字韻，後梁相，誤。

卷 128 楊凝式傳，熊本引大典 6052，係楊字韻。劉本作 6512，係莊字韻，誤。

卷 129 趙鳳傳，熊本引大典 16991，係趙字韻。劉本作 15991，係韻字韻，詩，誤。

卷 132 李彝興傳，熊本引大典 18133，係將字韻，後周將。劉本作 18130，係將字韻，後唐將，誤。

卷 145 樂志，熊本引大典 21678，係樂字韻，五代樂。劉本缺出處。

又卷 3 梁太祖紀，宰臣請每月初入閣條，熊本引冊府 197，係朝會門。劉本作 179，係姑息門，誤。

卷 12 朱全昱傳，授宋州節度使條，熊本引冊府 281，係領鎮門。劉本作 277，係褒寵門，誤。

卷12朱友文傳，嗜酒怠於爲政條，熊本引冊府298，係牝溺門。劉本作296，係追封門，
　　誤。

卷51李從榮傳，充天下兵馬大元帥條，熊本引冊府269，係將兵門。劉本作299，係專恣等
　　門，誤。

卷71馬縞傳，于事多遺忘條，熊本引冊府954，係寡學門。劉本作九五五十四，誤。

卷134王審知傳末，王延鈞附傳前，熊本仍重注一次冊府219，姓系門，劉本刪之。

　　書經三寫，烏焉成馬，劉本引書卷數之錯誤，比熊本特多，本無足怪，惟吾人今日之所以
能校出者，亦因其注有出處，倘並此而無之，則吾人又何由知其誤，故與其去之，毋寧留之。當
時參預輯書者有彭元瑞，彭元瑞知聖道齋讀書跋云："永樂大典散篇輯成之書，以舊五代史爲
最，以其注明大典卷數及採補書名卷數，不沒其實也。後武英殿鋟本盡刪之，曾屢爭之，總裁
不見聽"云云，總裁蓋懼主者發其覆耳，然留之終勝於去之也。

宋代廣州的香料貿易

關履權

一

　　早在秦漢時期，廣州已經是我國對外貿易的一個重要口岸。《淮南子》曾說秦始皇時："利越之犀角、象齒、翡翠、珠璣,乃使尉屠睢發卒五十萬爲五軍,一軍塞譚城之領,一軍守九疑之塞,一軍處番禺之都,一軍守南野之界,一軍結餘干之水。"① 可見秦時嶺南已是犀角、象齒、翡翠、珠璣的重要市場。在漢代,廣州也是珠璣、犀、瑇瑁等商品的集散地。《史記》說："番禺,亦一都會也,珠璣、犀、瑇瑁、果、布之湊。"②

　　東漢以後,海外香料入口漸多,這些香料一般多是從交趾海運進口而來的。如《後漢書》說："舊交趾土多珍產,明璣、翠羽、犀象、瑇瑁、異香、美木之屬,莫不自出。"③ 又說,交趾的土產輸入中國,"皆從東冶汎海而至,風波艱阻,沉溺相係,弘奏開零陵、桂陽嶠道,于是夷通,至今遂爲常路。"④ 東冶卽福建閩侯縣(今福州),當時交趾香料是從海運至福建福州進口,其後才改從廣東、湖南陸運北上。三國時期,海外香料主要也是從交趾地區運來,如《三國志》說交州日南："貴致遠珍名珠、香藥、象牙、犀角、瑇瑁、珊瑚、琉璃、鸚鵡、翡翠、孔雀、奇物,充備寶玩,不必仰其賦入,以益中國也。"⑤ 三國兩晉以至隋代,廣州仍是對外貿易的重要口岸,當時有沒有香料從廣州進口,或者以廣州爲集散的貿易市場呢? 據《晉書》說："廣州包帶山海,珍異所出,一篋之寶,可資數世。"⑥《隋書》也說"南海、交趾各一都會也。並所處近海,多

① 《淮南子》卷18《人間訓》。
② 《史記》卷129《貨殖傳》。《漢書》卷28《地理志》所記略同。
③ 《後漢書》卷61《賈琮傳》。
④ 《後漢書》卷63《鄭弘傳》。
⑤ 《三國志》卷53《吳書·張嚴程闞薛傳》。
⑥ 《晉書》卷90《吳隱之傳》。

犀、象、瑇瑁、珠璣，奇異珍瑋，故商賈至者，多取富焉。"① 當時交趾的"日南有香市"，是"商人交易諸香處"。② 廣州與交趾地區接近，建安二十年，步隲在廣州(番禺)建立城郭，由於地當要衝，就逐漸發展而成爲一個與交趾貿易的重要城市。③ 上面所引《晉書》和《隋書》說廣州"珍異所出，一篋之寶"，"奇異珍瑋"，雖然沒有明言包含香料，但香料或有運至廣州貿易的可能性是很大的。

唐代商業經濟的繁榮，超出了它以前的任何一代，海外貿易的數量也隨之而增加，各種史籍中有關廣州對外貿易情況的記載更多，如《舊唐書》說："南海郡利兼水陸，瓌寶山積。"④ 又說："廣州有海之利，貨貝狎至。"⑤《新唐書》也說："南海兼水陸都會，物產瓌怪。"⑥ 此外，散見于私人記載中的也有不少，如《韓昌黎集》說："若嶺南帥得其人，則一邊盡治，不相寇盜賊殺，無風魚之災，水旱癘毒之患，外國之貨日至，珠、香、象、犀、瑇瑁奇物溢于中國，不可勝用。"⑦《李文公集》中也說嶺南鄰國"歲來互市，奇珠瑇瑁，異香文犀，皆浮海舶以來。常貢是供，不敢有加。舶人安焉，商賈以饒"。⑧ 這些材料都是以證明廣州在唐代已是海外香料貿易的重要市場。

到了宋代，中國封建社會內部的商品經濟有所發展，廣州對外貿易進一步活躍起來。"崇寧初(1064 年)三路(廣東、福建、兩浙)各置提舉市舶司。三方唯廣最盛。"⑨ 廣州對外貿易最盛，稅收自然也就最多。《宋會要》記(紹興二年)六月二十一日廣南東路經略安撫提舉市舶司言："廣州自祖宗以來，興置市舶，收課入倍于他路。"⑩ 當時廣州對外貿易的進口貨中，以香料爲最大宗，獲利最多。"宋之經費，茶、鹽、礬之外，惟香之爲利博，故以官爲市焉。"⑪ 北宋神宗熙寧、元豐年間，明、杭、廣州市舶司，博買到的乳香共計 354、449 斤，其中明州所收只有 637 斤，而廣州所收者則有 348、673 斤，占了三個口岸市舶司所收乳香總數的 98% 強。⑫《續資治通鑑長編》記神宗元豐三年 (1080 年) 朱初平說："廣州，外國香貨及海南客旅

① 《隋書》卷 31《地理志》。

② 任昉：《述異記》。

③ 參酈道元：《水經注·浪水注》。

④ 《舊唐書》卷 98《盧懷愼傳》。

⑤ 《舊唐書》卷 163《胡證傳》。

⑥ 《新唐書》卷 126《盧奐傳》。

⑦ 韓愈：《韓昌黎集》卷 21《送鄭尙書序》。

⑧ 李翱：《李文公集》卷 11《嶺南節度徐公行狀》。

⑨ 李彧：《萍洲可談》卷 2。

⑩ 《宋會要·職官》24 之 14。

⑪ 《宋史》卷 185《食貨志》。

⑫ 梁廷枏：《粵海關志》卷 3 引北宋畢仲衍《中書備對》。

所在。"① 此外，北宋蘇軾說："張廣州與妹仁壽夫人書云：廣州眞珠香藥極有。"② 南宋戴埴也說："廣通舶，出香藥。"③ 由此可見，宋代廣州在中國對外貿易史上占有很重要的地位，而其中獲利最博的香料貿易尤其值得我們注意。

二

香料並非中國所產，主要是從東南亞各國進口來的。史載：宋自太祖開寶四年（971 年）嶺南平後，與交趾、闍婆、三佛齊、渤泥、占城諸國貿易頻繁，"由是犀、象、香藥、珍異，充溢府庫"。④ 香料貿易獲利最豐，宋政府便規定與其他蕃貨如犀、象、藥材等以及土產的茶、鹽、礬、鐵等一律統制貿易，實行禁榷，不准商民自由買賣。宋代先後在對外貿易的口岸設置市舶司或市舶務，管理蕃貨禁榷。如廣東的廣州（太祖開寶四年，971 年設市舶司），浙江的杭州（太宗端拱二年，989 年設市舶司）、明州（眞宗咸平二年，999 年設市舶司）、溫州（南宋高宗紹興二年，1132 年設市舶務），福建的泉州（哲宗元祐二年，1087 年設市舶司），山東的密州（元祐三年，1088 年設市舶司），江蘇的秀州華亭縣（徽宗政和三年，1113 年設市舶務）、江陰軍（南宋高宗紹興十六年，1146 年設市舶務）、秀州海鹽縣澉浦（理宗淳祐六年，1246 年置市舶官，淳祐十年，1250 年設市舶場），⑤ 其中以廣州市舶司最早。"初于廣州置司，以知州爲使，通判爲判官，及轉運使司掌其事。又遣京朝官、三班、內侍三人專領之"。⑥ 宋代廣州設置市舶司的時間，據顧炎武說："宋太祖開寶二年置市舶司於廣州。"⑦ 但《宋史》說是在太祖開寶四年。"（太祖開寶）四年，置市舶司於廣州，後又於杭、明州置司。……元祐三年，乃置密州板橋市舶司，而前一年亦增置市舶司於泉州"。⑧ 梁廷枏在《粵海關志》中也說："廣州市舶司，設於太祖開寶四年，明、杭二處設司，在宋眞宗咸平二年。"⑨《宋會要》說得更具體："太祖開寶四年六月，命同知廣州潘美、尹崇珂並充市舶使，以駕部員外郎通判廣州謝處玭兼市舶判官。"⑩ 開寶四年以前的廣州尚在南漢劉氏的統治，到開寶四年，劉鋹被俘，南漢始被宋所滅。

----

① 李燾：《續資治通鑒長編》卷 310。
② 蘇軾：《東坡題跋》卷 1。
③ 戴埴：《鼠璞·香藥草》。
④ 《宋史》卷 268《張遜傳》，《宋會要·食貨》55 之 22 所記略同。
⑤ 參《宋會要·職官》。
⑥ 《宋會要·職官》44 之 1，《宋史·食貨志》。
⑦ 顧炎武《天下郡國利病書》卷 95《福建》5。
⑧ 《宋史》卷 186《食貨志》。
⑨ 梁廷枏《粵海關志》卷 2。
⑩ 《宋會要·職官》44 之一。

《宋史》曾說：“擒鋹送京師，露布以聞，卽日命美與尹崇珂同知廣州兼市舶使。”① 又說：“克廣州擒劉鋹，卽日詔與潘美同知廣州兼市舶轉運等使。”② 潘美克廣州和劉鋹被俘送至汴京的時間，據《宋史》載：“（開寶四年二月）潘美克廣州俘劉鋹，廣南平。……（開寶四年五月）御明德門，受劉鋹俘，釋之。”③ 潘美克廣州俘劉鋹是在開寶四年（971 年）二月，劉鋹被送至汴京時則在是年五月，由此推知，廣州市舶司的設置及命知同廣州的潘美、尹崇珂兼充市舶使，《宋會要》說是在廣南平定劉鋹被俘送京師以後的開寶四年六月，當屬可信。

　　市舶使的設置始于唐代，多由地方官吏兼領，或派宦官充當。到了宋代，“蕃制雖有市舶司，多州郡兼領，元豐中始令轉運司兼提舉，而州郡不復預矣，後專置提舉，乃轉運亦不復預矣”。④ 看來宋初市舶使也是由地方官吏兼任，神宗元豐中改由轉運司兼，中央或派內侍監督；在廣州、泉州、兩浙各市舶司派專人充任市舶使，則是神宗以後的事。

　　關於市舶司的職掌，據《宋史》謂：“提舉市舶司掌蕃貨海舶徵榷貿易之事，以來遠人，通遠物。”⑤ 《宋會要》也說“市舶司”掌市易南方諸國 “物貨航舶而至者”。⑥ 可見市舶司的任務，主要是抽稅和收買舶來貨物。每當外舶抵達口岸時，要先把香料、珍珠等物送給市舶司，名曰“呈樣”。⑦ 呈樣以後，市舶司便實行抽稅。“凡舶至，帥漕與市舶監官莅閱其貨而徵之，謂之抽解。以十分爲率，眞珠、龍腦、凡細色抽一分，瑇瑁、蘇木、凡粗色抽三分，抽外，官市各有差。然後商人得爲己物。象牙重及三十斤，並乳香，抽外盡官市，蓋榷貨也”。⑧ “抽解”卽徵稅之意，抽一分卽十分抽一。“大抵海舶至，十先徵其一，其價值酌蕃貨輕重而差給之”。⑨ 十分抽一的稅率，並非市舶司一開始設立時便是如此。據《文獻通考》引陳止齋所言宋初置市舶司時的情況說：“是時市舶雖始置司，而不以爲利。淳化二年，始立抽解二分，然利殊薄。”⑩ 淳化爲北宋太宗年號，淳化二年卽公元 991 年，當時抽解二分是市舶司建立不久的抽稅率。其後仁宗時 “海舶至者，視所載，十算一而市其三”。⑪ 另據《宋會要》記南宋孝宗隆興二年（1164 年）八月十三日條呈兩浙市舶司利害的奏文說：“抽解舊法，十五取一，其後十取其一。又其後擇其良者，謂如犀象十分抽二分，又博買四分。眞珠十分抽一分，又博買六分之

① 《宋史》卷 258《潘美傳》。

② 《宋史》卷 259《尹崇珂傳》。

③ 《宋史》卷 2《太祖本紀》，參〈潘美傳〉。

④ 《文獻通考》卷 62 。

⑤ 《宋史》卷 167《職官志》。

⑥ 《宋會要·職官》44 之 1。

⑦ 屈大均：《廣東新語》卷 15《貨語》。

⑧ 朱彧：《萍洲可談》卷 2。

⑨ 《宋會要·職官》44 之 1。

⑩⑪ 《文獻通考》卷 20《市糴》1。

類。"①宋代規定凡禁榷貨物，全部由政府收買，統治者支配、消費之餘，然後出售一些給商民。如果係非絕對禁榷的貨物，則于抽解之後，由政府收買一部分，謂之"博買"、或稱"合買"、也稱"官市"，其餘准與商民貿易。至于抽解和博買數量的多少，則因時地和物品的不同而有所差異。大抵抽解是以十分之一爲常率。但實際上卽使在一定時期或一定地區稅率已有所規定，官吏也不一定按規定去辦。如《宋會要》記："孝宗隆興元年十二月十三日，臣寮言：舶船物貨已經抽解，不許再行收稅，係是舊法，緣近來州郡密令場務，勒商人將抽解餘物重稅，却致冒法透漏，所失倍多，宜行約束，庶官私無虧，興販益廣。"②接着又說："(孝宗隆興二年七月二十五日)臣寮言：熙寧初創立市舶一司，所以來遠人，通物貨也。舊法抽解旣有定數，又寬期納稅，使之待價，此招致之方也。邇來州郡官吏趁辦抽解之外，又多名色，兼迫其輸納，貨滯則減價求售，所得無幾，恐商旅自此不行，欲望戒敕州郡推明神宗皇帝立法之意，使商賈懋遷，以助國用。從之。"③ 又，"(紹興十七年十一月四日)詔三路市舶司今後蕃商販到龍腦、沉香、丁香、白豆蔻四色，並依舊抽解一分，餘數依舊法施行。先是紹興十四年一時措置抽解四分，以市舶司言蕃商陳訴抽解太重，故降是旨"。④地方官吏乘機勒索，加重稅率，或者在正稅之外，另抽別稅，這是封建時代常見之事，不足爲奇。

宋朝在對外貿易中獲取的利潤很大。南宋初高宗便說："市舶之利最厚，若措置合宜，所得動以百萬計。"⑤ 據《宋史》："張遜請于京置榷易署，稍增其價，聽商人金帛市之，恣其販鬻，歲可獲錢五十萬緡，以濟經費。太宗允之，一歲中果得三十萬緡。自是歲有增羨，至五十萬。"⑥《玉海》："海舶歲入象、犀、珠、玉、香藥之類，皇祐中五十三萬有餘，治平中增十萬，中興歲入二百萬緡。"⑦ 再據《建炎以來朝野雜記》(建炎)六年冬，福建市舶司言："自建炎二年至紹興四年，收息錢九十八萬緡。詔官其綱首，十四年命蕃商之以香藥至者十取其四，十七年詔於沉香、豆蔻、龍腦之屬，號細香藥者，十取其一。至紹興末兩舶司(閩、廣)抽分及和買得歲得息錢二百萬緡，隸版曹。"⑧ 從以上各條記載知：宋太宗時(977—997年)市舶利入三十萬緡，英宗治平時(1064—1067年)六十三萬緡，其後到了南宋初年便達到二百萬緡，可見當時對外貿易收入逐年有所增長。再從宋代全國歲收數額比較："國朝混一之初，天下歲入緡

① 《宋會要·職官》44之27。
② 《宋會要·職官》44之26。
③ 《宋會要·職官》44之27。
④ 《宋會要·職官》44之25。
⑤ 《宋會要·職官》44之20。
⑥ 《宋史》卷268《張遜傳》。
⑦ 王應麟：《玉海》卷186《唐市舶使》條。
⑧ 李心傳：《建炎以來朝野雜記》卷15《市舶司本息》條。

錢千六百餘萬，太宗皇帝以爲極盛，兩倍唐室矣。天禧之末，所入又增至二千六百五十餘萬緡。嘉祐間又增至三千六百八十餘萬緡。其後月增歲廣，至熙豐間合苗役稅易等錢所入，乃至六千餘萬。元祐之初，除其苛急，歲入尙四千八百餘萬。渡江之初，東南歲入不滿千萬，逮淳熙末，遂增六千五百三十餘萬焉。今東南歲入之數獨上供錢二百萬緡，此祖宗正賦也。"①北宋初年，天下歲入千六百餘萬緡，對外貿易收入三十萬緡至五十萬緡，僅占 2% 至 3% 左右。到南宋初年，東南歲入不滿千萬，而對外貿易每年收入二百萬緡，達到全部歲入的20％。可見海外貿易的收入成爲宋政府不可缺少的主要財源。因此，當時宋政府便特別注意招徠外商貿易，所謂來遠人，通遠物成爲市舶司的另一重要任務。例如"（太宗）雍熙四年五月，遣內侍八人，齎敕書金帛，分四綱，各往海南諸蕃國，勾招進奉，博買香藥、犀、牙、眞珠、龍腦。每綱齎空名詔書三道，于所至處賜之"。②又，"（仁宗天聖六年七月十六日詔）廣州近蕃舶罕至，令本州與轉運司招誘安存之"。③對於獲利最大的香料貿易，宋王朝尤其重視招徠，如南宋高宗紹興三年（1133 年）七月一日詔云："廣南東路提擧市舶官，今後遵守祖宗舊制，將中國有用之物如乳香藥物及民間常使香貨，並多數博買。內乳香一色，客算尤廣，所差官自當體國，招誘博買。"④

　　宋政府對那些能招誘外商來華貿易，增加政府收入的官吏和販運大量香料或其他外貨來華的外商，授以官爵，以示獎勵。凡諸市舶綱首，招誘舶舟，抽解至一定數額後，即可補官，官爵的高低則依他所招誘的舶舟和抽解貨物價值的多寡而定。"諸市舶綱首，能招誘舶舟，抽解物貨，累價及五萬貫、十萬貫者，補官有差。大食蕃客囉辛販乳香直三十萬緡，綱首蔡景芳招誘舶貨收息錢九十八萬緡，各補承信郎。閩廣舶務監官抽買乳香每及一百萬兩轉一官"。⑤由于"宋代獎勵互市，故僑蕃甚蒙優遇，縱有非法行爲，每置不問"。⑥例如："番禺有海獠雜居，其最豪者蒲姓，號白番人，本占城之貴人也。旣浮海而遇濤，憚於復反，乃請於其主，願留中國以通往來之貨，主許焉。舶事實賴給，其家歲益久，定居城中，居室稍侈靡踰禁，使者（市舶使）方務招徠，以阜國計，且以其非吾國人，不之問。"⑦如果市舶官員虐待外商時，則會受到上司的責罰，例如："蘇緘……調廣州南海主簿，州領蕃舶，每商至則擇官閱實其貨。商皆豪家大姓，習以客禮見主者。緘以選往，商樊氏輒升階就席，緘詰以杖之。樊訴于州，州

————————————

①　《建炎以來朝野雜記》卷 14《國初至紹熙天下歲收數》條。
②　《宋會要·職官》之 2。
③　《宋會要·職官》44 之 4。
④　《宋會要·職官》44 之 17。
⑤　《宋史》卷 185《食貨志》。
⑥　陳裕菁譯：《蒲壽庚考》第二章。
⑦　岳珂：《桯史》卷 11《番禺海獠》條。

召責緘。"①

　　每當外商來往之時，市舶司例當設宴招待，謂之"犒設"。"蕃舶初來有下碇稅，有閱貨宴，所餉犀象香琲，下及僕隸。"②《宋會要》記："(紹興二年六月二十一日)廣南東路經略安撫提舉市舶司言："廣州自祖宗以來興置市舶，收課入倍于他路。每年發舶月分，支破官錢管(筵?)設津遣，其蕃漢綱首作頭梢工等人，各令與坐，無不得其懽心。非特營辦課利，蓋欲招徠外夷，以致柔遠之意。舊來或遇發船來多，及進貢之國並至，量增添幾數，亦不滿二百餘貫，費用不多，所悅者衆。今准建炎二年七月敕備(據?)坐前提舉兩浙市舶吳說箚子，每年宴犒，諸州所費不下三千餘貫，委實枉費。緣吳說卽不曾取會本路設蕃所費數目，例蒙指揮寢罷，竊慮無以招懷遠人，有違祖宗故事，欲乞依舊犒設。從之。"③外國船舶多于每年十月間歸國，這時，市舶司必設宴送別。"(紹興十四年九月六日)提舉福建路市舶樓璹言：臣昨任廣南市舶司，每年于十月內依例支破官錢三百貫文，排辦筵宴，係本司提舉官同守臣犒設諸國蕃商等"。④《嶺外代答》也說："歲十月，提舉(市舶)司大(犒)設蕃商而遣之。"⑤　結果是"嘗因犒設，蕃人大集府中"。⑥

　　海外輸入的香料，是政府禁榷貨物，抽解後再加以博買，解運京師或其他地區出售。"(南宋高宗建炎元年十月二十三日)承議郎李則言：閩廣市舶舊法置場抽解，分粗細二色，般運入京，其餘粗重難起發之物，本州打套出賣"。⑦香料般運時，由轉運司派官押送。"(仁宗天聖)五年九月，自今遇有舶船到廣州博買香藥，及得一兩綱，旋具奉聞，乞差使使臣管押"。⑧又，"神宗熙寧四年五月十二日，詔應廣州市舶司，召差廣南東西路得替官往廣州，交管押上官送納事，故銜替之人勿差"。⑨分綱就是分批或分組的意思。"陸路以三千斤，水路以一萬斤爲一綱"。⑩從廣州進口的外貨，按性質分爲粗色及細色兩類，分組運送。至于粗重的而價值較低，負擔不起巨額運費，便留在廣州出賣，卽上引所謂"粗重難起發之物，本州打套出賣"。香料也和其他外來貨物一樣分粗細二色運送。當時廣州運送香料至京師的伕役便有萬餘人之

---

① 《宋史》卷 446《蘇緘傳》。

② 屈大均：《廣東新語》卷 15《貨語》。

③ 《宋會要·職官》44 之 14。

④ 《宋會要·職官》44 之 24。

⑤ 周去非：《嶺外代答》卷 3，《航海外夷》條。

⑥ 朱彧：《萍洲可談》卷 2。

⑦ 《宋會要·職官》44 之 11。

⑧ 《宋會要·職官》44 之 4。

⑨ 《宋會要·職官》44 之 5。

⑩ 《宋史》卷 185《食貨志》。

多。"先是嶺南輸香藥,以郵置卒萬人,分鋪二百,負擔抵京師,且以煩役爲患"。① "自大觀以來,乃置庫收受,務廣帑藏,張大數目,其弊非一,舊係細色綱,只是眞珠、龍腦之類,每一綱五千兩,其餘如犀、牙、紫礦、乳香、檀香之類,盡係粗色綱,每綱一萬斤。凡起一綱,差衙前一名管押,支脚乘贍家錢約計一百餘貫。大觀以後,犀、牙、紫礦之類皆變作細色,則是舊日一綱,分爲三十二綱,多費官中脚乘贍家錢三千餘貫"。② 大觀係北宋末徽宗年號,大觀元年卽公元1107年。北宋末大觀年間,政府需要香料數量增多,務廣帑藏,張大數目,舊日定爲粗色綱的香料也改爲細色,運送京師,運費因而增加。香料是奢侈品,運送京師數量日增,意味着封建政權以及貴族官僚地主生活的日趨腐朽。

從廣州進口的香料,北宋時運往京師汴梁的路綫是:"廣南金、銀、香藥、犀、象百貨陸運至虔州,而後水運。"③ 廣州香料至虔州(江西贛縣)一段,並非全部陸運,其中由廣州至南雄是有水路可通的。"嶺南陸運香藥入京,詔(劉)蒙正往規畫。蒙正請自廣韶江泝流至南雄;由大庾嶺步運至南安軍,凡三鋪,鋪給卒三十人;復由水路輸送"。④ 南宋京城在杭州,杭州和廣州兩地旣接近海岸,而南宋政權偏安南方,對外貿易偏重海外,海上的交通比之北宋更爲發達,因此南宋廣州的香料運送杭州時走的主要是海道。"(嘉定十五年十月十一日)泉廣每歲起綱,所謂粗色,雖海運以達中都,然水脚之費,亦自不貲"。⑤

香料運至京城以後歸榷貨務管理。北宋時汴京的榷貨務,"舊在延康坊,後徙太平坊,掌受商人便錢給券及入中茶鹽,出賣香藥、象貨之類。"⑥ 據史書記載,"榷易務"有幾種不同的名稱如:"榷易署"、⑦ "香藥易院"、⑧ "榷易院"⑨ 和"榷藥局"⑩ 等。除了"榷貨務"以外,還有"香藥庫","香藥庫"又名"內香藥庫",是出納貯藏舶來的香料、藥物的府庫;與"榷貨務"的辦理入中茶鹽,出售香藥、象貨等外貨的任務有所不同。據《宋會要》說:內香藥庫在橫門外南廊,舊止曰香藥庫,在內中。天禧五年,從今庫掌出納外國舶來香藥寶石。⑪ 《宋史》也說香藥庫的職務是掌出納外國及市舶香藥寶石之事。⑫ 《宋會要》又說:"(天禧五年六月)

① 《廣東通志》卷 236《宦績錄》。
② 《宋會要·職官》44 之 12,《宋史》卷《186《食貨志》所記略同。
③ 《宋史》卷 175《食貨志》。
④ 《宋史》卷 263《劉熙古傳》。
⑤ 《宋會要·刑法》2 之 144。
⑥ 《宋會要·食貨》55 之 22。
⑦ 《宋史》卷 268《張遜傳》。
⑧ 《宋會要·食貨》55 之 22。
⑨ 《宋會要·職官》44 之 1。
⑩ 李燾:《續資治通鑑長編》卷 18。
⑪ 參《宋會要·食貨》52 之 5。
⑫ 參《宋史》卷 165《職官志》。

內香藥庫貯細色香藥，以備內中須索。”①主管香藥庫的官吏則稱爲“香藥庫使”。

廣州的香料運至京城，除藏貯于“香藥庫”以備統治者取用外，一部分則派官設場專賣。“（太平興國二年）三月監在京出賣香藥場，大理寺丞樂沖，著作佐郎陶邴言乞禁止私貯香藥犀牙”。②“先是外國犀象香藥充牣京師，置官以鬻之”。③也有運至邊境出賣的。眞宗景德二年（1005 年）三月二十四日三司言：“請令河北轉運司，有輸藥入官者，准便糴麥例，給八分錢，二分象牙香藥，其廣信，安肅，北平粟麥，悉以香藥博糴，時邊城頗乏兵食，有司請下轉運司經度之，帝曰：‘戎人出境，民初復業，若責成外計，不免役兵飛輓，何以堪之。’因命祠部郎中樂和乘驛與轉運使同爲規畫，還，奏請以香藥博買，遂從其議，出內帑香藥二十萬貫，往彼供給”。④《宋史》說：“天聖（仁宗時年號）以來，象、犀、珠、玉、香藥寶貨充牣府庫。嘗斥其餘，以易金帛芻粟。縣官用度，實有助焉。”⑤在沿邊各地出賣香料，是採取所謂香藥博買的辦法。即以香藥配搭代替現錢，以便商人販運。當時商人運糧入京，謂之“入中”，入中後，政府除支給部分現錢外，另給香藥、犀、象交引（即領取香藥、犀、象的憑條），商人持交引到榷貨務領取香藥運往沿邊各地出售。就是這樣，通過商人的販運，廣州的“犀、象、珠、玉走于四方”。⑥

三

據《宋會要》說太平興國七年（982 年）詔令放行進口的三十七種藥物中，有下列幾種主要香料：乳香、龍腦香、沈香、木香、丁香、黃熟香、降眞香、檀香、安息香、豆蔻花、白豆蔻、草豆蔻、沒藥、煎香等。⑦這些香料主要是奢侈品，供統治階級享樂之用。其中也有一些香料作入藥之用的，如木香、丁香、安息香、肉豆蔻、沒藥、蘇合油香等，因此宋朝人也稱香料爲香藥。

貴族官僚地主需用香料最多。“中州人士但用廣州舶上占城、眞臘等（沈水）香”。⑧所謂“中州人士”，當係指北宋京城汴梁一帶的貴族官僚等統治階級人物。《墨莊漫錄》稱：“宣和間（北宋末徽宗時），宮中重異香，廣南篤耨，龍涎，亞悉，金顏，雪香，褐香，軟香之類。篤耨有

---

① 《宋會要・食貨》52 之 6。
② 《宋會要・食貨》36 之 1。
③ 《宋會要・食貨》36 之 2。
④ 《宋會要・食貨》36 之 5。
⑤ 《宋史》卷 186《食貨志》。
⑥ 蘇過，《斜川集》卷 6《志隱》。
⑦ 《宋會要・職官》44 之 2。
⑧ 范成大，《桂海虞衡志》。

黑白二種，……白者每兩價值八十千，黑者三十千。外廷得之，以爲珍異也。"① 外來的香料主要是供應貴族官僚奢侈生活之用。宋人筆記中對這方面有不少具體描述。如《鷄肋編》云："吳开正仲云，渠爲從官，與數同列往見蔡京，坐于後閤。京諭女童使焚香，久之不至，坐客皆竊怪之，已而報云香滿，蔡使卷帘，則見香氣自他室而出，靄若雲霧，濛濛滿座，幾不相覰，而無烟火之烈。既歸，衣冠芳馥，數日不歇。計非數十兩，不能如是之濃也。其奢侈大抵如此。"② 至于香料時價，《游宦紀聞》說："諸香中龍涎最貴重，廣州市直每兩不下百千，次等五、六十千。係番中禁榷之物，出大食國。"③ 龍涎香在廣州出售的價錢高至十萬緡，運至京師以後，價值一定更高。張知甫在《張氏可書》中說："僕見一海買鬻眞龍涎香二錢，云三十萬緡可售。時明節皇后閤酬以二十萬緡，不售。逐命開封府驗其眞贗，吏問何以爲別，買曰：浮于水則魚集，熏于衣則不竭。果如所言。"④ 眞龍涎二錢，價值高至二、三十萬緡，其他香料的價值自然也不會很低。蔡京一用數十兩，其窮奢極侈，可見一斑。

宋代統治階級焚香、熏香已成風氣。《老學庵筆記》說："京師承平時，宗室戚里歲時入禁中。婦女上犢車，皆用二小鬟持香毬在旁，在袖中又自持兩小香毬，車馳過，香烟如雲，數里不絕，塵土皆香。"⑤ 葉夢得《避暑錄話》說："趙清獻公好焚香，尤喜熏衣。所居既去，輒數月香不滅。衣未嘗置于籠，爲一大焙，方五、六尺，設熏爐其下，常不絕烟。每解衣投其間。"⑥ 歐陽修在《歸田錄》中記："梅學士詢在眞宗時已爲名臣。至慶曆中，爲翰林侍讀以卒。性喜焚香。其在官舍，每晨起將視事，必焚香兩鑪以公服罩之，撮其袖以出。坐定，撒開兩袖，郁然滿座濃香。"⑦ 梅詢在眞宗時被稱爲名臣，趙清獻公卽趙抃，神宗時被稱爲賢吏，所謂名臣賢吏尚且如此，其他官僚也就可想而知了。至于宮庭皇族大量焚燒香料以滿足腐朽生活，則更爲普遍。《四朝聞見錄》曾記："宣政盛時(指北宋末徽宗時)，宮中以河陽花臘燭無香爲恨。逐用龍涎、沈腦屑灌臘燭，列兩行數百枝，焰明而香濚，鈞天之所無也。建炎紹興久不能進此，惟太后旋蠻沙漠，復值稱壽，上極天下之養，故用宣政故事，然僅列十數炬，太后陽若不聞，上至奉巵白太后，以燭頗愜聖意否？太后謂上曰：你爹爹每夜常設數百枝，諸人閤分亦然。上因太后起更衣，微謂憲聖曰：如何比得爹爹富貴。"⑧ 香料也有作化妝之用，如《楓窗小牘》

---

① 張邦基：《墨莊漫錄》卷 2，叢書集成本。潘永固：《宋稗類鈔》卷 8 所記略同。
② 莊季裕：《鷄肋編》卷下。
③ 張世南：《游宦紀聞》卷 7。
④ 張知甫：《張氏可書》
⑤ 陸游：《老學庵筆記》卷 1。
⑥ 葉夢得：避暑錄話》卷上。
⑦ 歐陽修：《歸田錄》卷 2。
⑧ 葉紹翁：《四朝聞見錄》乙集《宣政宮燭》條。

說："汴京閨閣，妝抹凡數變。崇寧間，少嘗記憶，作大鬢方額。政宣之際，又尚急把垂肩。宣和已後，多梳雲尖巧額，鬢撑金鳳，小家至爲剪紙襯髮。膏沐芳香，花靴弓屐，窮極金翠，一襪一領費至千錢。今聞虜中閨飾復爾，如瘦金蓮方、瑩面丸、遍體香，皆自北傳南者。"① 香料不僅用作焚燃、熏衣、化妝，也有用在筵席上和合食品稱爲香宴。《鼠璞》說："坡公與章質夫帖云：公會用香藥，皆珍物，極爲番商坐賈之苦。蓋近造此例，若奏罷之，于陰德非小補。予考坡仙以紹聖元年抵五羊，龔爲帥。廣通舶，出香藥，時好事者創此，他處未必然也。今公宴，香藥別桌爲盛禮，私家亦用之，作俑不可不謹。"② 又周密《武林舊事》卷九記紹興二十一年十月高宗幸張俊王府，張俊進御筵節次中有"縷金香藥一行"及"砌香咸酸一行"。這些都是宴會時陳設的名貴香料，或香劑食品。以上所述貴族官僚地主日常消耗的香料，主要是從廣州進口的。例如《齊東野語》說："秦會之當國，四方饋遺日至。方滋德帥廣東，爲臘炬，以衆香實其中，遣駛卒持詣相府厚遺主藏吏，期必達。吏使俟命。一日宴客，吏曰：燭盡，適廣東方經略送燭一罨，未敢啓。乃取而用之。俄而異香滿座，察之，則自燭中出也。亟命藏其餘。枚數之，適得四十九。呼駛問故，則曰：經略專造此燭供獻，僅五十條；既成，恐不佳，試蒸其一，不敢以他燭充數。秦大喜，以爲奉己之專也，待方益厚。"③

劉克莊談及南宋土地集中的嚴重情況時說："昔之所謂富貴者，不過聚象犀珠玉之好，窮聲色耳目之奉，其尤鄙者，則多積塢中之金而已。至于吞噬千家之膏腴，連亘數路之阡陌，歲入號百萬斛，則自開闢以來，未之有也。"④ 香料加深貴族官僚地主的奢侈腐化，助長了他們的貪欲。那些"聚象犀珠玉之好，窮聲色耳目之奉"的"富貴者"必然也就是"吞噬千家之膏腴，連亘數路之阡陌"的土地掠奪者，殘酷的剝削和壓榨人民，階級矛盾自然日趨尖銳。

宋王朝爲了謀取暴利，將廣州進口的香料運至各地高價出售，甚至採取強迫派銷辦法，使人民感到極端痛苦，被迫起而反抗。如南宋孝宗乾道元年(1165 年)五月，湖南郴州射士李金在郴州、宜章一帶領導瑤、漢人民聯合反抗強制派銷乳香起義。孝宗淳熙二年(1175 年)郴州一帶人民又爆發了反抗強銷乳香的起義。由于人民的不斷反抗，封建統治者曾被迫停止在諸路強售香料。"(孝宗淳熙十二年，1185 年)分撥榷貨務乳香于諸路給賣。每及一萬貫，輸送左藏南庫。十五年，以諸路分賣乳香擾民，令止就榷貨務招客算請"。⑤

宋代廣州的香料貿易，是封建王朝和貴族官僚追求奢侈品和暴利的結果。反映了商業資本的發展不是單純依靠交換商品獲取利潤，同時也依靠掠奪和欺騙。所以，宋代的香料貿

① 袁褧：《楓窗小牘》卷上。

② 戴埴：《鼠璞·香藥草》。

③ 周密：《齊東野語》卷 8，《香炬錦茵》條。

④ 劉克莊：《後村大全集》卷 51《備對劄子》3。

⑤ 《宋史》卷 185《食貨志》。

易實際是一種片面的畸形的發展，非特無補于社會經濟的發展，反而更暴露了封建社會的腐朽和加深了社會的矛盾。宋代廣州香料貿易的性質，完全是一種封建式的對外貿易，看不出含有任何新的生產關係萌芽的因素，它的發展是與自然經濟占統治地位的宋代封建社會相適應的。自不能把它的作用過高估計，看作爲資本主義萌芽時期的商業資本活動。

宋代海外貿易是以金銀緡錢和土產手工業品換取海外諸國的香料或其他奢侈品。據《宋會要》說宋代廣州海外貿易輸出的商品主要在：金、銀、錢、鉛、錫、雜色帛、精麤瓷器，市易香藥、犀、象、珊瑚、琥珀、珠釧、鑌鐵、氈皮、璊瑁、瑪瑙、車渠、水晶、蕃布、烏樠、蘇木之物。① 《宋史》也說："嘉定十二年，臣僚言：以金銀博買，泄之遠夷爲可惜。乃命有司止以絹、帛、錦、綺、瓷漆之屬博易。"②

香料的大量進口，使銅錢不斷流出海外，對當時的國計民生影響極壞。《續資治通鑑長編》載："自熙寧七年頒行新敕，刪去舊條，削除錢禁，以此邊關重車而出，海舶飽載而回。……諸舶舊制，惟廣州，杭州，明州市舶司爲買納之處，往還搜檢，條例甚嚴，尙不得取便至他州也。今日廣南、福建、兩浙、山東，恣其所往，所在官司，公爲隱庇；諸係禁物，私行買賣，莫不載錢而去。錢本中國寶貨，今乃與四夷共用，……蓋自弛禁，數年之內，中國之錢，日以耗散。更積歲月，外則盡入四夷，內則恣爲銷毀，壞法亂紀，傷財害命，其極不可勝言矣。"③ 到了南宋，銅錢流出海外更甚。"南渡三路舶司歲入固不少，然金、銀、銅、鐵，海舶飛運，所失良多。而銅錢之泄尤甚。法禁雖嚴，奸巧愈密。商人貪利而貿遷，黠吏受賕而縱釋，其弊卒不可禁"。④ 清朝顧炎武也說："南渡後，經費困乏，一切倚辦海舶歲入固不少。然金銀銅錫錢幣亦用是漏泄外境，而錢之泄尤甚。法禁雖嚴，奸巧愈密，其弊卒不可言。"⑤ 銅錢之所以大量外流，固然與當時整個對外貿易有關，但香料是奢侈品，有害無利，價值高昂，進口數量又多，是使銅錢外流的一個重要因素。正如《宋史》記王居安所言："蕃舶多得香、犀、象翠，崇侈俗，泄銅鏹，有損無益。宜遏絕禁止。"⑥ 銅錢大量外流，國內流通的錢幣便愈來愈少，貨幣緊縮，造成"錢荒"，致使物價下跌。張方平在《樂全集》中說："天下謂之錢荒，……而又弛邊關之禁，開賣銅之法，外則泄于四夷，內則恣行銷毀。鼓鑄有限，壞散無節，錢不可得，穀帛益賤。"⑦ 錢荒而農產品價值低賤，直接受害的是廣大農民。北宋神宗時呂南公在《灌園集》中有詩記

① 《宋會要·職官》44 之 1。
② 《宋史》卷 186《食貨志》。
③ 《續資治通鑑長編》卷 269 熙寧九年秋張方平《論錢禁》，《宋史》卷 180《食貨志》所記略同。
④ 《宋史》卷 186《食貨志》。
⑤ 顧炎武：《天下郡國利病書》卷 120《海外諸番入貢互市》。
⑥ 《宋史》卷 405《王居安傳》。
⑦ 張方平：《樂全集》卷 26《論率錢募役事》。

當時的情況：“一錢重丘山，斗粟輕糞土。若聞豐年樂，今識豐年苦。東家米粒白如銀，西家稻束大如鼓，再三入市又負歸，慇懃減價無售主。”①　北宋時人李覯也說：“錢少則重，重則物輕。……物輕則貨或滯。”②可見，銅錢外溢的結果，使穀賤傷農，百貨滯銷，商業凋弊。

南宋紙幣大量流通，銅錢外流的結果，使紙幣發行的準備金大大減少，價值低跌，物價反而上漲。《宋會要》說“嘉定十五年七月二十二日，臣僚言：銅錢浸少，楮券寖輕，不可不慮。夫錢者本也，楮者末也。……夫銅爲有限，而用之者無窮。……買商般載，散之外境，安得而不耗？”③《宋史》謂：“（淳祐）十年，以會價低減，復申嚴（銅錢）下海之禁。”④魏了翁也說：“重以楮幣泛濫，錢荒物貴，極于近歲。”⑤北宋時因銅錢外流，錢幣流通量少，而物價低賤。到了南宋，銅錢的外流，使紙幣因準備金短少，價值低折，物價反而上漲。無論物價低跌或上漲，對人民的經濟生活同樣產生了惡劣的影響，促使社會矛盾的加深。

宋政府對廣州的香料貿易，採取專賣辦法。一般商人的自由貿易是被嚴厲禁止的。其中只有貴族官僚可以憑藉其政治上的特殊權勢私營謀利。當時官吏私營海外貿易者極多，所以宋政府便屢頒禁令。如《宋會要》說：“至道元年三月詔廣州市舶司曰朝廷綏撫遠俗，禁止末游，比來食祿之家，不許與民爭利。如官吏罔顧憲章，苟徇貨財，潛通交易，闌出徼外，私市掌握之珍，公行道中，靡虞薏苡之謗，永言貪冒，深蠹彝倫。自今宜令諸路轉運司指揮部內州縣，專切糾禁。內外文武官僚敢遣親信于化外販鬻者，所在以姓名聞。”⑥《宋史》也說：“政和三年，詔如至道之法，凡知州，通判官吏并舶司使臣等，毋得市蕃商香藥禁物。”⑦南宋時也不斷發出同樣的詔令，如：“（乾道）七年，詔見任官以錢附綱首商旅過蕃買物者有罰。”⑧禁令乃是官樣文章，並沒有產生任何效果，官吏的私營海外貿易卻愈來愈普遍。《宋史》載：“初（張）鑑在南海，李夷庚爲通判，謝德權爲巡檢，皆與之不協。二人密言鑑以貲付海買，往來貿市，故徙小郡。”⑨又北宋蔡襄《蔡忠惠公集》記當時官吏私販茶、鹽、香等物云：“臣自少入仕，于今三十年矣。當時仕宦之人，驫有節行者，皆以營利爲恥。雖有逐錐刀之資者，莫不避人而爲之，猶知恥也。今乃不然，紆朱懷金，專爲商旅之業者有之。興販禁物茶、鹽、香草之類，動以舟車懋遷往來，日取富足。”⑩到了南宋，隨着海外貿易的發展，官吏私營貿易的規模更

①　呂南公：《灌園集》卷4《山中即事寄上知縣宣德》。
②　李覯：《李直講文集》卷16《富國策》第八。
③　《宋會要·職官》43之179,180。
④　《宋史》卷180《食貨志》。
⑤　魏了翁：《鶴山大全文集》卷19第四箚。
⑥　《宋會要·職官》44之2,3。
⑦⑧　《宋史》卷186《食貨志》。
⑨　《宋史》卷277，《張鑑傳》。
⑩　蔡襄：《蔡忠惠公集》卷15《廢貪贓》。

大。《宋史》載右司諫陳良祐對孝宗說："陛下躬行節儉，弗殖貨利。或者託肺腑之親，爲市井之行。以公侯之貴，牟商賈之利。占田疇，擅山澤。甚者發舶舟，招蕃買貿易寶貨，糜費金錢。或假德壽，或託椒房。犯法冒禁，專利無厭。非所以維持紀綱，保全戚畹。願嚴戒敕，苟能改過，富貴可保，如其不悛，以義斷恩。"① 南宋大官僚私營海外貿易而規模特大，試舉一例："張俊歲收租六十四萬斛。偶游後圃，見一老兵晝臥。詢知其能貿易，即以百萬付之。其人果往海外，大獲而歸。"② 關於這件事，當時人羅大經有更生動的記述："(張循)王嘗春日游後圃，見一老卒臥日中，王蹴之曰，何慵眠如是？卒起聲喏，對曰，無事可做，只得慵眠。王曰，汝會做甚事？對曰，諸事薄曉，如回易之類，亦粗能之。王曰，汝能回易，吾以萬緡付汝何如？對曰，不足爲也。王曰，付汝五萬。對曰，亦不足爲也。王曰汝需幾何？對曰，不能百萬，亦五十萬乃可耳。王壯之，予五十萬，恣其所爲。其人乃造巨艦，極其華麗。市美女能歌舞音樂者百餘人。廣收綾錦奇玩珍羞佳果及黃白之器。募紫衣吏，軒昂閑雅，若書司客將者十數輩，卒徒百人。樂飲逾月，忽飄然浮海去，逾歲而歸。珠犀香藥之外，且得駿馬。獲利幾十倍。時諸將皆缺馬，惟循王得此馬，軍容獨壯。大喜，問其何以致此。曰，到海外諸國，稱大宋回易使，謁戎王，餽以綾錦奇玩，爲招其貴近，珍羞畢陳，女樂迭奏，其君臣大悅。以名馬易美女，且爲治舟載馬，以犀珠香藥易綾錦等物，餽遺甚厚，是以獲利如此。王咨嗟褒賞，賜予優厚。問能再往乎？對曰，此戲也，再往則敗矣。願仍爲退卒老圃中。"③ 冒充"大宋回易使"以私營海外貿易，沒有政治上的特殊權勢，誰敢如此？張俊之外，丞相鄭清之也是當時私營海外貿易的著名人物。《宋史》言："復言清之(鄭清之)橫啓邊釁，幾危宗祀，及其子招權納賄，貪冒無厭，盜用朝廷錢帛，以易貨外國，且有實狀。"④《黃氏日抄古今紀要逸編》也說："復除公(杜範)殿中丞侍御史。時襄、蜀俱壞，江陵孤危，兩淮震恐。遂極論清之(丞相鄭清之)挑橫強敵，幾危宗社；及論其子弟招權納賄，貪冒無厭，盜用朝廷錢帛，易貨外國，具有實狀。"⑤至于任職廣州的市舶官吏，貪污舞弊者，更是史不絕書。如《宋史》說："是州(廣州)兼掌市舶，前守多涉譏議。"⑥ 又說："南海有蕃舶之利，前後牧守，或致謗議。"⑦ 南宋張知甫也說："燕瑛罷廣漕還朝，載沈水香數十艦，以遺宦寺，遂尹天府，時人謂之香燕大尹。"⑧ 官吏的貪

① 《宋史》卷 388《陳良祐傳》。
② 趙翼：《陔餘叢考》卷 18《南宋將帥之豪富》條。
③ 羅大經：《鶴林玉露》卷 2。
④ 《宋史》卷 407《杜範傳》。
⑤ 黃震，《黃氏日抄古今紀要逸編》。其中"具有實狀"一語與《宋史·杜範傳》所記"且有實狀"不同。
⑥ 《宋史》卷 282《向敏中傳》。
⑦ 《宋史》卷 307《楊寘傳》。
⑧ 張知甫：《張氏可書》。

污舞弊,必然阻礙商業的正常發展。

　　總的看來,宋代廣州的香料貿易是中國歷史上商業資本活動的一個方面,反映了宋代封建經濟的發達,地主階級的豪侈生活,促使香料貿易的擴大,國外市場的進一步開拓,中國商業資本進入了一個新的階段。但應該指出,宋代海外貿易是封建地主發展自身經濟的一種手段。當時封建政府和貴族官僚地主壟斷着廣州的香料貿易,中小商人僅在政府抽解博買之餘,"聽市于民"時,才能進行極其微小的依附性的貿易活動。

　　宋政府和官僚地主壟斷香料的貿易,主要的目的是在于滿足其窮奢極侈的生活。進口的香料是貴族官僚奢靡生活的消耗品,同時封建統治者以低價收買高價出售獲取的暴利以及從香料貿易取得的稅收,主要也是用于他們的奢侈逸樂。香料貿易完全是爲了滿足封建地主階級驕奢腐朽生活的一種商業活動。

越 社 和 南 社

楊 天 石

　　林辰同志《魯迅與南社》一文（載 1961 年 9 月 26 日《光明日報》），論證魯迅參加的是越社，不是南社；越社成立於南社前，是南社的兄弟社團，而不是它的分社；魯迅與南社無關。後來李詩同志《越社和魯迅》一文（載 1962 年 1 月 11 日《光明日報》）據南社成員陳去病、姚光的兩篇文章修正了林辰同志的意見，指出：越社成立於南社後，是在南社影響之下成立的。但他仍然分割它們之間的關係，認爲越社只是處在南社的"衛星組織"的地位，並無總社、分社的關係。對此，我願進一步提出兩條材料來加以考辨。

　　一爲南社發起人高旭在 1911 年所寫的一首詩，題爲《聞廣南社將繼越南社出世爲南社應聲，喜而賦此》，見其所著《天梅遺集》卷六。越社的稱呼既可以是越南社，其身份自是十分明確的。另一材料爲越社的組織章程（載於魯迅手自編輯的越社機關刊物《越社叢刊》第一集）。中云："本社由南社分設於越，故以越名。"又云："本社書記應將社友姓名、住址及一切社務情形於每年夏季、冬季報告南社書記員。"又同集登載的《南社條例》中也規定："社友有於所在地組織支社者，須於成立以前報告本社，由本社認可。""支社書記員須將社友姓名、住址及一切社務情形每半年於雅集前一日報告本社。"此外，這一集的開頭還登有陳去病的《越社敍》，肯定越社是"吾南（社）"的一部分；末尾又登有高旭的《南社啓》，詩文部分則有柳亞子及南社主要成員雷昭性（鐵崖）等人的作品。此刊今存蘇州博物館柳亞子紀念室內。

　　根據以上材料，不難看出，越社確爲南社的分社。

　　其次，是越社的成立時間和魯迅參加該社的時間問題。據上引高旭詩題，越社成立於廣南社前。高詩云："刮地風吹熱血涼，銅琶鐵板恨茫茫。五羊城畔妖雲黑，夜半鷄豚禮國殤。"可知廣南社當成立於 1911 年 3 月廣州起義期間。又據姚光的《淮南社序》："大江以南，首倡南社……而後如越、如遼、如粵，聞風響應。"可知廣南社成立前，越社成立後，中間還成立過一個遼社，因而，越社的成立至少是 1910 年冬天的事。李詩同志推斷成立於 1911 年 3 月到 6 月間是錯誤的。至於魯迅參加越社的時間，則是在辛亥革命之後，不必如林辰、李詩同志推斷得那麼早，周建人在《紹興光復前魯迅的一小段事情》一文（《人民文學》1961 年 7、8 期合刊）中曾指出過。此外，我估計，南社發起人陳去病在這段時期內也和魯迅有過接觸。《越社叢刊》出版於 1912 年 2 月，這以前，陳去病正擔任着紹興《越鐸日報》的主筆（據金世德《陳去病先生年表》，原載蘇州《明報》，范烟橋先生藏稿）。《越鐸日報》是越社的機關報，報社社址則是越社的聯絡處；而魯迅又正是該報的發起人。他們之間有交往的可能性是極大的。

沈括的農學著作《夢溪忘懷錄》

胡 道 靜

　　沈存中(括)晚年隱居潤州(今江蘇鎮江市)夢溪園時，① 除了寫成他的科學名著《夢溪筆談》而外，還著有一部醫學書《良方》，② 兩部農學書——《夢溪忘懷錄》和《茶論》。③ 這兩部農書都已亡失，但前者經我編集了一個輯逸本，是從《甕牖閒評》、《壽親養老新書》、《農桑輯要》、《東魯王氏農書》、《說郛》、殘存的《永樂大典》、《養餘月令》等宋、元迄明初的故籍中輯存的。沈存中總結農業技術經驗的內容可由此略得其梗概。

　　先談這部書的著錄情況以及存佚和性質的問題。

　　《夢溪忘懷錄》最早的著錄，見於南宋初年晁子止(公武)的《昭德先生郡齋讀書志·農家類》，衢州本在卷十二，袁州本在卷三上。衢州本說：“《忘懷錄》三卷。右皇朝元豐中夢溪④ 丈人撰。所集皆飲食、器用之式，種藝之方，可以資山居之樂者。或曰沈括也。”⑤ 此書署“夢溪丈人撰”，即沈存中晚歲的別號。晁子止不甚曉解，故云“或曰沈括也”。又，他說“元豐中撰”，也是不準確的。“豐”當作“祐”。因爲元豐時沈存中尚未隱居潤州，不會稱“夢溪丈人”。

　　其次著錄於陳伯玉(振孫)的《直齋書錄解題·農家類》，盧抱經校錄的五十六卷原本⑥ 在卷三十三，武英殿聚珍版本在卷十。文云：“《夢溪忘懷錄》三卷。沈括存中撰，自稱夢溪丈人。括坐永樂事閒廢，晚歲乃以光祿卿分司，卜居京口之夢溪，有水竹山林之適。少有《懷山

---

① （甲）沈存中隱居潤州夢溪園，在元祐三年至紹聖二年（公元 1088—1095）五十八歲至六十五歲時。（乙）夢溪園在潤州朱方門（東門）外子城下。故址在今鎮江市東郊烏風嶺南麓，即解放路以東，中山路以南，鎮澄公路以北一帶地區。

② 《郡齋讀書志·醫家類》著錄，並謂：“或以蘇子瞻論醫藥雜說附之。”蓋今傳《蘇沈內翰良方》即其書。

③ 《夢溪筆談·雜誌一》：“予山居有《茶論》。”（《校證》本第四百四十一條）因知沈存中住夢溪園時尚有《茶論》之著。

④ 王先謙校：“‘溪’字舊鈔本誤作‘上’。”按，舊鈔衢本實出宋刻，而宋刻袁州本亦誤作“上”，這就是後句說“不詳其名氏”的由來。

⑤ 王先謙校：“袁州本‘者’下有‘不詳其名氏’五字，‘曰’作‘云’。”

⑥ 上海圖書館善本部藏。

錄》，可資山居之樂者，輒記之。自謂‘今可忘於懷矣’，故易名《忘懷錄》。”（內聚珍本脫“易”字）陳伯玉對本書作者情況的瞭解比較詳確。他還說明了《忘懷錄》命名的理由。同時又透露沈存中早年還有一部同性質的著作，名《懷山錄》。《忘懷錄》是在《懷山錄》的基礎上寫的，但後者包含有山居以後的實踐經驗，而前者祇是間接經驗的紀錄。

南宋中期尤延之（袤）的《遂初堂書目·農家類》著錄有《山居忘懷錄》，王毓瑚先生《中國農學書錄》認爲“也像就是此書”，這個假定是能夠成立的。

明初內府藏書所編的《文淵閣書目》，卷八荒字號第一廚書目（子雜門）著錄“沈括《忘懷錄》”。明初內府有此書，故《永樂大典》中曾加引用。

《粤雅堂叢書》本《菉竹堂書目》卷三“子雜”亦著錄“沈括《忘懷錄》五冊”。但這不能說明成化時葉文莊（盛）的藏書中有《忘懷錄》，因爲粤雅本《菉竹堂書目》是一部僞書，它所根據的底本的那個舊鈔本或傳鈔本，是明末清初時書賈從《文淵閣書目》抄撮，改頭換面以欺人的。① 因此，《文淵閣書目》中著錄的祕籍，僞本《菉竹堂書目》中幾乎一一都有。原是照搬，所以不能以之作爲葉文莊藏書中確有這些書的依據。② 總之，在現存的明代私人藏書目錄中，已不見《夢溪忘懷錄》的著錄。除了內府藏本外，可能就不大流傳於民間。及文淵閣藏本亡佚，這書就絕跡了。

清乾隆時編《四庫全書》，從《永樂大典》中輯錄古代佚書，曾準備輯《忘懷錄》，③ 但後來抄撮未成帙，所以還是沒有輯佚本。

陶南村（宗儀）在元末編錄《說郛》，④ 曾見到《忘懷錄》，加以摘抄。明抄百卷本《說郛》本在卷十九，宛委山堂刊百二十卷本在卷七十四。自《忘懷錄》原書失傳以後，大家習見的一鱗半爪，就只是《說郛》本。但陶南村所摘錄的八條，有七條都是關於山居用具的，即晁子止所說的“飲食、器用之式”的部分，幾乎完全沒有談到農圃之事，使人不能想像到它是一部農書。⑤ 但它的全貌並非如此，我們應信《郡齋志》、《遂初目》和《書錄解題》安置它在農家類中是對的，因爲其內容還有“種藝之方”的部分。

《夢溪忘懷錄》在我國古農書中是“山居系統”中的一種。就農書的範圍來說，它與一般

---

① 可參看陸心源《儀顧堂題跋》卷五的《粤雅堂刻僞〈菉竹堂書目〉跋》，及姚名達《中國目錄學史》重版本裏的王友三先生《後記》。

② 《四庫全書存目》著錄的一部《菉竹堂書目》是眞書，但現在找不到它的下落。我曾根據《葉文莊公書跋》及淸代、近代藏書家目錄之表明收藏淵源者，試作一輯佚本，可信所錄皆菉竹堂確有之藏書。其中當然沒有《忘懷錄》。

③ 今存《永樂大典》殘本中所附四庫館臣簽出的佚書單，尚見《忘懷錄》之名。

④ 陶南村爲元末明初人。但他編錄《說郛》時，尚未入明。見法人伯希和 (P. Pelliot) 所著《〈說郛〉考》，馮承鈞譯文載《北平圖書館館刊》第六卷第六期。

⑤ 《中國叢書綜錄》列本書於工藝類遊具門。

總結生產技術的農書也稍有不同。所謂"山居系統"者，這是從唐代王旻所著《山居要術》①以來的一派農書。這派農書的作者，大抵都是退隱的士大夫或修道之士，在山林或田野躬自耕作，取得了一些種藝的經驗。在他們的農學著作中，總結了直接與間接的農業技術經驗，另外也大談頤養之道。這一系統農書的內容，是種藝、養生和閑適的混合物。我所輯錄的《夢溪忘懷錄鉤沉》，雖然所得數量不多，僅見原書梗概，但上述的"山居系統"的農書應有內容，都已見到，具體而微。證明晁子止著錄所說的"可資山居之樂"、陳伯玉著錄所說的"有水竹山林之適"是準確的。尤延之的著錄稱為《山居忘懷錄》，"山居"二字的冠號，亦必由此而來。

其次，談談《夢溪忘懷錄》在我國古代農業科學上的繼承和發展。

沈存中本是一位農業科學家，他所撰寫的一部"山居系統"式的農書，也更多地反映着當時的農藝水平。從整個農學遺產來看，《夢溪忘懷錄》是有繼承、有發展的。雖因原書亡佚，可供研究的《鉤沉》資料不多，但還是可以窺見它對我國農業科學發展的一些貢獻。

第一，《夢溪忘懷錄》所總結的栽培竹枝的經驗是很值得注意的。

很多人都知道《忘懷錄》中的栽竹法是有名的，這是因為明初俞宗本(貞木)所著的《種樹書》中《竹》篇曾說過"《夢溪忘懷錄》之法尤妙"的話。②《種樹書》中總結的種竹經驗是很豐富的，而它說了上述的一句話，所以引起人們很大的重視。《忘懷錄》中種竹法的內容，我從《養餘月令》③及《農桑輯要》中輯得兩條：

> 竹宜高平之地，黃白軟土為良。春初，劚取西南向陽者莖並引根，大掘科本，芟去梢葉，於園中東北角種之。以東北根老，西北根嫩，而竹性又喜向西南行也。掘坑深二尺許，複土厚五寸，以稻、麥二糠，各自糞之，不用和雜。只宜連陰雨中栽之，不用水澆，水澆則淹死。勿令六畜入園。恐風搖動，須著架縛之。余比見五月種者亦佳。留莖種者，被風搖動，多不滋茂。但去根一尺餘截斷，準上法埋栽，令露竹頭，當年生笋，踐殺之；明年轉益大，又踐殺之；至第三年，長出粗大，一抽數丈。(《養餘月令》卷二十三引《夢溪忘懷錄》)

> 種竹，但林外取向陽者，向北而栽，蓋根無不向南。必用雨下。遇火日及有西風則不可。花木亦然。諺云："種竹無時，雨下便移。多留宿土，記取南枝。"(《農桑輯要》卷六、《東魯王氏農書·穀譜》集

---

① 王毓瑚《中國農學書錄》頁三七："《山居要術》三卷。《宋史·藝文志·農家類》著錄，撰人為王旻。《崇文總目》及陳氏《直齋書錄解題》則作王旼，《通志·藝文略》又作王珉，都未詳其時代。按，唐有王旻，玄宗朝修道之士，號太和先生；初居衡山，後徙高密牢山。本書可能就是他所作。"按，這一系統的農書，在《夢溪忘懷錄》之後，還有《山居備用》、《山居四要》等。

② 其實這句話出於南宋溫革所著的《分門瑣碎錄》中，後來元人張福的《種藝必用補遺》又祖述之。但兩書久佚，世無知者。《種藝必用》及《補遺》今由余自《永樂大典》輯校一本，在農業出版社出版。《分門瑣碎錄》則上海圖書館新得明季鈔本，余為考證，將在《文物》月刊發表。

③ 《養餘月令》是明末人戴羲編撰。戴曾供職內府，自敍謂"備員禁邃，日覩朝常"者是。故備見大內所藏祕籍。

之九引"夢溪云"①）。

　　竹是經濟價值很高的作物，盛植於我國的南方山地和平原。早期編錄於北方的一些古農書，雖然瞭解竹的經濟價值和食用價值，但對於竹的栽培技術，語焉不詳。《齊民要術》有《種竹》一篇，然其中所言栽培方法，連同注文僅有下列各語：

　　　　宜高平之地。近山阜尤是所宜。下田得水則死。黃白軟土爲良。正月、二月中，刷取西南引根並莖，芟去葉，於園內東北角種之。令坑深二尺許，覆土厚五寸。竹性愛西南引，故於園東北角種之。數歲之後，自當滿園。諺云："東家種竹，西家治地。"爲滋蔓而來生也。其居東北角者，老竹，種不生，生亦不能滋茂。故須取其西南引少根也。稻麥穅糞之。二穅各自堪糞，不令和雜。不用水澆。澆則淹死。勿令六畜入園。

對比之下，可知《忘懷錄》吸收了《齊民要術》正文與注語中的主要部分，博採經驗，加以補充，鍛鍊成篇。它在《齊民要術》的基礎上，更加明確指出：（一）刷取引根應大掘科本；（二）應於陰雨中栽；（三）初栽時恐風搖動，須著架縛之；（四）五月種者亦佳；（五）初、二年生笋，踐殺之，至第三年，長出粗大。因而成爲一篇完整的"栽竹須知"。

　　第二，從佚文中看到種地黃(Rehmannia glutinosa Libosch. 玄參科)和種黃精 (Polygonatum chinense Kth. 百合科)的方法，知道《夢溪忘懷錄》中包含藥用植物的栽培部分。這是"山居系統"農書內容的一個新發展。某些藥用植物，後來也成爲農業作物中的一個組成部分，但起先一律被視爲採集的野生物，不是作爲園藝來看待的。山居的隱者，修身養性，需要多量地服食某些藥物，就自己栽種起來，以後便導致了藥農經營的事業。這個發生、發展的情況，是農學史和藥學史上值得注意的。從《四時纂要》②引用的《山居要術③來看，也已載有地黃的種法；《纂要》又有黃菁種法，未注所出。但《夢溪忘懷錄》同樣是吸收了它們而又加以補充，使栽培的技術更爲完整和適用的。

　　《忘懷錄》種地黃法一條從《壽親養老新書》卷三輯出。《壽親養老新書》所引本書，或稱"沈存中云"，或稱"《懷山錄》所述"，④但本條未標明引用所自。因本文末段云："按《本草》'二月、八月採'，殊未窮物性也。八月殘葉猶在，葉中精氣未盡歸根；二月新苗已生，根中精氣已

---

①　王伯善(禎)以"集"字爲"卷"字，"集之九"即"卷之九"。又，《武英殿聚珍版叢書》的二十二卷本《王禎農書》本條在卷十。

②　《四時纂要》爲唐末韓鄂撰。在國內久失傳。一九六一年十一月，日本山本書店以在日本新發現的朝鮮古刻本(明萬曆十八年即公元一五九〇年刻)影印。

③　《四時纂要》引《山居要術》，但稱《要術》。守屋美都雄作《〈四時纂要〉解題》闡明此《要術》係指《山居要術》，非《齊民要術》。

④　《壽親養老新書》所引《懷山錄》，其實是《忘懷錄》。因所引"養龜"一則有云："予在隨州時，寓法雲寺之後。"按，沈存中在隨州，乃五十二歲至五十五歲時事，非少年時作《懷山錄》所能逑及。《忘懷錄》乃就《懷山錄》之舊有基礎寫成，《新書》因而誤稱爲《懷山錄》。

滋。不如冬月採,殊妙,又與蒸暴相宜。古人云'二月、八月',非爲種者,將爲野生,當須見苗矣。"這正是沈存中的創造性的採藥季節理論,這一理論曾見於《夢溪筆談·藥議》(《校證》本第四百八十五條),所論與此完全相合,且亦以地黃爲證,① 由此得知《壽親養老新書》地黃一則,全文皆出於《夢溪忘懷錄》。其前段云:

> 十二月耕地,至正月可止。三、四遍細爬訖,然後作溝,溝闊一尺。兩溝作一畦,畦闊四尺。其畦微高而平硬,甚不受雨水。苗未生,間得水卽爛。畦中又撥作溝,溝深三寸,取地黃切長二寸,種於溝內訖,卽以熟土蓋之,其土厚三寸以上。每種一畝用根五十斤。蓋土訖,卽取經冬爛草覆之。候芽稍出,以火燒其草,令燒去其苗,再生葉,肥茂,根益壯。自春至秋,凡五、六耘,不得鋤。八月墢採根,至冬尤佳。若不採,其根太盛,春二月當宜出之。若秋採訖,至春不復更種,其生者猶得三四年。但採訖,比之明年,耨耘而已。參驗古法,此爲最良。

王旻《山居要術》種地黃法(《四時纂要》八月引)僅六十餘字,遠不逮沈存中的周詳。從這一條種植法中,明顯地可以看出他對地黃栽培積累了豐富的經驗,並通過這一藥物的種植與收穫的經驗,掌握到栽培藥物與野生藥物採摘時間互異的規律。

《忘懷錄》種黃精法兩條,從《永樂大典》卷八千五百二十六輯出,文爲:

> 擇取葉參差者,是眞。取根劈破,種。一年以後,極稠。種子亦得。其苗香美可食。

> 九月末,掘取肥大者,去鬚,熟蒸,微曝乾;又蒸,曝乾。食之如蜜,可貯。②

《四時纂要》二月"種黃菁法"有前一條文,字句略異;後條則無。

〔附記〕:我所輯集的《夢溪忘懷錄》現共得三十五條,撮爲一卷,列爲《宋翰林學士沈存中遺著鉤沉》的一種。其他六種是:《使虜圖鈔》、《乙卯入國奏請並別錄》、《清夜錄》、《熙寧奉元曆經》、《靈苑方》、《長興集補闕》。

---

① 《夢溪筆談》的原文是:"古法採草藥多用二月、八月,此殊未當。但二月草已芽,八月苗未枯,採掇者易辨識耳,在藥則未爲良時。大率用根者,若有宿根,須取無莖葉時採,則津澤皆歸其根。欲驗之,但取蘆菔、地黃輩觀。無苗時採,則實而沉;有苗時採,則虛而浮。……"
② "蜜"原誤作"密","貯"原誤作"停",以臆校改。

《物理論》和《傅子》是否"一家之學"？

張岱年

近幾年來,有些哲學史工作者認爲楊泉的《物理論》與傅玄的《傅子》"二書是一家之學",也就是認爲楊泉和傅玄的思想基本上是一致的,是屬於同一學派的。但如果進行比較認眞的考察,就可以知道,楊泉的《物理論》與傅玄的《傅子》本來是不相干的,二家思想也涇渭有別。

何以有《物理論》與《傅子》"二書是一家之學"的錯誤提法呢？這也是"事出有因"。問題出在孫星衍編纂的《物理論》輯本上,而孫星衍的《物理論》輯本所以有誤,原因又在於通行本《意林》上。

《隋書·經籍志》說:"梁有楊子《物理論》十六卷,楊子《太玄經》十四卷,並晉徵士楊泉撰。"又著錄"《傅子》百二十卷",並說"晉司隸校尉傅玄撰"。《唐書·藝文志》也著錄"楊泉《物理論》十六卷,又《太玄經》十四卷",又"《傅子》一百二十卷"。這些書在北宋末年都失傳了。孫星衍根據《太平御覽》和《意林》等書所徵引的《物理論》的文句輯成《物理論》一卷(《平津館叢書》本),但他的考據卻不精確。清代通行的《意林》(《武英殿叢書》本、《道藏》本)卷五載有《傅子》十二條,《物理論》七十六條(亦可算作九十幾條)。其中有一個可怪的現象,就是,《物理論》中常引"傅子曰",並且有"傅氏之先出自陶唐,傅說之後"的話;更有許多條的文句是與《羣書治要》所載《傅子》相同的。孫星衍輯《物理論》,把《意林》通行本卷五《物理論》項下各條都抄上,於是出現了《物理論》與《傅子》二書文句重疊的現象。

楊泉與傅玄都是三國末西晉初的人。傅玄作了晉朝的官,楊泉卻是被徵不就。從他們的事迹看,似乎楊泉比傅玄要年長些。嚴可均輯《全上古三代秦漢三國六朝文》,把楊泉列入三國,把傅玄列入晉代,是有見地的。近來有人說楊泉"與傅玄約略同時而稍後",是不對的。楊泉雖與傅玄同時,但當時一在南一在北,未必互通音問。《傅子》流傳至早也當在傅玄晚年,楊泉見到《傅子》的可能性是不大的。照情理說,楊泉的《物理論》是不會引用《傅子》的,何以《意林》所載《物理論》引有"傅子曰"呢？這其中顯然是有錯誤。

這個問題,清儒已經研究過。嚴可均說:"余校《意林》,知《道藏》本差善,然多屬越。以各書互證之,知《意林》所載《傅子》,乃楊泉《物理論》也。……所載《物理論》僅前四條是《物理論》,其第五條至第九十七條乃《傅子》也。"(《全晉文》卷四十七《傅子》案語)這是參校各書而得的結論。這個結論是具有科學性的。

但嚴可均沒有看到《意林》的善本。葉德輝卻見過宋本《意林》,據說宋本與今本迥然不同。今本《意林》中《物理論》項下大部分條目在宋本屬《傅子》。葉德輝輯過《傅子》,他的《傅子敍》說:"又讀宋本《意林》,引官人篇語。(原註:今本屬入楊泉《物理論》。)……今世所行武英殿本《意林》,《傅子》與楊泉《物理論》互混。(原註:孫星衍輯楊泉《物理論》,以楊泉多引《傅子》,其時亦僅據此本輯錄,未考也。)今據宋本逐條入載。"葉氏根據宋本《意林》確認今本《意林》中《傅子》項下"木大者發越,小者敷揚,土是人之母也,故人有戀土之心"等等十二條屬於《物理論》,他說:"右十二事,宋本《意林》作《物理論》,武英殿本《意林》誤作《傅子》,今據羣書引者互證,實《物理論》文。"(輯本《傅子》《訂譌》。)葉氏所見宋本《意林》今日可能尙在人間。卽令沒有宋本《意林》,嚴可均的考證也是精確可信的。

這樣,問題就很淸楚了。楊泉的《物理論》與傅玄的《傅子》本來是不相干的。今本《意林》《傅子》項下十二條屬《物理論》,而《物理論》項下第五條以下的大部分屬《傅子》。沒有什麼理由認爲這二書是分不淸楚的。

從《太平御覽》所引《物理論》文句看,楊泉是一個唯物主義思想家。而現存的《傅子》材料中卻沒有關於自然觀的見解,很難斷定傅玄也是一個唯物主義者。漢魏之際的很多學者沒有明確的自然觀,如崔寔、荀悅、徐幹都是這樣。傅玄是和他們一類的。我們沒有任何理由來認定楊泉的學說和傅玄的學說是一家之學。

壬子二年太平軍進攻長沙之役

王 慶 成

太平天国壬子二年（1852年，清咸豐二年）太平軍進攻長沙之役，是太平天国起義史上的一次重大戰役，戰事的經過比較曲折，其持續的時間且長達八十一天，遠遠超過了桂林、武昌、南京諸役。這次戰役的事實和太平軍的戰略，有許多值得闡明分析的地方，同時，通過一些具體的分析考察，也可使我們在評論歷史事件和歷史人物時有比較可靠的依據。本文所涉及的只是長沙之役中的一部分問題，不妥之處，請大家指正。

一、太平軍進攻長沙之役的事實

壬子二年的長沙之役，經過既達八十一天，太平軍和清軍的作戰部署、攻守形勢又多錯綜變化，而過去史籍並無系統記載，所以關於長沙之役的事實，需要經過一番探究稽考。現分以下數事述之。

太平軍進攻長沙的決策和形勢

1852年6月太平軍離開廣西進入湖南之時，由於進行了歷時三十三天的進攻桂林之戰和在全州、永州之間的蓑衣渡遭到江忠源的伏擊，實力有相當大的損失，南王馮雲山陣亡。6月9日，太平軍到達湖南南部的永州（今零陵）城外，因阻於湘江灘水，只能隔江砲轟，未能破城。這時的形勢相當局促。但到6月12日太平軍自永州南下克復道州以後，情況便大大改觀。太平軍旁略永明、江華，在道州駐屯了將近兩月，大量補充了部隊、武器，獲得了休息整頓的機會。隨後大軍東向，連克寧遠、嘉禾、藍山、桂陽，於8月17日攻佔了湖南東南部的要邑郴州。在這兩個多月的勝利進軍過程中，太平軍的實力大爲增強，湖南和廣東原有的起義軍和革命羣衆到道州、郴州等地參加太平軍隊伍的，前後達到五萬人，戰鬥力量增長了幾倍。[①]

[①] 關於太平軍在名時期的人數，記載莫衷一是，最爲紛雜。此處五萬人之數，據李秀成自述，太平軍原有人數，則從《賊情彙纂》卷11"老賊"條；在道州時全軍男女婦孺共五萬餘人，能戰者不滿萬人。以此事與下文所論有關，故附記資料來源如此。

郴州是湖南省的東南門戶。"地頗豐腴，市廛屯聚"，南經宜章可入廣東，北面則水陸兩路可通長沙。太平軍攻佔了這個地方，實力軍備大有擴充，又在旬日之間連克數城，聲勢大振，清朝反動派極爲驚慌。湖南的地方官看到形勢不妙，在太平軍克復道州以後不久，就把原來調去廣西的湖南兵星夜調回本省，又奏請清廷下諭，抽調四川、貴州、江西、陝西、河南、福建等省的綠營防兵各數千向湖南增援。但這些部隊大部分都不能迅速趕到湖南。當太平軍攻佔郴州之前，敵人除了在湘南和太平軍相持的和春一軍以外，湖南腹地兵力相當空虛，至 7 月 28 日，長沙的防兵只有一千數百名，南面屏障長沙並有湖廣總督出駐督師的要地衡州（今衡陽），在 7 月 16 日，也只有兵勇兩千餘名。①

在這種形勢下，太平天国的最高領導人洪秀全、楊秀清等決定從郴州乘虛進攻長沙。從郴州經未水、湘江北達衡州、長沙，是比較便利的，但由於敵人早將河面船隻撤去，水路行軍已有困難，太平軍乃決定從陸路走未水、湘江之東，經永興、安仁、攸縣等地發動進攻。

進攻長沙，在當時是在太平軍既定計劃內的具有戰略意義的重大行動（說詳後文）。但洪秀全和楊秀清却把這一個重大任務只交給自告奮勇的西王蕭朝貴統率李開芳、吉文元等少數部隊去擔負，主力仍舊留在郴州，並不作爲後續部隊繼續躍進。這種作戰部署，在我們探索了長沙之役的實際經歷以後，不能不說是一個很大的失策，只是由於在戰事後期及時調整了部署，才仍然取得了勝利的結果。

蕭朝貴偏師進攻長沙

蕭朝貴在太平軍中地位僅次於洪、楊，以勇猛剛强著稱，金田起義後不久，卽與石達開同任前敵指揮。但這次單獨受命進攻長沙，部下吉文元、李開芳雖也是著名戰將，實力却只有一千幾百人，僅佔當時太平軍全軍戰士總數的一小部分。②　以這樣一支一千多人的部隊，擔負攻取湖南省會長沙的重大任務，兵力是單薄的。但由於部隊作戰勇敢和敵人一時措手不及，戰役初期仍取得了勝利。

蕭朝貴等於 8 月 26 日從郴州出發，旬日之間連克永興、安仁、攸縣、茶陵、醴陵，一路得到當地起義羣衆的幫助，並未遇到抵抗。有記載說：

> （蕭朝貴）過永興，知縣溫德宜死之。先是安仁有齋匪李書辦嚴拏不獲，至是導賊於十三日（8 月72 日）破安仁，知縣走避。十九日抵攸，知縣郭世聞先數日走，賊至，城空無人焉。署醴陵拔貢知縣栗

---

① 壬子二年六月初五甲申程矞采奏及六月十七丙申駱秉章奏，見《剿平粵匪方略》卷 14。

② 蕭朝貴自郴出發進攻長沙的人數，或作七百餘人，見《中興別記》卷 4，或作兩千人，見《賊情彙纂》卷 11，"老賊"條。此據九月初四辛亥賽尚阿等奏，剿平粵匪方略》卷 18。無論采取何說，蕭之兵力僅當太平軍老戰士的四、五分之一以下，當太平軍全軍人數的十幾分之一，可無疑義。

國善亦聞風早避至省，賊至醴陵，醴亦無人。緣此文報中絕，賊行五六百里無一兵一勇與之面者。……河北鎮王家琳以重兵堵安仁，聽賊過而不顧。①

9月11日，蕭朝貴自醴陵進至離長沙城南約十里的石馬舖，敵人剛剛從陝西調來駐守在石馬舖西安鎮的綠營二千餘人突然被襲，全軍潰敗，總兵福誠、副將尹培立等均斃命。招募的瀏陽鄉勇五百，紛然逃散。守城南七里金盆嶺的沅州協副將朱瀚也倉皇逃命，蕭朝貴盡得朱營的槍砲器械。敵人長沙城外的防綫在太平軍的突襲下全部崩潰，蕭朝貴遂立即進抵長沙南門外的妙高峯等地，佔領了城南的堅固民房和城邊西湖橋金鷄橋等處，開始攻城。

長沙城中的敵人沒有料到太平軍從間道來攻，情況十分狼狽，有記載說：

城中料寇當從未、衡正道來，民走報寇至，怒其無公文，執將斬之。石馬舖屯將……潰散，……潰軍或走城中，巡撫方巡城，乃遽還，塞南門，然猶不知何軍潰敗。②

城有賣漿者，方食，彈碎其碗，城中始大譁賊至。③

敵人的城防力量，雖然經過了一兩個月的慘淡經營，當時也還很薄弱：

於時省城兵力單薄，城垣抽段修補，自天心閣至白鶴觀，未及興工而賊至。④

（8月14日）以羅繞典治軍長沙，料兵唯二千餘人，練勇三千餘人。……寇至之日，城中兵勇八千餘。⑤

敵人守城的指揮能力也很差，沒有一員有作戰經驗的將領，本省提督鮑起豹"以（善化）縣城隍定湘王靈蹟素著，擬迎鎮南城，……邑侯王葆生乃肅神輿登城樓，與鮑起豹輪值謹守。"⑥對這樣的敵人，在敵方援兵未抵以前，如果太平軍大隊踵至，破城並不是很困難的。但蕭朝貴的"死黨"只有一千餘人，在茶陵雖然擴大了隊伍，也仍只有三千餘人。太平軍進攻較大的城市，每採取環營圍攻的辦法，⑦但蕭朝貴兵力單薄，攻城只限於南城一隅。自9月12日至17日，蕭朝貴率部晝夜進攻，槍砲火箭如密雨流星。敵兵在城上密排砲台，發砲還擊。這幾天雙方的攻防情勢，據參與長沙之役的清將江忠源的概括："各城防堵雖不盡如法，然賊勢尚單，逼攻不甚緊急。"⑧這就說明敵人的防守是有弱點可乘的，但蕭朝貴由於兵力太單，所

---

① 佚名：《粵匪犯湖南紀略》。又，清方記載均詆太平軍為"賊"或"匪"，本文引用時，均仍舊，不加引號。
② 王闓運：《湘軍志》，湖南防守篇。
③ 李濱：《中興別記》，卷4。
④ 佚名：《粵匪犯湖南紀略》。
⑤ 王闓運：《湘軍志》，湖南防守篇。太平軍薄長沙之初，敵人的城防兵力，《中興別記》作四千人，光緒《善化縣志》記當時綠營兵數為二千四百人。
⑥ 光緒《善化縣志》卷33，"兵難"。
⑦ 見《賊情彙纂》卷4"營壘"條的分析。後來太平軍主力開到長沙仍未能環城圍攻，則是由於敵人援軍雲集，城外要地均已有敵壘棋布之故。
⑧ 江忠源答劉霞仙書，見《金陵兵事彙略》卷1。

發動的進攻，事實上還不能予敵人以致命的威脅。在這幾天之中，蕭朝貴自己在一次戰鬥中，不幸中砲，身受重傷（不久死去），戰事受到了挫折。

洪秀全、楊秀清離郴北上及其行程

蕭朝貴重傷以後，其部屬卽具稟向在郴州的洪秀全、楊秀清報告。有人認爲，蕭朝貴因攻城不克曾向郴州請援，楊秀清爲了挫抑蕭朝貴的倔強之性，不肯發兵，直到蕭朝貴身死以後才離郴北上。如果事實如此，則問題已經不屬於軍事決策得失的範圍了。但這種看法係採自野乘，其中包括有偏見和猜測成分，難以視爲信史，這裏可以不論。然而洪秀全和楊秀清在蕭朝貴輕騎北上以後，留駐郴州過久，大軍並未繼續踵進，直到長沙前綫來報戰事受挫、蕭朝貴重傷以後，方才率領全軍離郴，這却是明顯的事實。《李秀成自述》說："西王到長沙攻打，那時天王同東王尚在郴州，西王在南門外中砲身死後，李開芳具稟回郴，天王同東王移營來長沙。"①他們從郴州起程之時，巳在蕭朝貴離郴以後的一個月。其行程與日期，據敵方統帥部的情報，可彙列如下：

9月25日（或24日），洪、楊率大隊離郴州。

9月27日，抵永興。

9月30日以前，至安仁。

10月4日以前，至茶陵。

10月4日夜，赴攸縣、醴陵。②

10月5日、6日，太平軍主力部隊的前鋒抵長沙南門外，與蕭朝貴部會合。③

方志所載亦可參證。同治《安仁縣志》云：

八月，秀全黨楊秀清擁秀全經過邑南龍海塘、江口洲、安平司、樟橋等處，自十四日（9月27日）起至二十六日（10月9日）始盡。④

同治《醴陵縣志》云：

八月二十四日（10月7日）洪秀全率大隊仍由茶、攸陷醴陵，據二日，走長沙，與諸賊會於省城南。⑤

佚名《粵匪犯湖南紀略》記其事云："八月十五日，逆首僞太平王大股自郴州起身，……二十二至二十八日（10月5日至11日）陸續全到，悉踞南城外我未成之土城。"與方志及奏報基本上均相符合，可見洪、楊本人及主力到達長沙，係在10月11日左右。

---

① 羅爾綱箋證本，1957年版，150頁。
② 據九月初四辛亥及九月初十丁巳賽尚阿、程矞采奏，見《剿平粵匪方略》卷18。
③ 見《張大司馬奏稿》帶兵援省接印任事摺；九月初四辛亥羅繞典等奏，見《剿平粵匪方略》卷18。
④ 卷16，"事紀""兵燹"。
⑤ 卷6，"武備""兵事"。

清軍增援和攻守易勢情況

洪秀全與楊秀清大隊離郴北上，並未遇到重大的阻力。負責在郴州"堵剿"的總兵李瑞等，只敢"躡之而行"，敵湖督程矞采竟公然以"緊接跟追"入奏，實是可笑之怪事。但洪秀全等大隊雖然到達長沙城外，長沙戰場上的形勢這時已同蕭朝貴開始薄城時的情況不同了。

首先是敵人已經抽調了大量的兵力增援。長沙城中遭蕭朝貴突襲以後，幫辦湖南軍務的前湖北巡撫羅繞典、卸任湖南巡撫駱秉章、湖南提督鮑起豹即飛咨欽差大臣賽尚阿和赴湖南"會剿"的兩廣總督徐廣縉，要求速派大軍應援，同時還要求駐在岳州的湖北提督火速帶兵赴援，又沿途迎提前經清廷下諭從各省調來湖南的部隊，截取去長沙增援。賽尚阿等迭奉咸豐的嚴旨。雖然不敢親去長沙（賽尚阿後於 10 月 21 日到長沙），但的確抽調了大量兵力去長沙增援。在洪秀全、楊秀清到達長沙以前，敵人增援的情況可稽索者大致如下：

9 月 18 日，楚雄協副將鄧紹良率精銳九百人到長沙。

9 月 18 日以前或前後，江西九江營一千人到長沙（此軍先到永州，於 9 月 4 日經賽尚阿飭令赴長沙）。

9 月 22 日，23 日，鳳凰廳同知賈亨晉及永綏協副將瞿騰龍部兵勇二千人到長沙。瞿本人已先期兼程入城。

9 月 24 日（或 25 日），河北鎮王家琳率兵千人到長沙。

9 月 26 日，綏靖鎮和春、鎮遠鎮秦定三等率大軍到長沙。和春統下江忠源一軍達一千五百人。

9 月 25 日前，都統銜頭等侍衛開隆阿等率兵七百餘到長沙。

9 月 30 日前，賽尚阿等撥兵一千到長沙。

10月6日，新任湖南巡撫張亮基所統之兵二千餘到長沙。①

連同招募的鄉勇，長沙城內外敵人的兵力，在戰事的後期，據最少的估計也達到了五萬人。②如以五萬人計，剔除在十月上旬以後到達長沙增援的李瑞、福興等軍的人數，則在洪、楊到達長沙時的清軍兵力，也應有三萬餘人，較蕭朝貴初攻長沙時，增加了三、四倍。

在這段時期內，敵人的指揮力量也有所加強。9 月 16 日，新任湖南布政使潘鐸、10 月 6 日，新任湖南巡撫張亮基先後到長沙，縋城而入。"張亮基潘鐸喜拊循，日齎酒肉餅粥犒守陴士……，城中人人自奮。"③張亮基入城時並帶去火藥兩萬餘斤，子彈兩萬餘斤，城內的

---

① 據《剿平粵匪方略》卷17、18有關各奏；潘頤福《東華續錄》咸豐十六，光緒《善化縣志》卷 33，江忠源答劉霞仙書。

② 見王定安：《湘軍記》，粵湘戰守篇。《粵匪犯湖南紀略》、《駱秉章年譜》作六萬餘，光緒《善化縣志》作十餘萬。

③ 王定安：《湘軍記》，粵湘戰守篇。

軍火因而比較充裕。原在桂林稱病的廣西提督向榮也星馳赴援，於 10 月 2 日到達長沙。這個同太平軍作戰已有將近兩年經驗的反動將領，即被賽尙阿賦以統領四川、河南、陝西等省淸兵的重責。他到達長沙後，立卽以五千斤大砲置於城東南天心閣最高處向太平軍轟擊(向榮到達以前，無人敢用)，太平軍制高陣地被毀，傷亡頗大。此時，長沙城內一幫辦大臣，兩巡撫，兩提督，城內外總兵、副將、道府以下數以十計，一時反動頭目蜂聚蟻集，爲太平軍起義近兩年以來歷次戰役所未有。

敵人援軍到達以後，卽搶佔要害之地，加强了城防，布置的重點尤其在南城和東城。西門以至迄無戰事的北門也派兵駐守，更於城外各營盤之間挖掘長壕互相聯接。這對於後來戰事的發展很有關係。如江忠源於 9 月 26 日到長沙後，卽率本部一千五百人搶據城東南天心閣附近的蔡公坟高地築壘布防，蕭朝貴所部太平軍起兵來奪，江忠源以前隊抵抗、後隊築壘的辦法死命掙扎，結果築成了營壘，以後和春的大軍就駐屯在這裏，和在白沙井的太平軍緊緊相逼。後來太平軍大隊雖然到達，但攻城基本上仍只限於城南一隅，未能同時在長沙東門外大舉進攻，立定脚跟，很大的原因就在於這個要害之地已被敵人先期搶佔。①

蕭朝貴攻城之初，雖然兵力不厚，但主動權操在太平軍手中，敵人除"登陴守禦"以外，沒有力量認眞下城反擊。到了敵人援軍漸集而太平軍大隊未到之時，情況起了變化。9 月 18 日，太平軍用大砲轟擊南門，乘勢撲城，已經將要得手，適逢敵人首批援軍鄧紹良率部到達來援，終於未能破城。自此以後，9 月 19 日、20 日、21 日、22 日、23 日、26 日、28 日、30 日和 10 月 3 日，敵鄧紹良、瞿騰龍、和春、王家琳、秦定三、江忠源等連日出隊進攻太平軍，燒毀太平軍在南門外所佔民房及哨棚多處，尤以 10 月 3 日一仗，敵分三路進攻，氣勢頗爲囂張。敵方奏報的戰績雖然大部分出於虛夸，但從太平軍在這些戰鬥中大多 "負固不出"、"踞巢不出"、"堅壁不出"的情況看來，他們由於主力未曾踵至，攻城部隊已被迫處於守勢，敵人則爭取了時間，因援軍四集而漸操主動，這却是明顯的事實。②

太平軍主力到達長沙以後的進攻戰和勝負

洪秀全、楊秀淸率領大隊到達長沙以後，在南門外連營十里，士氣實力大爲提高，攻守情況又爲之一變。10 月 5 日，太平軍大隊的前鋒從醴陵趕到長沙，就立卽發動進攻，直撲前述城東南的要地蔡公坟，敵人派和春、秦定三、江忠源等抵拒反擊，被太平軍打敗，參將任大貴陣斃，副將德安受傷，江忠源被矛傷右骹落馬，幾乎斃命。這是太平軍援軍到達長沙後的第

① 趙烈文「能靜居士日記」十二，咸豐十一年十二月辛丑："南老言，壬子七月，賊至長沙，江忠烈以紳士帶勇助守，……忠烈出城與爭地，遂據瀏陽門外之天星閣紮營。……長沙不陷，實賴此也。"

② 見「剿平粵匪方略」卷 17、卷 18 有關各奏。

一次接觸，太平軍得到了勝利，但並未能够攻克蔡公坟高地。

　　10 月 11 日左右洪秀全、楊秀清親到長沙以後，決定發動猛攻。他們考慮到敵人在南城布防較强，又考慮敵人在城東南楔入的蔡公坟營地不易拔除，所以只能從小路繞道進攻東門，乃於 10 月 14 日派出精銳六、七千人由妙高峯繞至瀏陽門、小吳門，分三路進攻。敵人聞訊，也分三路迎敵。這一次重大的戰鬥，太平軍失敗了。其失敗的具體原因和經過，有的史籍根據敵人的奏報來敍述，但如細繹奏報文詞，實頗有可疑之處。敵城防統兵大員的奏報敍述其事說：

　　　　初二日（10月14日），賊匪六七千人突由妙高峯繞至瀏陽門外校場，分三路進撲各營，當派楚南官兵並縣丞嚴正圻、同知賈亨晉、知府江忠源各帶兵勇迎擊，秦定三帶隊從中攻截。臣向榮選派城內精兵二百餘名、侍衛開隆阿帶領川兵協剿。該匪正在分撲營牆，和春馳至，上下橫截，立斃賊匪多名，復三面夾攻，該匪紛紛倒地，兵勇乘勢從賊屍矓過，刀矛相接，該匪死傷枕藉，見勢不敵，即由校場東首敗去。正在緊追，賊忽總聚一處，回頭猛攻，我軍奮力開放槍砲，繼以刀矛，又斃數十人，賊乃奔竄。是日自卯至申六時之久，計斃賊匪四五百名，生擒十五名。①

奏中所說“正在緊追，賊忽總聚一處，回頭猛攻”，其情頗可深究，因爲這種戰術，乃太平軍常用的陣法，屢能克敵制勝，爲敵人所畏懼。《賊情彙纂》說：

　　　　賊中散卒，無不知伏地陣者。但遇官軍追剿，至山窮水阻之地，忽一旗偃，千旗皆偃，瞬息萬人數千人皆貼伏於地，寂不聞聲。我軍急追，突見前面渺無一賊，無不詫異徘徊，疑神疑鬼，賊貼伏約半炊之頃，忽一旗立，千旗齊立，萬人數千人，風湧潮奔，呼聲雷吼，轉面急趨，以撲我兵。我兵……其不轉勝爲敗者鮮矣！此陣用於長沙，用於南昌、武昌，亦人所共見者。

又說，“伏地陣且能反敗爲勝，故屢用之，不更其法。”② 由此可知，太平軍先行敗退，敵兵緊追，忽又總聚一處，回頭猛攻，實係太平軍伏地陣之應用，《賊情彙纂》並已說明這種陣法曾“用於長沙”，所以更無疑義。太平軍應用伏地陣，通常總能取得勝利，但這一次却傷亡數百人，成爲太平軍進攻長沙之役中的一次最大的敗仗，③ 原因究竟何在？這一問題，根據光緒《善化縣志》所載，基本上可得解釋：

　　　　九月初一日，洪逆大股果全數竄省，勢甚洶湧。初二日由間道攻撲小吳門瀏陽門營，官兵迎擊，追奔至陳家壠，截殺無數。時常、馬、王、李四鎭分帶官兵並參將德某、守備張國樑等統帶捷勇潮勇仁勇由郴尾追，一路騷擾至跳馬澗，住宿不進。向軍門羽檄飛催，始於初三日至桃花段、洞井舖、井灣、黃柏

　①　九月十五壬戌羅繞典等奏，《剿平粵匪方略》卷 18。
　②　《賊情彙纂》卷 4，“僞軍制上”陣法條及總說。
　③　此次太平軍遭受較大傷亡當係事實。自此次戰鬥以後，太平軍進攻長沙即不再以正面強攻爲主，而改用挖地道的辦法。

橋等處地方，分營結壘，宰殺豬羊，拆毀民屋，鄉民逃走一空。……賊乘我軍之猝至也，半夜中途埋伏，黎明分三路撲營。我軍初至，未敢出戰，俱於營內施放槍砲。賊乃由黃柏橋僞敗至井灣，意待追趕伏截。不料井灣我軍桀有一營，槍砲齊施，前後受敵，而各營大隊乘勢追殺，由桃花段追至顏家冲，斃賊四百餘人，生擒長髮五十七名，就地梟示。自賊逆竄省屢有攻戰，惟此次全獲勝仗。①

長沙之役發生戰鬥的地方大都在善化縣境內，《善化縣志》雖然也是地主階級所修，但敍事比較詳明，曲爲掩飾之處較少。這一段記載中所述李瑞、常祿等進營長沙南郊的日期和事實，和敵人統帥部所奏均相符合，所記應是可信的。從這段記載來看，太平軍進攻瀏陽門之戰和進攻常祿、李瑞等營盤之戰，基本上是兩次戰鬥，在瀏陽門之戰中，容或也受了挫折，但重大的傷亡却發生在後一次戰鬥。太平軍採用伏地陣的戰術，誘敵來趕，不料因爲未曾查明敵情，誘敵設伏之處碰巧有敵人的大兵駐桀，由於這一個意外的情況，太平軍反而前後受敵，以至失利。敵人防守長沙的統兵大員將此兩次戰鬥混在一起入奏，以至有人認爲太平軍係在瀏陽門一戰中受挫。如果這樣的解釋不誤，則可知此次太平軍使用伏地陣反而遭挫，係由於有意外情況發生之故。

太平軍改變作戰計劃，分軍渡湘

10月14日和15日兩次戰鬥失利以後，洪秀全、楊秀清等決定局部改變作戰部署，一方面仍然繼續正面進攻長沙，但以挖地道轟城的戰術爲主，另一方面派遣石達開爲統帥，分軍渡湘水而西，另外開闢一個戰場。

太平天國的領袖作出分軍渡湘而西的決策，當時是十分重要、十分必要的。10月14日、15日戰鬥以後，咸豐皇帝大爲興奮，疊次降旨，要求統兵大員“乘此攻剿得手之時，激勵將弁，合力殲擒，……勿留餘孽”；要求趁此“大兵雲集……賊屯聚一處，併力圍攻，以期一鼓殲除，爲搗穴擒渠之計”，② 野心很大。敵人在長沙城外東南兩面的布防，與太平軍營地有的緊鄰相裹，有的犬牙交錯，有的還形成反包圍的形勢，如10月15日戰後，李瑞、常祿的部隊立即進駐石馬舖，後來又推進到金盆嶺，緊拊太平軍城南陣地之背。有記載認爲，當時太平軍頓兵堅城，背水爲營，前後均受清兵包圍，從兵法上說已經陷於絕地。③ 這種估計，沒有看到太平軍當時仍有處於攻勢的一面，自然不免過於夸大太平軍的困難。但是太平軍如果仍然株守於城南一隅，形勢並不有利，這却是沒有疑問的，這時的困難，是連太平天國本身的記載也都承認的事實，如蒙時雍後來追述其事說：“因未攻破而敵者作怪，圍困我們。”④ 同時，太平軍大

---

① 卷33，“兵難”。
② 潘頤福：東華續錄，咸豐十七，九月十五日壬戌諭內閣，十月二日己卯諭軍機大臣等。
③ 《咄咄錄》，“賊圍長沙”條。
④ 幼贊王蒙時雍家書。

隊屯於一處，糧食和油鹽的補給發生了很大的困難。在這種情況下，太平軍如果要繼續進攻長沙，必須要有一個後衞的陣地；如果要從長沙撤圍，更必須要突出一個缺口，作爲轉進的基地。當時，長沙城的東南兩路均有敵人重兵防守，只有湘水西岸，敵人的兵力較弱，而西部地區不僅油鹽米穀富饒，而且有大路北通常德，南達寶慶，有廣闊的迴旋餘地。所以，太平軍在久攻長沙、主客形勢漸易的不利條件下，決定分軍渡湘的決策，對太平軍的發展命運實有極大的關係，而湘水西岸戰場的得失勝負，對長沙戰役的結局，也就有決定性的影響了。

敵人對於河西地區的重要性也並非沒有認識。江忠源曾向湖南巡撫張亮基建議說："賊盡聚南門外，西阻江岸，東自天心閣迤南至新開舖，皆官軍壁壘，此固自趨絕地，惟賊所攜民船尚多，時過江掠食，慮其渡江築壘，徐圖他竄，請以一軍西渡扼土墻頭龍迴潭之要，漸逼漸進，驅其歸巢，可盡殲也。"① 張亮基很同意這個意見，但是沒有辦法執行。敵人的內部是分崩離析的，負有最高統帥責任的賽尙阿、徐廣縉此時仍遠駐在衡州，城內的統兵大員各不相下，不能集中使用力量，這也就是敵人的兵力雖然已經大大增加，但他們並不能佔到什麼便宜的重大原因之一。尤其是敵人的主要將領向榮和張亮基不睦（數月前，張亮基在雲南巡撫任內曾上奏彈劾向榮"誇詐冒功，飾智欺人"），不理睬張亮基的意見。有記載述其事曰：

> 亮基……議以一軍駐土墻頭龍迴潭，扼賊西竄，而城內兩巡撫、一幫辦、兩提督，城外十總兵，莫相統率，令出多梗。亮基乃白賽尙阿檄向榮赴西路督戰。②

張亮基要求向榮速赴河西扼守，向榮根本不置理，張亮基以利害要脅他，向榮向張亮基發洩怨氣說："身是已革提督，賊從此竄，不任咎也。"③ 他後來雖然接受賽尙阿的命令渡湘作戰，又凶狠地盡他的反動本分，但這一次却喪失了時機，因爲石達開的部隊已經迅速地控制了河西的要害地區。

石達開渡湘西進的成就和水陸洲戰鬥的勝利

石達開率部渡河是在 10 月 17 日，卽瀏陽門和井灣戰事失利之後的兩日，這說明洪秀全、楊秀淸等的決策和石達開的行動是非常果斷和迅速的。敵人的奏報曾及其事，而其他官私文獻所載尤詳：

> 賊復遣其黨石達開渡湘而西，築數大壘，兼掠陽湖晚稻供賊糧。④

> （九月）壬子，是夜賊分股渡南湖港，築壘龍迴潭，又渡見家河（卽靳江河）而南，踞陽湖村。⑤

① 見《江忠烈公行狀》。
② 光緒《湖南通志》卷 89，"武備" 12，"兵事" 4。
③ 《江忠烈公行狀》。
④ 《江忠烈公行狀》。
⑤ 《中興別記》卷 4。

……（初五，10月17日）賊詭由朱張渡過河分屯靳江河市舖屋，並搭造浮橋，往來如織。初六日延擾及象鼻壩龍迴潭等處，而洋湖晚稻正熟，亦齎寇糧矣。初七日分擾嶽麓、金牛嶺，焚劫漤灣市，向軍門逐移營河西以扼之。①

初三四日，當事計賊將竄，差令箭循河諭各船隻遠避，奈靳江一帶枯船漁舟先爲所攄，故賊得暢行無阻。②

石達開渡湘以後，控制了上述龍迴潭等要害之地，以糧食接濟城南大軍。在水面上，一方面配置大批木簰船隻和砲船，旣利運輸，又能作戰，另一方面又用船搭成浮橋，聯絡東西兩岸，控制了東西數十里的陣地，從此，進攻長沙的太平軍就不再局處於城南一隅。

湘水以西位於長沙城西南十五里的龍迴潭，是軍事和交通的要地，有大路西北通寧鄉抵常德，西南達湘潭至寶慶。常德的地主階級聞知石達開率部西渡，"一日數驚，惶恐遷徙"。太平軍控制了這片地區，無論能否攻克長沙，其"漫然不可復制"之勢，實際已成定局。所以咸豐皇帝聞訊極爲着急，疊次嚴令徐廣縉等"必須將西岸之賊痛加剿洗"、必須"將竄赴西岸之賊先行剿洗"。③　敵人見局勢嚴重，除由向榮親赴河西督戰外，不得不抽調總兵常存率兵二千屯河西，並屢從城南派馬龍、鄧紹良、張國樑等前來會攻。在衡州逗留不進的欽差大臣徐廣縉也趕忙派提督福興帶綠營兵兩千、潮勇六千餘來河西"會剿"。這時已駐湘潭的已革欽差大臣賽尚阿，竟親自出馬，督率知府朱啟仁所帶潮勇三千人來進攻洋湖一帶的石達開部，這是賽尚阿受任爲欽差大臣一年多以來從來沒有過的事。石達開率部西渡之初，兵力只有兩三千人，自10月17日渡河以後，於20日、21日、25日、27日、28日、29日、30日，迭次擊敗來犯的敵兵，敵人除燒毀民房以外，一無所得。此外，河西的太平軍還於24日、25日配合河東部隊出擊，東西聲勢聯絡，東岸太平軍也向西岸增兵築壘，擴大陣地。在這種形勢下，受任"專剿河西之賊"的向榮，憤而親自出馬，於10月30日親率"勁卒"三千餘人，進犯河西戰場上太平軍的重要踞點水陸洲。

長沙以西的湘江水面，寬達七里餘，水陸洲（古稱橘洲）即在湘江中間，分江水爲東西兩股，洲東係湘江正流，洲西水面較小，也可通舟。水陸洲南北數里，形如匹練，南與牛頭洲緊接相連，正是聯絡東西岸的要地。河西地區的要隘如土墙頭、龍迴潭旣被太平軍控制，敵軍屢攻不能得手，向榮乃決意大舉進攻水陸洲，企圖楔入東西兩岸的太平軍中間，截斷太平軍的聯絡。這一次軍事行動是凶狠惡毒的，但其結果卻是石達開的部隊大敗向榮。王定安記其事說：

榮欲奪水陸洲，古所稱橘洲也。四面環水，或以險絕諫，榮易之。甫渡，賊繞洲尾襲其後，部卒三

---

① ② 光緒《善化縣志》卷33，"兵難"。
③ 潘頤福：東華續錄咸豐十七，九月十九日丙寅及二十二日己巳論軍機大臣等。

千皆潰。①

左宗棠、郭嵩燾記其事尤詳：

> 　　（石達開）之渡西岸也，留賊屯洲尾爲聲援。向公擬先剿之。九月十九日親率勁卒三千餘，由西
> 岸渡江至洲北，整隊而進。賊盡匿洲南樹林中，時出零騎誘官軍。向公督所部放槍擊賊，賊走避林中，
> 徐從林旁出，斜抄官軍後，官軍初爲林木所蔽，不及覺，比賊幟微露，則疾趨如風，官軍驚潰，健將游擊
> 蕭逢春、都司姬聖脈戰歿，士卒死者千餘，向公與河北鎭總兵王代琳（應爲王家琳）騎善馬得免。城上
> 諸軍望見，爲之奪氣。②

水陸洲一戰是太平軍進攻長沙的八十一天戰鬥中所獲得的一次最大的勝仗。敵人潰敗的情
形，除上引記載外，《李秀成自述》、《洪仁玕自述》、光緒《善化縣志》、光緒《湖南通志》等所記
大略相同，而敵方統帥向主子的報告却含糊其詞，多方掩飾眞相。③　但事實是，自這一次戰
鬥以後直到11月30日太平軍撤長沙之圍的一個月中間，除了11月7日有張國樑、朱啓仁
小股“會攻浮橋河面”進行騷擾外，向榮再也不敢在河西戰場進行戰鬥。巡撫張亮基憤甚，
擬親自督兵渡河赴龍迴潭攻打石達開，後又藉口巡撫出城會動搖人心，終於不敢實行。太平
軍長沙之戰持續兩月餘，在敵人的重兵反包圍中仍能全師撤圍轉進，開闢新的天地，重要的
原因在於分軍渡湘的方針十分正確，而河西戰場之所以能够穩如磐石，實以水陸洲一戰爲
首功。

太平軍挖掘地道續攻長沙

　　石達開率部渡湘以後，洪秀全、楊秀淸除督率大軍在城南抵拒敵人的進攻以外，在主動
攻城方面，改以挖掘地道爲主要戰術。道州、郴州一帶有大量煤礦工人投效太平軍，挖地道
係其長技。太平軍挖掘地道的情況與敵人的對策，據光緒《善化縣志》記載說：

> 　　賊連日夜于魁星樓城外金鷄橋挨城一帶攻鑿地道。城內穴地埋大缸甕，令瞽者伏聽，於聞鋤鑊
> 聲處迎掘衝破，灌以穢水，熏以毒烟。但慮防不勝防，向軍門復派鄧副將所轄鎭篁兵、瞿騰龍所帶兵勇
> 入城游巡，以備不虞。④

在後期的長沙戰役中，太平軍所挖地道凡十餘次，雖大多數被敵人採取上述辦法所破，但挖

---

①　《湘軍記》，粵湘戰守篇。

②　《江忠烈公行狀》。

③　11月13日（十月初二己卯）賽尚阿等奏稱，水陸洲之戰，向榮親督官兵渡河，“該匪先從樹林出賊數百拒敵，總兵
馬龍親率兵勇開放槍砲，斃賊多名。該匪不能抵敵，卽時敗回。復從林內擁出賊千餘人，經總兵王家琳督率官兵
橫衝而出，賊匪紛紛倒地，仍望林內奔回，我軍連燒賊踞村房數處。”見《剿平粵匪方略》卷18。此處所謂“橫衝
而出”、“紛紛倒地”，實極盡含混掩飾之能事。

④　卷33，“兵難”。

掘成功、火藥迸發、城瀕於破者亦有四次：

10 月 30 日。太平軍開挖地道，轟陷南城。敵人人心驚惶，長沙協副將自行摘去頂戴，藏匿於民房，其所部兵丁，脫去號褂，拋棄滿街。①

11 月 10 日。太平軍於南城西邊挖地道轟城，城身轟裂四五丈。太平軍乘勢撲城，呼聲震天。此時城內敵人慌張奔逃，勢如鼎沸，兵勇也紛紛脫去號褂往北城逃竄。但由於敵副將鄧紹良等督兵在缺口拚死抵抗，未能破城。

11 月 13 日。長沙南月城外地雷迸發，塵霧連漫，太平軍乘勢衝殺，但不巧遇着逆風，烟火不向敵人，敵總兵和春及江忠源等拚命抵拒，未能破城。

11 月 29 日。長沙南城被地雷轟塌八丈餘，太平軍大隊搶城，敵副將瞿騰龍等率衆反撲，未能破城。太平軍退出缺口後，敵人乘勢追擊，但太平軍早有准備，伏兵砲發，殺傷敵人百餘名。②

太平軍安全移營轉進

此時，太平軍進攻長沙巳達八十天之久，軍中的糧食雖得河西的接濟，但控制的地區究屬有限，究難長期支持數萬之衆。十一月間，洪秀全在長沙南門外製造了玉璽，正式稱爲"萬歲"。太平天国領導集團乃決定乘此士氣振奮和水陸洲戰後敵軍喪膽的時機，移營撤長沙之圍，另圖發展，於 11 月 30 日夜全軍冒雨渡河，與石達開部會合轉進。太平軍爲了保證安全撤圍，一方面派人假意向敵人告密，聲稱太平軍正對準天心閣挖掘地道，使城內敵人惶然戒備，不復注意城外太平軍的行動；③另一方面又於全軍渡河以後，派出小隊向湘潭方向南行，迷惑敵人，大隊則西北向直趨寧鄉、益陽、岳州，開始了進攻武昌的新階段。

太平軍撤圍之時，長沙城內外的敵人旣未發覺，在河西直衝廣西提督福興的營盤時，福興也根本不敢過問。第二天，長沙的反動頭目發現太平軍已經轉進，一方面慶幸自己保全了首領，一方面又無恥地捏造戰績，欺騙主子，奏稱什麼由於"官兵"四面圍截，翼王"石大劻"亦經"殲豔"云云④。但這一番鬼話不久就被主子拆穿了。兩個月後，咸豐皇帝見到向榮的奏報上又有石達開的名字，就親筆向奴才提出質問："何又有石達開？是否即係石大劻？"⑤

① 見《曾文正公全集》奏稿，卷 2，請將副將清德交刑部治罪片。
② 以上據《張大司馬奏稿》，光緒《善化縣志》，《粵匪犯湖南紀畧》。
③ 見《江忠烈公行狀》。
④ 《東華續錄》咸豐十七，十一月初九己酉諭內閣錄羅繞典等奏，《張大司馬奏稿》兵團沿途截殺竄賊片，《太平天国史料》中外記載之二《大事記》載徐廣縉奏。又，《粵氛紀事》卷二，"據奏稱，官兵四路圍截，殲其坐輕之逆首僞翼王石大劻及奪獲太平印，皆張虛捷也。"
⑤ 見《向榮奏稿》卷一，進攻武昌賊營並籌辦各情形摺硃批。

二、太平軍進攻長沙之役之檢討

綜觀太平軍進攻長沙八十一天戰鬥的事實，我們可以檢討這次軍事行動的得失。

進攻長沙決策的正確性及初期軍事部署之失當

要分析這種得失，我們首先要弄明白，進攻長沙是當時太平軍既定計劃範圍以內的行動，還是偶然的、節外生枝的行動？有人根據某些記載，認爲太平軍在 1852 年 6 月克復道州以後，內部曾對今後的行動方向問題有過爭論：一部分人主張從道州越都龐嶺到灌陽，仍回廣西，而楊秀清則主張“直前衝擊，循江而東，略城堡，舍要害，專意金陵”，這條路線得到洪秀全的贊同而確定爲太平天國全軍的戰略原則。這個爭論可能是有過的，然而，在道州是否確定了“略城堡，舍要害，專意金陵”的原則，却還不能只根據一兩種記載就下斷語。關於太平軍從什麼時候起確定“以金陵爲家”的思想的問題，文字資料頗多不同的記載，這裏不能詳論，但我們如果撇開各種傳聞之辭，從太平軍的實際作戰過程來考察，就可以看出這樣的明顯事實：太平軍在廣西進攻桂林三十三天，在湖南進攻長沙八十一天，都是在攻城不克以後始撤圍轉進；而自攻克武昌沿江東下以後，則直搗南京，沿江之地皆棄而不守。這說明“專意金陵”的思想，實自 1852 年底或 1853 年初以後始確定下來。太平軍在攻克武昌以後，內部對於今後的動向仍有分歧意見和爭論。據被敵人所俘的太平軍戰士自述，當時楊秀清主張自武昌東下南京，而“女賊卡三娘”則主張“取道荆襄入河南踞中原”，由於爭論劇烈，卡三娘“憤言不用，遂他走”。① 李秀成在自述中所謂“欲取河南爲家”，② 即反映了當時太平軍中確曾有這種主張以及確曾有過這種分歧。自武昌東下以後，這種分歧還未最後解決。李秀成說，攻克南京時，“天王與東王尙是計及分軍鎮守江南，天王心欲結往河南，欲取得河南爲業”。③ 由於楊秀清不同意，才確定以金陵爲家。④ 由此可見，太平軍在道州時，並沒有最後確定“略城堡、舍要害”直趨南京之事。我們在評論太平軍進攻長沙的決策是否正確時，首先

---

① 《中興別記》卷 5。又見《盾鼻隨聞錄》卷 2，《楚寇紀略》。
② 《忠王李秀成自傳原稿箋證》作“欲取湖南爲家”，此據《忠王李秀成自述》影印本校改。按李秀成此句前後文爲，“攻城（長沙）未下，計及移營，欲由益陽縣靠洞庭湖邊而到常德，欲取湖南爲家。到益陽忽搶得民舟數千，後而改作順流而下……直下湖北。”就文辭內容看，當時太平軍尙在湖南境內，要去河南，還隔着一個湖北省，曾國藩以意度之，將李秀成親書“河”字竄改爲“湖”。“欲取河南爲家”一句，可能是太平軍長沙解圍以後的打算，也可能是指攻克武昌後內部爭論中的一種傾向，由於是李秀成敍事匆忙，前後次序有所錯亂。
③ “天王心欲結往河南，欲取得河南爲業”句，《忠王李秀成自傳原稿箋證》作“欲往河南，取河南爲業”。此據《忠王李秀成自述》影印本校改。
④ 《金陵癸甲新樂府》“天下凡”：“或言天王思遷河南都，變妖當扑臀之膚；否則天王斫頭顱。”據此，定都天京以後，路線的爭執，仍未結束。

不應該以事實上不存在的"專意金陵"的旣定標準,來非議它是一種節外生枝的行動。

　　進攻長沙不但不是偶然的行動,而且還可以說是當時旣定的目標。太平軍退出全州時,就準備從湘江順流而下直取長沙,只是因爲在全州永州之間的蓑衣渡受到挫折,才未能實現。後自永州折而南克道州時,清廷估計太平軍仍要東北攻長沙。① 後來太平軍攻占郴州,清廷的判斷和太平軍被俘人員的自述,都表明太平軍的目的在於直撲長沙。② 太平軍在進攻長沙以前就已經顯露出來的這種計劃,說明進攻長沙,並不是臨時的過境性質的行動。

　　太平軍確定進攻長沙,當時是有它的理由的。比起廣西,湖南的物力要富裕一些,可以支持大軍的作戰。1852年前後的數年間,湖南各府州縣遍地是羣衆起義的火燄。1847年新寧有雷再浩起義,乾州有苗民的武裝抗租鬥爭。1849年新寧有李沅發起義。1851年宜章有王蕭氏等、桂陽有朱幅隆等起義。1852年郴州有劉代偉等起義,瀏陽有周國虞、攸縣有謝友百、巴陵有晏仲武的起兵。1853年初曾國藩開始辦理團練之時,長沙、寶慶、辰州、岳州、澧州、永州、衡州、桂陽州等各府州所屬各縣,到處都是"成羣結黨、嘯聚山谷"的起義羣衆。太平軍如果在長沙立定脚跟,必可大大促進當地武裝起義的發展,擴大革命的力量,而當地起義羣衆也不致此起彼落,被清廷及地主團練各個擊破。從長沙旁略四川、湖北,進一步取河南爲家,命師北伐,也有相當有利的條件。總之,太平軍當時如果在湖南取得了勝利,以後的戰事可能出現若干不同的局面。我們在分析長沙之役的得失時,對太平軍決定進攻長沙這一決策的性質和合理性,是應當首先加以闡明的。

　　然而這樣一次重大的軍事行動,結果並不十分圓滿。在這八十一天的戰鬥中,太平軍的戰術勝利是重大的,殺傷敵兵數千名,陣斃敵總兵以下十餘人。但太平軍自己的損失,特別是參加首義的基本隊伍的傷亡,也較以前歷次戰役爲大。這主要是由於太平天國的領導集團在湘南道、郴一帶取得軍事勝利後,產生了輕敵思想,初時僅以輕騎強攻長沙所造成的。③ 由此而致洪秀全、楊秀清在具體部署進攻長沙的計劃時,僅以蕭朝貴一軍來執行這次任務,失去了良好的時機,這是我們從上述八十一天戰事具體的經過中,可以看得清楚的事情。過去有人論長沙之役關係太平軍以後命運甚巨,其言曰:"西王初抵長沙,城中兵力甚薄,四門無備,易攻也……滿軍援師四集,身殉國亂,長沙未下,使曾胡等人得有根據地以亡漢祀,惜哉!"④ 這類議論,不能從根本上來分析太平天國革命成敗的原因,且多從種族關係立論,原不可取。但是,歷史事變的偶然因素是存在的。當時曾國藩正丁憂在籍,近在湘鄉,咸豐還

----

① 《東華續錄》咸豐十六,七月初三辛亥諭內閣。
② 同上,七月廿四日壬申諭軍機大臣等。又《剿平粵匪方略》卷15,44頁,常大淳奏。
③ 《賊情彙纂》卷11,"老賊"條:"(太平軍基本隊伍)惟以長沙爲易與,心輕之,敢於嘗試,故殄斃之數較他處爲多。"
④ 漢公:《太平天國戰史》。

不曾命令他幫辦湖南全省團防事務,無權無勢,湘鄉辦理團練的只是他的父親曾麟書及趙玉班、劉月槎等一班地頭蛇,局面很小。① 太平軍當時如能完成攻取長沙的任務,卽使曾國藩等倖免於死,但以後他組織湘軍成爲太平天國死敵的局面,可能有若干的改變,這也是可以推測的事情。② 如前所述,攻取長沙之重要性與可能性如彼,而其未能達到旣定目標又如此,這個失策,自不能不說主要是由於洪、楊等在初時的軍事部署失當、僅以蕭朝貴偏師進攻而主力不陸續踵進所造成的。

洪秀全、楊秀清駐屯郴州過久非有客觀必要辨

或者說,洪秀全、楊秀清等在蕭朝貴一軍北上以後仍留駐郴州達一月之久,實有客觀上之必要,難以視之爲失策。其理由爲當時在郴州新招部隊很多,此等人難當大敵,需要休整;同時,清軍增援長沙的部隊皆係從郴州前線調去,如無蕭朝貴之偏師北進,則清軍必不撤郴州之圍,而郴圍不解,則太平軍主力北上步履艱難,必須突圍苦戰,難期迅速。這些都是我們闡述長沙之役的事實和檢討長沙之役的得失所應涉及的問題,需要在這裏稍加分析。

太平軍離桂入湘以後,由於蓑衣渡一戰的挫折和進攻永州不克,實力減損,處境困難。卽以糧食而論,有記載說,至道州時"已三日不得食"。③ 所以太平軍攻克道州以後需要相當時間的休整補充,是有其理由的。但太平軍攻克郴州時的情況已和初入道州時大不相同。太平軍在道州休整兩月的結果,部隊大大擴充,營伍大大整肅,軍械大大增加,糧秣大大豐富,其實力較初入湘時已不可同日而語。④ 太平軍在這種情況下攻克了郴州,我們看不出有在郴州長期駐屯的客觀必要性。道州的休整和郴州的駐屯是難以相提並論的。太平軍在道州、郴州所擴大的隊伍,並不是毫無作戰經驗的平民,而主要是當地原有的武裝起義羣衆,卽地主階級所誣蔑的"土匪",他們並不一定需要長期的整訓才能行軍作戰。事實是,蕭朝貴突襲長沙的一軍中就有郴州的"新兄弟"數百人:"蕭朝貴之撲長沙也,郴匪曾以數百人爲鄉導,前驅攻城陷陣,皆殊死鬥。"⑤ 可見在郴州因新隊伍多故需休整之說,根據是不足的。

至於清方長沙援師的來源和所謂郴州之圍的情況究竟如何,更須稍加探討。蕭朝貴一軍進薄長沙以後,在郴州與洪秀全、楊秀清相持的清方和春統下的部隊被陸續調去長沙增援,成爲長沙之役中清方的主力之一,其人數約近清方援師的二分之一,確係事實。但清方

---

① 陳溎:《病楊述舊錄》。
② 後來湖南成爲敵人鎮壓太平天國出兵籌餉的重要基地。故敵方人員認爲:"咸豐二年,粵賊撲長沙不破,天留以爲恢復東南之本也。"(許瑤光 談浙》卷一)
③ 張曜孫:《楚寇紀畧》。
④ 參見《盾鼻隨聞錄》卷二,楚寇紀畧。
⑤ 《賊情彙纂》卷 11,"新賊"條。

援師的來源,實包括三個方面。首先馳抵長沙的鄧紹良、賈亨晉及開隆阿等,都是清方從攸、醴一帶和衡州防線派出。另有一部分軍隊,如來自江西九江營的綠營、張亮基所統兵勇、徐廣縉派出福興所統的兵勇等,係徵調自外省或本省其他地方,均與郴圍無關。而自郴州派出的軍隊也有不同的情況。如和春、秦定三、江忠源一軍係於 9 月 26 日到達長沙,而常祿、李瑞、經文岱、張國樑、德亮所統部隊則仍留在郴州外圍,係在洪、楊率太平軍主力離郴以後,於 10 月 15 日始抵長沙近郊,並非蕭朝貴一攻長沙,郴州的清軍卽全部撤走去長沙增援。

　　更重要的是所謂郴州之圍究竟曾否使太平軍步履艱難、行動難期迅速的問題。如果郴州的清軍曾予太平軍以重大壓力,非蕭朝貴偏師北進吸引清軍應援長沙,太平軍主力難以順利北出,那麼,洪、楊之留駐郴州而不繼續踵進,就可以說是有客觀的理由而難以失策視之了。[①] 然而,實際的情況卻並不是這樣。

　　太平軍在道州、郴州時,與之相持的敵方主將都是和春。和春所統帶的兵勇原有一萬五千餘人,後來益以張國樑一軍,當在兩萬人左右,其實力未可小視。但當時太平軍和清軍的攻守之勢和後來長沙之役中的情況有所不同。當時太平軍兵力集中,在道州時,則集結於道州旁及江華、永明,在郴州時則以郴州爲中心而分占永興,力量雄厚,轉動裕如,實操主動地位。而和春的部隊,此時係負“追剿堵截”的責任,處處陷於被動。同時,和春直接統領和受其節制的部隊中,有的戰鬥力較強,如江忠源、張國樑,有的則戰鬥力極弱,如劉長淸、李瑞。敵軍的這種主客地位,決定了他們在道州和郴州時,並未能予太平軍以重大的威脅。如在道州時,和春的幕客也承認,“和鎭馳抵道州,連日進攻,未能得手。”[②] 而太平軍自道州進攻郴州時,據敵人的誇大了的官方奏報,和春也只能“帶兵跟追”,沿途所截殺的不過“數十名”、“一二百名”而已,[③] 而另據私家記載,則是“率相去百十里不敢近,行則尾之。”[④] 太平軍在郴州時,和春雖然屯駐州城外圍,但並未能作重大的正面進攻,更不用說合圍“堵剿”了。考蕭朝貴自郴州輕騎北進,係在 8 月 26 日,而據賽尙阿、程矞采奏,在 9 月 5 日以前,和春的大軍只駐紮在郴州西南的獅子嶺,賽尙阿等判斷“現在軍情應以東北堵剿尤爲緊要”,命令和春改變部署,和春始於 9 月 5 日督兵至陳家樓安營,當郴州東北太平軍趨長沙之前路,另派湘黔兵勇及潮勇當東路,總兵王錦繡當西路,總兵經文岱當南路。[⑤] 所以,卽使假定和春所統部隊戰鬥力之強足以使太平軍行動困難,但敵人在郴州城外東西南北四面均駐兵“堵剿”

<hr>

①　如此,則蕭朝貴之進攻長沙就只具有策略上的性質,類似所謂“圍魏救趙”之計。但據本文所述,事實並非如此。
②　蕭盛遠:《粵匪紀略》。
③　《剿平粵匪方略》卷 15。
④　佚名:《粵匪犯湖南紀畧》。
⑤　八月十二日庚寅賽尙阿、程矞采奏,《剿平粵匪方略》卷 16,第 31,32 頁。

以前，原只蟻聚於西南一隅，太平軍可以無攔阻地從容從東北方向進軍長沙，有充裕的時間可以利用——距蕭朝貴出發以後有十天的時間，距克復郴州以後有十九天的時間。如果洪秀全、楊秀清在作出了攻取長沙的決策以後，在兵力上也有正確的部署，在蕭朝貴偏師北上以後，主力不株守郴州一隅而陸續踵進，實可以闊步前進而決無步履艱難、突圍苦戰之事可言。

即或退若干步撇開上述的確定事實不論，假定洪秀全、楊秀清等受到了清軍的壓力而被迫不能迅速脫身，那麼，蕭朝貴進薄長沙以後的六天，和春、秦定三、江忠源等即分郴州的軍隊應援長沙，郴州之圍的壓力應大大減輕，洪秀全、楊秀清何以不在此時及時率大隊離郴北上？證諸以後太平軍離郴時的情況，留屯郴州、永興外圍的李瑞、常祿等，是絕不能阻止太平軍的進軍的。而洪秀全、楊秀清不在此時、而必待蕭朝貴一軍受挫的消息到達以後，即在所謂的郴州之圍已大大減輕壓力之後的七、八天，始率大隊前去長沙，可見洪秀全、楊秀清的行止遲速，與所謂的郴州之圍了無干係，實為確鑿無疑。

就洪、楊先派出蕭朝貴偏師北進一事的本身來說，其策略原是成功的，它使敵人一時摸不清太平軍的動向，不敢輕動，而太平軍則因此而有更加靈活轉進之可能。故李濱承認，此時"兵家奇正之法，悉以予賊"。① 洪、楊部署上的失當，不在於派出蕭朝貴偏師北進，而在於派出蕭朝貴之後，未將郴州的主力繼續或陸續踵進，致失去攻克長沙的較好時機。而根據以上的辨證，其主力留駐郴州過久，在客觀上並無必要的理由。這種部署上的失當，對既定任務的完成，影響是很大的，是我們在檢討太平軍長沙之役的得失時所應予指出分析的。

分軍渡湘顯示着太平軍軍事水平的提高

但到長沙之役的後期，太平軍的軍事水平有了很大的提高。在太平軍久攻長沙不克以後，敵人最希望的是太平軍仍然局處於城南一隅，幻想"聚而殲之"，"一鼓蕩平"；最害怕的是太平軍"潰圍流竄"，"滋蔓他方"。這從敵人的許多上諭、奏報和私人記載中，可以看得很明白。而太平軍所採取的，正好就是敵人最害怕的辦法。洪秀全、楊秀清率大隊到達長沙、在兩次進攻戰以後，一方面改以挖掘地道的戰術繼續攻城，堅持達月餘之久，顯示出攻取長沙、爭取實現既定目標的決心；另一方面又迅速分軍渡湘，為大軍屯駐南城繼續進攻長沙開闢後衛陣地，又打出了缺口為撤圍轉進作了準備，乃由戰事中期的漸陷被動而改變為進退裕如的主動地位，立於不敗之境。這些事實，前文中已加闡明。太平軍攻取長沙的既定任務雖未完成，但後期戰役中的這些成就和在湘西戰場上的重大軍事勝利，成了開創以後的"翻然不可復制"局面的新起點，這尤其是我們在檢討長沙之役的得失時所應予以充分估計的。

---

① 《中興別記》卷 4。

太平軍進攻長沙之役地理示意圖*

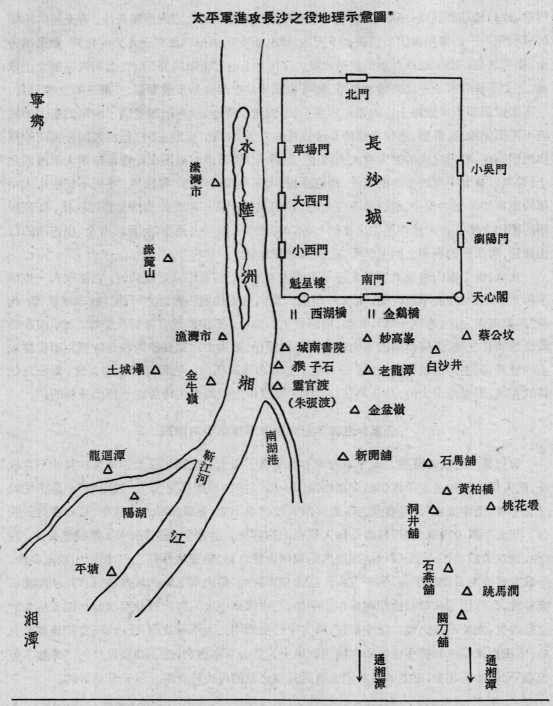

寧鄉

水陸洲

長沙城

北門

草場門
大西門
小西門
魁星樓
　　南門

小吳門
瀏陽門
天心閣

滁灣市

嶽麓山

漁灣市
土城壩　金牛嶺

湘江

斬江河

南湖港

西湖橋　　金雞橋

城南書院　妙高峯　　蔡公坟
猴子石　　老龍潭　白沙井
靈官渡
（朱張渡）　金盆嶺

新開舖　　石馬舖
　　　　黃柏橋
洞井舖　　　桃花塢

石燕舖
關刀舖　　跳馬澗

龍迴潭
陽湖
平塘

湘潭

通湘潭　　通湘潭

* 本示意圖係參考乾隆《長沙府志》、同治《長沙縣志》、光緒《善化縣志》中有關輿圖及《湖南分縣詳圖》(1917) 製成。
其中有幾處地名，因上述地圖均未標出，只能根據方志中提到的方位酌予標示，可能不準確，希望讀者指正。

釋"二南"、"初吉"、"三淪"、"麟止"

——讀書札記

金景芳

一、"二 南"

我讀《詩經》，開頭就碰到一個難題，這就是"周南"、"召南"兩個名目的解釋問題。儘管古今注釋家曾經作過種種猜測，但是就我所看到的，沒有一種注釋能令人完全滿意。

這幾種舊說就是：

（1）《毛詩·關雎序》說：

南，言化自北而南也。

這一種說法在社會上流行的最廣、最久，也最沒有道理。這一點，崔述已經在《讀風偶識》中辯駁過了："江、漢、汝、沱皆在岐周之東，當云自西而東，豈得自北而南乎？"今觀《尚書》所錄的周初文告，如《牧誓》、《大誥》、《酒誥》諸篇，都提到"西土"或"東土"，證明崔說是對的。可見《毛詩序》對于"二南"的解釋，是不正確的。

（2）《韓詩敘》說

韓說見《水經注·江水二》所引：

《周書》曰："南，國名也。南氏有二臣，力鈞勢敵，競進爭權，君弗能制，南氏用分爲二南國也。"按韓嬰敘《詩》云："其地在南郡南陽之間。"

細繹《水經注》文字，韓說似即取于《周書》。其實《周書》的說法也是不正確的。胡承珙即曾指出其缺點說："若僅南氏二臣之國而冒之以周、召，于義不可通矣。"（《毛詩後箋·周南、召南》）胡說無疑是對的。

（3）程大昌《考古編·詩論》說：

蓋南、雅、頌，樂名也。若今樂曲之在某宮者也。《南》有周、召，《頌》有周、魯、商，本其所得而遷以繫其國土也。

程說晚出較新，在學術界產生相當大的影響。例如清初惠周惕說："風、雅、頌，以音別也。"(《詩說》)近人梁啓超說："南是一種音樂。"(《釋"四詩"名義》)又，章炳麟說："二南爲荆楚風樂。"(《檢篇·詩終始論》)等等，就是直接、間接地受了程說的影響。其實這種說法也不能成立。

第一，我們知道，周制夷夏之辨甚嚴。果如諸家所說"二南"的"南"爲"南夷之樂"或"荆楚風樂"，那末，周人把它用爲鄉樂、燕樂、射樂和房中樂；孔子教導他的兒子伯魚說："汝爲《周南》《召南》矣乎？人而不爲《周南》《召南》，其猶正牆面而立也與？"(《論語·陽貨》)試問，他們爲什麼把"南夷之樂"的地位看得如此之高？于道理講不通。

第二，諸家根據《詩·鼓鐘》的"以雅以南"，《禮記·文王世子》的"胥鼓南"，《左傳》襄公二十九年的"見舞象箾南籥者"和《詩·鼓鐘》毛傳的"南夷之樂曰南"來證明"南"是樂名，爲"南夷之樂"，這一點並不見得是錯誤。但因此而進一步把"南夷之樂曰南"的"南"與《周南》《召南》的"南"並爲一談，這就有問題了。顯然，卽就所引《左傳》襄公二十九年吳公子札觀周樂這份材料而言，上文已說"使工爲之歌《周南》《召南》"，下文又說"見舞象箾南籥者"，則《周南》《召南》的"南"與"南籥"的"南"之非一物，已斷然可知；又，《周南》、《召南》在習慣上固然可以簡稱爲"二南"或直稱爲"南"，但是單稱"南"的"南夷之樂"則絕對不能稱爲《周南》或《召南》。可見縱然證明了"南"是"南夷之樂"，還不能說"二南"的"南"就是"南夷之樂"。

根據上述兩點分析，可以看到程說也有很大缺點，不能視爲定論。

（4）王夫之《詩經稗疏·周南》說：

蓋周公、召公分陝而治，各以其所治，登其國風。則《周南》者，周公所治之南國；《召南》者，召公所治之南國也。北界河雒，南踰楚塞，以陝州爲中綫而兩分之，《史記》謂雒陽爲周南，從可知巳。

陝東所統之南國爲周南，則今之南陽、襄、鄧、承天、德安、光、黃、汝、潁是巳。陝西所統之南國爲召南，則今漢中、商、雒、興安、郿、夔、順慶、保寧是巳。或其國人所作，或非其國人所作而以其俗之音節被之管絃，今雖無考，而大要可知。

故《漢廣》彖言江、漢，江北漢南之潛、沔也；《汝墳》言江、汝之間，則今之光州、新蔡也；而皆繫之《周南》。若《召南》之以地紀者，曰"江有沱"，又曰"江有汜"。按《禹貢》："岷山導江，東別爲沱。"《水經注》："江水歷氐道縣，湔水入焉。又東別爲沱，過都安縣。"今湔水自龍安府石泉縣入江。都安今成都府灌縣。沱江在今新繁縣。汜者，水決復入之總名。沱卽汜也。言沱言汜，皆川北西漢水（原注："今嘉陵江"）南之地。《集傳》以景陵之沱汜當之，未是。又，《殷其靁》之詩曰："在南山之陽。""南山"終南山也。《爾雅》："山南曰陽。"自漢中而東至均州皆在終南之陽，于春秋爲庸、麇。召南在陝州之西，明矣。

據此則二陝分治之地，別爲二南。不言國者，文王未有天下，侯國非其所有，特風教遠被，以類附也。

　　我認爲王氏以"二陝分治之地，別爲二南"，這種解釋是對的。但是以"南"爲"南國"，以"不言國者"爲"文王未有天下，侯國非其所有，特風敎遠被，以類附也"，則仍是曲說，不符合當時事實。以下將逐項加以說明。

　　首先要說明爲什麼說以"二陝分治之地，別爲二南"的解釋是對的呢？請先從《史記·自序》"太史公留滯周南"說起。在這裏，裴駰《集解》轉引摯虞說："古之周南，今之洛陽。"司馬貞《索隱》引張晏說："自陝已東，皆周南之地也。"細審《史記》原義，"周南"決是地名。摯、張二人的解釋，雖略有出入，而大體相同（張說可以看作是對摯說的補充），應該說都是正確的。用二陝分治來理解"二南"，顯然是與毛、韓之義相背，而別爲一派。前人如全祖望、陳喬樅（《魯詩遺說考》、王先謙《三家詩義集疏》）諸氏都以爲是魯詩說，這種推斷是可以信據的。陸德明說："齊詩久亡，魯詩不過江東。"（《經典釋文·序錄》）今觀《文選》載潘岳《西征賦》有："美哉邈乎，茲土之舊也！固乃周邵之所分，二南之所交。"潘氏爲西晉人，其時魯詩猶存，潘氏所用，正是魯義。

　　周召分陝而治之說，不僅見于《史記·燕召公世家》，《公羊傳》隱公五年，並見于《禮記·樂記》所說的"五成而分，周公左，召公右"。又，《尙書·顧命》載："太保率西方諸侯入應門左，畢公率東方諸侯入應門右。"王肅說："畢公代周公爲東伯。"（《顧命疏》）這種說法當與事實相符，證明周初制度確是如此。《漢書·藝文志》評論三家詩，說："魯最爲近之。"魯詩以周召分陝而治來解釋"二南"，實較衆說爲勝。可惜千載沉淪，無人能持其義，王夫之獨力主此說，這正是他的識見過人處。應該肯定，這樣解釋，基本上是正確的。

　　其次，要談一談以"南"爲"南國"的解釋爲什麼不對。我們試就司馬遷用"周南"一詞，摯虞說爲"古之周南，今之洛陽"來考察。《尙書·召誥》說："王來紹上帝，自服于土中。"《周禮·大司徒》說："日至之景，尺有五寸，謂之地中，天地之所合也，四時之所交也，風雨之所會也，陰陽之所和也。然則百物阜安，乃建王國焉。"《史記·周本紀》說："周公行政七年，……使召公復營洛邑，……卒營築居九鼎焉。曰：'此天下之中，四方入貢，道里均。'"這些材料裏所說的"土中"、"地中"、"天下之中"，毫無疑義都是指洛陽而言。試問洛陽旣然是"天下之中"，怎能又說是"南國"？可見王夫之把"二南"的"南"，看成是方位詞，解釋爲"南國"是不對的。

　　最後，談談王氏所說"不言國者，文王未有天下，侯國非其所有"的問題。這個問題最容易瞭解。很顯然，周、召分陝而治是在武王滅殷以後，怎能又說爲文王未有天下，豈不是自相矛盾？所以這種說法，不須更舉詩篇來作具體的說明，已經知道它是錯誤了。

　　綜觀上述四種解釋，獨有最後一種能根據周、召分陝而治之說釋"二南"與當日的實際情況相符，較其它三說爲勝。但是還有兩個問題不能解決。卽，"南"的解釋問題和"二南"在國風中與其它十三國風詩的關係問題。這兩個問題正是本文準備討論的主要內容。

1."南"的解釋

這個問題爲什麼長期得不到解決？主要由于年代久遠,中間經過層層誤解,遂使古義淪潭,鉤考不易。前人研究學問,常常感到有兩種困難:一、"歧路亡羊",二、"習非勝是"。我研究這個問題的時候,恰恰也有這種感覺。正因爲這樣,所以現在進行說明或論證時,就不能不多費唇舌,而很難作到只用三言兩語即解決問題。

我認爲"周南"、"召南"是簡稱,不是全稱。全稱當爲"周南之國"、"召南之國"。今本《毛詩》,《周南》、《召南》有尾題,與《邶》、《鄘》等十三國風同例。但《邶》風尾題爲"邶國十九篇、七十一章、三百六十三句。"《鄘》風尾題爲"鄘國十篇、三十章、百七十六句。"其餘諸國也是這樣,即都首標某國,下注若干篇、若干章、若干句。可是《周南》、《召南》獨不然。既不是題爲"周南國"、"召南國",也不是題爲"周南"、"召南",而是題爲"周南之國"、"召南之國"。這一點應該引起我們注意。這種題法肯定不是毛公所爲,因爲毛解"二南"爲"化自北而南",必不能改"周南"爲"周南之國"。也不能說出于其他西漢經師之手,因爲漢儒所患是抱殘守缺,決不敢輕易改作。可見這個"周南之國"、"召南之國",定是《詩經》舊題無疑。

"周南之國"、"召南之國"是什麼意思呢？就是周公所任之國,召公所任之國。"南"字同任,在這裏是動詞,不是方位詞。王夫之用周召分陝而治之說以解"二南",是對的。但是,當他具體地爲《周南》、《召南》二題作訓詁時,乃說爲"周公所治之南國"、"召公所治之南國",以"南"爲方位詞,則仍未擺脫舊日見解,這就不對了。《國語·周語》說:"鄭伯,南也。"根據這個"南"字的含義,可以正確地瞭解"二南"的"南"。不過要認識這句話的本來意義,還需要作一段考據工作。

請先回顧一下過去的舊注是怎麼解釋的。根據章昭的《國語解》就有好幾種說法。原文如下:

> 賈侍中云:"南者,在男服之侯伯也。或云,南,南面君。"鄭司農云:"南爲子男。鄭今新鄭。新鄭之于王城在畿內。畿內之諸侯雖爵有侯伯之舊法,皆食子男之地。"昭案:《內傳》子產爭貢,曰:爵卑而貢重者,甸服也。鄭伯男也,而使從公侯之貢,懼弗給也。以此言之,鄭在南服明矣。周公雖制土中,設九服,至康王而西都鄗京,其後衰微,土地損減,服制改易,故鄭在南服。

我認爲上述三家的解釋都不正確。其所以不正確,第一,在于把《國語·周語》富辰所說的"鄭伯,南也",與《左傳》昭公十三年子產所說的"鄭,伯男也"。作同一處理。其實兩書所談的並不是一個問題。依照語法分析,《國語》裏所說的"鄭伯,南也","鄭伯"是主語,"南也"是謂語。這句話的中心意思在于說明鄭伯這個人的身分特殊。所以下文緊接說:"王而卑之,是不尊貴也。"至于《左傳》裏所說的"鄭,伯男也"則不然。"鄭"是主語,"伯男也"是謂語。這句話的中心意思在于說明鄭國這個國家在爵列裏屬于"伯男"一級。按着"列尊貢重"的原則,不應要求鄭國職貢按照公侯一級的數量來獻納。所以下文接着就說:"而使從公侯之貢,懼弗給也。""懼弗給也"的意思就是說負擔太重,怕繳納不起。當然古代文字不用標點,單從表面上看,兩處文字沒有什麼不同(古南、男二字可通用),可是如果細心,一讀上下文,就可以看得十分清楚。韋昭把兩處文字看成沒有區別,肯定說是錯誤的。第二,在于無論解釋爲"在南服"、"南面居"或"爲子男",都非常牽强,不能與上下文義密合。試問僅僅一個"南"字,怎能具有"在南服"、"南面君"的含義?退一步講,即令具有上面所說的含義,又怎能突出地說明他是"貴"呢?可見這兩種解釋都是不對的。至于說"爲子男",則更是不通之至。分明鄭是伯爵,怎能又說是"子男"?即令是"子男",又怎能說明他是"貴"?可見這種解釋也是不對的。

那末,"鄭伯,南也",這個"南"字到底應當怎麼解釋呢?我認爲這個"南"字,是王朝執政者之稱。在周初,周公、召公分陝而治,得稱"南";在春秋初,鄭武公、莊公爲平王卿士,亦得稱"南"。《三國志·陳思王植傳》:"三監之衅,臣自當之;二南之輔,求必不遠。"又,《晉書·王導傳》:"雖有殷之殂保衡,有周之喪二南,曷諭茲懷?"這種以"二南"與"三監"、"保衡"並列,作爲王朝一種最尊崇的政治職位名稱,實符古義。不過,在這裏還有一個問題需要解決。就是富辰說這話時,所說的"鄭伯"乃是鄭文公。鄭文公未任卿士,怎麼也得稱"南"的問題。這個問題需要從史實中尋找答案。

《左傳》僖公二十八年于城濮之戰後,有以下這樣記載:"五月丙午,晉侯及鄭伯(文公)盟于衡雍。丁未,獻楚俘于王——駟介百乘,徒兵千。鄭伯傅王,用平禮也。"此處"鄭伯傅王,用平禮也",杜預《集解》說:"傅,相也。以周平王享晉文侯仇之禮享晉侯。"杜說對不對呢?我認爲不對。怎麼知道杜說不對呢?請看《左傳》襄公二十五年:

> 鄭子產獻捷于晉　戎服將事。……晉人曰:"何故戎服?"對曰:"我先君武、莊爲平、桓卿士。城濮之役　文公布命曰:'各復舊職。命我文公戎服輔王,以授楚捷。不敢廢王命故也。'"

我們認爲子產說的話要比杜預說的話可靠的多,我們只能相信子產的話,不能相信杜預的話。實際子產在這裏已經極其明確地回答了我們的問題。事實是這樣:春秋初期,鄭武公、莊公爲平王卿士,以後由于王室既卑,號令不行于諸侯,卿士這個官職失去了存在的基礎,已經無形中被廢除了,乃至在生活中被遺忘了。但是並未由王室公開宣布廢除。因此,儘管鄭伯實際上已不爲卿士,在名義上還代代保留着卿士的舊頭銜。正因爲這樣,所以城濮之役,鄭文公才有資格被拉上舞臺,"戎服輔王"扮演了一次喜劇中不大重要、然而不可缺少的角色。假如鄭文公不是跟這個卿士的職位還有一點瓜葛,那末,所有"各復舊職"、"用平禮也"這些話,將從何說起?

正由于鄭文公無卿士之實,而有卿士之名,所以富辰才對襄王說"鄭伯,南也"這番話,用意在提醒襄王注意，不要忘掉鄭伯的這個名義。"南"字在這裏只是卿士的另一種稱謂。下文所謂"不尊貴"的"貴"字，也是指卿士而言，這應當是沒有疑問的。

　　春秋初鄭武公、莊公爲平、桓卿士，與周初周、召分陝而治的職位基本上一樣。故周、召稱南，鄭伯也稱南。《詩經》"二南"的得名，實由于二公當時的職位，不與方位南北相干。當然"鄭伯，南也"，這個"南"字是名詞，"周南之國"、"召南之國"兩個"南"字則是動詞，不能說二者之間不存在一點差異。不過，在古語法習慣上，名詞可以作爲動詞用，動詞也可以轉化爲名詞，這點差異不能否定二者在本質上是一致的關係。

　　2. "二南"在國風中與其他十三國風詩的關係。

　　依據上述論點，是《周南》、《召南》所錄詩篇，從地域範圍來說，已經把陝東、陝西囊括無遺，那末，這"二南"之詩跟其它十三國風將怎樣劃分呢？我認爲要解決這個問題，又貴乎暸解什麼是"正變"。

　　《風》、《雅》舊有"正""變"之義。說者多從《毛詩序》的見解，認爲：

　　　　王道衰、禮義廢、政敎失、國異政、家殊俗，而變風、變雅作矣。

　　即認爲《風》、《雅》正變與世代盛衰是一致的，變《風》、變《雅》都是衰世淫邪或刺亂之詩。然而根據這種觀點去讀《詩經》，結果總覺說不通。因此鄭樵作《風有正變辨》說："若以美者爲正，刺者爲變，則《邶》、《鄘》、《衞》之詩謂之變風可也，《緇衣》之美武公，《駟鐵》、《小戎》之美襄公，亦可謂之變乎？"又作《雅非有正變辨》說："《小雅·節南山》之刺，《大雅·民勞》之刺，謂之變雅可也，《鴻鴈》、《庭燎》之美宣王也，《崧高》、《烝民》之美宣王，亦可謂之變乎？"（並見《六經奧論》）即見用毛義解釋不通，索性要從根本上否定《風》、《雅》有正變。我認爲鄭樵這種做法是不對的。《毛詩序》不能正確地解釋"正變"，也同它不能正確地解釋"二南"一樣。這些地方正有賴于學者細心鑽研，以期求得初義。依我淺見，正變實爲編詩之義，不是作詩之義。"二南"應依照傳統的說法，定爲正風，其它十三國詩，統爲變風。正風以周、召二公兩大轄區劃界。編詩者把所得于各該區內諸侯之詩，按照某種原則，加以選擇排比，編在一起，作爲進行敎育的典範，故名爲正風。其餘則美刺兼收，各繫本國，遂名爲變風。正因爲這樣，所以孔子說："人而不爲《周南》、《召南》，其猶正牆面而立也與？"也正因爲這樣，所以"二南"標題與諸國不同，不能以某國名，而只能總題爲"周南之國"、"召南之國"。這"周南之國"、"召南之國"的標題正意味着這裏邊的詩是從很多國中選出來的啊！《雅》的正變，亦是編詩之義。因與本文關係不大，茲暫從略。

　　現在可以把我的全部論點簡單地歸納爲如下幾條：

　　（1）"二南"應根據周、召分陝而治之說來理解。

　　（2）《周南》、《召南》是簡稱，全稱當爲"周南之國"、"召南之國"。

（3）“南”字同任，是動詞，不是方位詞。

（4）“二南”中“南”字的本義，久已失傳，僅僅在《國語·周語》“鄭伯，南也”句中透露點消息。

（5）“二南”與其它十三國風是正風與變風的關係。“正變”是編詩之義，不是作詩之義。

二、“初　吉”

《詩經·小雅·小明》：“二月初吉。”毛傳、鄭箋都釋“初吉”爲朔日。《國語·周語》：“自今至于初吉。”韋昭也釋“初吉”爲朔日。學者承用此說，未聞有人提出異義。至王引之作《經義述聞》于“朔日不謂之吉日，亦不謂之吉月”條說：

> 日之善日謂之吉日，或謂之吉。朔日不必皆吉，故朔日不可謂之吉日也。《月令》季春之月，“擇吉日大合樂”，季秋之月，“爲來歲受朔日”。吉日之非朔日，明甚。《天官·大宰》“正月之吉”、《地官·黨正》“孟月吉日”、《族師》“月吉”，皆日之善者。日之善者，不必在朔日也。其在月之上旬者，謂之初吉。（原注：“對中旬下旬之吉日言之。”）《周語》曰：“自今至于初吉”，“初吉”謂立春之日也。立春多在正月上旬，故謂之初吉。《小雅·小明》篇：“二月初吉”，亦謂二月上旬之吉日也。上旬凡十日，其善者皆可謂之初吉，非必朔日也。

大意是說“初吉”是一個月的上旬吉日。對中旬下旬的吉日而言，故名爲初吉。不應釋爲朔日。近人王國維作《生霸死霸考》又有新的看法。略謂：

> 余覽古器物銘而得古之所以名日者凡四：曰初吉；曰既生霸；曰既望；曰既死霸。因悟古者蓋分一月之日爲四分。一曰初吉，謂自一日至七八日也；二曰既生霸，謂自八九日以降至十四五日也；三曰既望，謂十五六日以後至二十二三日也；四曰既死霸，謂自二十三日以後至于晦也。（詳見《觀堂集林》卷第一）

並歷舉靜敦、宂彝、邿敦、虢季子白盤、吳尊、師兌敦等六器銘文以證明他所主張“一日至八日均可謂之初吉”之說的正確。

綜觀上述兩家之說，各有特點。從材料來說，前者所根據的都是文獻，後者所根據的都是實物。從方法來說，前者主要用演繹法，開始從初吉二字的訓詁出發來考慮問題；後者則主要用歸納法，研究了大量實物，然後才下結論。二家研究的結果，大體上相近，但還未達到完全一致。即前者的結論認爲“初吉”是一月的三分之一，後者的結論認爲“初吉”是一月的四分之一。目前學術界似以王國維之說爲定論（《辭海》“初吉”條的最後按語即用王說）。但是我的看法却與此相反，認爲王國維之說，不如王引之之說尤爲接近于事實。爲什麼呢？我們如果仔細地對王國維的論證方法加以考察，就會發現裏邊存在着兩個很大的缺點。

第一，他的結論是在研究了六個器物銘文以後而得出來的。從邏輯來說，這是一種歸納法。但是它是簡單枚舉歸納法，而不是完全歸納法。簡單枚舉歸納法所提供的是或然性或高或低的結論，它在科學上不能當作證明的形式來使用。

第二，無論四分也好，三分也好，依據邏輯規則，必須按照一個根據來進行。而王國維所斷言的"四分"，其中之三，即"旣生霸"、"旣望"、"旣死霸"，都是根據人們在一月中所見月光有晦明圓缺等不同的變化來劃分的。這種劃分是合理的、可以允許的。至于"初吉"則不然。它的命名顯然與月的盈虧沒有聯繫，怎能也加入"生霸"、"死霸"的行列，與其它三者一樣分享一月的四分之一呢？這一點在道理上是說不通的。

正由于王國維在論證方法上有上述兩大缺點，所以他所做出的結論是不足信據的。

爲什麼說王引之的說法尤接近于事實呢？這是因爲"初吉"這個詞，實起源于卜筮，我們可以從古人卜筮日的記載裏找到這個詞的正確含義。關于古人卜筮日的一般原則，《禮記·曲禮》說：

> 外事以剛日，內事以柔日。凡卜筮日，旬之外曰：遠某日；旬之內曰：近某日。喪事先遠日，吉事先近日。……卜筮不過三。

這一段文字裏邊有幾個詞不容易瞭解，還需要詳細加以闡釋。

1. "日"

中國古代很早就使用干支紀日法。一般都把干叫做"日"，把支叫做"辰"。《左傳》昭公七年："天有十日。"杜注："甲至癸。"又，成公九年："浹辰之間。"孔疏："浹爲周匝也。從甲至癸爲十日，從子至亥爲十二辰。《周禮》'懸治象浹日而斂之'謂周甲癸十日，此言'浹辰'謂周子亥十二辰。"應該指出，杜、孔這樣解釋"日"、"辰"是正確的。古人"祭祀卜日不卜辰"（劉敞說），因此，《曲禮》所說的"剛日"、"柔日"、"卜筮日"、"遠某日"、"近某日"等等，所有這些"日"字，都是指十天干之日而言，即"甲至癸"。

2. "剛日"、"柔日"

從甲至癸十日中，甲、丙、戊、庚、壬五奇爲剛日，乙、丁、己、辛、癸五偶爲柔日。

3. "旬之外曰遠某日"、"旬之內曰近某日"

"旬"的意思是指經過了從甲至癸的一次循環而言。所以一旬就是十日。"某日"是指按照當時風俗習慣應選擇的一個特定的日子，例如用剛日或用柔日，用丁或用辛等等。胡培翬說："古人卜筮之法，皆以此月之下旬，卜筮來月之日。如吉事則以此月之下旬，先卜筮來月之上旬。不吉，卜筮中旬。又不吉，卜筮下旬。喪事則以此月之下旬，先卜筮來月之下旬。不吉，卜筮中旬。又不吉，卜筮上旬。此所謂'喪事先遠日，吉事先近日'是也。"（見所著《儀禮正義》《特牲饋食禮》正義）胡氏這種說法是有根據的，正確的。

爲什麼必"以此月之下旬，卜筮來月之日"呢？這是由于祭前還有一個齋戒的期間，所謂"致齋三日，散齋七日"（《禮記·祭統》），合計需十日。《國語·周語》說：

> 先時九日，太史告稷曰："自今至于初吉，陽氣俱蒸，土膏其動，弗震弗渝，脈其滿眚，穀乃不殖。"稷以告王曰："史帥陽官以命我司事曰，距今九日，土其俱動；王其祗祓，監農不易。"……先時五日，瞽告有協風至。王卽齋宮。百官御事各卽其齋三日。

以上是虢文公向周宣王講述的古代籍田制度的一個片段。籍田在一年立春之日舉行，不卜筮日。所以所說"初吉"，實際卽是立春之日。"王其祗祓"爲將行散齋（戒），"王卽齋宮"爲將行致齋（戒）。"先時九日"正是預先給散齋、致齋留下餘地。籍田不卜筮日，但也必須在"先時九日"早作準備，這就是"皆以此月的下旬，卜筮來月之日"的道理。

《春秋》僖公三十一年說："四卜郊，不從。"《公羊傳》："曷爲或言'三卜'，或言'四卜'？三卜，禮也，四卜，非禮也。'三卜'何以禮？'四卜'何以非禮？求吉之道三。"《公羊傳》說"求吉之道三"就是根據"卜筮不過三"的原則來講的。"卜筮不過三"的具體做法，就是象胡培翬所說的那樣（已見上文，茲不重引）。

正由于古人卜筮日，皆以此月之下旬，卜筮來月之日。又根據"卜筮不過三"的原則，把一月劃分爲上、中、下三旬。所以上旬之日遂有"初吉"之名。"初"對還有中、下而言。"吉"則說明它與卜筮的關係。也就是說，依照這樣解釋，"初"、"吉"二字都有確實着落，驗之實際，亦復符合。我所以說王引之的說法尤爲接近于事實。

三、"三　湌"

"三湌"一詞，見于《莊子·逍遙遊》。原文爲："適莽蒼者，三湌而反，腹猶果然；適百里者，宿舂糧；適千里者，三月聚糧。""三湌"一詞在這裏應當怎麼講？據我所知有：

1. 成玄英《莊子疏》說："往于郊野，來去三食，路旣非遙，腹尤充飽。"
2. 宣穎《南華經解》說："言飯三盂。"
3. 王先謙《莊子集解》說："'三湌'猶言竟日。"

綜上三說，實只二義。其一認爲"三湌"是吃三頓飯，包括早餐、午餐和晚餐，爲一日所食的飯食數量。其二認爲"三湌"是在某一頓飯中所吃飯食的三個單位數量。這兩種解釋，哪一種對呢？可能多數人贊成前一種說法，認爲後說沒有道理。其實不然。後說比較接近原意，而前一種說法則是錯誤的。

凌廷堪《儀禮釋例·飲食之例中》說："凡食禮：初食三飯，卒食九飯。"

"三飯"一詞雜見于《儀禮》、《禮記》、《論語》諸書。例如：

> 《儀禮·士昏禮》："三飯卒食。"

> 又，《特牲饋食禮》："尸三飯告飽。"

又，《少牢饋食禮》：“尸三飯。”

又，《公食大夫禮》：“賓三飯以湆醬。”

《禮記·曲禮》：“三飯，主人延客食胾。”

又，《玉藻》：“飯飱者，三飯也。”

《論語·微子》：“三飯繚適蔡。”

　　什麼叫做“三飯”呢？根據賈公彥“一口謂之一飯”的說法（見《儀禮·少牢饋食禮》疏），則“三飯”就是三口。在這裏需要補充說明一個問題，就是古人所謂“一口”、“三口”，同我們今天一般所理解的吃幾口飯，卻不一樣。古人吃飯不使筷子，直接用手抓取。例如，《曲禮》說：“共飯不澤手。”又說：“毋摶飯，毋放飯。”《儀禮·特牲饋食禮》說：“佐食摶黍授祝，祝授尸，尸受菹豆執以親腝主人。”所有這些“不澤手”、“摶飯”、“放飯”、“摶黍”等等，都可爲古人吃飯不使筷子，直接用手抓取的證明。古人把抓取一次叫一飯。一飯也就是賈疏所說的“一口”。一飯爲當時吃飯數量的最小單位。食禮：初食三飯，告飽。這是根據“禮成于三”的原則，三飯爲一成（詳見《儀禮·特牲饋食禮》注），可以暫時告一段落。假如因侑（勸），又三飯，告飽。是爲再成。又侑，又三飯，告飽。是爲三成。《特牲饋食禮》到此以後，不復飯。鄭注：“三三者，士之禮大成也。”

　　由上述一些說明可見，在古人的意識裏，所謂“三飯”，不但不是如我們今天所說的一日三餐，就是在一餐中，也是表明食量的少，而不是表明食量的多。

　　“三飯”也叫“三食”。例如，《禮記·曲禮》：“三飯主人延客食胾。”孔疏說：“三飯謂三食也。”又，《禮器》：“天子一食，諸侯再，大夫士三，食力無數。”鄭注說：“一食、再食、三食，謂告飽也。”孔疏解釋“士大夫三”，說“少牢、特牲禮皆三飯而告飽”，證明“三飯”也叫“三食”。

　　現在還要說一說“飱”字。《說文·食部》，飱爲餐之重文，於餐下說：“吞也。”段注：“口部曰：‘吞，咽也。’《鄭風》曰：‘使我不能餐兮。’《魏風》曰：‘彼君子兮，不素餐兮。’是則餐猶食也。”餐猶食，“三餐”（“三飱”）就是“三食”，也就是“三飯”，可無疑意。今《曲禮》疏：“三飯，謂三食也。禮食三飱而告飽，須勸乃更食。”孔所說“三飱”，即“三餐”。古代有一個時期以飱、餐爲一字（參見段玉裁《說文解字·食部》餐字注），故餐寫成飱。孔疏以“三餐”、“三食”、“三飯”三詞可以互訓，尤爲三詞同義的確證。

　　上文已對“三飱”一詞作了考察，現在我們可以掉轉頭來再看看《莊子》原文，到底“三飱”一詞在這裏，應當怎麼解釋，才是穩恰。

　　可先從“莽蒼”說起。《莊子釋文》：“司馬云：‘莽蒼，近郊之色也。’”《說文·邑部》郊字下說：“距國百里爲郊。”郝懿行《爾雅義疏》說：“《說文》云：‘距國百里爲郊。’此據王畿千里而言。設百里之國，則十里爲郊矣。”詳釋《莊子》原文，“莽蒼”與“百里”、“千里”連言，看來說

“莽蒼”是用以表示近郊十里的距離，是對的。因爲十里、百里、千里，都是遞增十倍，此例相當，似與原文意旨相符。假如“莽蒼”是近郊十里，那末，往返一次，最多有三小時已够用了。既然不需“竟日”，也沒有“帶三餐的飯”的必要，證明成、王兩家的解釋是不能成立的。

再從“三湌”與“宿舂糧”、“三月聚糧”連敍來考察。可以看出它們所談的，主要是食糧數量的問題。大意是說食糧數量多少的比例是同行路距離遠近相一致的。“三湌”一詞，在這裏主要在說明食量之少。意思是說，途程太近了，僅僅吃了這樣一點兒，可是直到回來的時候，肚子還不覺餓。假如把“三湌”解釋爲吃三頓飯，那末只走了十里路一個來回，怎能需要吃這樣多？即使吃這樣多，這個“腹猶果然”又從何說起？可見“三湌”一詞，在《莊子》這篇文章裏，只能解釋爲，如古人所說的“三飯”，即“三口”，而不能解釋爲如我們今天通常所說的“一日三餐”的三頓飯。

宣穎以“飯三盂”來解釋“三湌”，當然與原意還不無距離。但是他懂得這個“三湌”是代表一頓飯中的一定的量，而不是三頓飯的總量，這一點，無疑是正確的。

四、“麟　止”

關于《史記·自序》裏，“麟止”二字，歷來注家、學者有許多不同的解釋。

關于這個事例的原文是這樣：

> 故述往事，思來者，于是卒述陶唐以來，至于麟止，自黃帝始。

裴駰《史記集解》引張晏說：

> 武帝獲麟，遷以爲述事之端。上紀黃帝，下至麟止，猶《春秋》止于獲麟也。

司馬貞《史記索隱》引服虔說：

> 武帝至雍獲白麟而鑄金作麟足形，故云“麟止”。遷作《史記》止于此，猶《春秋》終于獲麟然也。《史記》以黃帝爲首，而云“述陶唐”者，案《五帝本紀贊》云：“五帝尙矣，然《尙書》載堯以來，百家言黃帝其文不雅馴。”故述黃帝爲本紀之首，而以《尙書》雅正，故稱起于陶唐。

細繹張、服兩家的解釋，基本上是一致的。即都認爲“陶唐”、“麟止”是司馬遷自述他作《史記》所採取的上限和下限。但是這種解釋，特別是說“起于陶唐”，不僅與事實不符，即在本文裏也說不通。因爲本文裏明明寫着“自黃帝始”，“上記軒轅”，“余述歷黃帝以來”。且小序于《五帝本紀》第一，上面也清楚地寫着“維昔黃帝，法天則地”。怎能說“起于陶唐”呢？至于“麟止”之義，到底是“止于獲麟”呢？還是“作麟足形”？它與下文的“下至于玆”、“至太初而訖”的記載又怎麼能統一起來呢？看來，這兩個矛盾，張、服二人並沒有解決，或者說，沒有很好地解決。

首先談第一個矛盾。即《史記》上限問題。張晏對此採取避而不談的態度，只簡單地說一句"上記黃帝"了事。服虔是談了，但談的十分牽强，不能令人滿意。試問，分明是起于黃帝，只由于怕人家說"不雅馴"，硬要說"起于陶唐"，掩耳盜鈴，又有什麼意義呢？事實上司馬遷並沒有這樣做。所以說服虔這樣解釋並沒有解決問題。

其次，談第二個矛盾。即《史記》的下限問題。張、服二人解釋"麟止"有一個共同點，即都認爲此處的"麟"，是指漢武帝獲麟而言。但是"獲麟"之年跟"鑄金"之年之間還有分歧，《史記》下限究在何時？是張、服二人之見，也不能一致。

梁玉繩說："若所稱'麟止'者，取《春秋》絕筆獲麟之意也。武帝因獲白麟，改號元狩。下及太初四年，凡廿二歲。再及太始二年，凡廿八歲。後三歲而爲征和之元。太始二年更黃金爲麟趾裹蹏，蓋追紀前瑞焉。而史公借以終其史，假設之辭耳。"（《史記志疑》卷三十六）根據梁氏的說明，是"獲麟"在元狩改元之年（前122年），"鑄金"在太始二年（前95年）。而太初首尾共四年（前104年——101年）恰居二者的中間，即在"獲麟"之後二十餘年，"鑄金"之前的八九年。三說不能統一。到底哪一說對呢？還有待于進一步加以說明。可見張、服二人也沒有解決這第二個矛盾，即《史記》一書的下限問題。

近人有崔適者，作《史記探源》，悍然不顧一切，獨主張晏之說。認爲"《武帝本紀》當止于元狩元年冬十月獲麟"，"年表、世家、列傳稱是"。（《史記探源·麟止後語》）他這種主張當然與事實不符，不能從《史記》本書裏找到證明。但是他採取的辦法，不是放棄自己的主張，或對自己的主張發生懷疑，而是堅信自己的主張是正確的，不可動搖的。於是凡遇《史記》原文同他的主張有抵觸之處，就一律指爲是後人續竄。雖《史記·自序》的"太史公曰：余述歷黃帝以來，至太初而訖"，《建元以來侯者年表》末，褚先生曰"太史公記事，盡于孝武之末"，《集解》、《索隱》皆謂"終于天漢"等等言論，也一律不予考慮。不僅如此，甚至根據"述陶唐以來"一語，欲改題《五帝本紀》爲《陶唐本紀》。學者著書立說，如此主觀武斷，全然不顧客觀事實，誠爲少有。這樣做，當然不能解決問題。

王國維說：

《史記》紀事，公自謂"訖于太初"，班固則云"訖于天漢"。案史公作記，創始于太初中，故原稿紀事，以元封、太初爲斷，此事于諸表中踪跡最明。如《漢興以來諸侯年表》、《建元以來王子侯者年表》皆訖太初四年。此史公原本也。《高祖功臣年表》則每帝一格，至末一格則云"建元元年至元封六年三十六"，又云"太初元年盡後元二年十八"。以武帝一代截而爲二，明前三十六年事爲史公原本，而後十八年事爲後人所增入也。《惠景間侯者年表》與《建元以來侯者年表》末，太初已後一格，亦後人所增。殊如《建元以來侯者年表》元封以前六元各佔一格，而太初以後五元幷爲一格，尤爲後人續補之證。《表》既如此，《書》、《傳》亦宜然。（《觀堂集林·太史公行年考》）

按王國維氏根據《史記》諸表記事行款，辨明孰爲原本，孰爲後補，至極精審，能發前人所未發。今本《史記》文字有後人增補之處，固爲不容否認的事實。但如崔適所說的起訖，則斷斷乎不能令人相信。因爲不獨《史記·自序》說“余述歷黃帝以來，至太初而訖”，明白可據，而且還可于其它地方找到很多證明。像這樣鐵一般的客觀事實，無論如何，是不能改變的。

那末，“述陶唐以來，至於麟止”這句話，到底應當怎麼解釋才對呢？我認爲“陶唐”係指《尚書》的上限，所謂“《尚書》獨載堯以來”即其事。“麟止”則謂《春秋》之下限，《春秋》一書大家公認是至魯哀公十四年春“西狩獲麟”絕筆。司馬遷所以說這話，表明《史記》之作，乃是繼承孔子，完成他的未竟之業。他在上文曾說過：“先人有言：自周公卒，五百歲而有孔子。孔子卒後，至于今五百歲，有能紹明世，正《易傳》，繼《春秋》，本《詩》、《書》、《禮》、《樂》之際，意在斯乎，意在斯乎！小子何敢讓焉？”正可與此互相證明。所以，“陶唐”、“麟止”是孔子的歷史著述的起訖，而不是《史記》的起訖。“麟”是春秋時魯人所獲的麟，而不是漢武帝所獲的麟。前人不管張晏也好，服虔也好，乃至梁玉繩、崔適等也好，都不悟及此，而錯誤地認爲是《史記》的起訖。豈知這樣理解，不但跟《史記》全書記載不合，跟本篇結語說：“余述歷黃帝以來，至太初而訖”不合，即在這個句子本身也說不通，因爲句子裏明白寫着“自黃帝始”啊！

其實，“麟止”的誤解，並不自張晏、服虔始，早在張、服以前，班彪就已經作了這樣錯誤的解釋。《後漢書·班彪傳》引述班彪的《略論》說：“司馬遷採《左氏》、《國語》，刪《世本》、《戰國策》，據楚漢列國時事，上自黃帝，下訖獲麟，作《本紀》、《世家》、《列傳》、《書》、《表》凡百三十篇，而十篇缺焉。”班彪說《史記》“下訖獲麟”，是他誤以“麟止”爲《史記》下限之證。又《漢書·揚雄傳》說：“及太史公記六國，歷楚漢，訖麟止，不與聖人同，是非頗謬於經。”這裏的“訖麟止”，當也是班彪的話而爲班固保留下來的。何以見之呢？因爲班固于《司馬遷傳》贊裏說：“司馬遷據《左氏》、《國語》，採《世本》、《戰國策》，述《楚漢春秋》，接其後事，訖于天漢。”又于《敍傳》裏說：“漢紹堯運，以建帝業，至于六世，史臣乃追述功德，私作《本紀》，編于百王之末，廁于秦漢之列，太初以後，闕而不錄。”即在兩處都不說“訖麟止”，而說“訖于天漢”或“太初以後，闕而不錄”，可見班固並不以父說爲然。證明《揚雄傳》裏的“訖麟止”，定是彪語，而非固語。班彪是東漢初年著名的歷史學者，曾經作過《後傳》六十五篇以續《史記》，所處的年代與司馬遷相去不遠。以常理來推斷，他解釋“麟止”應當不會錯誤。然而事實却不然。他的的確確是錯了。看來他的許多長處並沒有使他不犯錯誤，相反，適足以掩蓋他的錯誤，而成爲一誤再誤，長期得不到糾正的原因。

一九六二年十二月二十七日于長春

朱熹寫過《正蒙解》麼？

張　岱　年

近年來有些哲學史工作者認爲朱熹曾爲《正蒙》作過注解。例如，古籍出版社一九五六年出版的《張子正蒙注》，有一篇《出版者說明》，是一篇寫得相當好的文章，這篇文章裏却說："《正蒙》是張載最主要的著作，……朱熹曾經給這書做過注解，名《正蒙解》。"又一九六二年九月二十一日的光明日報《哲學》副刊上登載的一篇文章也說："朱熹給《正蒙》作注，着重發揮了張載哲學中唯心主義方面。"究竟朱熹寫過《正蒙》的注解沒有呢？

事實上，朱熹寫過《西銘解》，却沒有寫過所謂"正蒙解"。朱熹特別表彰周敦頤和二程，寫了《太極圖說解》、《通書解》，又編定了《河南程氏遺書》，對於張載的著作，僅僅提出《西銘》加以注解，對於張載的其他著作旣未注釋也沒有進行整理。直到明代中期，才有人編輯《張子全書》，那時張載的著作已經散佚不全了。

何以有些哲學史工作者會認爲有朱熹的"正蒙解"一書呢？這也"事出有因"。

原因是《朱子語類》一書中，有關於《張子書》的語錄二卷（卷九十八，九十九），輯錄了朱熹和他的弟子們關於《正蒙》等書的問答。明初胡廣等編輯《性理大全》，把《朱子語類》中關於《正蒙》文句的解釋抄在《正蒙》的各條之下，清初的朱軾校印《張子全書》，又照抄了《性理大全》的注解，在《正蒙》題下寫上了"晦翁朱熹注釋"幾個字，於是後人誤認朱熹有"正蒙解"了。

這部朱軾校印的《張子全書》（《四部備要》本《張子全書》即據此本重印的），在《西銘》題下寫"晦翁朱熹注釋，後學朱軾可亭、段志熙百惟同校"，是名實相合的，在《正蒙》題下也寫"晦翁朱熹注釋，後學朱軾可亭、段志熙百惟同校"，却是名實不相應了。這部"正蒙注解"乃是明初胡廣等人根據《朱子語類》彙抄編纂而成的，而不是朱熹自己寫的。在所引朱熹的解釋上都加了"朱子曰"三字，此外還抄錄了黃瑞節、西山眞氏（眞德秀）的解說。假如是朱熹寫的，那裏會引用他以後的人的解說呢？另外，《萬有文庫》本的《張子全書》的題簽下寫"朱熹注"，那就更不合事實了。

朱熹不肯給《正蒙》作注，主要是由於他不同意《正蒙》中的基本觀點。唯心主義與唯物主義之間，卽令不是冰炭不相容，也還是涇渭有分的。

詩中之史

賀昌羣

一

詩是語言之最精者。詩是反映現實生活的高度藝術概括。唐宋以來稱杜甫詩爲詩史，詩與史畢竟有所不同，詩人的陳述不是僅止限於當前具體事件，而在善於概括與事件相聯繫的眞實性。杜甫詩之所以稱爲詩史，在於他的詩密切地與基本歷史相聯繫，反映了社會矛盾與階級矛盾，反映了剝削、壓迫和詩人自己對剝削、壓迫的態度，反映了社會經濟基礎的轉變和當代的主要政治傾向。這些基本的歷史聯繫，在杜甫詩歌中並不如白居易《新樂府》一樣，有意使之成爲一組詩，而是散在一段或一聯或一句中表達出來。而這一段、一聯或一句的歷史內容和意義，則構成了杜甫詩歌對基本歷史聯繫的完整性，因而，引用這些詩句不至於有"斷章取義"之嫌。恩格斯在給哈克納斯的信中，推崇巴爾扎克是十九世紀上半葉法國偉大的現實主義藝術家，他的《人間喜劇》是用編年史的方式寫出對當時上等社會必然崩潰的挽歌。恩格斯說：巴爾扎克"在這個中心圖畫的四周，他安置了法國社會的全部歷史，從這歷史裏，甚至於經濟的細節上(例如法國大革命後不動產和私有財產的重新分配)，我所學到的東西也比從當時所有專門歷史家、經濟學家和統計學家的全部著作合攏起來所學到的還要多。"①恩格斯的這個論斷，可以幫助我們更多地理解杜甫詩所以成爲詩史之故。②

---

① 《馬克思、恩格斯、列寧、斯大林論文藝》第二十頁，一九五九年，人民文學出版社版。

② 唐宋人對於詩史一詞的理解是很狹隘的。宋姚寬《西溪叢話》卷上說："或謂詩史者，有年月地里本末之類，故名詩史。蓋唐人嘗目杜甫爲詩史，本出孟棨《本事詩》，而《新書》亦云。"孟棨，晚唐人，《本事詩·高逸》說："杜逢祿山之難，流離隴蜀，畢陳於詩，推見至隱，殆無遺事，故當時號爲詩史。"僅以"流離"之故，來推論杜甫詩所以爲詩史，是不對的。宋黄徹《䂬溪詩話》卷一說："子美世號詩史，觀《北征》詩云：皇帝二載秋，閏八月初吉。《送李校書》云：乾元元年春，萬姓始安宅。又《戲友》二詩，元年建巳月，郎有焦校書。元年建巳月，郎有王司直。史筆森嚴，未易及也。"今天看來，這些話雖不錯，但終不能盡杜甫詩所以爲詩史的涵義。

　　我們今天肯定杜甫是偉大的現實主義詩人，還因爲他的詩能够用强有力的藝術形象來反映自然現象、社會現象和詩人內在思想感情的眞實性。杜甫詩不僅善於描寫現象的外表，還深刻地忠實地傳達了現象的本質。不僅反映了詩人自己的生活，而且反映了他周圍的生活，反映了那個時代的生活。生活是活的歷史結構，一定時期的歷史結構是一定時期的政治、經濟、文化的綜合。兩晉南北朝的政治、經濟、文化爲高門士族所壟斷，而這個時期的詩，除了樂府的民間文學，也正反映了高門士族自己的生活和文人狎客應制的宮廷生活，圈子是很狹窄的，嚴重地遠離了社會現實。

　　陶淵明詩是這段歷史時期出類拔萃的劃時代的傑作，陶淵明是代表這段時期的偉大的抒情詩人，他的詩開闢了中國詩歌的新境地，具有獨特的藝術風格。陶淵明雖是一個沒落的士族，也還想努力保持着不爲五斗米而向鄉里小吏折腰的士族身份。他確乎參加了勞動，接近農民，能體會到農民生活的疾苦，這就使得他的思想感情比同時期的士族詩人擴大了，他才能够甘心與統治者決裂。但陶淵明畢竟不能不受時代的限制，比起唐代詩人，比起唐詩人中偉大的杜甫來，陶詩所反映的生活境界，就顯得狹窄多了。

　　廣闊的、出上出下的、與社會時代呼吸相應的唐詩，比起兩晉南北朝的詩來，便大大不同，二者之間在發展上具有階段性的差別。陶淵明與杜甫是兩晉南北朝到唐代詩壇的兩個巨大的里程碑。

　　在詩的藝術修養上，杜甫詩是從前代的基礎上發展起來的，對古今詩人的優良成就，吸收力很强。南北朝詩人中，他尤致意於與他時代距離不遠的作者，特別是庾信，杜詩中提到的最多，“清新庾開府”（《春日憶李白》），“庾信文章老更成”（《戲爲六絕句》），“庾信平生最蕭瑟，暮年詩賦動江關”（《詠懷古跡五首》）。庾信經侯景之亂，由梁入西魏，歷仕北朝，國亡家破，屈身北朝，內心感到異常痛苦，常有去國懷鄉之思。他的《哀江南賦》寫侯景亂時，梁朝君臣的腐敗無能，河山的破碎，民生的凋敝和自己的身世遭遇，雖是賦體，實是一篇抒情的史詩。他充分運用了聲韻、音律、典實的優點，而雜以散文的風情。杜甫說他“暮年詩賦動江關”，正是有感於安史之亂期中自己流離轉徙的身世而發，“庾信哀雖久，周顋好不忘”（《上兜率寺》），詩人直以庾信的身世自況。庾信的詩賦，對仗工穩，許多句法、音律都很像唐詩的絕句和律詩，綺而有質，豔而有骨，清而不薄，新而不尖。杜甫說的“清新”，我想是指的能自鑄新詞，《寄彭州高三十五使君適虢州岑二十七長史參》詩有“更得清新否？遙知屬對忙”，可以參證。“老成”，指的是詩中所表現的精到的情和理的統一，以理化情，以情從理。杜甫詩說理的時候，帶着優美的抒情，抒情的時候，含有精至的從客觀事物、社會生活、歷史文化的觀察中提煉出來的哲理，耐人尋味。深觀物理是杜甫爲詩最着力的修養方法，“高懷見物理”（贈鄭十八賁》），“細推物理須行樂”（《曲江二首》），物理是客觀事物內部聯繫的規律，杜甫詩所以深刻老成，就在平時“細推物理”，從而能自創新詞。這“清新”與“老成”的提法，雖是論庾信的詩，實亦詩人自己進行創作的道路。

深觀物理，歷練人情(人與人之間、階級與階級之間的關係)，在好學深思。杜甫少時很好學，下過刻苦功夫，“羣書萬卷常暗誦”(《可歎》)，“讀書破萬卷”(《奉贈韋左丞丈》)。從杜詩的遣詞造句，運用歷史事實，觀察歷史事件，理解時事，對人對事的評論，都極有分量、分寸，——各方面看來，確是學識超邁，一時看不盡他的學問的邊際。前人說，杜詩無一字無來歷，正是歎服詩人學力的深厚。元稹《杜君墓系銘》說，“盡得古今之體勢，而兼人人之所獨專”，在總結前代和當代文學的優點而加以創造性的發揮這個角度上來說，元稹這段話是對杜甫詩最好的評語；唐宋以來的詩論，大都認爲是恰當的。①

建安而後，對於陶淵明、謝靈運的文學成就，杜甫是傾佩的，“焉得思如陶謝手，令渠述作與同遊”(《江上值水如海勢聊短述》)。然而，對於構成他們自己文學思想的社會生活，杜甫似乎很有意見，“優遊謝康樂，放浪陶彭澤，吾衰未自由，謝爾性所適”(《石櫃閣》)。謝靈運遨游山水，陶淵明悠然閒居，他雖有《詠二疏》、《詠三良》、《詠荆軻》的熱情內蘊之作，但他終想“黽勉辭世”，厭倦這個社會，想逃避這個社會。杜甫寫這首《石櫃閣》時，正流亡於劍南道上，經受着嚴酷的社會生活的考驗，他却毫不退却，熱愛這個社會，深入這個社會，無時不想分擔着社會的苦難，“窮年憂黎元，歎息腸內熱”(《自京赴奉先詠懷》)；“用心霜雪間，不必條蔓綠”(《寫懷二首》)。陶淵明有《責子》詩，杜甫覺得“陶潛避俗翁，未必能達道”，“有子賢與愚，何其掛懷抱！”(《遣興五首》)注家想開脫陶潛，把杜甫的意見，說成是“借陶集而翻其意，初非譏刺先賢也”，我看就“譏刺”一下又何妨呢。批判那個時代士族生活遠離現實社會的文學思想，在杜甫思想上是有必要的。其實杜甫也很關心自己的兩個兒子宗文、宗武，不過態度有所不同。杜甫受陶詩的影響顯然是很深的，在《贈蜀僧閭丘師兄》詩中，竟直接採用陶詩帶散文氣息的“而無車馬喧”句，並且他處也偶然喜用這個“而”字的用法。

愛憎鮮明，是杜甫詩歌中前無古人的卓越的思想情緒。愛的是什麼，憎的是什麼，貫澈在杜甫詩歌中成爲詩人的光芒四射的戰鬥力量。他大膽地揭露和反對當時統治階級黑暗和醜惡的一面，同情和維護被壓迫者社會的苦難的一面，在古典文學中永遠煥發着燦爛的光輝，照耀千古。

在中國古典文學史上杜詩所以冠絕古今，前面已提到，在於他的詩能密切聯繫着社會生活，聯繫着時代，聯繫着自己的思想感情，聯繫到一切。他把自己的整個生命都沉浸在詩的

---

① 《舊唐書》卷一九〇下《杜甫傳》說：“自後屬文，以稹論爲是。”唯宋晁說之《嵩山文集》卷十六《成州同谷縣杜工部祠堂記》說：“彼元微之譏諂小人也，身不知裴度、李宗閔之邪正，尚何有於李、杜之優劣也。”晁說之的話是一種偏見，不能駁倒元稹。

生活裏，“詩是吾家事”（《宗武生日》），“但覺高歌有鬼神，焉知餓死塡溝壑”（《醉時歌》）。他以一切入詩，用詩來寫一切，用他的語言說，他的詩作可以通“神”，“律中鬼神驚”（《贈鄭諫議》），“下筆如有神”（《贈韋左丞丈》），“詩成泣鬼神”（《寄李白》），“篇什若有神”（《贈海陽郡王瑼》）。我以爲這“神”的意義就是詩人從生活的最深處所體會到的藝術魅力，無往而不用詩的語言去思想，去觀察，去寫作。在這一點上杜甫壓倒了唐代詩人，壓倒了他以前和以後的古典詩人。

二

　　唐代是中國中古封建社會過渡到近古封建社會的一個轉折階段，盛唐又是唐三百年間社會發展的轉折階段，安史之亂，又是盛唐時期的一個轉折階段。杜甫正生當這個經歷着許多巨大歷史事件的時代。偉大的藝術作品是歷史的，不是偶然出現的，是在一定社會條件下產生的，與社會物質財富的生產者、人民勞動結果分不開的，因爲偉大的作品總是在一定的程度上依靠着人民，並且反映出人民的利益和願望。清代杜詩注解家認爲杜甫的成就，是由於“唐朝一代育才造士之功”。這種把一代偉大文學作品的產生，僅僅歸功於帝王的“育才造士”，是顚倒本末的看法。

　　從貞觀到開元、天寶的百三十年間，確乎呈現着秦漢以來封建社會經濟空前未有的繁榮。由於江河南北的統一，生產發展了，國內外商業交通興盛，又促進了生產的進一步發展；而最根本的一點，是唐初封建國家在社會財產（主要是土地的佔有關係和對勞動人口與勞動產品）的支配上，重新總結了秦漢以來對人民的力役之征、米粟之征、布帛之征的封建制度，一度集中表現於旣有其土地，又有其人民，又有其甲兵，又有其財賦的均田制、府兵制和租庸調法的三結合上。均田制限制了大土地佔有者的土地佔有，同時，比之北朝和隋的均田，擴大了授田的對象，因而重新建立了具有中古封建社會特點的耕戰或兵農合一（卽土地、人民、甲兵的結合）的府兵制。租庸調法的折納計算，在一定條件下使徭役勞動暫時得到比隋代爲輕的負擔。唐初，科擧制度抑制了南北朝遺留的舊士族地位，對寒素或中小地主開放了政權，①這是唐初政治上的一個大發展。而進士一科又特盛於貞觀、永徽，新興人材衆多，打破舊士族單憑門第在政治上的壟斷。這些都是造成初唐局面開展的主要因素。

　　如果從這百三十年間的整段歷史發展看，武德、貞觀是社會經濟上升的繁榮，是唐治之

---

　　① 《唐摭言》卷七載，“武德五年李義琛與弟義琰、從弟上德，三人同擧進士，義琛等……家索貧乏，與上德同居，事從姑，定省如親焉。隨計至潼關，遇大雪，逆旅不容，有咸陽商人見而憐之，延與同寢處，居數日，雪霽而去，琛等議鬻鹽以一醉酬之，商人竊知，不辭而去。義琛後宰咸陽，召商人與之抗禮。琛位至刑部侍郞，雍州長史，義琰相高宗皇帝，上德司門郞中。”這是唐初科擧爲寒素或中小地主開放政權的一個例證。

始，開元可說是下降的繁榮，是唐治之終。開元之盛是基於武德、貞觀的社會積累而來，雖說這百三十年間階級矛盾不斷在發展着，但還沒有釀成大規模農民戰爭的最高鬥爭形式，社會財富（物質的和精神的）的積累還是可以持續着。杜甫《憶昔》詩：“百餘年間未災變，叔孫禮樂蕭何律”，正是說的這層道理。安史之亂，社會生產遭到鉅大破壞，唐朝的黃金時代已一去不復返，杜甫在夔州衰年羈旅，而歎兵戈未靖，追想唐的全盛時代，寫道：“武德開元際，蒼生豈重攀！”（《有歎》）他正確地估計了這時期歷史發展的階段性。但他對於“貞觀之治”和“開元之治”的看法是有區別的，對唐太宗和玄宗個人的看法也是有區別的。安祿山攻陷長安之前，杜甫與高適、岑參、儲光羲遊，有《同諸公登慈恩寺塔》詩：“迴首叫虞舜，蒼梧雲正愁；惜哉瑤池飲，日晏崑崙丘。”以虞舜、蒼梧，比太宗、昭陵，以王母、瑤池，比楊貴妃、華清池，瑤池日晏謂玄宗方耽於淫樂而未已，詩意顯然有思古傷今之別，對太宗的懷念，對玄宗的指責。

作爲一個偉大的詩人，杜甫具有深厚的史學修養和高遠的史識。所以研究杜甫的詩，還須求杜甫於一個詩人之外，而後才能盡其詩所表現的現實主義的精神實質。

武德、貞觀、永徽、武后時代的歷史，對杜甫說來是“近代史”。他對於唐太宗君臣特別是太宗，和他對諸葛亮一樣，都給予很高的評價。前代歷史人物，除了文學家外，杜甫詩中很少論及，惟獨對於諸葛亮，他是第一個用詩的絕唱來歷史地給予很高評價的人。對於太宗，他更有親切之感。唐太宗這個歷史人物，在歷代帝王中乃至於在封建統治階級中，是值得我們今天研究的人，他個人在歷史上的地位，不僅影響唐代歷史，也影響了以後的封建社會歷史。杜甫的《行次昭陵》、《重經昭陵》、《送重表姪王砅評事使南海》、《奉送魏六丈佑少府之交廣》、《別張十三建封》諸作，都論到太宗，前二首更是一篇完整的評論，今先節錄《行次昭陵》詩來說：

　　　　舊俗疲庸主，羣雄問獨夫。讖歸龍鳳質，威定虎狼都。

雄厚的詩力，高度的藝術概括，豐富的歷史內容，卓越的史學見識，把隋唐之際的歷史先寫成這四句二十字。

隋朝統治者不能自拔於南北朝士族地主階級腐敗殘暴的剝削方式和剝削勢力，大量浪費人力物力，和煬帝這個荒淫昏亂而竊居大位的庸主獨夫，兩者湊合起來，首先爆發了王薄、孟讓等領導的農民起義。李淵、李世民父子的唐軍，是從農民戰爭中利用了時機起事的北方貴族官僚武裝集團之一，當初也不過是同王世充、竇建德等一樣的“羣雄”，而次第削平南北各地割據的羣雄，打下建立唐朝的基業，則以李世民領導之力爲多。趙翼《廿二史劄記》卷七《禪代》條說：“古來只有禪讓、征誅二局。……至曹魏則既欲移漢之天下，又不肯居篡弒之名，於是假禪讓爲攘奪。自此例一開，而晉、宋、齊、梁、北齊、後周、以及陳、隋皆傚之。”用“禪讓”

的美名，而行篡奪之實，取天下於孤兒寡婦之手，此端開之於曹操父子，就封建統治者看來是最痛恨的；就歷史發展看來，"禪讓"之局，實際並不曾解決當時的社會問題，只不過養癰成患罷了。"征誅"之局是"以有道伐無道"，在一定程度上可以解決一些社會問題，緩和階級矛盾。這是唐太宗父子所以不同於曹魏父子，而與漢高帝"以布衣提三尺劍取天下"，開創一個統一局面有相同之處。漢唐的統一對中國封建社會歷史的發展是起了推動作用的，杜甫用"風塵三尺劍，社稷一戎衣"（《重經昭陵》），來寫照唐太宗以"征誅"的局面扭轉了曹魏以來四百多年的"禪讓"騙局，因而解決了一些社會歷史的矛盾。照唐人看來，"太宗十八舉義兵"（白居易《七德舞》詩。按：《貞觀政要》及兩《唐書》本紀，都稱太宗十八歲舉兵），李唐的"帝業"實是太宗奠定的，杜甫詩："煌煌太宗業，樹立甚宏達。"（《北征》）

　　從曹魏假借"當塗高者，魏也"的讖言，實行代漢，而美其名曰"禪讓"，歷兩晉南北朝，至隋文帝亦假託讖言以爲"禪讓"張本而篡奪北周，又轉恐他人以圖讖之說而竊其所竊，於是大量焚燬緯讖圖錄，但圖讖直到中唐之世還在流行。《大唐創業起居注》卷一載：李淵"自以姓名著於圖錄"，對李世民說："隋曆將盡，吾家繼膺符命。"又載："隋主以李氏當王，又有桃李之歌，密應於圖讖。"可見圖讖在中古陰謀起事奪取政權的野心家中，乃是以一種類乎宗教的力量爲號召，至隋唐之際，在社會上還深入人心。兩《唐書·太宗本紀》都說，有書生相太宗，有"龍鳳之姿，天日之表"。杜甫詩"讖歸龍鳳質"，必是有本於唐初的《實錄》，杜甫引用讖言，不能說他便信讖，但他確是讀過唐初《實錄》的。《別張十三建封》詩："嘗讀唐《實錄》，國家草昧初，劉（文靜）、裴（寂）首建議，龍見尚躊躇。秦王撥亂姿，一劍總兵符。"其意一面在稱贊唐太宗的智勇英特有過人處。但唐初《實錄》雖亡，劉、裴建議起事，李淵當初躊躇不決，李世民堅決舉兵，這些事實還保存於《唐書》本紀及《大唐創業起居注》中，我們這裏解說這幾句詩，意在表明杜甫對於"近代史"是非常留心的，雖在流離，貧病交迫，藥裹書籤，亦未嘗廢學。他是一個能通今而後能博古的人，他的詩充分把握了歷史的眞實而加以藝術的深化和概括。

　　當李密、王世充相持於洛口時，李世民父子引兵從太原渡河直趨關中，入據長安，這一着是戰略上最大的成功。"威定虎狼都"這句，不僅頌美長安在中古軍事、政治、經濟上的重要地位，而且當時在突厥、吐蕃、回紇的威脅下，定都長安，還有"首都作要塞，天子守邊疆"的重大意義。隋唐時代，東西陸路交通頻繁，貿易及於蔥嶺以西諸國，商業上長安已成爲國際貿易的都市。這些氣勢雄健的詩筆，讀來不只使人增加對這座名都的嚮往，還可體察到詩人史識的深遠。

　　接着"威定虎狼都"，下面說："文物多師古，朝廷半老儒。"唐初，典章制度大抵因隋之舊，而隋唐制度，則是總結漢晉南北朝而來。"師古"，不是仿古，含有總結的意思。太宗卽位,不用封德彝專用刑法,獨運威權的建議,而採納魏徵"以德化爲本,偃武修文"的儒家思想的政治路線, 這是秦漢以來比較開明的封建統治的經驗總結, 果然在政治上收到了一定成效。政治上的兼容並包, 導致唐初經濟、文化的全面開展。大量吸收西域的音樂、舞蹈、雕塑、繪畫的藝術, 容納西域多種宗教以及宗教思想的輸入。秦漢以後隋以前的民族關係, 到唐初起了一個偉大的融合作用。唐太宗自己說:"自古皆貴中華, 賤夷狄, 朕獨愛之如一, 故其種落皆依朕如父母。"(《通鑑·唐紀》貞觀二十一年條)許多少數族和外國人在唐朝服官登用,通婚姻,如契苾何力,鐵勒人;阿史那社爾,突厥人;李謹行,靺鞨人。武后時的索元禮,胡人。玄宗時的論仁弓,吐蕃人;哥舒翰,突騎施人;李光弼,契丹人,等等。這些人在杜甫詩歌中都曾引入吟詠。

　　太宗手下的人材,亦多是陳、隋舊人,所謂文學館十八學士,如杜如晦,隋進士;房玄齡,隋羽騎校尉;褚亮,陳後主召試;姚思廉,陳吏部姚察之子;孔穎達,隋大業明經高第;虞世南,陳滅入隋,大業中爲祕書郎。他如王珪,亦隋臣;魏徵原依李密,又入李建成幕府,玄武門之變後,爲太宗所用。所謂凌煙閣二十四人及昭陵陪葬的十三宰相、六十四功臣中,亦很多是隋的舊臣,所以太宗說,"實我所讐",都"擢而用之"(《貞觀政要》卷二)。這些文武人材在唐初政治上都發生過作用,文臣中如虞世南,太宗曾說:"於我猶一體也,拾遺補闕,無日暫忘。"虞世南有"五絕",其"博學"、"詞藻"、"書翰",一直爲人稱頌不絕,他的《北堂書鈔》、《夫子廟堂碑》,至今猶流傳。杜甫在成都時,遇其玄孫,曾有《贈虞十五司馬》詩:"遠師虞祕監,今喜識玄孫";"淒涼憐筆勢,浩蕩問詞源。"詞源就是說他的"博學"和"詞藻"兩絕,在《醉歌行贈公安顏十少府》詩中,杜甫又有"詩家筆勢君不嫌,詞翰升堂爲君掃"之句,可見唐代士大夫是把這幾"絕"看做輔助當時政治修養的準則。

　　杜甫認爲唐初君臣的遇合,不是偶然的,《述古三首》中說:"古時君臣合,可以物理推。"君臣的結合如陰陽物理一般,自然成爲一體。君臣的遇合能否成爲一體,首先在於君,"赤驥頓長纓,非無萬里姿,悲鳴淚至地,爲問馭者誰"。君不僅要依靠臣,結成一體,而且臣下的集體智慧加於君主的領導的智慧,事情才得成功,"豈惟高祖聖,功自蕭(何)、曹(參)來"。君主還必須知人善任,善任首先在於知人,"舜舉十六相(八元、八愷),身尊道何高。秦時任商鞅,法令如牛毛"。杜甫用舜與商鞅來作譬喻,在說明主德的勞逸和治亂的關係。唐太宗嘗叮囑臣下,不要以察察爲明,見其小而遺其大,終日勤勤懇懇於瑣細的事務,不能提綱挈領,任賢選能,雖法令如牛毛亦難把事情辦好。"經綸中興業,何代無長才!"要在能不能知人善用。(以上所引詩句,均見《述古三首》)

　　由於唐初君臣一體,戮力同心,貞觀元年太宗即位,克服了連續三年的災荒,貞觀四年社會經濟就大踏步的發展,呈現出一片繁榮景象。《通鑑·唐紀》貞觀四年條:"元年,關中饑,米

斗直絹--匹；二年，天下蝗；三年，大水。上勤而撫之，民雖東西就食，未嘗嗟怨。是歲，天下
大稔，流散者咸歸鄉里，斗米不過三、四錢，終歲斷死刑纔二十九人。東至于海，南極五嶺，
皆外戶不閉，行旅不齎糧，取給於道路焉。"《通鑑》這段文字是概括《舊唐書》本紀、《貞觀政
要》、《魏徵傳》而來，很得要，把貞觀初年的一段歷史形象化了，這便是杜甫《行次昭陵》詩
中所指的：

　　　　往者災猶降，蒼生喘未蘇，指麾安率土，盪滌撫洪鑪。

顧炎武《日知錄》卷廿七《杜子美詩注》條，以爲這四句是指玄宗平武韋之禍，朱鶴齡和浦起龍
的注，則認爲指天寶之亂，都是錯誤的，他們大概疏忽了詩題是《行次昭陵》，將史事"張冠李
戴"了。說詩之難，雖博學、謹嚴如顧氏亦不免偶有所失。

　　《行次昭陵》詩中詩人接着又吟道："直詞寧戮辱，賢路不崎嶇。"這兩句包涵着豐富的歷
史意義和歷史內容。唐初所以能出現"貞觀之治"的原因，前面說過，根本是勞動人民的力量
創造的，這必須首先肯定。但從政治上說，唐初君臣的領導，客觀上符合於社會發展的要求，
也是不能否認的。"貞觀之治"的最大政治特點是太宗能納諫，臣下能直言，並且鼓勵直言，
或多或少地成爲李唐一代的政治風氣。杜甫詩："先朝（指太宗）納諫諍，直氣橫乾坤"（《別李
義》），"刺規多諫諍，端拱自光輝"（《送盧侍御護韋尚書靈櫬歸上都》），正是指的這種優良的
政治風氣。《唐陸宣公翰苑集》卷十三《奉天請數對羣臣兼許令論事狀》說：

　　　　以太宗有經緯天地之文，有底定禍亂之武，有躬行仁義之德，有理致太平之功，其爲休烈耿光，可
　　謂盛極矣。然而，人到於今稱詠，以爲道冠前古，澤被無窮者，則從諫改過爲其首焉。

陸贄是唐臣，這段話過於誇大唐太宗，當作別論。但唐人認爲太宗的求諫納言，是政治上成
功的原因，却是一致的。

　　這種求諫直言的政治風氣的形成，具有一定的社會根源，元人戈直編輯唐宋以來關於
《貞觀政要》的議論，在"求諫"、"納諫"、"直言"三項後說："隋煬帝失天下之道不一，而莫大於
拒諫；唐太宗得天下之道不一，而莫大於納諫。"這話很有道理。很明顯，煬帝拒諫的後果是
農民革命，太宗的納諫是煬帝拒諫的一個反應。貞觀六年，太宗因臣下上封事，對韋挺、杜正
倫等說：

　　　　龍逢、比干不免孥戮，爲君不易，爲臣極難。朕又聞，龍可擾而馴，然喉下有逆鱗，卿等遂不避觸
　　犯，各進封事。常能如此，朕豈慮宗社之傾敗。（《貞觀政要》卷二）

杜甫詩"直詞寧戮辱，賢路不崎嶇"，可說是確切地把握了太宗時代的政治精神和歷史實際。

　　在唐太宗鼓勵直言極諫的風氣中，魏徵是最突出的人物，而魏徵的進諫，主要是以隋所
以失天下的歷史敎訓爲例，《貞觀政要》中提到魏徵的地方有七十條，其中三十九條就涉及到
隋亡的事。《魏鄭公諫錄》所收亦不少。唐初，由於吸收隋所以失天下的歷史敎訓，於是把關

於諫諍的事制度化。唐制，中書、門下同三品官入內廷平章國事，必使諫官隨入，預聞政事，當時謂之"入閣"。凡詔勅皆經門下省，如認爲有不當之處，可以封還，謂之"封駁"。又可於勅書後用黃紙批之，謂之"批勅"。魏徵而後，唐宰相都以諫諍爲己職。李泌勸德宗說："臣衰老，位宰相，以諫而誅，分也"(《唐書》卷一三九《李泌傳》)。代宗立，召嚴武還朝，杜甫有《送嚴公入朝十韻》："公若登台輔，臨危莫愛身。"《暮秋遣興呈蘇渙侍御》詩："致君堯舜付公等，早據要路思捐軀。"穆宗時，李渤彈劾宰相蕭俛、段文昌不諫驪山之幸(《唐書》卷一一八《李渤傳》)。宋晁无咎《題明皇打毬圖》："宮殿千門白晝開，三郎沉醉打毬回，〔張〕九齡已老韓休死，明朝無復諫疏來。"可知唐世宰相以諫諍爲職。杜甫有"九重思諫諍，八極念懷柔"(《奉送王信州崟北歸》)，"幕府輟諫官，朝廷無此例"(《送樊二十三侍御赴漢中判官》)，足證唐朝對待諫諍無論在中央與地方，已成爲一項制度，諫官的地位是尊嚴的。便是武則天那樣的威權、忍刻，杜景佺(《舊唐書》作儉)諫季秋梨花開是陰陽不和，"布德施令有所虧紊"所致，非武后的"德被草木"，武后說："眞宰相！"(《唐書》卷一一六《杜景佺傳》)杜甫《贈秘書監江夏李公邕》詩："往者武后朝，引用多寵嬖；否臧太常議，面折二張勢，衰俗凜生風，排蕩秋旻霽。"按《唐書》卷二百二《李邕傳》說：邕拜左拾遺，(拾遺是諫官)宋璟劾張昌宗兄弟，武后不聽，邕大言曰："璟所陳，社稷大計，陛下當聽。"后色解，即可璟奏。杜甫作詩就是以這樣嚴肅的態度對待歷史的眞實性，注解家往往輕易放過。《廿二史劄記》卷十九列舉武后納諫知人的事，傳爲美談。爲什麽她能有這樣大的忍耐，居然便把朱敬則揭發她養薛懷義、張易之等爲"面首"的話，一笑置之而不加罪？看來，她正是爲太宗以來鼓勵求諫直言的政治空氣所約束。武后大改唐官名，而改門下省的長官侍中爲"納言"，其意可知。這種政治風氣，直到盛唐以後還可見到。杜甫詩："中興似國初，繼體明太宗，端拱納諫諍，和風日沖融"(《往在》)。"議堂猶集鳳，貞觀是元龜"(《夔府書懷四十韻》)。文宗讀《貞觀政要》，思魏徵賢，以其五世孫謩爲右拾遺，"謂宰相曰：太宗得徵參裨闕失，朕今得謩，又能極諫，朕不敢仰希貞觀，庶幾處無過之地"(《唐書》卷九七《魏謩傳》)。杜甫在長沙遇魏徵四世孫佑時，贈詩送行，有"磊落貞觀事，致君樸直詞；家聲蓋六合，行色何其微"(《奉送魏六丈佑少府之交廣》)。還把太宗君臣求諫直言的遺風餘韻認爲是貞觀致治的盛事。所以唐史稱永徽有貞觀風(見《張說傳》)，開元有貞觀風(見《姚崇傳》)，建中有貞觀風(見《李吉甫傳》)。

　　宋吳曾《能改齋漫錄》卷十一記："余家有唐顧陶大中(宣宗)丙子歲所編《唐詩類選》，載杜子美《遣夏》一詩云：亂離知又甚，消息苦難眞；受諫無今日，臨危憶故臣，紛紛乘白馬，攘攘著黃巾；隋氏營宮室，焚燒何太頻？世所傳杜集皆無此詩。"按《宋史・藝文志》著錄：顧陶《唐詩類選》二十卷。今本杜詩已收入此首，惟"故臣"作"古人"，"營"作"留"，皆不及《唐詩類選》所錄爲佳。此詩是聞吐番攻入長安而作，"故臣"，當指郭子儀。子儀數上言，吐番、党項不可忽，應爲之備，代宗狃於和好，不納，故詩云，“受諫無今日”。太宗懲隋大營宮室，勵行儉約，武后、玄宗乃大興土木；長安前陷於安祿山，今復爲吐番所攻入。所以說“隋氏營宮室，焚燒何太頻？”隋氏或喩武后、玄宗，或喩武后、玄宗大營宮室事，早已忘隋所以覆滅之戒。詩中說“受諫”，說“隋氏”，可見杜甫確是了解到“近代史”上太宗以來所强調的政治意義和歷史意義。

　　肅宗至德二年杜甫受左拾遺職。拾遺屬門下省爲諫官，《壯遊》詩：“備員竊補袞，憂憤心飛揚。上慮九廟焚，下憫萬民瘡。斯時伏青蒲，廷諍守御牀。君辱敢愛死，赫怒幸無傷。”《建都十二韻》：“牽裾幸不死，漏網辱殊恩。”他時時懷着憂國愛民的心，廷諍牽裾而諫，並沒有辜負他的職責，但亦“幸不死”、“幸無傷”，這是唐太宗諄諄叮嚀臣下諫諍須“不避觸犯”，敢於觸犯“逆鱗”，而諫者亦不致於死傷（刑）的政治傳統，因而使唐朝統治所以優於前代。杜甫除了上疏救房琯一事外，一定還有很多極陳時事的篇什，可惜未傳下來。《晚出左掖》詩：“避人焚諫草，騎馬欲雞棲。”拾遺原是內廷供奉，每當夕陽西下，雞快要棲息時，才出左掖門，杜甫想必有封事上奏，或者肅宗召見廷對，爲了保密，這些諫稿他都焚燬了。

　　雖然，杜甫在長安做左拾遺時，看來碰的釘子却也不少，《唐書·杜甫傳》的撰者把杜甫滿腔憂國愛民的政治熱情，說成是“好論天下大事，高而不切”，是完全錯誤的。杜甫想“致君堯舜上，再使風俗淳”（《奉贈韋左丞丈》）。前引《呈蘇渙侍御》詩：“致君堯舜付公等，早據要路思捐軀。”《貞觀政要》卷二《王珪》條：王珪答太宗說：“每以諫諍爲心，耻君不及堯舜，臣不如魏徵。”可知杜甫說的“致君堯舜”，就當時實際政治意義說，分明是指發揮貞觀君臣直言求諫的精神，“幾時高議排金門，各使蒼生有環堵”（《寄柏學士》）。但他終於失敗了，被宦官、權貴等所包圍的唐肅宗李亨，就個人而論，怎樣也比不上李世民。安史之亂，唐室的統治力量大大削弱，一個無權無勢的左拾遺，發生不了什麼大作用，杜甫時常懷着一種惶惑不安的心情，“明朝有封事，數問夜如何？”（《春宿左省》）又怕自己不能稱其職守，“腐儒衰晚謬通籍，退食遲回違寸心。衰職曾無一字補，許身愧比雙南金”（《題省中壁》）。既不能自甘於尸位素餐，又不能積極有所建樹，去留兩難，無聊時只得以酒自遣，“縱酒久判人共棄，懶朝眞與世相違。吏情更覺滄州遠，老大徒傷未拂衣！”（《曲江對酒》）杜甫做諫官的情緒雖時有起伏，但在忠君愛國這點上，他始終是積極的，無論如何還是不能緘默，“雖乏諫諍姿，恐君有遺失”（《自京赴奉先縣詠懷五百字》），無奈“遺失”的事旣多，諫諍的作用就更小了。《折檻行》正是譏刺當時求諫直言的風氣久已不如太宗時代，“嗚呼！房（玄齡）、魏（徵）不復見，秦王學士時難羨”。“千載少似朱雲人，至今折檻空嶙峋。婁公（師德）不語宋公（璟）語，尚憶先皇（玄宗）容直臣”。在杜甫看來，眞是一代不如一代了。

　　唐太宗倡導的求諫納言的政治風氣，是中古封建政治的一代特色，綿延一二百年而不絕,從杜甫詩歌中反映了出來。

三

對杜甫說來,武德、貞觀是"近代史",那末,開元、天寶、(玄宗)至德、乾元、上元、寶應、(肅宗)廣德、永泰、大曆(代宗)的五十多年間,便是"現代史"了。詩人對於"現代史"身經目擊,更是熟悉,"五十年間易反掌,風塵澒洞昏王室"(《觀公孫大娘弟子舞劍器行》)。"歷歷開元事,分明在眼前"(《歷歷》)。史家記事,只載得一時事跡,而杜詩之妙,則在史筆所不到處。安史亂前後所不詳的史事,往往在杜詩中可以獲得許多消息。

從高宗武后時起,唐朝內部矛盾逐漸加深,官僚、地主、豪商對土地的兼幷,大爲猖獗,統治者的驕奢淫佚,已失去唐初太宗時上下所號召的儉約之風。《唐書》卷一九七《賈敦頤傳》:"永徽中遷洛州,洛多豪右,佔田類踰制,(此句,《舊唐書》本傳作"籍外佔田")敦頤舉沒者三千餘頃,以賦貧民。"無論"佔田踰制",或"籍外佔田",都是官僚、地主對均田制的破壞。武后生女太平公主的"田園遍近甸,皆上腴";及李隆基殺太平公主,"簿其田貲,瓌寶若山,督子貸(子錢和高利貸)凡三年不能盡"(《唐書》卷八三《太平公主傳》);狄仁傑因武后將造大佛像,奏言當時僧尼寺院,"膏腴美業,倍取其多;水碾莊園,數亦非少;逃丁避罪,幷集法門,無名之僧,凡有幾萬,都下檢括,已得數千"(《舊唐書》卷八三《狄仁傑傳》);都是很突出的例子。

不僅官僚、地主、寺院佔有廣大的土地,大小封君的封地,武后時亦大大擴張。唐初,功臣權貴食封不過二三十家,武后、中宗時,食封的多至一百四十餘家。唐初多虛封,公主實封不過三百戶,高宗武后時,"戶始踰制"(《唐書》卷八十二《十一宗諸子列傳》)。武后女太平公主實封至一萬戶。實封的意思是連封地上的"封戶"、"封口"以及租庸調都封在內。關中京畿以內是不封的,京畿以外的土地,高宗武后以後,亦多成了實封之地。唐封建國家直接掌握的土地當然就少了,租庸調的收入和府兵的人數當亦隨之減少。同時,唐政府的官僚機構不斷擴張,文武高等官僚不斷增加,貞觀六年內外文武官僅六百四十二員,武后時便激增至一萬三千四百六十五員,幾乎比貞觀多二十一倍,造成官僚集團的激烈內訌。[①]柳宗元《送

---

① 《通典·職官典一》:"貞觀六年,六省內官,凡文武定員六百四十有二而已。"《舊唐書》卷一七七《曹確傳》:"確執奏曰,臣覽貞觀故事,太宗初定官品,令文武共六百四十三員,顧謂房玄齡曰,朕設此官員,以待賢士。"四十"二"或四十"三",當爲傳寫之誤。這個數字,《唐書》卷四六《百官志》又作:"初,太宗省內外官,定制爲七百三十員,曰,吾以此待天下賢材足矣。"這裏的"七百三十",據《通典》及《曹確傳》,疑爲"六百四十"之誤。這些數字的小差別,不是重要的,重要的是這個數字說明了唐太宗初年,勵行精簡中央文武官員,定員定額,正符合《貞觀政要》中所經常強調的懲於隋亡兩大歷史敎訓而提出的"儉約"和"求諫納言"的要求。"儉約"是指輕徭薄賦,停止大興土木,幷官省職等,所以太宗說:"朕設此官,以待賢士","吾以此待天下賢材",意思是說,留給後來以選舉任能的良好發展餘地。但到高宗武后當國時,却成爲惡性發展的條件。《通典·選舉典五》載:"顯慶初,黃門侍郎劉祥道以選舉漸紊,陳奏:其一曰,吏部比來取人,傷多且濫。……其二曰,……官員有數,入流無限,以有數供無限,人隨歲

澥序》說：“人咸言，吾宗宜碩大有積德焉，在高宗時，並居尚書省二十二人，遭諸武，以故衰耗。武氏敗，猶不能興。”（《柳河東集》卷二十四）唐代的朋黨之爭，實始於武后而大盛於李宗閔、牛僧孺之時。大量的國家編戶人口逃亡於大土地佔有者方面爲附戶、客戶、蔭庇戶，武則天曾設置十道使括天下亡戶，可見當時浮逃戶口之多，已經成了唐政府的嚴重課題。封建國家的徭賦，不能不集中於政府編戶內的勞動人民擔負。浮逃亦是階級鬥爭的隱蔽形式，都必然加深了階級鬥爭的基本矛盾。

　　唐玄宗的“開元之治”，並不是如現在對武則天這個歷史人物有興趣的同志所說，是繼承武則天的政治基礎而發展起來的，恰恰相反，“開元之治”是暫時制止了武則天時代的政治社會惡性發展而出現的。玄宗誅武、韋之黨，取得政權，整頓吏治，訂正租庸調法，健全戶籍制度，調整府兵，從大土地佔有者手中檢括得一部分戶口、土地入於封建國家的中央政權，如開元八年宇文融等二十九人，分按諸州道縣，收得戶八十餘萬，田亦稱是。到開元十三年前後，正是杜甫《憶昔》詩所描寫的：

　　　　憶昔開元全盛日，小邑猶藏萬家室。稻米流脂粟米白，公私倉廩俱豐實。九州道路無豺狼，遠行不勞吉日出。齊紈魯縞車班班，男耕女織不相失。宮中聖人奏雲門，天下朋友皆膠漆。

這不是詩人誇張的陳述，杜詩注家對這段詩句所反映的史實多略而不詳，今試將《通典·食貨七》所載，來與《憶昔》詩對看一下：

　　　　（開元十三年）米斗至十三文，青、齊穀斗至五文。自後天下無貴物。兩京斗米不至二十文，麵三十二文，絹一疋二百十文。東至宋汴，西至岐州，夾路列店肆待客，酒饌豐溢。每店皆有驢賃客，倏忽數十里，謂之驛驢。南詣荊、襄，北至太原、范陽，西至蜀川、涼府，皆有肆店以供商旅，遠適數千里，不持兵刃。

正如貞觀四年以後的一段時期，“米斗不過三四錢”，（《通鑑·唐紀九》）“東薄海，南踰嶺，戶扃不閉，行旅不齎糧，取給於道”（《唐書》卷九七《魏徵傳》）的情形。開元十三年前後的全盛期，杜甫正十四歲，親身經歷過。

　　但這個局面是暫時的，也是封建統治階級內部矛盾發展所決定的，大土地佔有者的土地兼并依舊猖獗起來，天寶十三載詔：“如聞王公百官及富豪之家，比置莊田，恣行吞并，莫懼章

積，豈得不膫？……今內外文武官一品以下，九品以上，一萬三千四百六十五員，略舉大數，當一萬四千人。”這個數字，說明高宗武后時，官僚機構和官員的惡性膨脹。所以杜佑在上舉《通典·職官典一》說：“至於武太后，或再易庶官，或從宜創號，或參用古典。天授二年，凡舉人無賢不肖，咸加擢拜，大置試官以處之，試官蓋起於此也。於時，擢人非次，刑網方密，驟歷榮貴，而敗輪繼軌。”這樣，怎麼不造成龐大官僚地主集團的激烈內部矛盾（“敗輪繼軌”）？我認爲研究唐代朋黨之爭，應當推原於武后時代。如果說，武后時官僚統治集團的惡性增加，乃有利於唐帝國的發展，反而是合理的，那末，這個時期大土地佔有者的開始猖獗（“佔田踰制”），流民大批逃亡，是不是合理呢？顯然不是的，恐怕只有利於武周代唐的意圖。如果從歷史發展規律說，這些社會矛盾，也是統治階級內部矛盾發展所決定的。

程。"(《册府元龜》卷四九五《邦計部》)不僅官僚、地主、豪家恣行兼幷，宦官的勢力，亦滿佈於京、洛，成爲大土地佔有者，《唐書》卷二〇七《宦者傳序》說，開元、天寶中，"甲舍名園、上腴之田，爲中人所名者，半京畿矣"。李林甫、楊國忠一班人當權，操縱國柄，楊貴妃和楊氏諸姨把個唐明皇攪得愈加老朽昏庸，許多正派的人退出了政治舞台，張九齡、李邕都被李林甫排斥或謀害，這時杜甫有《九日寄岑參》詩說："大明韜日月，曠野號禽獸。君子强逶迤，小人困馳驟。"《八哀詩》中的《贈祕書監江夏李公邕》及《故右僕射相國張公九齡》二首，沉痛地以二人之被李林甫所讒害，憂傷以寄興。他如李適之、楊愼矜、張暄等數百人，或緣坐或相繼被誅。諫官持祿保位，噤若寒蟬，唐初以來，求諫直言的風氣全被抑制了。補闕（諫官）杜璡上書，被李林甫斥爲下邽令，對人說：你們不見儀仗隊的立馬麼？成天無聲地站立着，而飽食三品官待遇的飼養豆；要是一嘶叫，便撤退下去，雖欲不再叫，亦不可得了。"由是諫爭路絕"（《唐書》卷二二三上《李林甫傳》）。

杜甫對於"貞觀之治"和"開元之治"的認識，如前擧《同諸公登慈恩寺塔》詩中之意，是大有區別的，特別對於玄宗的開邊黷武，寵倖諸楊，荒嬉無度，昵小人，遠賢者，疏絕言路這些方面，在杜詩中有時婉轉流露，有時痛心疾首，有時大聲揭發。

杜甫與元結都是曾經遭李林甫陰謀排斥的人，天寶六載詔："徵天下士人有一藝者，皆詣京師就選。"李林甫忌刻文士，下付尙書省試，皆使落選，杜甫、元結亦在落選之列，並奏言"布衣之士無有第者"，"遂表賀人主，以爲野無遺賢"（《元次山集》卷四《諭友》）。杜甫《奉贈鮮于京兆二十韻》有："且隨諸彥集，方覬薄才伸。破膽遭前政，陰謀獨秉鈞。"這時李林甫已罷相，楊國忠當國，以鮮于仲通爲京兆尹，故詩云"前政"。這些詩句的意思，與《贈比部蕭郎中十兄》詩："漂蕩雲天闊，沈埋日月奔。致君時已晚，懷古意空存。"及《奉贈韋左丞丈》："致君堯舜上，再使風俗淳。此意竟蕭條，行歌非隱淪。"《天育驃騎圖歌》："如今豈無騕褭與驊騮，時無王良伯樂死卽休。"《自京赴奉先縣詠懷》："竊比稷與契，居然成濩落。"都是寫身受李林甫所排斥後的心情。

從天寶五載到十四載安史之亂的十年間，亦卽杜甫三十五歲到四十歲的壯年時期，在長安不曾得一官半職。天寶十四載，從奉先回長安時，曾被任爲河西（在雲南）縣尉，不拜，旋改爲右衞率府兵曹參軍的閒職，有"不作河西尉，凄涼爲折腰；老夫怕趨走，率府且逍遙"（《官定後戲贈》）。這十年間杜甫在長安由於家世的關係，倒有不少的新交舊識，但生活却是很困苦的。《進鵰賦表》說："臣衣不蓋體，常寄食於人。"《獻三大禮賦表》："賣藥都市，寄食朋友。"《進封西岳賦表》："臣本杜陵諸生，年過四十，經術淺陋，進無補於時，退嘗困於衣食，蓋長安一匹夫耳"，"況臣常有肺氣之疾"。在《奉贈韋左丞文》、《寫懷》諸詩中，就用這樣憤怒的詩句表達出來："朝叩富兒門，暮隨肥馬塵。殘羹與冷炙，到處潛悲辛。""紈袴不餓死，儒冠多誤身。""無貴賤不悲,無富貧亦樂。"這些詩不僅是杜甫在這個時期生活的寫照,也是對社會矛盾的尖銳揭露。這些年月,他過着"日糴太倉五升米,時與鄭老同襟期"的生活,鄭老卽鄭虔,藝術上極有成就的人,他的詩、書、畫,當時稱爲"三絕",杜甫的《醉時歌》、《自京赴奉先縣詠懷》諸作,正是代表當時一些有成就的藝術家、文學家在腐敗政治壓迫下沒有出路的悲慘處境,"甲第紛紛厭粱肉,廣文先生飯不足"(《醉時歌》)。"但看古來盛名下,終日坎壈纏其身"(《丹青引》)。《投簡咸華兩縣諸子》、《曲江三章》是這個時期杜甫對生活壓迫的抗議,"比屋豪華固難數,吾人甘作心似灰,弟姪何傷淚如雨"。

開元、天寶之際,杜甫在長安眼見權門貴戚的豪奢腐朽的生活,官僚的趨炎附勢,"翻手作雲覆手雨,紛紛輕薄何須數"(《貧交》);邪正不分,讒人高張,賢士無名,"攀龍附鳳勢莫當,天下盡化爲侯王"(《洗兵馬》);"自古聖賢多薄命,姦雄惡少皆封侯"。"五陵豪貴反顚倒,鄉里小兒狐白裘"(《錦樹行》);"鄉里兒童項領成,朝廷故舊禮數絕"(《投簡咸華兩縣諸子》)。可知這時期由社會矛盾引起的社會各階層的變化是劇烈的,許多舊家沒落了,許多新貴起來了。杜甫的家庭原是士族,開元、天寶之際,規定五種人免課役,其中:一、品官親屬,二、士人及節孝,三、持有告身(做官的身份證)的人。杜甫十三世祖預爲晉當陽侯;祖父審言,做過員外郎,唐初有名詩人;父閑,做過縣令,母親清河崔融女。所以他自己說:"生常免租稅,名不隸征伐。"(《自京赴奉先縣詠懷》)但"甫少貧不自振"(《唐書》本傳),二十四歲時曾舉進士,不第,說明他的家庭經濟地位完全沒落了,階級鬥爭的浪潮已經沖擊到杜甫少年時代的身邊。開元、天寶社會經濟的表面繁榮,掩不住廣大人民生活痛苦的事實,掩不住愈來愈尖銳的社會矛盾。杜甫詩歌的現實主義的社會根源,就是從當時不斷的社會矛盾中、現實生活中培養起來的。

杜甫有深厚的儒家思想,《進鵰賦表》自言:"奉儒守官,未墜素業。"杜甫亦受到佛家影響,如《謁文公上方》詩,"願聞第一義,迴向心地初",但他並未爲佛家思想所束縛。他的社會地位雖屬士族,他的經濟地位却是被壓迫者的地位,故能同情勞動人民。這些情況,不僅反映了杜甫思想的矛盾,也反映了當時上層統治階級與中、下層階級的社會矛盾。那些"鄉里小兒"、"姦雄惡少",正是從武后以來社會階層起着劇烈變化中出現的新官僚、地主、豪強。《封氏聞見記》卷五《第宅》條所記,豪門新貴的窮奢極侈和轉眼成敗的情形,可與杜甫詩參證:

　　　　太宗朝,天下承隋氏喪亂之後,人尚儉素。太子太師魏徵,當朝重臣也,所居室宇卑陋,太宗欲爲營第,輒謙讓不受。……則天以後,王侯妃主京城宅第,日加崇麗。至天寶中御史大夫王鉷有罪賜死,縣官簿錄太平坊宅,數日不能遍。……又有寶鈿井欄,不知其價,他物稱是。安祿山初承寵遇,勅營甲第,瓌材之美,爲京城第一。太眞妃諸姊妹宅第,競爲壯麗,曾不十年,皆相次覆滅。

代表杜甫律詩最高發展的《秋興八首》中的"聞道長安似弈棋,百年世事不勝悲,王侯第宅皆新主,文武衣冠異昔時",正是訴說武后以來統治階級內部矛盾此起彼伏,無數田宅沒官易主,炙手可熱的權門貴戚如楊國忠、楊氏諸姨以及安史亂時朝野新舊各階層的鉅變。

　　在長安十多年的窮愁生活中,詩人留下許多記錄當時社會生活的名篇傑製,如《麗人行》、《城西陂泛舟》、《樂遊原》諸作。《麗人行》雖指名諷刺楊國忠和楊氏諸姨,暴露權貴們的荒嬉無厭,其中一段卻是一幅盛唐時代優美生動的婦女審美和裝飾的風俗畫:

　　　　三月三日天氣新,長安水邊多麗人,態濃意遠淑且眞,肌理細膩骨肉勻。繡羅衣裳照暮春,蹙金孔雀銀麒麟。頭上何所有?翠微㔩葉垂鬢脣。背後何所見?珠壓腰衱穩稱身。

這段描寫和晚近出土的盛唐陶俑、敦煌壁畫特別是于闐國王第三女天公主李氏供養像,以及宋徽宗摹張萱搗練圖,斯坦因在喀喇和卓附近阿斯塔納墓中所獲(盜刼)開元二年絹本桃花樹下仕女遊春圖等,互相參證,更可明瞭《麗人行》的高超的現實主義創作方法,詩人是怎樣忠實於他的藝術。

　　杜甫對生活是嚴肅的,而他的態度卻非常婉約多姿,諷刺中有正面的描寫,愁苦中常保持樂觀的抒情,"今夜鄜州月,閨中只獨看",深切的離懷別苦,卻抒發着"香霧雲鬟濕,清輝玉臂寒"那麼精麗絕倫的情思。在任何情況下,他都是奮發的,絕不退却,"留滯才難盡,艱危氣益增"(《泊岳陽城下》)。讀他的詩,始終令人感受到一種"浩歌彌激烈"(《自京赴奉先縣詠懷》)的磅礴深厚的飽滿情緒。

　　《樂遊園(原)》與《麗人行》都是天寶十載後應試屢被擯斥困居長安時寫作的,《麗人行》借仕女祓禊嬉遊,譏刺官僚貴族。《樂遊園》則是寫江山之美,譏刺玄宗的荒淫。"樂遊古園崒森爽,煙綿碧草萋萋長,公子華筵勢最高,秦川對酒平如掌。"樂遊原本是漢代的古名,唐長安城中最高的丘陵地,四望寬敞,曲江附近風物和秦川(樊川)的水流,在原上遠眺,歷歷在目,好一幅祖國河山的自然景色。曲江之南有紫雲樓、芙蓉園,西接杏園、慈恩寺,每正月晦日、三月三日、九月九日,長安士女多來此登高祓禊。這些詩句都是反映當時社會生活的正面描寫,與《長安志》、《松窗雜記》諸書所記相一致。但詩人的筆鋒卻指向着唐明皇:"青春波浪芙蓉園,白日雷霆夾城仗。"不是皇帝的儀仗才有白日雷霆的威風來芙蓉園和權貴們一起尋歡逐樂應?開元二十年,自大明宮沿長安城東城牆築夾城(又稱複道),經興慶宮,再經春明門、延興門,至長安城東南角的曲江、芙蓉園。從夾城中往來,外人是不知道的。開元二十六年,又擴建花蕚樓,築夾城至芙蓉園(苑),潛通興慶宮、大明宮。這些夾城遺跡,解放後,經考古學工作者的系統發掘,可以證明杜詩的描寫和指責是完全有歷史根據的。舊本有以夾城作"甲"城的,顯然是傳寫訛誤。《秋興》詩有:"花蕚夾城通御氣,芙蓉小苑入邊愁",這"入邊愁"三字,更直截指出安史之亂的導火線是唐明皇寵倖諸楊所致,和《哀江頭》的"昭陽殿裏第

一人”，“血污遊魂歸不得”，《北征》詩中的“不聞夏殷衰，中自誅褒妲”，都是針對寵倖諸楊而
發。及安祿山陷長安，關中饑荒，杜甫竄身空谷，避地奔走，痛定思痛，寫道：“神堯（指唐高
祖）舊天下，會見出腥臊。”（《避地》）及入蜀，往來於梓州涪江、閬州嘉陵江，“故國平居有所思”
的時候，又寫道：“四海十年不解兵，犬戎也復臨咸京。”“江邊老翁錯料事，眼暗不見風塵清。”
（《釋悶》）從天寶十四載安祿山始亂，到廣德元年十月，吐番陷長安，代宗奔陝，這十年間杜甫
詩中所表現的愛國情緒是：“事前則出以憂危，遇事則出以規諷，事後則出以哀傷。”（浦起龍
《讀杜心解·提綱》語）事後哀傷，是封建社會士大夫受階級限制軟弱無力的通性。“酒闌卻
憶十年事，腸斷驪山清路塵”（《九日》），回想天寶十四載，詩人自己自京赴奉先，路經驪山，
玄宗正與諸楊打得火熱，經常行幸華清宮，這些年月可算是玄宗朝治之終、亂之始的時機。
詩人今日客居涪江邊上，屈指路經驪山時已十年了，由今日追尋過去，能不傷心於亂始之時！

　　《開元天寶遺事》載：“長安貴家子弟，每至春時，遊宴供帳於園圃中，隨行載以油幕。”又
說：“都人士女每正月半後，便各跨馬乘車，設帳園圃，或於野中作探春之宴。”又說：楊國忠一
門“每春遊之際，以大車結綵帛爲樓，載女樂數十人，自私第前引聲樂，出遊園苑之中。”《樂遊
園》詩的“閶闔晴開㳟蕩蕩，曲江翠幕排銀牓；拂水低徊舞袖翻，緣雲清切歌聲上”，正是反映
的這種情景。《樂遊園》概括地描寫了山川風物，一般社會的娛樂，權門豪貴的驕奢，帝王的
縱慾，最後歸結於詩人自己的思想感情，在偶然參預這類高官顯貴的歌筵舞樂中，詩人卻始
終與他們和而不同，“獨立蒼茫自詠詩！”

<h2 style="text-align:center">四</h2>

　　在長安十多年間，杜甫詩歌的最大威力是盡情暴露統治者的腐化生活，大膽地揭發內部
矛盾，“朱門任傾奪，赤族迭羅殃”（《壯遊》）；“鬥雞猶賜錦，舞馬解登牀；簾下宮人出，樓前御
曲長”（《鬥雞》）；“國馬竭粟豆，官雞輸稻粱”（《壯遊》）。天子不理政事，却成天與宮人一起行
歌度曲，鬥雞舞馬。這錦疋、粟豆、稻粱，從何而來？人民還莫得吃的，却須輸將去作飼料，如
何不造成深刻的社會矛盾。這鬥雞舞馬，行歌度曲的事，都見於《東城老父傳》、《明皇雜錄》、
《開天傳信錄》諸書，可以參證，不是詩人隨意虛構的。詩人不過指出，由玄宗的荒嬉而釀成
的加速政治衰敗的原因。

　　《自京赴奉先縣詠懷》中有這樣幾段深刻的詩史：

　　　　君臣留歡娛，樂動殷膠葛。賜浴皆長纓，與宴非短褐。彤庭所分帛，本自寒女出，鞭撻其夫家，聚
　　斂貢城闕。

　　　　況聞內金盤，盡在衛霍室。中堂舞神仙，煙霧散玉質。煖客貂鼠裘，悲管逐清瑟。勸客駝蹄羹，霜
　　橙壓香橘。朱門酒肉臭，路有凍死骨。榮枯咫尺異，惆悵難再述。

杜甫控訴着：一邊是君臣們忘形地尋歡取樂，歌舞昇平，賞賜無度，緩帶輕裘，美酒粱肉。一邊是被剝削被壓迫者無可告訴的苦難。達官顯貴的快樂生活，完全建築在別人的痛苦和死亡上。這是何等鮮明的一個階級矛盾的對比！如果把"彤庭所分帛，本自寒女出"以下幾句，與《兵車行》、"三吏"、"三別"以及其他詩篇中所記關於當時征戍役、租庸調法和土地關係的情形聯繫起來，加以論述，更見得杜甫詩中所反映的歷史意義是異常豐富的。

隋末喪亂，私鑄錢盛行，武德四年始鑄開元通寶，盜鑄私錢者論死。開元中鑄錢僅七十餘鑪。錢既由政府專鑄，則錢少，而"農人所有惟布帛，用布帛處多，用錢處少"（《唐書·食貨志二》）。但"關中蠶桑少"（同上，《食貨志一》），所以租調絹帛多由東南轉運至關中。安史亂時，肅宗退守靈武，還依賴江淮和淮湖的租調，不斷從漢水北上支援靈武，杜甫詩，"任轉江淮粟，休添苑囿兵"（《復愁》），"二京陷未收，四極我得制；蕭索漢水清，緬通淮湖稅"（《送樊二十三侍御赴漢中判官》）。說明唐的租庸調法當安史亂時，南方的租調還能繼續實行，而關中的兵役制度則已被破壞了，"苑囿兵"絕不是番上的府兵，而是肅宗以宦官魚朝恩掌領屯於苑中的神策軍所謂禁軍，這是後來宦官專擅兵權、脅制天子、誅戮大臣的一個開端，杜甫的深識遠慮，在唐室內部統治力量的衰弱上，看得異常中肯。

《通鑑》記安史前後九年的亂事，最有聲色，徵引詳贍。當時關、洛路阻，汴水堙廢，江淮租調與淮湖租調的漕運，都泝江入漢而上至洋川、漢中，或聚積江陵，然後上供靈武，唐軍所以能繼續作戰，主要賴江淮、淮湖的租調供應。但《通鑑》在天寶十四載至廣德二年間，提到江淮租調前後有十次之多，卻一字不載淮湖租調的北上供應，杜甫詩"蕭索漢水清，緬通淮湖稅"，可以補《通鑑》之缺。《唐書》卷一四九《劉晏傳》："京師三輔苦稅入之重，淮湖粟至，可減徭賦半。"可見淮湖租調當時是唐政府的一個稅收區域。又可見杜詩不僅是"文雅涉《風》《騷》"（《題柏大兄弟山居屋壁》），前人所謂字字有來歷，而且亦常用當代語入詩，此其一例。可惜《通鑑》寫安史之亂竟不採錄杜詩一句，並杜甫之名亦不見於記載，雖與其體例有關，不可謂非司馬光、范祖禹諸人史學眼光的狹隘之處。又如，《通鑑》代宗廣德元年條："酒酣〔僕固〕懷恩起舞，〔駱〕奉先贈以纏頭綵。"胡三省注："唐人宴集，酒酣為人舞，當此禮者以綵物為贈，謂之纏頭。倡伎當筵舞者，亦有纏頭喝賜，杜甫詩所謂'舞罷錦纏頭'者也。"可見引詩證史，以史明詩，在史學上是一個值得注意的方法。按："舞罷錦纏頭"，見杜甫《即事》詩。又《春日戲題惱郝使君兄》中，有"願攜王趙兩紅顏，再劈肌膚如素練"；"舞處重看花滿面，（唐代女子常於額上鬢邊貼五色花子，汗顏可洗去再貼）尊前還有錦纏頭"，可補胡三省之說。

唐政府掌握的庸調絹帛，除用於對外貿易、賞賜和軍用外，百官的公服都由政府頒給，上引"彤庭所分帛，本自寒女出"的意義在此。所以租庸調法中庸調絹帛的徵收數量最大。①但自武后以來，積漸至開元之末，畿內受田多成空文，而人民却依舊要負擔征役和租調，安史之亂前後，愈來愈重，杜甫《兵車行》："且如今年冬，未休關西卒，縣官(政府)急索租，租稅從何出?"《兵車行》作於天寶十一載，詩人在長安目擊的情景。大曆三年，杜甫去蜀入湖南，舟近長沙時，所見亦同，《宿花石戍》詩："誰能叩君門，下令減征賦。"《歲晏行》有："高馬達官厭酒肉，此輩(當地人民)杼柚茅茨空。""況聞處處鬻男女，割慈忍愛還租庸。往日用錢捉私鑄，今許鉛鐵和青銅。刻泥爲之最易得，好惡不合長相蒙。"這些詩句都指出當時各地勞動人民對庸調的擔負是很重的，原來租庸調法的規定，到大曆年間已在全國範圍內被破壞了。《唐書》卷一四五《楊炎傳》說：至德後，"科斂凡數百名，廢者不削，重者不去，新舊仍積，不知其涯，百姓竭膏血，鬻親愛，旬輸月送，無有休息。"杜甫詩正反映了這時候的實情。而且，唐初禁鑄私錢，"用布帛處多，用錢處少"的局面，這時已大有變動，私鑄錢流行，居然"刻泥爲之"，自製錢範，當然造成社會通貨膨漲，生產低落，實物愈少，至此，租庸調法中所包涵的實物地租的意義，不能不有所轉變，而待兩稅法的成立了。

　　府兵在開元十年已明令由番上變而爲召募，《通鑑》開元十年條說："兵農之分，從此始矣。"這是說，唐中央政府所在的關中的府兵正式脫離了封建國家土地(農)的關係，已不爲國家番上服役，而成爲召募制。但在地方封建主的統治下，番上制依然有存在的，番上制的存在，表明地方的府兵(封建主的近衞兵)與土地(農)的關係依然存在。就全國範圍說，府兵脫離土地的關係，當時各地的實際情況是有所不同的，因而發展也是不平衡的，在杜甫詩歌中透露了這點爲史籍所不詳的事實。《宿花石戍》詩："山東殘逆氣(指河北諸鎭)，吳楚守王度"，《奉送王信州崟北歸》："壤歌惟海甸(東吳)，畫角自山樓"，表明有戰爭的地方，舊制度首先容易被打亂，是造成舊制度施行情況各地有不同的一種原因。

　　代宗寶應元年，嚴武爲東西兩川節度使時，杜甫居成都草堂，作《遭田父泥飲美嚴中丞》，詩中有這樣一段珍貴史料：

　　　　步屧隨春風，村村自花柳。田翁逼社日，邀我嘗春酒。酒酣誇新尹，畜眼未見有。迴首指大男，渠是弓弩手。名在飛騎籍，長番歲時久。前日放營農，辛苦救衰朽。差科死則已，誓不擧家走。

杜甫以所見成都近郊農民的語氣來稱美嚴武的政事，給我們留下了當時當地兵農關係猶未分離的實情。唐制，京師宿衞有羽林飛騎、屯營飛騎，亦習弓弩，據《唐會要》卷七二《京城諸軍羽林軍》條，引天寶五載勅，知當時長安中央政府的飛騎，已取之於召募，而不由番上。按肅宗至德二載，以成都爲南京，故亦如京兆置少尹，其兵制得如中央置羽林飛騎。在兩川節

----

① 《唐書·食貨志一》天寶三載，天下歲入之物，租錢三百餘萬緡，粟千九百八十餘萬斛，庸調絹七百四十萬疋，綿百八十餘萬屯，布千三百三十五萬端。

度使的統領下，這羽林飛騎還是按照番上制服役的（"長番歲時久"），而且亦由農民擔負，①（"前日放營農"）可見安史亂時，兩川節度使統治下的宿衞兵還與土地（農）相結合，但却要擔負繁重的差科雜徭，已非唐初府衞得免租庸調的本制。安史亂以來，唐中央政府的費用，除江淮、淮湖的租調外，主要依靠兩川的供應，廣德元年杜甫撰《爲閬州王使君進論巴、蜀安危表》說：

> 河南河北，貢賦未入，江淮轉輸，異於曩時。惟獨劍南，自用兵以來，稅斂則殷，部領不絕，瓊林諸庫　仰給最多。

這時嚴武被召入朝，徐知道又勾結羌人起兵。此後蜀中迭有戰亂，賦役繁重，但租調還須征調入關中，杜詩："兵戈猶擁蜀，賦斂强輸秦。"（《上白帝城二首》）蜀中人民受着兵役和賦斂的雙重壓迫，只有舉家逃走之一途。《通鑑》開元十年條："諸衞府兵，自成丁從軍，六十而免，其家又不免雜徭，侵以貧弱，逃亡略盡。"這種情形與杜甫在成都所見正同，"差科死則已，誓不舉家走"，兩川節度使統治下府衞舉家逃走的事必定很多，現在田父感於嚴武的新政，才決意不走。例如，敦煌唐代籍帳殘卷中天寶六載籍帳的戶主程思楚是衞士武騎尉，弟思忠是衞士，戶下多注明"帳後漏附"、"空"字樣（《敦煌資料》第一輯第四六頁），便可知當時敦煌地方府兵的逃亡率亦是很高的。而杜甫詩則反映了成都地方的府兵行將解體的情形。

《新安吏》、《石壕吏》透露了兩京之地府兵制已敗壞，而府兵制的殘骸還存在着。這兩首詩是肅宗乾元二年九節度使兵潰於相州，杜甫自東京回華州，途經新安縣和石壕鎮（河南陝縣東）所見當時人民擔負兵役的痛苦、小吏的橫暴和詩人自己爲了挽救國家的危機勉慰他們努力應戰的思想矛盾。《新安吏》中的一段：

> 客行新安道，喧呼聞點兵。借問新安吏，縣小更無丁。府帖昨夜下，次選中男行。中男絕短小，何以守王城。肥男有母送，瘦男獨伶俜。

詩中"點兵"、"府帖"、"丁"、"中"等詞，與《兵車行》的"道旁過者問行人，行人但云點行頻"的"行人"、"點行"，都是唐戶籍和兵役制度的用語。《唐六典》卷五《兵部尙書》條："衞士皆取六品以下子孫及白丁無職役者點充。凡三年一簡點，成丁而入，六十而免。量其遠邇，以定番第。"這些人的身份，就是杜甫《悲陳陶》詩指的"孟多十郡良家子"。《唐律疏議》卷十六《擅興》律"諸點揀衞士（原注："征人亦同"），取捨不平者，一人杖七十"條，《疏議》曰："揀點之法，財均者取强，力均者取富，財力又均，先取多丁。"《新安吏》中瘦男和短小的中男，依府兵揀點法，都是不當取的，但也取了，這是對久已成殘骸的府兵制的繼續破壞，杜甫所不滿意於這個新安吏的違法揀點，也正是在這一點上。

---

① 《唐書》卷一二五《張說傳》："故時（指開元十年以前），邊鎭兵羸六十萬，說以時平無所事，請罷二十萬還農。"可證府兵原是由受田的農民擔負的。

　　唐的丁中制，人有黃、小、丁、中之分。天寶二載，令民十八以上爲中男，二十三成丁。顯然，《新安吏》所下折衝府的府帖，點選的是未成丁的中男。《兵車行》的“行人但云點行頻”的“行人”，也就是上引《唐六典·兵部尚書》條注的“諸色征行人”的“行人”，唐人詩中又常稱“征人”。《兵車行》中所見的征人、行人，“或從十五北防河，便至四十西營田。去時里正與裹頭，歸來頭白還戍邊”，則當時兵役的簡點，已及於丁、中以下的十五歲的小男。唐初，武德七年定租庸調法，丁男歲役二十日，若不役，還可以絹折庸，通正役不得過五十日，到杜甫寫《兵車行》時，早已成爲統治者騙人的空文。其間里正作威作福的權柄很大，所以“去時里正與裹頭”，歸來時，頭雖白，里正還得再點去戍邊。法律雖有“取捨不平”的明文，其奈里正何！杜甫所譴責的，也正是在里正的非法揀點上。《又上後園山脚》詩中，詩人追憶當年在北方的情景，寫道：“平原獨憔悴，農力廢耕桑，非關風露凋，曾是戍役傷。”又道：“到今事反覆，故老淚萬行”，“哀彼遠征人，去家死路旁。”這時候的人民，蓋沒齒於征戍役。征戍之苦由於開邊，《唐書》卷一四五《楊炎傳》說：租庸調法中本規定“戍邊者，蠲其租庸，六歲免歸。玄宗事夷狄，戍邊者多死。”《唐大詔令集》卷一百七載開元五年正月詔：“其鎮兵宜以四年爲限，散支州縣，務取富戶多丁。差遣後，量免戶內雜科稅。”但《兵車行》及其他詩中所見到的已全不是這樣了，所以杜甫反對這種內部統治已經腐敗而還要窮兵黷武的開邊政策，“邊庭流血成海水，武皇（指玄宗）開邊意未巳，君不見漢家山東二百州，千村萬落生荊杞”（《兵車行》）；“君巳富土境，開邊一何多！”（《前出塞》）

　　農民一方面因兼幷而失去了封建國家所班給的土地，一方面却仍然要擔負着苛重的賦役，杜甫在《自京赴奉先縣詠懷》中寫道：“生常免租稅，名不隸征伐。撫跡猶酸辛，平人固騷屑，默思失業徒，因念遠戍卒。”自己雖享有免租庸、不服征役的身份，但平民就很痛苦了。“失業”是失去其產業或田業，漢唐間“業”字的這種用法，多指土地而言。《漢書》高帝九年《紀》：“奉玉卮爲太上皇壽，曰：‘始大人常以臣亡賴，不能治產業，不如仲力（力耕），今某之業所就孰與仲多？’”《三國志·魏志》卷十五《司馬朗傳》：“以爲宜復井田，往者以民各有累世之業，難中奪之。”又，卷十六《任峻傳》：“及破黃巾，定許，得賊資業，當興立屯田。”前引《舊唐書·狄仁傑傳》：“膏腴美業，倍取其多。”都可說明“默思失業徒”，當解作失去土地之人，這是杜甫在兩京所寫詩歌中反映農民脫離了土地的一句僅有的詩。

　　其次，唐府兵的“先取多丁”的揀點法，原是從西魏府兵“家有三丁者，選材力一人”（《玉海》卷一三八《兵制》引《鄴侯家傳》）的制度而來，白居易《新豐折臂翁》：“無何天寶大征兵，戶有三丁點一丁”，白詩是述天寶十載楊國忠爲相發兵征雲南（南詔），新豐折臂翁當時年二十四，事在安史亂前，無論此時果是三丁選一否，但三丁選一確曾存在於唐丁中制，則可無疑。杜甫《石壕吏》詩所記“三男鄴城戍，一男附書至，二男新戰死”，是老婦的三個男兒，俱巳應役,足見安史亂時,特別是兩京之地,不僅租庸調法更加敗壞,連府兵制的殘餘形骸,也幾乎全被摧毀了。

從高宗武后時起,在府兵制的繼續敗壞過程中,乃有由召募而不由征發的"健兒"之稱。《唐六典·兵部尙書》條:"開元二十五年天下諸軍有健兒"注:"於諸色征行人內及客戶中召募。"前引《鄴侯家傳》說:"舊制,〔府兵〕三年而代,後以勞於路途,乃募能更住三年者,賜物二十段,謂之招募,遂令諸軍皆募,謂之健兒。"按健兒之名,起於漢末三國時代,我在別的文章裏曾經論述,今不贅。杜甫《哀王孫》詩:"朔方健兒好身手,昔何勇銳今何愚",《秦州雜詩》:"東征健兒盡(指鄴城潰敗),羌笛暮吹哀",《洗兵馬》:"淇上健兒歸莫嬾,城南思婦愁多夢",都提到健兒,前一詩是至德元年杜甫陷居長安時寫的,詩句則指哥舒翰將河、隴、朔方兵拒安祿山爲監軍宦官所迫,輕於出戰,敗績潼關。後一首,原注:"收京後作",當在乾元二年初春,九節度之師圍安慶緒於鄴城。鄴在相州,淇水在衞地,衞與相州相鄰近。則杜甫詩稱"健兒",乃依當時制度而言,注杜諸家紛紛引古樂府的"健兒須快馬",以健兒與快馬對舉,似是而非,由於讀杜詩不解當時歷史事實,便成爲捕風捉影之談。又可知高宗武后以後,迄於肅、代之際,隨着均田制、租庸調法的逐漸敗壞,唐的兵制也是很紊亂的,府兵制的實質,首先從兩京之地解體,但其形式還存在着,如《新安吏》、《兵車行》中所述;而有的地方如西川成都一帶,却仍實行着帶有差科的府兵制,如《遭田父泥飮美嚴中丞》所述;同時,兩京之地又新置不由番上而由召募的健兒,如《哀王孫》、《洗兵馬》中所述。據此可知,《唐書·兵志》說,唐有天下二百餘年,兵勢三變,由府兵而彍騎,而禁兵,這個說法是不完備的,《兵志》單從中央着眼,而不及地方;《兵志》亦不提及府兵制轉變中建立"健兒"的制度,杜甫詩却反映了這個過渡情形。

五

唐均田制實施的主要地區在兩京畿內。上文說過,自高宗武后以後,公田(封建國家土地)不斷被大土地佔有者"籍外佔田"所佔有。唐中央政府的官僚機構又不斷擴張,文武高等官員不斷增加,職田和公廨田亦隨着增加。開元二十五年雖有丁男給永業田二十畝,口分田八十畝的勅令,(《通典·食貨二·田制下》)但開元二十九年勅便明說:"京畿地狹,民戶殷繁,計丁給田,猶感不足"(《唐會要》卷九二《內外職官田》條),令所司於畿內職田應退地,委採訪使與本州長官給貧下百姓。可知開元時畿內均田制中,對無地少地的貧民計口授田的制度,事實上是沒有多少成效的,所以《通典·食貨典·田制下》載開元二十五年永業、口分的還受、貼賃情形,杜佑自注說,"雖有此制,開元之季,天寶以來,法令弛壞,兼幷之弊,有踰於漢成、哀之間",更何況安史亂後。安史亂後,戶口"十耗其九","畿內不滿千戶","東至鄭、汴,達於徐方、北至覃、懷，經於相土，人烟斷絕，千里蕭條"(《舊唐書》卷百二十《郭子儀傳》)。但兩京畿內並不見因地曠人稀，實行計口授田，顯然是由於藩鎮割據，唐朝中央政府的國家機器大大衰弱，社會經濟基礎逐漸轉變，因此，開元二十五年以後，終唐之世，絕不再見頒佈均田令的記載。杜甫入蜀以前，往來於關、洛畿內十三年間(《奉贈韋左丞丈》有："騎驢十三載，旅食京華春。")所寫的詩歌，今日所存多是唐宋人特別是宋人結集的，他的《進鵰賦表》說，"自七歲所綴詩、筆(文)，向四十載矣，約千有餘篇"，雖然散佚很多，所幸尚無傷於杜甫詩歌的完整性。杜詩的思想體系可說是從天寶開始建立起來的，今所存千四百四十七篇中，他的思想、生活、經歷發展的階段和線索，還是脈絡分明，可以清楚的看得出來。那末，他在洛陽、長安十三年間的詩作，沒有明確反映到均田制中計口授田的實際情況，並不是偶然的。而在入蜀以後，則有記錄。(詳下文)

相反，對於均田制中維持兩京官僚、豪門地主集團利益的永(世)業田情況，杜甫在長安寫作的詩歌中却可檢尋。北魏以來，永業田依法要種桑五十樹，故亦稱桑田，產麻的地方，還須種麻田十畝，故統稱桑麻田。諸桑田皆為永業，終身不還。永業田可以買賣，惟永徽、開元間，曾兩度禁賣桑田。白居易《自河南經亂關內阻飢兄弟離散各一處》詩中："時難年荒世業空，弟兄羈旅各西東"，又，《杜陵叟》詩："典桑賣地納官租，明年衣食將如何"，可見永業田是一向可以買賣的。

天寶十三載杜甫流寓長安時，作《重過何氏五首》，最末兩句說："何日霑微祿，歸山買薄田。"不久，作《曲江三章》，便說："自斷此生休問天，杜曲自有桑麻田，故將移住南山邊。"南山，唐人通指終南山，亦即《投簡咸華兩縣諸子》詩"南山豆苗早荒穢"的南山。杜曲的桑麻田，可能是買的，也可能是授給的。《曲江三章》的寫作年代，注家有將它繫在天寶十一載的，我看不妥，因為這時杜甫既未授官，亦復窮愁，重過何將軍山林時，還歎息無祿買薄田，歸隱山林，那末，天寶十一載何得在杜曲有桑麻田？此詩應在天寶十四載，被任河西尉，不拜，改右衞率府兵曹參軍時所作。杜甫《秋日夔府詠懷寄奉鄭監審李賓客之芳一百韻》中有"兩京猶薄產"句，西京的產業，當指杜曲的桑麻田，東京的產業，應是陸渾莊。杜甫三十歲時，由齊魯歸東京，築陸渾莊於河南偃師縣西北二十五里的首陽山下，此地有遠祖晉當陽侯杜預與祖父杜審言的墓，莊成，有《祭當陽君文》。縣西二十里有尸鄉亭，《寄河南韋尹》詩："尸鄉餘土室"，原注："甫有故廬在偃師"；《憶弟二首》原注："時歸河南陸渾莊"；在夔府時寫的《憑孟倉曹將書覓土婁莊》有"平居喪亂後，不到洛陽岑"，恐怕無人耕種都荒蕪了，所以又篤託孟倉曹'無辭荆棘深"。這土婁莊應是偃師尸鄉亭的土室，朱鶴齡注謂："依土以為室"，甚是，《宿贊公土室》詩："土室延白光"，實今河南一帶的窰室。可證土婁莊即陸渾莊。唐人稱莊，有大有小，如裴度的午橋莊、王維的輞口莊、李德裕的平泉莊，都是很大的。杜甫自稱在尸鄉亭的土室爲莊，又自稱在成都的草堂亦爲莊，《懷錦水居止二首》：“萬里橋西宅，百花潭北莊”，其實只是鄉間田宅的美稱，所謂“城中十萬戶，此地兩三家”（《水檻遣心二首》），“錦里烟塵外，江村八九家”（《爲農》），都算不得是眞正的莊園。

　　杜甫成都草堂初建時，規模不大，“誅茅初一畝，廣地方連延”（《寄題江外草堂》），是他的表弟資助的，見《王十五司馬弟出郭相訪遺營草堂資》詩。後來草堂擴建了，地畝亦增加，《杜鵑》詩：“我昔遊錦城，結廬錦水邊，有竹一頃餘，喬木上參天。”這樣看來，草堂“經營上元始，斷手寶應年”（《寄題江外草堂》），這三年中資助堂成的人，當不止王十五，如從侄杜濟、高適、魏十四侍御、嚴武等，都曾對他在成都的生活有所幫助，所謂“計拙無衣食，途窮仗友生”（《客夜》）。杜甫的受人資助，很多地方是他也給了別人的幫助，爲人治病。《進封西岳賦表》自言四十歲患肺氣之疾，入蜀後常見於詩，“肺氣久衰翁”（《秋峽》），“高秋蘇肺氣”（《秋清》），“肺枯渴太甚”（《夔州》）。今諸本杜詩《客堂》一首中“舊疾甘載（一作戴，一作再、一作戰）來，衰年弱無足（一作得無足）”，“甘載”應爲“廿載”的傳寫之誤。杜甫在雲安時年五十七，故云“廿載來”。注家強作“甘載”解，遂不可通。由於久病，知醫識藥，故曾賣藥長安市。嚴武送他的詩有：“腹中書籍幽時晒，肘後醫方靜處看”（《寄題杜二錦江野亭》），杜詩有：“書籤藥裹封蛛網”（《將赴成都草堂途中有作先寄嚴鄭公》），“藥裹關心詩總廢”（《酬郭十五判官受》）等句，所以在生活中他爲人處方給藥的時候，也還得到報酬，《魏侍御就敝廬相別》詩有“遠尋留藥價”之句。藥中的梔子、決明子、枸杞、薤等，杜詩多有吟詠。

　　以上說明杜甫在成都是沒有永業田的。但當時兩川的公田（封建國家土地），却仍按照唐田制計口授給，這與上文所論兩京的府兵雖已敗壞，而杜甫在西川嚴武執政時所見的兵役却大體仍保持着府兵制的規模，情況完全符合。廣德二年，杜甫在成都嚴武幕中作《東西兩川說》上嚴武，中有一段記當時當地的土地關係：

　　　　穀貴人愁，春事又起，緣邊耕種，卽發精卒討之甚易，恐賊（按指獠人內編戶口，起而反抗地方政權的羣衆）星散於窮谷深林。節度兵馬但驚動緣邊之人，供給之外，未免見劫，而還貫其地，豪俗兼有其地而轉富。蜀之土肥，無耕之地，流冗之輩，近者交互其鄉村而已，遠者漂寓諸州縣而已，實不離蜀也，大抵祇與兼幷豪家力田耳。但均畝薄斂，則田不荒，以此上供王命，下安疲民，可矣。豪族轉安，是否非蜀（言不論是羌族或蜀人），仍禁豪族受貫罷（疲）人田。管內最大，誅求宜約，富家辦而貧家創病已深矣。今富兒非不緣子職掌，盡在節度衙府州縣官長手下哉。村正雖見面，不敢示文書取索，非不知其家處，獨知貧兒家處。”

這段文字是說明當時東西兩川土地關係的可貴史料。杜甫的散文（“筆”）拙澀，他原是用詩的語言來表達一切思想感情的，似乎不甚注意散文的修辭，加以傳抄脫誤，今略爲解說其大意：

　　從這段文字看來,當時兩川的編戶羌人和漢族農民,仍在封建國家土地所有制下受唐地方政府(兩川節度使管內)班給一定數額的土地(口分地)。文中"還貸其地","豪族受貸"的貸字,是漢唐間土地關係上的常用語,《漢書·王莽傳》:"分田刧假",顏師古注:"假,謂貧人貸富人之田也。"《通典·食貨典二·田制下》:"諸田〔指口分田〕不得貼貸",貼,謂以物爲質,杜甫《曲江》詩,"朝回日日典春衣",故又稱典貼。上引《東西兩川說》,唐兩川地方政府假貸農民的口分地,被豪族地主兼幷了,豪族地主又轉貸給農民耕種,因此,被兼幷的農民失去了口分地,脫離政府編戶,流亡於他鄉、他州縣,又爲豪族地主耕種其所兼幷的土地。杜甫以爲這些流亡的農民並未離蜀境,倘若禁止豪族轉貸土地,政府重新招回這些失去土地的流亡農民,均給以土地("均畝",當是均田制中的準口授田),薄其賦斂,那末,國家土地便不至荒蕪,以此上可供中央政府的租調需要,下而農民的生活亦得安寧。杜甫全部思想中堅決反對這種對政府很不利而只對豪強地主兼幷有利的嚴重剝削和壓迫。杜甫又以爲兵役的擔負,無論富戶貧家的人丁、貌閱、戶等的籍帳,本來都掌握在政府手裏的,里正(村正)執行時,並不是不知道富戶的籍帳,只因畏懼富戶的勢力,不敢對他們下"府帖"去"點行",惟獨向貧戶去索取。這樣,就造成貧富擔負的不"均"。照租庸調法的規定,每年每丁租二石,調綿絹二丈,綿三兩,布輸二丈五尺,麻三斤。丁役二十日(此依《唐律疏議·戶婚律》,《通典》、兩《唐書·食貨志》所記數字,略有不同)。超乎此規定以外的,便是"誅求"。杜甫詩中痛斥這樣的"誅求","戎馬不如歸馬逸,千家今有百家存;哀哀寡婦誅求盡,慟哭秋原何處村"(《白帝》);"朝廷防盜賊,供給愍誅求"(《奉送王信州崟北歸》);"盜賊浮生因,誅求異俗貪"(《東屯北崦》);異俗指在夔州的少數民族,或指詩人旅居中的異鄉。"亂世誅求急,黎民糠籺窄"(《驅豎子摘蒼耳》);"悽惻念誅求,薄斂近休明"(《同元使君春陵行》);所以他在《東西兩川說》中勸嚴武"薄其賦斂","誅求宜約"。在《乾元元年華州試進士策問》中說:"欲將誅求不時,則黎元轉罹疾苦矣。"

　　在杜甫看來,一切差科徭役,必須要"均",例如兵役,上舉《唐律疏議·擅興律》載:揀點征人、衞士之法,財均者取强,力均者取富,財力又均,先取多丁。若捨富取貧,捨强取弱,捨多丁而取少丁之類,在唐律謂之"不平",是非法的。杜甫呼籲:"衆寮宜潔白(不要貪污舞弊),萬役但平均。"(《送陵州路使君之任》)"但乖均賦斂,不似問瘡痍。"(《夔府書懷》)在杜甫看來,"均"就是合法、合理的擔負。"洛下舟車入,天中貢賦均。"(《有感五首》)注家把這"均"字誤解爲道里的遠近均勻,應當作"均賦斂"的"均"解。杜甫在《爲夔府柏都督謝上表》中有:"先之以簡易,閒之以樂業,均之以賦斂,終之以敦勸",都是指的貧富的負擔要求其"均",杜甫對於解決當時政治社會矛盾的思想認識,基本上是從這點出發的,他認爲產生誅求無厭、賦役不均的主要原因是地方"豪吏"、"黠吏",如《阻雨不得歸瀼西甘林》:"邦人不足重，所迫豪吏侵。"《贈崔十三評事公輔》詩有："分軍應供給，百姓日支離；黠吏因封己，公才或守雌。"《遣遇》詩寫着：

　　　石間采蕨女，鬻市輸官曹。丈夫死百役，暮返空村號。聞見事略同，刻剝及錐刀。貴人豈不仁，視汝如莠蒿。索錢多門戶，喪亂紛嗷嗷。奈何黠吏徒，漁奪成逋逃。

像"三吏"等詩篇中所描寫和指責的，正是這種地方基層政治人物的"豪吏"、"黠吏"，"聞見事略同"，耳聞目擊，到處都是這樣的剝削和壓迫，到處都是這樣的逃亡和苦難。賦役的擔負既不"均"，便都集中到貧戶身上，貧苦人民不能勝其負擔，只得逃亡流而爲"盜賊"，杜甫認識到"盜賊"就是從這樣來的，"八荒十年防盜賊，征戍誅求寡妻哭"（《虎牙行》）。"不過行儉德，盜賊本王臣"（《有感五首》）。

<h2 style="text-align:center">六</h2>

最後，必須指出，在解放前杜甫研究中的一些反動觀點，竟然不顧歷史事實，把杜甫在夔州寓居的瀼西與東屯說成是大莊園，把杜甫說成是大莊園主————一個大剝削者。① 他們舉《茅堂檢校收稻二首》的"香稻三秋末，平田百頃間"，《夔州十絕》的"東屯稻畦一百頃"，便說杜甫是這平田百頃和瀼西果園四十畝的兩個莊園的莊園主。這是十分荒謬的邪說，是對杜甫極大的誣衊，對歷史的最大歪曲。

東屯的百頃平田，原爲公孫述屯據白帝城的墾田，杜甫《東屯夜月》詩明說是"防邊舊穀屯"。《困學紀聞》、《太平寰宇記》、《方輿勝覽》諸書，都有記載，歷代作爲官田。杜甫詩亦明說東屯是公田，《秋日夔府詠懷奉寄鄭監審李賓客之芳》有："縛柴門窄窄，通竹溜涓涓。墊抵公畦稜，村依野廟壖"，說明他的東屯茅屋（有《從驛次復至東屯茅屋二首》）接隣東屯公田（官田）的界。公畦即公田。稜，杜甫原注："京師農人指田遠近，多云畿稜"，稜乃田面與田面的交接處。畿謂京畿，京畿之地都屬公田（封建國家土地）。唐先天二年、開元九年、天寶六載的敦煌戶籍殘卷中所載各戶主永業田、口分田的四至，多有"北官田"、"東官田"、"南官田"字樣，即北抵官田之意。可知東屯的百頃平田決不是杜甫的私產，而是歷代相傳下來的官田。在旅居夔府諸詩中，杜甫從未曾提到這百頃官田是他的別業或莊田。足見《食貨》派的胡說八道。

杜甫居東屯詩中，詩題明作《茅堂檢校收稻二首》，檢校一詞，唐時有兩層意思，一爲考核，一爲詔除而非正命的加官名。這裏屬前一義。杜甫對東屯官田稻穀的種植收穫，只是考核監督，具體的工作由行官張望管理，有《行官張望補稻畦水歸》詩："東屯大江北，百頃平若案。""主守問家臣，分明見溪畔。"主守即家臣，主守以職司言，家臣以名分言，均指行官張望。

① 見《食貨》第三卷第八期載鞠清遠，《杜甫在夔州瀼西與東屯莊》。

行，謂兼攝，唐制，以小兼大曰行。可見這東屯百頃田明是朝廷的官田，設有專官管理。在《秋行官張望督促東渚耗稻向畢清晨遣女奴阿稽豎子阿段往問》詩中說："督領不無人，提挈頗在綱"，可證杜甫對東屯百頃田，只在督領提綱而已，何嘗把自己作大莊園主看待？詩人接着又說："尚恐主守疏，用心未甚臧。清朝遣婢僕，寄語踰崇岡。西成聚必散，不獨陵我倉。豈要仁里譽，感此亂世忙。"詩中的主守指行官張望，恐他有所疏忽，故清晨遣婢僕傳語，寄與十分可嚀之意。"西成"一語出自《書·堯典》，謂秋天農作物成熟之時，雖入了倉，還須分散出去（"遺穗及衆多"）。《讀史方輿紀要》卷六九《奉節縣·大瀼水》條引《輿地紀勝》云："公孫述於東瀼水濱墾稻田東屯，東屯稻田水畦延袤可得百許頃"，"去白帝故城五里而多，稻米爲蜀第一。郡給諸官俸稟，以高下爲差。"東屯的稻穀，不僅備官用，杜甫還用來接濟有所需要的隣里（"豈邀仁里譽"），《甘林》詩中的隣人長老，因自己收穫的穀物上繳了租庸，而自己却沒得吃的，杜甫說："時危賦斂數，脫粟爲爾揮"，正可解釋"豈要仁里譽，感此亂世忙"之意。

　　杜甫因病羈旅夔府，《峽中覽物》詩："舟中得病移衾枕"，無時不思出峽北歸，亦不耐當地的風土人情，豈有求田問舍，久留夔府之心？況且他貧病交迫，有何力量購置百頃稻田？杜甫有自己的世界觀，"日月籠中鳥，乾坤水上萍"（《送李大夫赴廣州》）。以詩人偉大的憂國愛民的襟懷，"天地一沙鷗"（《旅夜書懷》）的身世，他所寓居的"林廬"、"草堂"、"茅堂"、"茅屋"，不過"乾坤一草亭"（《暮春題瀼西草屋》）而已，那有絲毫想做一個莊園主的意思？反動派把"幾處別林廬"（《將別巫峽贈南卿兄瀼西果園》），都說成是莊園，用心可惡。其實這種剝削者，正是杜甫詩歌中所鄙薄、咀呪、深惡痛絕的"富兒"、"豪華"、"朱門"、"達官"之類。

　　倒是瀼西的果園四十畝是買的，《小園》詩："客病留因藥，春深買爲花"，川中本多藥材，爲病而留滯夔府，買者買園，非買花。這買小園的錢，未必是杜甫自己付出的。《峽口兩首》中有"疲荼煩親故，諸侯數賜金"，原注："主人柏中丞，頻分月俸。"柏中丞卽柏茂琳（一作茂貞），時爲夔州都督，《園人送瓜》詩："柏公鎭夔國，滯務滋一掃。"柏與杜甫有舊誼，《覽鏡呈柏中丞》有："鏡中衰謝色，萬一故人憐。"柏亦時常遣人送瓜菜，"清晨送菜把，常荷地主恩"（《園官送菜》）。菜把，川中方言。地主，指柏都督。瀼西草屋則是賃居的，有《暮春題瀼西新賃草屋五首》可證。

　　杜甫在夔府受柏茂琳都督的照顧，看來不僅是爲私人的情分，其間有長安朝廷的旨意，《晚》詩有"朝廷問府主，耕稼學山村"。朝廷爲什麼有問於府主呢？按代宗廣德二年嚴武再鎭成都兼兩川節度使時，表杜甫爲節度參謀檢校工部員外郎，賜緋魚袋。唐制，各部置員外郎，皆正官，工部員外郎一人，從六品上，僅次於郎中。杜甫《客堂》詩中有："臺郎選才俊，自顧亦已極。""居然緋章紱（謂所服緋魚），受性本幽獨"。"上公（指嚴武）有記者（謂記念舊交），累奏資薄祿。主憂豈濟時，身遠彌曠職。""尚想趨朝廷，毫髮裨社稷。形骸今若是，進退委行色”。這首詩是在雲安寫的，抵夔府時，朝廷必有晉問到夔州都督府，詢及杜甫的行踪，而杜甫則因病留滯夔門，檢校東屯稻田，所以詩人自己作答說：“耕稼學山村。”但“尙想趨朝廷，毫髮裨社稷”之心，却無時或已。

　　由上所論，可知杜甫病滯夔州，原是帶着中朝外官的身份，柏茂琳的照顧，不純是由於舊誼或敬重杜甫的詩名，《入宅三首》中有“旅食豈才名”之句。《夔府書懷四十韻》中表示得更清楚，“萍流仍汲引，櫟散尙恩慈”，上句言府主的招待，下句言朝廷的眷顧。那末，東屯百頃平田，旣不是杜甫買的，也不是柏茂琳送的，而是由杜甫以中朝外官的身份檢校考核其耕種收穫，具體工作則是行官張望擔負，事實不是很明顯了麼。

一九六二年七月十五日完稿，十二月八日寫清。

史堅如烈士《致妹書》辨僞

實　元

中華書局新出《辛亥革命烈士詩文選》(蕭平編，吳小如注) 一書的頭一篇就是史堅如的《致妹書》。這篇是根據《中華民國名人傳》上冊(賈逸君編，1937 年北平文化學社印行) 轉錄的。編注者認爲："這是史堅如被捕入獄後給他妹妹史憬然的第三封信，也是他的絕筆。" 這封絕筆書確實非常令人感動，深摯懇切，表現出革命者寧死不屈的英雄氣概。但可惜的是，它不是一件眞品。細心的讀者，可從作品的文體、語法和許多矛盾漏洞之處，認清它是僞作。

史堅如殉難於 1900 年義和團運動的時代，資產階級革命運動的早期。當時，不僅白話文沒有流行，就是半文半白的"新文體"也不過剛剛出現，知識分子還不屑用白話文表達自己的要求和感情。史堅如能寫出純粹白話文的遺書，很值得懷疑。

更令人不可解的是，《致妹書》中熟練地運用某些西語語法。如該書第二段：

"跪下！"我剛走到公案前，狗官就大聲喝跪。"不跪！"我也大聲的說。……"狗囚徒！"狗官說道，"快說！同黨有多少？首領是什麼人？""同黨有四萬萬，首領就是我。"我說。

這種筆法在 19 世紀末 20 世紀初的中國書刊中還沒有見到過。此外，在情節描寫和詞彙使用方面，也多有與那個時代文風完全脫節的現象。這封遺書使讀者很容易就會看出：它不可能出自 1900 年，而是五四時代或更晚的作品。

從《致妹書》的內容來分析，可看到它更是不可信的。第一，該信最後署明"堅如絕筆，九月十八日"，即烈士就義那天寫了這封《致妹書》。在長達二千字的遺書中，對母親、家事只字未提，完全記述他本人革命活動和被捕受刑的經過，就有些不合情理。史堅如從日本別孫中山回國，在廣州香港一帶進行革命活動已有十個多月之久，竟要在遺書中對居住澳門的妹妹說："妹妹！你急於要知道我從日本回國後的經過了吧，好，簡單地告訴你"，這也使人懷疑。第二，根據史堅如供詞(見民元《眞相畫板》影印)，烈士已於九月十三日受審錄供，次日定刑，而遺書中卻說：十五日，即"進獄的第九天"，提審逼供，追問同黨，還說就義之日，九月十八日"又要提審了"，也有失常情。第三，史堅如謀炸的是署理兩廣總督、廣東巡撫德壽，炸藥埋在巡撫衙門旁邊的後樓房街。1924年就在撫署故址第一公園建立史堅如烈士紀念碑。當時人和辛亥革命時期的書籍都是稱爲"巡撫衙門"和"巡撫德壽"被炸；在國民黨統治時期出的一些著作中卻因德壽署理總督，而把巡撫衙門寫成總督衙門了。在《致妹書》中竟有五處都寫爲"總督衙門被炸"、"聽說總督……"，這顯然是後人所記的。第四，遺書中說："……我仍不敢離開廣州，深恐仍和昨天一樣，盤香不燃，豈不糟糕！因此走到長老支會禮拜堂毛文明同志家裏去休息"。這一點，早已有人指出是"影響之詞"，烈士於炸藥爆炸後，"實匿花埭培英書院敎員徐甘棠處"(見《建國月刊》10 卷 6 期，廖平子："庚子壬寅及庚戌間之革命拾遺")。

烈士的妹妹史憬然曾參與史堅如一些革命活動，1900年決定惠州起義時才同母親遷居澳門，她對有些情況是了解的。史堅如烈士遺書卻沒有放過某些細節，甚至當時衆所周知的毛文明前還要注明"長老支會禮拜堂"，似乎該信不是寫給他的妹妹，而是給別人看的。如果說史堅如不是有意爲後人留下這封不足信的遺書，那一定是後來有人替烈士代勞了。

高適繫年考證

彭　蘭

　　高適是盛唐重要詩人之一,現存詩二百三十餘首,其中不少詩篇深刻地反映了當時的現實。這樣一位傑出的詩人,關於他的材料,史籍上保留下來的不多,新舊《唐書》本傳旣簡略而不明確,《唐才子傳》等書復有訛誤之處。僅就"適年過五十始學爲詩"這一問題來說,《舊唐書》本傳僅稱"適年過五十始留意篇什",《唐才子傳》等書則一變而爲"年過五十始學爲詩","留意"固不盡然,"始學"更爲紕繆。就現存高詩觀之,其中主要名篇均爲五十歲以前之作,而且詩人在二十歲至三十歲的十年間,已形成了自己詩歌的獨特風格。五十歲以後,詩人因社會地位的改變,生活日趨貧乏,詩歌創作已瀕於低潮。又如高適的生年問題,迄無定論。目前有生於 696 年、700 年或 702 年等說,然仔細研究高集,深感尚有商榷的必要。本文根據高詩中所提到的具體年歲,並參證他與李邕杜甫諸人酬唱之作,以及其他有關資料,確定高適應生於公元 706 年。在這一確定的基礎上,並將詩人的遊蹤,生活經歷,及其主要篇什的創作背景,一一加以排比分析,使我們能比較深入地瞭解詩人的全部活動。高適舊無年譜,其詩亦無箋註和編年,這種篳路藍縷的工作,限於作者的水平,錯誤和不妥的地方一定很多,希讀者指正。

　　本文於 1944 年在聞一多先生的指導下完成初稿,十餘年來一直未加整理,1962 年始着手修改補充。在修改過程中,有關唐代史實方面,又承汪籛同志給予不少幫助,特誌謝意。

高適字達夫,唐德州蓨人(今河北景縣)。

　　《舊唐書》本傳:"高適者,渤海蓨人也。"《新唐書》本傳:"高適字達夫,滄州渤海人。"《唐才子傳》僅稱滄州人,其實滄州卽渤海。《新唐書·地理志》:"滄州景城郡,上,本渤海郡。"又《元和郡縣志》:"後魏孝明帝熙平二年分瀛州、冀州置滄州,以滄海爲名,隋大業二年罷州爲渤海郡。唐武德元年仍改爲滄州。"蓨,在高適的時代是唐河北道德州的一個屬邑。《元和郡縣志》:"蓨縣本漢條縣,即條侯國也。……後漢屬渤海郡,晉改條爲蓨,隋開皇三年廢渤海郡屬冀州,五年改脩爲蓨,縣屬觀州,皇朝武德初亦屬觀州,貞觀十七年觀州廢,改屬德州。"根據以上的材料,不僅《新唐書》稱滄州渤海人是不正確的,《舊唐書》稱渤海蓨人亦不確切,蓨縣在歷史上雖曾屬渤海郡,但當高適時已隷屬德州(永泰元年又改屬冀州),我們只能稱高適爲德州蓨人。地理的沿革是很複雜的,隨便運用歷史上的名稱,會造成不必要的混亂。

父從文位終韶州(今廣東曲江縣)長史,適幼年曾隨父取道閩越赴廣東。

《秦中送李九赴越》詩云:"鏡水君所憶,蓴羹余舊便。歸來莫忘此,兼示濟江扁。"又《送鄭侍御謫閩中》詩云:"謫去君無恨,閩中我舊過。大都秋雁少,只是夜猿多。"適曾去閩越,而集中並沒有保留下居閩越時的作品,以上二詩,僅係事後追述之辭,很顯然,適遊閩越,當在童年。二十以後,行蹤歷歷,未曾至閩越。

弱冠前卽返洛陽。

《別韋參軍》詩云:"二十解書劍,西遊長安城。……歸來洛陽無負郭,東過梁宋非吾土。"高適家在他父親的時代可能已遷居洛陽,故有"歸來洛陽無負郭"之語。德州蓨縣當係祖籍。

適之家世,本傳略而不詳,詩中亦無敍述,兄弟子姪可考者,僅弟耽及族姪式顏二人,另有叔官司功,不知何名。

王維有《送高適弟耽歸臨淮作》;適有《酬祕書弟兼寄幕下諸公》詩。就兩詩內容看,祕書弟卽耽。王詩云:"少年客淮泗,落魄居下邳。遨遊向燕趙,結客過臨淄。山東諸侯國,迎送紛交馳。自爾厭遊俠,閉戶方垂帷。深明戴家禮,頗學毛公詩。備知經濟道,高臥陶唐時。聖主詔天下,賢人不得遺。公吏奉繡組,安車去茅茨。君王蒼龍闕,九門十二逵。羣公朝謁罷,冠劍下丹墀。野鶴終跼蹐,威鳳徒參差。或問理人術,但致還山洞。"適詩云:"祕書卽吾門,虛白無不通。多才陸平原,碩學鄭司農。獻封到關西,獨步歸山東。"兩詩均稱曾治毛詩,並應詔至長安,但未受官,不久卽歸山東,足證祕書弟卽耽無疑。適集中有《送族姪式顏》詩二首,杜甫亦有《贈高式顏》詩。又適有《宋中別司功叔各賦一物》詩。

考索羣書,參證本集,高適的籍貫和家世大概如此。至《全唐詩話》、《唐才子傳》稱高適亦字仲武,顯係訛誤。《中興間氣集》的編者高仲武雖爲渤海人,但時代晚於高適。《中興間氣集序》云:"仲武不揆菲陋,輒罄謏聞,博訪詞林,採察謠俗,起自至德元首(載),終於大曆暮年,述者數千,選者二十六人,詩總一百三十二首。"高適在永泰元年已卒,何能選大曆暮年之詩?特附辯之如此。

中宗神龍二年丙午(706)，高適生。

　　新舊《唐書》本傳僅記載了高適卒年，未提到享年多少，故無從推算生年。今總覽全集，根據詩中所提到的具體年歲，引證其他材料，亦無牴牾，當以生於公元 706 年爲是。適《奉酬北海李太守丈人夏日平陰亭》詩云：“一生徒羨魚，四十猶聚螢。從此日閑放，焉能懷拾青。”李太守卽李邕。《舊唐書·李邕傳》：“天寶初，爲汲郡、北海二太守。”《玄宗本紀》：“天寶六載正月辛巳朔，北海太守李邕以事連王曾、柳勣，遣使就殺之。”據以上記載，邕爲北海太守當在天寶二、三載以後，天寶六載以前。杜甫天寶四載夏曾有《陪李北海宴歷下亭》、《同李太守登歷下古城員外新亭》諸詩，詩中皆寫夏景，李邕《登歷下古城員外孫新亭》詩中“負郭喜粳稻”之語，亦點夏景，與高詩所謂“夏日”正相吻合。高詩當作於四載秋冬之際。由“寄書汶陽客，迴首平陰亭”句，知適時在汶陽，得李詩之後始有“奉酬”之作。錢謙益《杜少陵先生年譜》：“天寶四載在齊州，李邕爲北海太守，陪宴歷下亭，李白高適俱有贈邕詩，當是同時。”考索高適生平，謙益之論，不爲無據。高適生於公元 706 年，至 745 年（天寶四載）恰爲四十歲，故有“四十猶聚螢”之語。又《留別鄭三韋九兼洛下諸公》詩云：“蹇頤蹉跎竟不成，年過四十尚躬耕。……幸逢明聖多招隱，高山大澤徵求盡。此時亦得辭漁樵，青袍裹身荷聖朝。犂牛釣竿不復見，縣令邑吏來相邀。”此詩顯係除封丘尉時留別洛陽友人之作。又本集中有《古飛龍曲留上陳左相》（陳希烈）和《留上李右相》（一作《奉贈李右相林甫》）二詩。《飛龍曲》云：“幸沐千年聖，何辭一尉休。折腰知寵辱，迴首見沉浮。……此去從黃綬，歸歟伍白頭。風塵與霄漢，瞻望日悠悠。”《留上李右相》詩云：“未爲門下客，徒謝少微星。”亦爲赴官時留謝宰相之詩。據《新唐書·百官志》，天寶元年始改侍中爲左相，中書令爲右相（《玄宗本紀》亦同），故知適受封丘尉當在天寶以後。《新唐書·玄宗本紀》：“六載……三月甲辰，陳希烈爲左相。”是適受封丘尉又不可能在天寶六載以前。適天寶十一載已在長安，而封丘尉任中又曾使青夷軍入居庸，決非短期去職。又《資治通鑑·唐紀》三十一：“天寶六載……上欲廣求天下之士，命通一藝以上皆詣京師。李林甫恐草野之士對策斥言其奸惡，建言舉人多卑賤愚聵，恐有俚言污濁聖聽。乃令郡縣長官精加試練，灼然超絕者，具名送省，委尚書覆試，御史中丞監之，取名實相副者聞奏。既而至者皆試以詩賦論，遂無一人及第者。林甫乃上表賀野無遺賢。”故適除封丘尉以在天寶六載爲宜。且此次應舉入京，雖被任爲縣尉，但未曾及第。留贈李林甫詩中“未爲門下客，徒謝少微星”之句，其含意正深。蓋唐代習俗，科舉及第後，對宰相始能稱門生。《舊唐書·高適傳》雖有訛誤處，但較《新唐書》本傳保存原始面貌較多。如“時右相李林甫擅權，薄於文雅，唯以舉子待之，解褐汴州封丘尉，非其好也”。這與高適詩的內容及《通鑑》史實完全符合。除封丘尉既確定爲天寶六載，四載爲四十歲，故六載留別洛下故人詩有“年過四十尙躬耕”之語。兩詩互相映證，若合符節。定適生於公元706年，或不大謬。

景龍元年丁未(707)，高適二歲。

景龍二年戊申(708)，高適三歲。

景龍三年己酉(709)，高適四歲。

景雲元年庚戌(710)，韋后弒中宗臨朝稱制，臨淄王隆基定亂，睿宗卽位，改元景雲。高適五歲。

景雲二年辛亥(711)，高適六歲。

先天元年壬子(712)，卽景雲三年，正月改元太極，五月改元延和，八月改元先天。高適七歲。

開元元年癸丑(713)，卽先天二年，七月歸政於玄宗，十二月改元。高適八歲。

開元二年甲寅(714)，高適九歲。

開元三年乙卯(715)，高適十歲。

開元四年丙辰(716)，高適十一歲。

開元五年丁巳(717)，高適十二歲。

開元六年戊午(718)，高適十三歲。

開元七年己未(719)，高適十四歲。

開元八年庚申(720)，高適十五歲。

開元九年辛酉(721)，高適十六歲。

開元十年壬戌(722)，高適十七歲。

開元十一年癸亥(723)，高適十八歲。

開元十二年甲子(724)，高適十九歲。

開元十三年乙丑(725)，高適二十歲。

始至長安。以後十年，漫遊梁宋，客居宋城(今河南商丘縣)，從事漁耕。其間曾一度去幽薊，但不久卽返宋中。

《別韋參軍詩》云：“二十解書劍，西遊長安城。擧頭望君門，屈指取公卿。國風沖融邁三五，朝廷歡樂彌寰宇。白璧皆言賜近臣，布衣不得干明主。歸來洛陽無負郭，東過梁宋非吾土。兔苑爲農歲不登，雁池垂釣心常苦。”此詩敍自長安歸後的遭遇甚詳。適以弱冠之年，抱“屈指取公卿”之志，西詣長安，然而在“布衣不得干明主”的現實中，竟失意東返。而洛陽又無負郭之田，只得浪跡梁宋，客居宋城，過“兔苑爲農”、“雁池垂釣”的生活。按《元和郡縣志》，“宋城縣，漢睢陽縣，屬宋國，後屬梁國。……兔園，縣東南十里，

漢梁孝王園。"雁池在兔園內。岑參《梁園歌送河南王說判官》自注云："梁園中有雁池鶴
州。"由此詩知適客梁宋期間，寄居宋城，以農耕自給。《舊唐書》本傳稱"適少濩落不事
生業，家貧客於梁宋，以求丐取給。"完全與事實不符。適本集中尙有《酬龐十兵曹》一
詩，紋及此段生活，亦談到農耕，可資參證。詩云："憶昔遊京華(指二十歲詣長安)，自言
生羽翼。懷書訪知己，末路空相識。許國不成名，還家有慙色。託身從畎畝，浪跡初自
得。雨澤感天時，耕耘忘帝力。同人洛陽至，問我睢水北……梁城多古意，攜手共棲惻。
……"寄居的地方，謀生的道路，與前詩完全吻合。

（1）《行路難》二首，爲現存高適詩中最早之作，當作於開元十三年西詣長安時。全詩深
沉雄邁，有力地揭露了腐朽荒淫的長安現實。"安知憔悴讀書者，暮宿靈臺私自憐"；"東
鄰少年安所如，席門窮巷出無車。有才不肯學干謁，何用年年空讀書"。寫詩人自己，也
是寫封建社會青年寒士的共同遭遇。

開元十四年丙寅(726)，高適二十一歲。

　　客居宋城。

開元十五年丁卯(727)，高適二十二歲。

　　客居宋城。

開元十六年戊辰(728)，高適二十三歲。

　　客居宋城。

開元十七年己巳(729)，高適二十四歲。

　　客居宋城。

開元十八年庚午(730)，高適二十五歲。

　　客居宋城，本期作品有《別韋參軍》《酬龐十兵曹》二詩。

（2）《別韋參軍》詩云："兔苑爲農歲不登，雁池垂釣心長苦。"感情激憤，可能係長安東
歸後不久之作。

（3）《酬龐十兵曹》詩云："託身從畎畝，浪跡初自得。雨澤感天時，耕耘忘帝力。"則心
境比較寧靜，當作於開元十七八年間。

開元十九年辛未(731)，高適二十六歲。

　　客居宋城。秋，北上薊門。

開元二十年壬申(732)，高適二十七歲。

　　在幽薊一帶。冬，自薊北歸。

《信安王幕府》詩，序云："開元二十年，國家有事林胡，詔禮部尙書信安王總戎大舉。時
考功郎中王公，司勛郎中劉公，主客郎中魏公……咸在幕府，詩以頌美數公……"按《資

治通鑑·唐紀》二十九：“開元二十年二月……信安王禕帥裴耀卿及幽州節度使趙含章分道出擊奚、契丹。……己巳，禕等大破奚、契丹，俘斬甚衆。”知本年春適亦在幽薊一帶，故有“頌美數公”之作，詩中“落梅橫吹後，春色凱歌前”，爲點時之句。適北上薊門的情況，《酬裴員外以詩代書》《淇上酬薛三據兼寄郭少府》二詩追述甚詳。《酬裴員外》詩云：“少時方浩蕩，遇物猶塵埃。脫略身外事，交遊天下才。單車入燕趙，獨立心悠哉。寧知戎馬間，忽展平生懷。且欣清論高，豈顧夕陽頹。題詩碣石館，縱酒燕王臺。”少年豪邁之氣，立功邊塞的雄心，溢於字裏行間。然而所贏得的不過是“臨邊無策略，覽古空徘徊”而已。《酬薛三據》詩云：“自從別京華，我心乃蕭索。十年守章句，萬事空寥落。北上登薊門，茫茫見沙漠。倚劍對風塵，慨然思衞霍。拂衣去燕趙，驅馬悵不樂。天長滄州路，日暮邯鄲郭。酒肆或淹留，漁潭屢棲泊。獨行備艱險，所見窮善惡。”此詩敍述較前詩更爲詳盡。

北上薊門期間共存詩十一首。

（4）《題尉遲將軍新廟》，詩云：“周室既板蕩，賊臣立嬰兒。將軍獨激昂，誓欲酬恩私。孤城日無援，高節終可悲。家國共淪亡，精魂空在斯。”按尉遲將軍卽尉遲迥，迥北周宣帝時爲相州總管。賊臣指楊堅、鄭譯、劉昉諸人。宣帝崩，靜帝年幼，迥知楊堅將不利於孺子，舉兵討之，結果爲楊堅將韋孝寬所敗，登鄴縣（爲相州治所）城樓自殺，二子惇、祐亦被害。適北上薊門，沿途遊覽名勝古蹟，多有題詠。“單車入燕趙，獨立心悠哉。……題詩碣石館，縱酒燕王臺”。（《酬裴員外以詩代書》）在詩人的創作生活中，不失爲重要階段。

（5）《銅雀妓》。建安十五年曹操建銅雀臺於鄴都，十八年作金虎臺，其後又作冰井臺，稱爲三臺，相去各六十步，其上複道樓閣相通。《太平寰宇記》卷五十五載，“銅雀臺，魏武帝所造，遺令施繐帳，朝晡宮人歌吹，望吾西陵”，後人感此事而作銅雀妓曲。適道經相州，憑弔古蹟，遂賦此詩。“日暮銅雀迥，秋深玉座清”，知詩當作於十九年秋。

（6）《三君詠》。三君指魏徵、郭元振、狄仁傑。徵本鉅鹿曲城人（屬邢州），貞觀七年封鄭國公。但據《太平寰宇記》載，相州安陽縣有魏徵宅。郭元振魏州貴鄉人，先天二年追封代國公。狄仁傑，睿宗時追封梁國公，武后萬歲通天元年，曾爲魏州刺史。《元和郡縣志》：“貴鄉縣，……狄仁傑祠在縣東南四里，爲魏州刺史，百姓爲立生祠。”安陽貴鄉唐分隸相、魏二州，漢代均屬魏郡。《三君詠》序云“開元中，適遊於魏郡”，蓋用舊名，故詩亦當作於開元十九年秋道經相州之時。詠“郭代公”云：“縱橫負才智，顧盼安社稷。流落勿重陳，懷哉爲悽惻。”寫元振勳業，更襯託出個人遭遇的崎嶇，無限窮途失意之感，有憤怒，有悲歎，頗合詩人當時的心境。

（7）《邯鄲少年行》。邯鄲縣七國時爲趙都，隋大業二年至唐永泰元年屬洺州。洺州南至相州六十五里。適離鄴後卽北去邯鄲，詩當作於此時。

（8）《鉅鹿贈李少府》。鉅鹿貞觀元年後屬邢州，邢州東南至洺州一百二十里。詩云：「投壺華館靜，縱酒涼風夕。」當亦作於開元十九年秋。

（9）《辟陽城》。按《元和郡縣志》：「辟陽故城在縣（信都縣）東南三十五里，審食其爲辟陽侯。」《史記·呂后本紀》：「從辟陽侯審食其爲左丞相，左丞相不治事，令監宮中，如卽中令，食其故得幸太后，常用事，公卿皆因而決事。」故詩云：「傳道漢天子，而封審食其。奸淫且不戮，茅土孰云宜。何得英雄主，返（反）令兒女欺。母儀良巳失，臣節豈如斯。」信都縣唐屬冀州（故城在今河北冀縣東北）西南距邢州二百六十里。適離邢州後，繼續北上，此詩爲適經信都時感古諷今之作，亦當作於開元十九年秋。王達津先生將此詩繫在天寶六載，謂「高適到廣陵，有《辟陽城》、《登廣陵棲靈寺塔》等詩」，似可商榷。

（10）《酬司空璩》。詩云：「驚飇蕩萬木，秋氣屯高原。燕趙何蒼茫，鴻雁來翩翻。」與前詩當爲同時之作。

（11）《塞上》。「東出盧龍塞，浩然客思孤。」顯係單車去燕趙時之作。盧龍塞（在今河北遷安縣）唐時爲邊防重地之一。《新唐書·地理志》：「懷戎（今河北懷來縣）東南五十里有居庸塞，東連盧龍、碣石，西屬太行、常山，實天下之險。」《水經注》對盧龍之險峻更描述甚詳：「濡水（卽今灤河）東南逕盧龍塞，塞道自無終縣（今河北薊縣）東出渡濡水向林蘭陘（喜峰口），東至清逕（冷口）。盧龍之險，峻坂縈折，故有九緃（亦作嶸）之名矣。」適懷抱立功塞外的雄心，故不惜遠涉長途，親歷盧龍、居庸之險。又《資治通鑑·唐紀》：「開元十八年己酉，可突干弒邵固（契丹王）帥其國人並脅奚衆叛降突厥，奚王李魯蘇及其妻韋氏，邵固妻陳氏皆來奔（韋、陳皆唐王朝認作公主遣嫁的）。制幽州長史趙含章討之，又命中書舍人裴寬，給事中薛侃等於關內、河東、河南、北分道募勇士。六月丙子，以單于大都護忠王浚領河北道行軍元帥，……帥十八總管以討奚、契丹。」故詩云：「亭堠列萬里，漢兵猶備胡。邊塵滿北溟，虜騎正南驅。轉鬥豈長策，和親非遠圖。」高適的邊塞詩有豐富的現實內容，《塞上》一詩有力地反映了開元十八年後東北邊陲的實際情況，表現了熱愛祖國的思想，此詩當作於開元十九年冬，此後卽去薊門。

（12）《薊門不遇王之渙郭密之因以留贈》。詩云：「適遠登薊丘，茲晨獨騷屑。賢交不可見，吾願終難說。……曠蕩阻雲海，蕭條帶風雪。逢時事多謬，失路心彌折。」詩中寫時寫地甚明晰，當作於開元十九年冬。「失路心彌折」爲窮途失意語，決非作於天寶間使靑夷軍去薊門時。

（13）《酬李少府》。李少府當卽鉅鹿李少府，《鉅鹿贈李少府》詩云：「李侯雖薄宦，時譽何

藉藉。"本詩云："日夕捧瓊瑤，相思無休歇。伊人雖薄宦，舉代推高節。……一登薊丘
上，四顧何慘烈。來雁無盡時，邊風正騷屑。"蓋適於開元十九年至薊門後，得李少府書
卽有是作。

(14)《信安王幕府詩》。

(15)《薊門》五首。此詩當作於開元二十年冬。二十年二月，李禕等破奚、契丹後，契丹
首領可突干敗走，奚王李詩瑣高降唐，授爵歸義王，充歸義州都督，徙其部落置幽州境
內。四月，唐王朝大宴百官，醉者賜錦褥，以肩輿送歸。命裴耀卿齎絹二十萬匹，分賜立
功奚官。《薊門》五首，卽有感此事而作。

(16)《自薊北歸》。"誰憐不得意，長劍獨歸來"，詩當作於開元二十年冬離薊門南歸時。

開元二十一年癸酉(733)，高適二十八歲。

居宋城。

開元二十二年甲戌(734)，高適二十九歲。

居宋城。

(17)《苦雨寄房四昆季》。"萬事切中懷，十年思上書。君門嗟緬邈，身計念居諸。"適自
長安東歸後至開元二十二年，恰爲十載。"故人平臺側，高館臨通衢。"平臺在唐宋州虞
城縣。《元和郡縣志》："平臺縣(虞城)西四十里，《左傳》宋皇國父爲宋平公所築。漢梁
孝王大治宮室，爲複道，自宮連屬於平臺三十餘里，與鄒、枚、相如之徒並遊其上。"按虞
城距宋城七十里，平臺離宋城僅三十里，詩當作於開元二十三年居宋城時。

開元二十三年乙亥(735)，高適三十歲。

居宋城。春，舉有道科詣長安，落第後，仍還宋州。

《酬祕書弟兼寄幕下諸公序》云："乙亥歲，適徵詣長安，時侍御楊公任通事舍人，詩書起
予蓋終日矣。……""徵詣長安"卽指舉有道科事。《舊唐書·玄宗紀》："二十三年春正月
……其才有霸王之略，學究天人之際，及堪將帥牧宰者，令五品以上清官及刺史各舉一
人。……"宋州刺史張九皋薦舉有道科當在是年。《舊唐書》本傳稱："宋州刺史張九皋深
奇之，薦舉有道科。時右相李林甫擅權，薄於文雅，唯以舉子待之，解褐汴州封丘尉，非
其好也。"顯係將舉有道科與天寶六載應詔詣長安事，混爲一談。適解褐封丘尉當在天
寶六載，時李林甫爲右相。按唐初於尙書省設左右僕射；龍朔二年改左右匡政，廢尙書
令；光宅元年曰文昌左右相；開元元年曰左右丞相；天寶元年改侍中爲左相，中書令爲右
相，左右丞相復爲僕射。開元二十三年，右丞相爲張九齡，李林甫爲戶部尙書。詳情可
參考"神龍二年"及"天寶六載"條。又適《魯郡途中遇徐十八錄事》詩云："弱冠負高節，
十年思自強。終然不得意，去去任行藏。""不得意"卽指舉有道科落第事。弱冠西遊長

安,至舉有道科至長安恰爲十載。適自開元十三年至二十三年的十年間,主要是躬耕冤
園,潛研典籍,其間曾一度去薊門。"十年守章句",爲詩人在學問上作好了準備;北上
薊門,"備艱險","窮善惡",更豐富了詩人的人生經驗,深入生活,得以廣泛地接觸社會
上各階層的人們。這二十歲至三十歲的十年間,在詩人的一生中,是非常重要的,所以
詩人在詩歌中經常提到。如"萬事切中懷,十年思上書"(《苦雨寄房四昆季》),"弱冠負
高節,十年思自强",均指這一時期。晁公武《郡齋讀書志》稱高適天寶八載舉有道科中
第,殊與事實不合。

開元二十四年丙子(736),高適三十一歲。

此後十年直至天寶三載,仍以宋城爲中心,漫遊東都、汴、宋一帶。

《送族姪式顏》詩云:"俱遊帝城下,忽在梁園裏。"此詩作於開元二十七年秋。故知適二
十三年與式顏均詣長安,不久同返宋城。

開元二十五年丁丑(737),高適三十二歲。

居宋城。

《杜甫寄高常侍》詩云:"汶上相逢年頗多,飛騰無奈故人何。"仇兆鰲認爲汶上相逢,蓋
開元間相遇於齊魯。仇譜:"工部開元二十五年亦遊齊趙,甫、適相遇,當在是年。"但總
覽高集,開元二十五年似未至齊魯,仍留居宋中。汶上相逢,當在天寶四載,詳情見後。

開元二十六年戊寅(738),高適三十三歲。

居宋城。

(18)《睢陽酬別暢大判官》。此詩當作於開元二十六年。宋州,天寶元年始改爲睢陽郡,
稱睢陽,蓋用舊名。《元和郡縣志》:"宋城縣,漢睢陽縣,屬宋國,後屬梁國。……睢水西
南自寧陵界流入。"本詩與《燕歌行》、《宋中送族姪式顏》諸作,爲同一寫作背景,閱讀
時互相參證,可增加對詩歌內容的理解。"言及沙漠事,益令胡馬驕。丈(疑爲大字之誤)
夫拔東蕃,聲冠霍嫖姚。兜鍪衝矢石,鐵甲生風飈。諸將出冷陘(卽冷口),連營濟石橋。
酋豪盡俘馘,子弟輪征徭。邊庭絕刁斗,戰地成漁樵。榆關(卽山海關)夜不局,塞口(卽
盧龍塞)長蕭蕭。降胡滿薊門,一一能射雕。軍中多宴樂,馬上何輕趫。戎狄本無厭,羈
縻非一朝。飢附誠足用,飽飛安可招。"此處"東蕃"卽指唐代東北邊陲的奚和契丹;"丈
夫"卽張守珪。據《資治通鑑》載,開元二十二年冬,幽州節度使張守珪殺契丹王屈烈及
可突干,斬其首傳送東都。又《舊唐書·張守珪》傳:"會契丹別帥李過折與可突干爭權不
叶,憮(守珪部將王憮)潛誘之,夜,斬屈剌(卽屈烈)及可突干,盡誅其黨,率餘燼以降。
守珪因出師次於紫蒙川,大閱軍實,謕賞將士,傳屈剌可突干首於東都,梟於天津橋之
南。詔封李過折爲北平王,使統其衆,尋爲可突干餘黨所殺。二十三年春,守珪詣東都

獻捷，會藉田禮畢，酺宴，便爲守珪飲至之禮，上賦詩以褒美之。廷拜守珪爲輔國大將軍，右羽林大將軍，兼御史大夫。"此段史實與全詩內容完全吻合。所謂"酋豪盡俘馘""楡關夜不扄"、"降胡滿薊門"、"軍中多讌樂"，不過用詩歌形式表達歷史內容而已。暢大判官疑卽暢當。《唐才子傳》："當少諳武事，生離亂間，盤馬彎弓，搏沙寫陳，人曾伏之，時山東有寇，以子弟被召參軍。……詞名籍甚，表表凌雲，有詩二卷傳世。《唐詩紀事》："暢河東人……與弟諸皆有詩名。"韋應物有贈暢當從軍詩："賊道起山東，英俊方未間，聞君新應募，藉藉動京關。出身文翰場，高步不可攀。"又《王之渙（亦作渙）傳》："之渙，薊門人，少有俠氣，所從遊皆武陵少年，擊劍悲歌，從禽縱酒，中折節工文，十年名譽日振。……與王昌齡、高適、暢當忘形爾汝……。"適集中有贈王之渙詩："賢交不可見，吾願終難說。迢遞千里遊，羈旅十年別……。"深情由肺腑中流出，足徵"忘形爾汝"之非謬。暢當旣諳武事，又工詩文，且與適爲忘形交，頗合詩中暢大身份。

（19）《燕歌行》。本詩爲集中優秀之作。詩前小序云："開元二十六年（《文苑英華》作開元十六年，不確），客有從御史大夫張公出塞而還者，作《燕歌行》以示適。感征戍之事，因而和焉。"本詩所反映之史實，與前詩完全相同。小序中所謂之"客"疑卽前詩之暢大判官。酬暢詩有云："言及沙漠事，益令胡馬驕。"適顯係由暢方得悉東北邊防的戰爭實況。不過《燕歌行》的成就，遠遠超過前詩。詩人在一定的史實基礎上，經過概括提鍊，典型地反映了民族、階級等方面錯綜複雜的矛盾。

開元二十七年己卯（739），高適三十四歲。

　　居宋城。

（20）《宋中送族姪式顏》。題下自注云："時張大夫貶括州，使人招式顏，遂有此作。"按《舊唐書·張守珪傳》，開元二十六年，守珪隱蔽部將敗狀，二十七年事發，左遷括州刺史。張大夫卽張守珪，故詩當作於是年。

（21）《又送族姪式顏》。較前詩略後，當作於是年秋。由"俱遊帝城下，忽在梁園裏"，知適與式顏本年俱在宋城。

開元二十八年庚辰（740），高適三十五歲。

　　居宋城。

《又送族姪式顏》詩云："我今行山東，離憂不能已。"當時山東係指殽函以東而言。今山東省唐時屬河北河南道，宋初屬京東及河北路，金改京東爲山東，始有山東之名。由此詩知適在式顏去後，卽以宋城爲中心，漫遊汴宋各地。適《東征賦》云："歲在甲申（天寶三載），秋窮季月，高子遊梁旣久，方適楚以超忽，望君門之悠哉。""適楚"以前，曾漫遊梁宋無疑。又《單父逢鄧司倉覆倉庫因而有贈》詩云："醉中不惜別，況乃正遊梁。"亦可爲天寶三載前遊梁之佐證。

開元二十九年辛巳(741)，高適三十六歲。

天寶元年壬午(742)，高適三十七歲。

天寶二年癸未(743)，高適三十八歲。

天寶三載甲申(744)，天寶三載正月改年爲載，高適三十九歲。

秋，與李白、杜甫相遇，同遊汴宋間名勝古蹟，不久卽離宋赴楚，由宋州經亳州、徐州、宿州而至泗州。

《唐書·杜甫傳》：“嘗從白及高適過汴州，酒酣登吹臺，慷慨懷古，人莫測也。”杜甫遊梁宋，錢譜仇譜均認爲在天寶三四載間，聞一多先生《杜少陵先生年譜會箋》則更爲具體明確：“三載秋，遊梁宋，與李白、高適登吹臺琴臺。”李、杜對梁宋之遊均有詩作。李《梁園吟》云：“我浮黃河去京闕，挂席欲進波連山。天長水闊厭遠涉，訪古始及平臺間。”杜《遣懷》詩云：“昔我遊宋中，惟梁孝王都。……憶與高李輩，論交入酒壚。兩君壯藻思，得我色敷腴。氣酣登吹臺，懷古視平蕪。”又《昔遊》詩云：“昔者與高李(原注：“高適、李白”)，晚登單父臺。寒蕪際碣石，萬里風雲來。”今細審高集，天寶三載諸作，所紀時地亦甚吻合。聞一多先生《杜少陵年譜會箋》：“白三月放還，五月已至梁宋，至其與高、杜同遊則在深秋耳。”此說甚是。若將同遊事跡移至天寶四載，則高適三載深秋已離宋中，此後數年行踪歷歷可考，似不可能同作梁宋之遊。適與李杜分別後，三載深秋卽離宋赴楚，按《東征賦》云：“歲在甲申(天寶三載)，秋窮季月，高子遊梁旣久，方適楚以超忽，望君門之悠哉。”《東征賦》對赴楚旅程亦敍述甚明。“出東苑而西行，沿濁河而茲始。感隋皇之敗德，劃平原而如此。西馳洛汭，東幷淮涘。……至酇縣之舊邑，懷蕭相之高風。……下符離之西偏，臨彭城之高岸。……宿徐縣之迴津，惟偃王之舊域。過盱眙(屬楚州)之邑屋，傷義帝之波蕩。遵枉渚於淮陰(屬楚州)，徵昔人於韓信。……歷山陽(屬楚州)之村墅，挹襄鄙之邑居。”東苑當卽梁園(亦名冤園)，《元和郡縣志》：“冤園，(宋城)縣東南十里，漢梁孝王園。”濁河卽指睢水。《太平寰宇記》：“睢渙二水出瀇蕩(亦作宕)渠，……睢水受汴東經陳留、梁(睢陽郡)、譙、沛、彭城入泗。”又《元和郡縣志》：“隋煬帝欲幸江都，自大梁城西南鑿渠引汴水，卽瀇宕渠也。”適從宋城東苑起程，順睢水沿煬帝幸江都故道向東進發，經酇縣(屬亳州譙郡)、符離(屬徐州彭城郡)、徐縣(卽徐城縣)，最後到達楚州。山陽(屬楚州淮陰郡)乃此次東遊之終點。適漫遊梁宋期間存詩較多，三載秋與李、杜相遇後，詩作亦爲宏富，故杜甫有“兩君壯藻思”之句。在詩聖的追憶中，高、李詩才奔逸，蓋有相似處。

(22)《單父逢鄧司倉覆倉庫因而有贈》。單父開元時屬宋州，距宋城僅百餘里，故詩云：

"匹馬渡睢水,淸風何激揚。"又云:"白鳥向田盡,靑蟬歸路長。醉中不惜別,况乃正遊梁。"當亦爲漫遊梁宋時之作。

(23)《田家春望》。詩云:"出門何所見,春色滿平蕪。可歎無知己,高陽一酒徒。"高陽爲酈食其故鄉,唐時屬汴州雍丘縣。《元和郡縣志》:"高陽故城在縣(雍丘)西南二十九里,……酈食其墓在此。"此詩當爲適漫遊至雍丘時之作。"高陽一酒徒",暗中以酈食其自况。

(24)《送虞城劉明府謁魏郡苗太守》。苗太守卽苗晉卿。《舊唐書·苗晉卿傳》:"天寶三載閏二月,轉魏郡太守,充河北採訪處置使。"詩云:"炎天晝如火,極目無行車。長路出雷澤,浮雲歸孟諸。"知適時在虞城,詩當作於天寶三載夏。雷澤唐時屬濮州(天寶元年改濮陽郡),《太平寰宇記》:"濮州北隔黃河二十里,渡河至魏州(天寶元年改稱魏郡)一百六十里。"由虞城至魏郡當取道雷澤。

(25)《和崔二少府登楚丘城作》。楚丘唐時屬宋州,南距宋城七十里,故詩云"雲散芒碭間,水還睢陽郭。"芒碭二山在宋亳二州交界處。《元和郡縣志》:"碭山,縣(永城縣唐屬亳州)南五十里,漢高祖隱芒碭山澤間。應劭注,芒今在臨睢,卽永城縣是也,碭屬梁國,今碭山縣(唐屬宋州)是。二縣之界有山澤之固,可以隱也。"適漫遊梁宋,至楚丘與崔二少府相遇,乃有是作。故詩中有"相逢俱未展,攜手空蕭索"之句。集中另有《效古贈崔三》一詩,崔二疑卽崔二少府。本詩云:"故人亦不遇,異縣久棲託。辛勤失路意,感歎登樓作。"《贈崔二》詩云:"君負縱橫才,如何尙顦顇。長歌增鬱怏,對酒不能醉。窮達自有時,夫子莫下淚。"就二詩內容觀之,當卽一人。

(26)《別楊山人》。李白有《駕去溫泉宮後贈楊山人》和《送楊山人歸嵩陽》二詩。《資治通鑑·唐紀》三十一:"天寶二年冬十月戊寅,上幸驪山溫泉,乙卯還宮。"又"三載春正月辛丑,上幸驪山溫泉,庚午還宮。"李白隨玄宗去溫泉,當在二年冬,此時賀知章尙未歸越,白寵眷方隆,故詩云:"待吾盡節報明主,然後相攜臥白雲。"仍有從政之心。三載已後,則"害能成謗,格言不入,帝用疏之",(李冰陽序)不可能陪駕溫泉。故太白二詩第一首當作於天寶二年冬,第二首略後,當在天寶三載正二月。此時李白已有去志,故詩云:"歲晚或相訪,靑天騎白龍。"楊山人離長安後,二月已至陳留,時適正漫遊梁宋,二人相遇於大梁,不久楊卽返嵩陽,適爲詩別之,故詩云:"夷門二月柳條色,流鶯數聲淚沾臆。……山人好去嵩陽路,惟余眷眷長相憶。"適本年春夏當在大梁,直至初秋始返宋中。杜甫所謂"氣酣登吹臺"卽在此時。《元和郡縣志》:"梁王吹臺在縣(開封)東南六里,俗稱繁臺。"

(27)《古大梁行》。《唐書·杜甫傳》:"從高適、李白過汴州,登吹臺,慷慨懷古,人莫測也。"此詩仍爲與李杜過汴州慷慨懷古之作。又詩中有"暮天搖落傷懷抱,撫劍悲歌對秋草"之句,詩當寫於天寶三載秋。不久適即離梁返宋。

(28)《宋中十首》。宋中組詩皆憑弔古跡之作,時序均寫秋景,當爲適與李、杜諸人"訪古平臺"期間寫成。詩中所言及之古跡甚多,三人曾登平臺、琴臺,遊孟諸梁苑,其他如仲尼(孔子適宋,與弟子習禮於樹下,桓魋欲害之,拔其樹。事見《史記·孔子世家》)、莊周(莊周故鄉小蒙,古城在宋城縣南十五里)、盧門(春秋時宋國城門,事見《春秋》桓公十四年)、閼丘(高辛氏子閼伯所居,商丘,即宋城縣城),均在歌詠之列。如第一首云:"梁王昔全盛,賓客復多才。悠悠一千載,陳跡唯高臺。寂寞向秋草,悲風千里來。"此即歌詠平臺之作。《元和郡縣志》:"平臺縣(虞城)西四十里……漢梁孝王大治宮室,爲複道,自宮連屬於平臺三十餘里,與鄒、枚、相如之徒並遊其上。"詩中所謂賓客,指鄒、枚、相如之徒;所謂"高臺"即"平臺"也。第九首"常愛宓子賤,鳴琴能自親",乃詠琴臺。第二首"朝臨孟諸上,忽見芒碭間。赤帝今已矣,白雲長不還",第四首"梁苑白日暮,梁山秋草時。君王不可見,修竹(修竹園在唐宋城縣東南十里)令人悲",爲遊覽孟諸梁苑之作。茲不贅舉。

(29)《登子賤琴臺賦詩》三首。詩序云:"甲申(天寶三載)歲,適登子賤琴臺。"當亦爲天寶三載之作。

(30)《觀李九少府翥樹宓子賤神祠碑》。詩云:"一見興永歎,再來激深衷。"知爲再度遊單父時之作。詩中有"坐令高岸盡,獨對秋山空"之句,當與前二詩同作於天寶三載秋。

(31)《送蔡山人》。詩云:"看書學劍長辛苦,近日方思謁明主。斗酒相留醉復醒,悲歌數行淚如雨。丈夫遭遇不可知,買臣主父皆如斯。我今蹭蹬無所似,看爾奔騰何若爲。"當爲送蔡赴京之作,故有"方思謁明主"、"奔騰何若爲"之句。李白亦有《送蔡山人》詩,詩中"燕客期躍馬,唐生安敢譏",亦寓"方思謁明主"之意,與高詩疑爲同時之作。白詩又云:"我本不棄世,世人自棄我。一乘無倪舟,八極縱遠柂。"時白已被讒去京,二詩當作於天寶三載同遊梁宋時。

(32)《宋中別周、梁、李三子》。聞一多先生《杜少陵年譜會箋》疑李即李白。今細審詩意,此說甚是。詩云:"李侯懷英雄,骯髒乃天資。方寸且無間,衣冠當在斯。"如此稱譽,非李白而誰?又云:"俱爲千里遊,勿念兩鄉辭。且見壯心在,莫嗟攜手遲。"與二人漫遊相遇情況甚相吻合。至"我心不可得,君兮定何之。京洛多知己,誰能憶左思",更符合李白被讒去京的情況。高李分袂時,已屆深秋,故詩云:"凉風吹北原,落日滿西陂。露下草初白,天長雲屢滋。"此後不久,適即去宋之楚。

(33)《平臺夜遇李景參有別》。此詩當作於天寶三載秋,離宋赴楚途中。詩云:"離心忽悵然，策馬對秋天。孟諸薄暮涼風起，歸客相逢渡睢水。昨時攜手已十年，今日分途各千里。歲物蕭條滿路岐，此行浩蕩令人悲。”適從宋城出發，沿睢水東行，將遠涉長途，故有“今日分途各千里”、“此行浩蕩令人悲”之句。

（34）《九月九日酬顏少府》。詩云：“行子迎霜未授衣，主人得錢始沽酒。蘇秦顦頓人多厭，蔡澤棲遲世看醜。”似亦作於天寶三載秋離宋赴楚時，窮途失意之感，溢於字裏行間。

天寶四載乙酉(745)，高適四十歲。

春夏間仍漫遊楚州淮陰一帶，秋後即經臨沂（屬沂州瑯琊郡）、費縣（同前）、曲阜（屬兗州魯郡）、東平（屬鄆州東平郡）至汶陽，旋復與杜甫諸人漫遊齊魯一帶。

《東征賦》云：“過盱眙之邑屋，傷義帝之波蕩。歎三戶之亡秦，知萬人以離項。越龜山而訪泊，入漁浦而待潮。鴻雁飛兮木葉下，楚歌悲兮雨蕭蕭。霜封野樹，冰凍寒苗。岸草無色，蘆花自飄。”知適天寶三載冬始至臨淮盱眙一帶。按龜山在臨淮縣（今安徽泗縣境內），《太平寰宇記》載禹鎖淮渦之神无支邪於龜山之足，淮水乃安流注於海。適係由臨淮，越龜山，渡洪澤湖，經盱眙而至淮陰，故賦中又有“候鳴鷄以進帆”、“縱孤舟於浩大”之語。到達淮陰，已是天寶四載春。《東征賦》又云：“歷山陽之村墅，挹襄鄙之邑居。人多嗜文，俗喜觀漁。連葭葦於郊甸，雜汀洲於里間。咸百川之朝宗，彌結念於歸歟。”葭葦滿郊甸，已是春夏景色，知適逗遛楚州將近半載。按山陽（今江蘇淮安）天寶間屬楚州。襄，當指漣水（原屬楚州，咸亨五年改屬泗州）。《元和郡縣志》：“漣水本漢厹猶縣之地。……宋明帝於城北置襄賁縣。……隋開皇五年改襄賁為漣水縣，因縣界有漣水改名。”稱“襄鄙”蓋用舊名。夏秋之際，離楚去魯，沿途均有詩作，詳情見後。

（35）《漣上題樊氏水亭》。詩云：“菱芋藩籬下，漁樵耳目前。”當作於天寶四載夏，時適自楚州北歸，取道漣水，故詩中又有“漣上非所趣，偶為世務牽。經時駐歸棹，日夕對平川”之句。適在漣水逗遛較長，直至秋天始離去。

（36）《漣上別王秀才》。當作於天寶四載秋，故詩云：“飄飄經遠道，客思滿窮秋”，詩中又有“余亦從此辭，異鄉難久留”之句，知此後不久，適即繼續北去。

（37）《魯郡途中遇十八錄事》。魯郡即兗州。《資治通鑑·唐紀》三十一，天寶元年二月丙申，改東都、北都皆為京，州為郡，刺史為太守。適自楚赴魯，此詩當作於費縣至曲阜途中。詩云：“誰謂嵩隱客，遂經鄒魯鄉。前臨少昊墟，始覺東蒙長。”按《元和郡縣志》，東蒙山在費縣西北七十五里，費縣時屬沂州瑯琊郡。少昊墟指兗州之曲阜。《元和郡縣志》：“武王即位，封周公於少昊之墟，曲阜之地。”詩中又有“日出見闕里，川平知汶陽”之句。按《元和郡縣志》，闕里在曲阜縣西南三里魯城中，北去洙水百餘步。曲阜縣本漢魯縣，隋開皇三年移汶陽縣理此，十六年改汶陽縣為曲阜縣。“川平知汶陽”，汶陽即指曲阜。

(38)《途中寄徐錄事》。較前詩略後。前詩原注云：“時此公學王書嗟別。”當爲適別後觀徐之贈書而作。故詩云：“空多篋中贈，長見右軍書。”

(39)《送郭處士往萊蕪兼寄苟山人》。詩云：“君爲東蒙客，往來東蒙畔。雲臥臨嶧陽，山行窮日觀。”此詩當作於鄒魯途中。按《元和郡縣志》，嶧山在鄒縣南二十二里，《禹貢》所謂“嶧陽孤桐”卽指此。

(40)《魯西至東平》。鄆州，天寶元年改爲東平郡，此詩作於由曲阜至東平途中，故有“問津見魯俗，懷古傷家丘”之句。家丘指孔子，孔子西鄰有愚人不知孔子賢，常稱之曰“東家丘”。傷字用意深遠，“傷家丘”卽自傷也。

(41)《東平留贈狄司馬》。此詩當作於離東平赴汶陽時。按《元和郡縣志》，汶陽在龔丘縣（今山東寧陽）東北五十四里，其城側土田肥沃，《左傳》成公二年“齊人歸我汶陽之田”卽指此。

(42)《東平路作》三首。較前詩略後，當作於東平至汶陽途中，故詩云：“扁舟向何處，吾愛汶陽中。”

(43)《東平路中遇大水》。此詩亦作於東平至汶陽途中，前詩僅云“茲夕更愁霖”，作本詩時則已“霖霪溢川原，濆洞涵田疇”矣。詩人面對“蟲蛇擁獨樹，麋鹿奔行舟。稼穡隨波瀾，西成不可求”的現實，發出了“我心胡鬱陶，征旅亦悲愁。縱有濟時策，誰肯論吾謀”的浩歎。

(44)《送蔡少府赴登州推事》。詩云：“崢嶸大峴口，邐迤汶陽亭。地迥雲偏白，天秋山更青。祖筵方卜晝，王事急侵星。”此詩爲餞別之作，當作於四載秋寓居汶陽時。按《元和郡縣志》，大峴山在沂水縣（唐屬沂州瑯琊郡）北九十里，崛岅峭曲，石徑幽危。“崢嶸大峴”蓋餞別時所見之遠景，而行人亦將經此幽危之石徑東赴登州（今屬山東蓬萊縣）。

(45)《奉酬北海李太守丈人夏日平陰亭》。此詩當作於寓居汶陽時。李太守卽李邕。按《舊唐書·李邕傳》，“邕天寶初爲汲郡北海二太守”，爲北海太守在爲汲郡太守之後，當在二、三載間。又仇兆鰲《杜少陵年譜》，四載夏杜甫與李邕均有登歷下新亭詩，適至汶陽後，卽得李所寄之紀遊詩，乃有奉酬之作。故詩云：“誰謂整隼旟，翻然憶柴扃。寄書汶陽客，迴首平陰亭。開封見千里，結念存百齡。”平陰亭疑卽歷下新亭。又詩中有“自遇時休，漂泊隨流萍”，“一生徒羨魚，四十猶聚螢”等語，知適是年爲四十歲，仍爲布衣。王達津先生認爲開元二十三年適已解褐封丘尉，天寶四載年已五十有一，殊與此不符。

(46)《同羣公題鄭少府田家》。詩云：“鄭侯應悽惶，五十頭盡白。苦爲南昌尉，今似客。"按《史記·魏世家》:"景潛王元年,秦拔我二十城,以爲秦東郡。"《漢書·地理志》:"東郡秦置,莽曰治亭,屬兗州。"其實此處之兗州,乃指《禹貢》之兗州而言。唐時兗州魯郡所在地,亦屬《禹貢》兗州之域,但非秦時東郡。又杜甫《登兗州城樓》詩云,"東郡趨庭日,南樓縱目初",却稱兗州爲東郡。疑唐代詩人,根據前漢志之字面,一般均認爲兗州即東郡。故適此詩似亦作於居住汶陽之時。

適至汶陽後,似曾與杜甫諸人漫遊齊魯一帶。甫《壯遊》詩云,"快意八九年,西歸到咸陽",快意之遊,主要指這一段生活。故杜甫晚年《寄高常侍》詩云,"汶上相逢年頗多,飛騰無奈故人何",對汶上相聚尚睠睠不能忘懷。"汶上相逢",仇注認爲係開元間相遇於齊魯。聞一多先生《杜少陵年譜會箋》則具體定爲開元二十八年。但細審高集,高適開元間似未曾去齊魯。適《又送族姪式顏》詩云,"我今行山東,離憂不能已",亦不能作爲漫遊齊魯之根據。今之所謂山東,唐時一般稱齊魯、鄒魯或青齊,今山東之名始於宋,金改京東道爲山東,故名。盛唐詩人言及山東者,所指之地域均甚廣,如杜甫《兵車行》云:"漢家山東二百州,千村萬落生荆杞。"蓋指整個殽函以東之地而言,非僅稱齊魯。至汶上相逢,應爲高杜定交之初,亦不盡然。高杜雖於天寶三載相遇於梁宋,但交誼不深,直至汶上同遊,而鮑管之誼始定。且此遊在杜之一生最爲快意,《壯遊》詩所謂"放蕩齊趙間,裘馬頗輕狂",即指此時也。杜甫晚年追憶二人相聚之處,擇其印象最深者言之,揆之人情,亦無不可。從多方面研討,"汶上相逢"當以天寶四載爲是,此與杜詩之事跡既不牴牾,而與適之遊踪亦甚吻合。

(47)《同羣公題中山寺》。中山寺不詳,殆亦爲漫遊齊魯時之作。

(48)《同羣公出獵海上》。詩云:"偶與羣公遊,曠然出平蕪。層陰漲溟海,殺氣窮幽都。"詩當作於天寶四載秋冬之際。天寶四載夏,杜甫與李邕等曾同登歷下新亭,高適甫至汶陽,未及參與此遊。秋後杜甫至兗州,時李白亦在魯中,疑李、杜、高又復相遇,旋復同去青州。羣公即指李杜諸人。杜甫《壯遊》詩云,"春歌叢臺上,冬獵青丘旁",即追述青州同遊事跡,與高詩所紀乃屬一事。按《太平寰宇》記,青丘在青州千乘縣,齊景公具馬千駟田於此。

(49)《同羣公十月朝宴李太守宅》。李太守疑即李邕。適等至青州,李必設宴款之,詩當作於是時。又詩中有"仍憐門下客,不作布衣看"之句,知適當時尚未出仕,舉有道科亦未及第。

天寶五載丙戌(746),高適四十一歲。

春,仍留汶陽,夏秋之際離汶去洪。

(50)《同羣公題張處士菜園》。張處士當即張叔明。《新唐書·李白傳》:"(白)與孔巢父、韓準、裴政、張叔明、陶沔居徂徠山，日沈飲，號竹溪六逸。"按《元和郡縣志》，徂徠山在兗州乾封縣境。杜甫亦有《題張氏隱居》二首，二人之詩當作於天寶五載春。仇注認爲是詩作於開元二十四年後，似無確據。杜詩云："之子時相見，邀人晚興留。"知高杜諸人時飲張氏之家。又杜詩中有"春山無伴獨相求"之句，此不僅表明時序，且知杜甫有時與諸人同去，有時亦隻身相訪。適此次題詩時，亦或有杜甫同遊，羣公卽指杜李諸人。又杜甫《雜述》云："魯之張叔卿、孔巢父，二才士者，聰明深察，博辯閎大，固不能伸於知己，會問不已，任重致遠，速於風飈也。是何面目黧黑，常不得飽飯喫？"就此段內容觀之，叔卿叔明當卽一人。若叔卿爲叔明之昆季，亦得與孔巢父並稱，如此賢兄弟，高杜諸人，詎有不言及之理。

(51)《送前衞李寀少府》。詩云："雲開汶水孤帆遠，路繞梁山匹馬運。"當亦作於留居汶陽時。又詩中有"黃鳥翩翩楊柳垂，春風送客使人悲"之句，時序已屆春天。

(52)《東平旅遊奉贈薛太守二十四韻》。詩云："地連堯泰嶽，山向禹青州。汶上春帆渡，秦亭晚日愁。"亦當作於五載春漫遊齊魯時。

(53)《贈別沈四逸士》。沈四逸士卽沈千運。《唐才子傳》謂千運吳興人，工舊體詩，氣格高古，當時士流均甚欽羨。天寶間數應舉不第，來居濮上，感懷賦詩。適詩云："疾風捍秋樹，濮上多鳴箏。"蓋適五載秋離汶去淇，途經濮陽時作。濮陽春秋時爲衞地，唐屬濮州濮陽郡。按《水經注》，濮水上承濟水於封丘縣(唐屬汴州陳留郡)，東北經匡城、酸棗(唐時均屬滑州靈昌郡)等地，直至濮陽故城之南，又東經濟陰、乘氏諸縣入於巨野澤。《漢書·地理志》，濮水自濮陽南入鉅野，卽指此。《古今地名大辭典》將山東境內之濮水與河南境內之濮水分而爲二，甚爲不當。沈千運所居之濮上，參證高適行蹤，當爲濮陽。

(54)《同羣公登濮陽聖佛寺閣》。詩云："來雁清霜後，孤帆遠樹中。徘徊傷寓目，蕭索對寒風。"是詩當作於五載秋途經濮陽時。

(55)《賦得還山吟送沈四山人》。《唐才子傳》："其時多艱，自(千運)知屯蹇，遂浩然有歸歟之志。……高適賦《還山吟》贈行。"此詩較《贈別沈四逸士》詩略後，疑適賦前詩不久，沈亦命駕南歸，故復賦此詩以送之。

(56)《淇上別業》。詩云："野人種秋荣，古老開原田。"知適五載秋已抵淇上。按《元和郡縣志》，淇水源出共城縣(今河南輝縣治)西北沮洳山，至衞縣(今河南濬縣治)入河，謂之淇水口。參證適淇上諸作，適似寓居衞縣西北之蘇門山，此卽孫登隱處，阮籍、嵇康曾造其所。故詩中又有"依依西山下，別業桑林邊"之句。衞縣唐時在黃河北岸，渡河而南，卽至滑州，滑州治所爲古滑臺城，北去黃河僅數十步，故適《淇上送韋司倉往滑臺》詩云："滑臺門外見，淇水眼前流。"淇水寫近景，滑臺寫遠景，門外能見南岸之滑臺，知淇上別業距黃河北岸甚近，當以在衞縣爲宜。又《自淇涉黃河途中》諸詩亦足說明淇上別業當在衞縣，詳見後。

(57)《淇上送韋司倉往滑臺》。詩云："孰知非遠別，終念對窮秋。"詩當作於五載秋。

(58)《送魏八》。詩云："更沽淇上酒，還泛驛前舟。"又云："雲山行處合，風雨興中秋。"詩當作於五載秋。

(59)《淇上別劉少府子英》。詩云："近來住淇上，蕭條唯空林。又非耕種時，閒散多自任。"詩當作於抵淇後不久。又："飄然歸故鄉，不復問離襟。南登黎陽渡，莽蒼寒雲陰。"知適到淇後即擬南歸，但不果。《自淇涉黃河途中作》諸詩均寫夏景，至六載夏始離淇。

天寶六載丁亥(747)，高適四十二歲。

夏離淇上，涉河歸梁宋。夏秋之際，被詔詣長安，旋解褐汴州封丘尉。

適《自淇涉黃河途中作》諸詩對離淇時序言之甚明，"去秋雖薄熟，今夏猶未雨"；"孟夏桑葉肥，濃陰夾長津"；"朝景入平川，川長復垂柳"，均寫夏景。又《答侯少府》詩對歸宋後被詔詣京，及除封丘尉事，復敍述頗詳，詩云："漆園多喬木，睢水清粼粼。詔書下柴門，天命敢逡巡。赫赫三伏時，十日到咸秦。褐衣不得見，黃綬翻在身。"按黃綬尉官之服。由此詩知適被詔時已歸宋城，時序在夏末秋初，經過十日行程始抵長安。到長安後即除汴州封丘尉。又適集中有《飛龍曲留上陳左相》及《留上李右相》(一作贈李右相林甫)二詩。《上陳左相》詩云："幸沐千年聖，何辭一尉休。折腰知寵辱，回首見沉浮。"又云："此處從黃綬，歸歟任白頭。"顯係除封丘尉離京時辭謝宰輔之作。天寶六載三月甲辰始以陳希烈爲左相，是適除封丘尉當在天寶六載以後。但適天寶十一載已去長安，《同諸公登慈恩寺浮圖》詩即作於是年。而在封丘尉任中又曾使青夷軍入居庸，非短期去職；再參證適前後行蹤，除封丘尉當以天寶六載爲宜。王達津先生定爲開元二十三年，殊與史實不合。[1]

(60)《自淇涉黃河途中作十二首》(一作十三首)。此組詩當作於天寶六載自淇歸梁宋途中，除第六首"秋日登滑臺"似爲錯簡外，其他十一首自成一組，對自淇歸宋之行程敍述甚詳，茲根據行程之先後，將各詩順序重新排定於後：第一首："川上常極目，世情今已閒。去帆帶落日，征路隨長山。"第二首："清晨泛中流，羽族滿汀州。"知適離淇上時乃從水道至黃河北岸。第三首(原第十二首)："朝景入平川，川長復垂柳。遙看魏公墓，突兀前山後。"魏公爲李密，其墓在黎陽縣。按《資治通鑑·隋紀》七："讓(翟讓)於是推密爲主，上密號爲魏公。"《唐紀》二："李世勣在黎陽，上遣使以密首示之，告以反狀。世勣北面拜伏號慟，表請收葬，詔歸其尸。世勣爲之行服，備君臣之禮，大具儀衞，舉軍縞素，

---

① 見《文學遺產增刊》第八輯《詩人高適生平繫詩》。

葬密於黎陽山南。"黎陽於唐時屬衛州,此時適尚在黄河北岸。第四首(原第八首):"茲川方悠邈,雲沙無前後。古堰對河壖,長林出淇口。"古堰即指枋頭。按《元和郡縣志》,建安九年,曹操在淇水口下大枋木爲堰,遏淇水令入白渠,故號其處爲枋頭。此時適已抵黄河渡口。蓋淇水口爲淇水入河之處。第五首(原第三首):"野人頭盡白,與我忽相訪。手持青竹竿,日暮淇水上。"浮淇水南行時所見,藉以抒發懷抱,故詩中又云:"雖老美容顏,雖貧亦閑放。釣魚三十年,心中無所向。"第六首(原第四首):"南登滑臺上,却望河淇間。行樹夾流水,孤城對遠山。"按《元和郡縣志》,滑臺城在黄河南岸白馬縣城內(滑州理所),相傳衛靈公所築,城甚高峻,臨河有臺。時適已渡河而南,臨滑臺古壘,回望河淇間景色。蓋黄河在歷史上曾五次改道,唐時河道係由滎陽東北流,經滑州城北,東流至千乘縣而注入海。今河南滑縣則已在黄河北岸矣。第七首(原第九首):"朝從北岸來,暮宿南河滸。"適渡過黄河,乃見連年荒歉,莊落荒凉,"園蔬空寥落,產業不足數","深覺農夫苦",又其奈"尚有獻芹心,無因見明主"何!詩人同情勞動人民之心,躍然紙上。第八首(原第五首):"東入黄河水,茫茫泛紆直。北望太行山,峨峨半天色。"是詩亦作於滑州。按《太平寰宇記》,"登滑臺城西北望太行山白鹿巖,王莽嶺冠於衆山表也"。第九首(原第十首):"渤潏陵堤防,東郡多悲辛。天子忽驚悼,從官皆負薪。"按《漢書·武帝紀》:"元封二年夏四月還祠泰山,至瓠子、臨決河,命從臣將軍以下皆負薪塞河堤,作瓠子之歌。"師古注引服虔曰:"瓠子,堤名也,在東郡白馬。"白馬唐屬滑州,並爲州城所在地,漢時屬東郡。故此詩亦途經滑州時感古傷今之作。第十首:"我行倦風湍,輟棹將問津。空傳歌瓠子,感慨獨愁人。"仍在東郡滑州,知與前詩爲同時之作。離家漸近,回宋城抑或去京洛,矛盾重重。末二句"誰能去京洛,憔悴對風塵",乃這一矛盾心情的流露。第十一首(原第七首):"亂流自茲遠,倚檝時一望。遙見楚漢城,崔嵬高山上。"適自滑州仍取水道繼續南行。作此詩時已迫近滎澤。滎澤唐時屬鄭州滎陽郡,按《元和郡縣志》:東廣武西廣武二城在滎澤縣西二十里,各在一山頭,劉邦與項羽俱臨廣武而軍,東廣武有高壇,即項羽坐太公於上以示漢軍處。楚漢城即指東西廣武城。第十二首(原第十三首):"結廬黄河曲,垂釣長河裏。"似亦作於滎澤附近。原第六首"秋日登滑臺"一詩,疑作於天寶五載秋,不應歸入本組詩之內。適寓居衛縣,距滑州僅一河之隔,隨時有遊覽登臨之可能。故詩云:"秋日登滑臺,臺高秋已暮。"又云:"乘閒喜登臨,感物傷遊寓。"自淇涉黄河組詩均寫夏景,此詩獨寫秋景,顯係錯簡,特附筆辨證於此。

(61)《古樂府飛龍曲留上陳左相》。此詩當作於六載秋,爲離長安赴封丘時辭謝宰輔之作。詳見前。

(62)《留上李右相》(一作《奉贈李右相林甫》)。與前詩爲同時之作。末二句云,"未爲門下客,徒謝少微星",亦寓有應舉未第之意。

(63)《留別鄭三韋九兼洛下諸公》。詩云:"幸逢明聖多招隱,高山大澤徵求盡。此時亦得辭漁樵,青袍裹身荷聖朝。犂牛釣竿不復見,縣令邑吏來相邀。遠路鳴蟬秋興發,華堂美酒離憂銷。不知何時更攜手,應念茲晨去折腰。"適六載秋除封丘尉後,由長安東經洛陽,此詩爲辭別洛中故人之作。"遠路鳴蟬秋興發",乃點時之句。又詩中有"塞蹐蹉跎竟不成,年過四十尙躬耕"之句,知適六載以前仍是布衣。天寶六載適年爲四十二歲,與詩中年過四十亦正符合。

(64)《初至封丘作》。詩云:"去家百里不得歸,到官數日秋風起。"此詩當作於六載秋初至封丘時。

天寶七載戊子(748),高適四十三歲。

在封丘,秋冬之際,使青夷軍入居庸。適《酬祕書弟兼寄幕下諸公》序云:"今年適自封丘尉統吏卒於青夷。"故知使青夷軍乃在任封丘尉時。又《使青夷軍入居庸》詩云:"溪冷泉聲苦,山空木葉乾。莫言關塞極,雲雪尙漫漫。"山空葉枯,雲雪漫漫,皆寫冬景,適殆秋末起程,冬初已抵薊北。適任封丘尉約三年左右,天寶九載卽去職,參證其前後行蹤,使青夷軍當在七載冬爲是。按《舊唐書·地理志》,范陽節度使統經略、威武、青夷、靜塞、恆陽、北平、高陽、唐興、橫洛等九軍。青夷軍在媯州(今河北懷來縣)城內。

(65)《同陳留崔司戶早春宴蓬池》。按《太平寰宇記》,蓬池在尉氏縣東北五里,大梁(今開封)西南九十里。阮籍《詠懷》詩云:"徘徊蓬池上,回首望大梁"卽指此。又詩中有"同官載酒出郊坼","州縣徒勞那可度,後時連騎莫相違"之句,詩當作於封丘尉任中。但適七載冬使青夷軍入居庸關,八載春始返封丘,九載卽去職,故詩當作於七載春。

(66)《同顏少府旅宦秋中之作》。詩云:"跡留黃綬人多怨,心在青雲世莫知。"詩當作於七載(或八載)秋。

(67)《奉酬路太守見贈之作》。詩云:"風塵吏道迫,行邁旅人悲。"詩當作於使青夷軍途中。又云:"州縣甘無取,丘園悔莫追。"已深有"寧堪作吏風塵下"之感。

(68)《使青夷軍入居庸三首》。詩當作於天寶七載冬。說見前。

(69)《送兵到薊北》。較前詩略後。"積雪與天迴",亦寫冬景。

天寶八載己丑(749),高適四十四歲。

春,自薊北歸封丘。

適《答侯少府》詩於除封丘尉及使青夷軍事敍述甚詳。"北使經大塞,關山饒苦辛",卽指送兵至薊北。詩中又有"兩河歸路遙,二月芳草新"之句,知適八載春始歸封丘。

(70)《薊中作》(一作《送兵還》)。詩當作於八載離薊北南歸時。

(71)《同敬八盧五泛河間清河》。詩云：“昔涉乃平原，今來忽漣漪。東流達滄海，西流延
溽池。”河間縣唐時屬瀛州河間郡。按《新唐書·地理志》：“河間縣西南五里有長豐渠，開
元二十五年刺史盧暉自束城、平舒引滹沱東入淇通漕，漑田五百餘畝。”蓋適開元二十
年曾去幽薊一帶，此時道經河間，渠道未疏，故稱“昔涉乃平原”。天寶七載送兵至薊北，
再度經河間，則盧暉已引滹沱入淇，故云“今來忽漣漪”，“西流延溽池”。詩當作於天寶
八載春。

(72)《答侯少府》。詩云：“邊兵若芻狗，戰骨成埃塵。行矣勿復言，歸歟傷我神。如何燕
趙隄，忽遇平生親。”適自薊北歸封丘，行至燕趙邊隄，始與侯少府相遇。又詩中有“兩
河歸路遙，二月芳草新”之句，則時序已屆春天，詩當作於天寶八載春。

(73)《封丘作》（五絕）。《答侯少府》詩云：“江海有扁舟，丘園有角巾。君意定何適，我懷
知所遵。”此時已萌去志。回封丘後，愈感“吏道羈束”，“州縣才難用，雲山道欲窮。揣摩
愸黠吏；棲隱謝愚公”，正是此種心情之表露。詩當作於天寶八載。

(74)《封丘作》（“作”一作“縣”。七古）。詩云：“拜迎官長心欲碎，鞭撻黎庶令人悲。”適
對縣尉生活，愈有不可終日之感。其同情人民之心，少陵知之最深。杜甫《送高三十五
書記》詩云：“脫身簿尉中，始與捶楚辭。”當即指此。

天寶九載庚寅（750），高適四十五歲。

　　辭封丘尉，客遊河右。

《舊唐書·高適傳》：“解褐汴州封丘尉，非其好也，乃去位客遊河右。”總覽高適全集，考證
前後行蹤，辭封丘尉，客遊河右，當在天寶九載。

(75)《效古贈崔二》。詩云：“十月河洲（當作州）時，一看有歸思。風飆生慘烈，雨雪暗天
地。我輩今胡爲，浩哉迷所至。”按河州（今甘肅蘭州一帶）安樂郡，唐時屬隴右道。適天
寶十二載曾從哥舒翰破洪濟城，但本詩充滿無限窮途之感，當爲第一次客遊河右時之
作，時在天寶九載（或十載）冬。按河右亦稱河西，泛指黃河以西之地，今陝西西部及甘
肅等地，唐時均屬隴右道。

(76)《塞下曲》。“塞下曲”郭茂倩《樂府詩集》編入“新樂府辭”。適此詩並非寫一般遊子
征婦之情，乃借樂府舊題抒發隻身浪跡邊隄之感。“獨宿自然墮下淚，況復時聞烏夜啼。”
寫征婦也是寫自己。此詩當作於天寶九、十載間。

天寶十載辛卯（751），高適四十六歲。

　　自隴右歸長安。

天寶十一載壬辰（752），高適四十七歲。

　　在長安。秋冬之際，東返宋城。

(77)《同諸公登慈恩寺塔》。此次登臨有杜甫、岑參、薛據、儲光羲等人。五人皆有題詠，惟薛據詩不存。據聞一多先生《岑嘉州繫年考證》，此詩當在天寶十一載。今參證高適生平，亦頗符合。

(78)《奉和儲光羲》。按《唐才子傳》："儲光羲於祿山陷長安時曾受僞署，賊平後貶死嶺南。"故是詩當作於祿山之亂以前。但十二載五月適已去隴右，詩當作於十一載秋。"吾黨二三子，茲辰怡性情。逍遙滄州時，乃在長安城。"二三子疑卽指杜岑諸人。又云："菰蒲林下秋，薜荔波中輕。"所記時序與前詩亦同。

(79)《同薛司直諸公秋霽曲江俯見南山作》。薛司直卽薛據。詩云："良辰自多暇，忻與數子遊。"知高、杜、岑、薛諸人天寶十一載秋同聚長安，遍覽名勝古蹟，時有題詠。

(80)《奉酬睢陽李太守》。李太守卽李峘，太宗第三子吳王恪之孫，故適詩有"本枝疆我李""盤石冠諸列"之句。按《舊唐書·李峘傳》："楊國忠秉政，郎官不附己者悉出於外。峘自考工郎中出爲睢陽太守。"又《資治通鑑·唐紀》三十二，天寶十一載十一月丁卯李林甫薨，庚申以楊國忠爲右相，兼文部尚書。台省官有才行時名，不爲己用者皆出之。是李峘出爲睢陽太守當在十一載十一月以後。是詩之作，應在天寶十一載冬。故詩云："冬至招搖轉，天寒蟪蛚收。猿巖飛雨雪，兔苑落梧楸。"皆寫冬景。本年秋冬之際，適曾由長安歸宋城。

(81)《畫馬篇》。原注云："同諸公宴睢陽李太守，各賦一物。"當與前詩爲同時之作。

天寶十二載癸巳(756)，高適四十八歲。

四月自宋城返長安。五月從哥舒翰破洪濟城，收九曲部落。杜甫《送高三十五書記》詩卽作於是年。詩云："崆峒小麥熟，且願休王師。"五月正是麥熟之時。

(82)《李雲南征蠻詩》。詩序云："十二載四月至於長安，君子是以知廟堂使能，而李公效節，適忝斯人之舊，因賦是詩。"

(83)《登隴》。按《元和郡縣志》，秦州清水縣有小隴山，一名隴坻，隴坂九廻，其高莫測，山東人西役，升此瞻望，莫不悲思。隴上有水東西分流，行人歌曰："隴頭流水，鳴聲幽咽。遙望秦川，肝腸斷絕。"此詩當作於天寶十二載從哥舒翰去隴右時。故詩云："淺才登一命，孤劍通萬里。豈不思故鄉，從來感知己。"余曾疑此詩爲天寶十四載東歸時道經隴坻之作，但細審辭意，乃西行而非東歸也。

(84)《同李員外賀哥舒大夫破九曲之作》。九曲在今青海巴燕縣，唐時屬吐蕃，爲金城公主湯沐邑。按《資治通鑑·唐紀》三十二，天寶十二載隴右節度使哥舒翰擊吐蕃，拔洪濟、大漠門等地，悉收九曲部落，蓋適隨哥舒翰破洪濟城，收九曲時則正留守後方，因寄詩賀之。故詩中有"遙傳副丞相，昨夜破西蕃"之句。就"遙傳""昨夜"等字樣觀之，適留守地距九曲甚近。

(85)《同呂判官從哥舒大夫破洪濟城迴登積石軍多福七級浮圖》。哥舒翰破洪濟城在天寶十二載夏秋之間。按《元和郡縣志》,積石軍在廓州寧塞郡西南一百五十里,此詩當爲自洪濟城凱歸時道經積石之作。故詩云:"高興殊未平,涼風颯然至。拔城陣雲合,轉旆胡星墜。"

(86)《塞下曲》。詩云:"萬鼓雷殷地,千騎火生風。日輪駐霜歌,月魄懸彫弓。青海陣雲匝,黑山兵氣衝。戰酣太白高,戰罷旄頭空。萬里不惜死,一朝得成功。" 此詩當作於天寶十二載收九曲部落時。

天寶十三載甲午(754),高適四十九歲。

兼翰府掌書記,仍留隴右。

按《資治通鑑·唐紀》三十三,天寶十三載哥舒翰奏河東呂諲爲支度判官,前封丘尉高適爲掌書記。但杜甫十二載送高適詩即稱書記,疑適十二載已爲書記,十三載始奏聞。哥舒翰十三載始奏呂諲爲支度判官,而適十二載《同呂判官從哥舒大夫破洪濟城迴登積石軍多福七級浮圖》詩,即稱呂爲判官,可資佐證。杜甫是年有《寄高三十五書記》詩。

(87)《九曲詞》。詩云:"將軍天上封侯印,御史台中異姓王。" 按《資治通鑑·唐紀》三十二:"天寶十二載八月,賜翰平西郡王。" 故有"異姓王"之語。詩中又有 "萬騎爭歌楊柳春"之句,詩當作於十三載春。

(88)《同呂員外酬田著作莫門軍西宿盤山秋夜作》。按《元和郡縣志》:莫門軍儀鳳二年置,在洮州(臨洮郡)城內。又按《舊唐書·呂諲傳》:"河西節度使哥舒翰奏充支度判官,累兼虞部員外郎。" 奏充支度判官在天寶十三載三月,兼虞部員外郎當在三月以後,是詩當作於十三載秋。故詩云:"磧路天早秋,邊城夜應永。遙傳戎旅作,已報關山冷。"

(89)《武威同諸公過楊七山人》。涼州天寶元年改爲武威郡,屬隴右道。詩云:"幕府日多暇,田家歲復登。"當作於十三載秋。十二載秋,適從哥舒翰拔洪濟城,不在涼州,戎馬倥傯,非"多暇"時也。

(90)《入昌松東界山行》。昌松(在今甘肅鼓浪縣西)唐時屬涼州武威郡,此詩當作於天寶十三載秋,故詩云:"石激水流處,天寒松色間。"

(91)《部落曲》。詩云:"蕃軍傍塞遊,代馬噴風秋。老將垂金甲,閼支着錦裘。珝戈蒙豹尾,紅旆插狼頭。"從詩歌對蕃軍之描繪中,透露出邊境寧靜,已無戰爭,詩當作於十三載秋。

(92)《陪竇侍御靈雲南亭宴詩》。詩序云:"涼州近胡,高下其池亭,蓋以耀蕃落也。幕府董帥雄勇,徑踐戎庭,自陽關而西,猶枕席矣。"知適時在涼州,邊庭無事,聚宴南亭,乃作是詩。涼州爲河西節度使所在地,按《舊唐書·哥舒翰傳》,天寶十二載,進封涼國公,加河西節度使。序中又云時爲七夕,故詩當作於十三載秋。

(93)《陪竇侍御泛靈雲池》。詩云:"白露時先降,清川思不窮。"又云:"夕陽連積水,邊色滿秋空。"亦當作於十三載秋,與前詩爲同時之作。前詩序云:"白簡在邊,淸秋多興;況水具舟楫,山兼亭臺。始臨泛而寫煩,俄登陟以寄傲。"

(94)《金城北樓》。按《元和郡縣志》,蘭州金城郡唐時屬隴右道,是詩當作於天寶十三、四載間。或爲十四載東歸時,途經金城時之作。

(95)《塞上聽吹笛》。詩云:"雪淨胡天牧馬還,月明羌笛戍樓間。"亦爲承平景象,當作於十三載多。

天寶十四載乙未(755),高適五十歲。

本年秋返長安。十二月拜左拾遺,轉監察御史。按《資治通鑑·唐紀》三十三,"天寶十四載二月隴右、河西節度使哥舒翰入朝,道得風疾,遂留京都。"都尉蔡希魯先還隴右。杜甫《送蔡希魯都尉還隴右因寄高三十五書記》詩作於是年六月,六月麥已枯,故杜詩云:"漢使黃河遠,涼州白麥枯。"蔡返涼州後,適卽東歸。又《舊唐書》本傳:"祿山之亂,徵翰討賊,拜適左拾遺,轉監察御史,仍佐翰守潼關。"按《資治通鑑》,翰天寶十四載十二月拜兵馬副元帥守潼關。

(96)《和竇侍御登涼州七級浮圖之作》。詩云:"始知陽春後,具物皆筌蹄。"詩當作於十四載春。

(97)《登百丈峰》。詩云:"朝登百丈峰,遙望燕支道。漢壘青冥間,胡天白如掃。憶昔霍將軍,連年此征討。"百丈峰疑卽石門山(在河州林鳳縣)中之高峰。按《元和郡縣志》,"石門山高險峻(原無峻字,據《水經注》補)絕,對岸若門,卽皋蘭山門也。"又《漢書·武帝紀》,元狩三年霍去病出隴右至皋蘭,卽指此。疑是詩亦作於十四載自涼州東歸時。

肅宗至德元載丙申(756),卽天寶十五載,七月肅宗卽位於靈武,改元。高適五十一歲。

兼侍御史,是年八月拜諫議大夫,賜緋魚袋。同年十二月兼御史大夫,揚州都督府長史,淮南節度使。

(98)《酬河南節度使賀蘭大夫見贈之作》。賀蘭大夫卽賀蘭進明,按《資治通鑑》,祿山之亂,進明以北海太守起兵討賊,時在至德元載三月。同年十月充河南節度使。直至二載八月始以張鎬爲河南節度使代賀蘭進明。詩云:"愧無戡亂策,多謝出師名。秉鉞知恩重,臨戎覺命輕。"詩當作於至德元載十二月。時適奉詔討永王璘,道經汴州時作(至德元載正月始置河南節度使,治汴州)。故詩中又有"楚雲隨去馬,淮月向連營"之句。

至德二載丁酉(757),高適五十二歲。

春,在廣陵。冬授太子詹事,至洛陽。

李白《送張秀才謁高中丞詩》序云:"余時繫潯陽獄中,正讀留侯傳,秀才張孟熊蘊滅胡之策,將之廣陵謁高中丞。余喜子房之風,感激於斯人,因作是詩以送之。"白繫潯陽獄在至德二載二月永王璘兵敗後,故知適本年春尚在廣陵。不久爲李輔國所譖,改除太子少詹事。適《酬裴員外以詩代書》詩云:"擁旄出淮甸,入幕徵楚材。誓當剪鯨鯢,永以竭駑駘。小人胡不仁,讒我成死灰。賴得日月明,照耀無不該。留司洛陽宮,詹府唯蒿萊。"詩中小人即指李輔國,由"留司洛陽宮,詹府唯蒿萊"知詹府時在東京,但東京至德二載十月始收復,除太子少詹事當在十月以後。按《資治通鑑》:"至德二載十月壬戌,廣平王俶入東京。"

(99)《登廣陵棲霞寺塔》。詩云:"遠思駐江帆,暮時結春靄。"詩當作於至德二載春。

(100)《廣陵別鄭威士》。詩云:"落日知分手,春風莫斷腸。"當與前詩爲同時之作。

乾元元年戊戌(758)。二月改元,復以載爲年。高適五十三歲。

在東京。

杜甫《寄高三十五詹事》詩云:"安穩高詹事,兵戈久索居。"黃鶴注:"此詩云'干戈久索居',則是爲詹事已久,當是乾元元年之作。"仇注將杜甫此詩編在乾元元年六月以後,蓋是年六月房琯貶幽州刺史,不久杜亦出爲華州司功參軍。今就"久索居"字樣觀之,是詩之作,最早亦當在本年冬杜甫去東京以前,時適除太子少詹事已逾一年,差可云"久"矣。杜甫詩又云:"天上多鴻雁,池中足鯉魚。相看年半百,不寄一行書。"適是時年僅過五十,杜年四十八,故得云"相看"也。王達津先生謂適本年爲六十三歲,殊與事實不符。

(101)《同羣公宿開善寺贈陳十六所居》。按《洛陽伽藍記》,準財里(在洛陽西陽門外)內有開善寺,京兆人韋英宅也。英早卒,其妻梁氏捨宅爲寺。詩云:"駕車出人境,避暑投僧家。"是詩之作,疑在乾元二年夏。適天寶六載夏應詔至長安時,曾道經洛陽,但在"赫赫三伏時,十日至咸秦"(《答侯少府》)的情況下,當無暇至西郊佛寺避暑。

(102)《送崔錄事赴宣城》。詩云:"欲行宣城印,佳飲洛陽杯。"是詩之作,似亦在任太子少詹事時。

乾元二年己亥(759),高適五十四歲。

三月以前在東京。相州潰敗後,繞道襄、鄧歸長安。五月出爲彭州刺史。

乾元元年冬郭子儀等九節度使圍鄴城(相州),安慶緒堅守以待思明。自冬至春,城不下,思明乃自魏州引兵趨鄴。乾元二年三月兩軍戰於安陽河北,大風忽起,吹沙拔木,天地畫晦,咫尺不能辨,兩軍大驚,各南北潰散,棄甲杖輜重無數。按《資治通鑑》,相州潰敗後，郭子儀以朔方軍斷河陽橋保東京，戰馬萬匹唯存三千，甲杖十萬遺棄殆盡。東京士民驚駭，散奔山谷，留守崔圓，河南尹蘇震等官吏南奔襄鄧，諸節度各潰歸本鎮。適《酬裴員外以詩代書》一詩，對此段史實敍述甚詳。詩云：「留司洛陽宮，詹府唯蒿萊。是時掃氛祲，尙未殲渠魁。背河列長圍，師老將亦乖。歸軍劇風火，散卒爭椎埋。一夕灑洛空，生靈悲曝腮。衣冠投草莽，予欲馳江淮。登頓苑葉下，棲遲襄鄧隈。城池何蕭條，邑屋更崩摧。縱橫荊棘叢，但見瓦礫堆。行人無血色，戰骨多靑苔。遂除彭門守，因得朝玉階。」此詩不僅以詩史之筆反映出相州潰敗的原因及潰敗後之悲涼景象，與杜甫「三吏」「三別」同垂不朽（杜甫此二組詩作於乾元二年春自東京歸華州時，亦爲反映相州潰敗後民生凋蔽景象），並知適亦於本年三月隨衆官吏南奔襄鄧，間道返長安。至長安不久，卽除彭州刺史。《舊唐書》本傳：「未幾蜀中亂，出爲蜀州刺史，遷彭州、劍南。」先蜀州而後轉彭州，顯係版誤。

（103）《赴彭州山行之作》。適乾元二年夏出爲彭州刺史，故詩云：「鳥聲堪駐馬，林色可忘機。怪石時侵徑，輕蘿乍拂衣。」皆爲夏天景色。

（104）《同河南李少尹畢員外宅夜飮時洛陽告捷遂作春酒歌》。洛陽告捷蓋指河陽之役（今河南孟縣）。按《資治通鑑·唐紀》三十七，乾元二年九月洛陽陷落，李光弼退守河陽。十月史思明復攻河陽，光弼率諸將齊進致死，「呼聲動天地，賊衆大潰，斬首千餘級，捕虜五百人，溺死者千餘人」，擒其大將徐璜玉、李秦授。其河南節度使安太淸走保懷州。詩云：「前年持節將楚兵，去年留司在東京。今年復拜二千石，盛夏五月西南行。彭門劍門蜀山裏，昨逢軍人劫奪我。到家但見妻與子，賴得飮君春酒數十杯，不然令我愁欲死。」「持節將楚兵」指至德二載鎭守廣陵；「留司在東京」指乾元元年在洛陽任太子少詹事；「復拜二千石」指乾元二年除彭州刺史。時適往來於彭劍各地，雖遭軍人劫奪，然聞河陽之捷，仍喜而賦此，時當在乾元二年冬春之際。

（105）《同鮮于洛陽於畢員外宅觀畫馬歌》。與前詩或爲同時之作。

上元元年庚子（760），閏四月改元。高適五十五歲。

在彭州。秋後遷蜀州刺史。杜甫於乾元二年十二月到成都，寓居浣花溪寺，適曾自彭州寄詩贈之，杜甫亦有《酬高使君相贈》之作。此二詩當作於乾元二年冬春之際。上元元年秋杜又有《因崔五侍御寄高彭州》一絕。杜詩云：「百年已過半，秋至轉飢寒。爲問彭州牧，何時救急難。」知本年秋適尙爲彭州刺史。繼此詩之後不久，杜甫又有《奉簡高三十五使君》詩，詩云：「行色秋將晚，交情老更深。天涯喜相見，披豁對吾眞。」作此詩時已屆深秋，高杜相遇於蜀州，因適已轉爲蜀州刺史。仇譜謂杜甫上元二年居成都草堂，間至蜀州之新津，當爲元年之誤。（仇氏在杜甫《簡高三十五使君》題下自注時，引《年譜》

即作上元元年。)

(106)《贈杜二拾遺》。詩云:"傳道招提客,詩書自討論。"蓋杜甫乾元二年十二月至成都時暫居浣花溪寺,故有"招提客"之句,詩似作於上元元年初。

(107)《寄宿田家》。詩云:"門前種柳深成巷,野谷流泉添入池。巖際窟中藏鼷鼠,潭邊竹裏隱鷓鴣。"諸句均寫蜀中景色,疑作於是年春夏之際,姑繫之於此。

上元二年辛丑(761),高適五十六歲。

在蜀州。五月以後,以蜀州刺史暫代崔光遠為西川節度使,至成都。

《新唐書》本傳:"梓屯將段子璋反,適從崔光遠討斬之,光遠兵不戢,遂大掠,天子怒,罷光遠,以適代為西川節度使。"又《舊唐書》本傳:"以適代光遠為成都尹劍南西川節度使。"按《新唐書·方鎮表》第七:"至德二載更劍南節度使號西川節度使,兼成都尹,增領果州。"蓋自至德後劍南節度使改稱西川節度使,並兼成都尹。二書所記,完全一致。仇兆鰲注杜詩時,謂光遠十一月(《舊唐書·崔光遠傳》作十月)卒,十二月即以嚴武為成都尹。疑適未曾代光遠。按《新唐書·肅宗本紀》:"五月庚子,劍南節度使崔光遠克東川,段子璋伏誅。"又《舊唐書·崔光遠傳》:"段子璋反,光遠率將花敬定等討平之,將士肆其剽劫,婦女有金銀臂釧兵士皆斷其腕以取之,亂殺數千人,光遠不能禁。肅宗遣監軍官使按其罪,光遠憂恚成疾,上元二年十二月卒。"蓋段子璋敗後,肅宗即遣使按光遠罪,故適代光遠當在本年五月至十二月之間。杜甫《王十七侍御掄許攜酒至草堂奉寄此詩便請邀高三十五使君同到》、《王竟攜酒高亦同到》二詩皆作於是年。由杜詩知適是時確在成都,故黃鶴杜詩注云:"是時高適刺蜀州,以攝尹事至成都也。"此說良是。

(108)《人日贈杜二拾遺》。詩云:"人日題詩寄草堂,遙憐故人思故鄉。"草堂指成都浣花溪草堂。杜甫大曆五年《追酬故高蜀州人日見寄》詩序云:"開文書帙中,檢所遺忘,因得故高常侍適往居在成都(時高任蜀州刺史)人日相憶見寄詩,淚灑行間,讀終篇末,自枉詩已十餘年,莫記存沒又六七年矣。"序中對高杜二人當時所在地敍述甚明。杜甫成都草堂落成在上元元年春,高適轉蜀州刺史在上元元年秋後,故是詩當作於上元二年人日。上元二年距大曆五年為十年,杜不云十年而云十餘年;永泰元年(高適卒年)至大曆五年為六年,而杜云六七年,此乃行文習慣,如此更足以抒發其懷舊之深情,不必為此一年之差而拘泥也。

寶應元年壬寅(766),高適五十七歲。

在蜀州。秋,繼嚴武為西川節度使,至成都。

按《資治通鑑·唐紀》三十九:"廣德元年十二月吐蕃陷松、維、保三州,及雲山新築二城,西川節度使高適不能救,於是劍南西山諸州亦入於吐蕃矣。"適何時為西川節度使,史無明文,但杜甫有《奉送嚴公入朝十韵》,詩云:"鼎湖瞻望遠,象闕憲章新。四海猶多亂,中原憶舊臣。"由此詩知武入朝時肅宗已薨,代宗新卽位,時當在寶應元年四月以後(代宗寶應元年建巳月卽位),杜詩中又有"閣道通丹地,江潭隱白蘋"之句,詩當作於寶應元年夏。又《舊唐書·嚴武傳》:"入爲太子賓客,遷京兆尹,兼御史大夫,二聖山陵以武爲橋道使。無何罷兼御史大夫,改吏部侍郎,尋遷黃門侍郎,與宰臣元載深相結託。"按《新唐書·宰相表》:"寶應元年建辰月(卽三月)戊申,戶部侍郎元載同中書門下平章事。"武曾三次鎭蜀,兩次被詔還朝,武傳中此段敍述旣稱元載爲宰臣,而玄肅二宗又已薨,顯係指寶應元年夏被詔入朝後之情況,由是知武入朝後一時並未返蜀。高適爲西川節度使,當在寶應元年六月以後。

廣德元年癸卯(763),高適五十八歲。

在成都。

按《舊唐書》本傳,本年吐蕃取隴右,適曾率兵臨吐蕃南鄙,以牽制其兵力,但無功。

廣德二年甲辰(764),高適五十九歲。

還長安。遷刑部侍郎,轉散騎常侍,加銀青光祿大夫,進封渤海縣侯。

《舊唐書》本傳:"代宗以黃門侍郎嚴武代,還用爲刑部侍郎……。"又《資治通鑑·唐紀》五十九:"廣德二年春正月癸卯,合劍南東西川爲一道,以黃門侍郎嚴武爲節度使。"故適還刑部侍郎等職當在二年正月以後。本年春杜甫有《寄高常侍》詩。

(109)《酬裴員外以詩代書》。此詩不啻爲高適之自傳,自少年時敍起,直至爲郎官時止。詩中又有"朗詠臨淸秋,涼風下庭槐"之句,當作於廣德二年秋。就今所存之詩考之,適此詩以後無作品。

永泰元年乙巳(765),高適六十歲。

高適卒。

《舊唐書·本傳》:"永泰元年正月卒";《新唐書·本傳》:"永泰元年卒";《舊唐書·代宗本紀》:"正月乙卯左散騎常侍高適卒。"但《全唐詩》小傳謂適卒於永泰二年,顯係版誤。杜甫《聞高常侍亡》詩卽作於永泰元年。

1962.6.於北京西郊。

陸放翁佚稿輯存考目

孔凡禮

陸游著述宏富，然散佚亦甚多。見於《劍南詩稿》之乾道丙戌以前詩作，實不及百一（參閱《渭南文集》卷二十七《跋詩稿》）；見於桑世昌《蘭亭考》之蘭亭題跋，《渭南文集》未收者凡六則。他可知矣。現存佚稿，僅其中之一小部分耳！

陸游佚稿，散見各書。內《解連環》詞爲王仲聞先生所啓示。佚稿輯成後，李淡虹先生疑見於明、清抄本《五百家播芳大全文粹》之《賀洪樞帥金陵啓》、《賀韓戶書啓》二文，非放翁作，仲聞先生亦以爲言。余過信古人，初不之覺也，退而讀二文，覺內容與放翁經歷不符，復檢宋光宗紹熙元年原刻本《五百家播芳大全文粹》無是二文。是則洵非放翁作矣，乃擯去不錄。其他正訛補漏，得力於淡虹先生之處亦甚多，在此衷心致謝。

一九六三年二月八日

甲、詩　詞

食江西筍

色如玉版貓頭筍，味抵馳峰牛尾貍。歸向妻孥誇至夕，書生寒乞定難醫。（見宋周必大《省齋文稿》卷二《戲和務觀食江西筍》）

按：據《省齋文稿》目錄，知周詩作於高宗紹興三十二年（1162）。陸詩之作，當在同時。

夜還驛舍

白頭漸覺黑絲多，造物將如此老何！三萬里天供醉眼，二千年事入悲歌。劍關曾蹴連雲棧，海道新窺浴日波。未頌中興吾未死，插江崖石竟須磨。（見明羅鶴《快書小品》卷五，又見清趙吉士《寄園寄所寄·撚鬚寄》）

按：該二書原錄四詩。內《寓蓬萊館》二首、《夜還驛舍》（樓上鼕鼕初發更）一首，見《劍南詩稿》卷二十。上三詩作於宋孝宗淳熙十五年自嚴州歸故山之後。本詩之作,當在同時。

郭氏山林十六詠

清曠亭

勝游謝車馬,從此始青鞵。俗士洗褊心,達人增曠懷。

桂嵏

小山有桂枝,各自騷人傳。我欲辨其族,衰病空慨然。

月峽

我昔泝三峽,仰天匹如練。安得中天月,正用此時見。

小爛柯

山中一枰棋,塵世底事無!若復計勝負,與彼亦何殊。

傾月

種梧待鳳雛,此計乃可笑。不如看月墮,與子舒清嘯。

高壁巖

我誦明逸詩,豹林不可到。斯山幸不遠,何日欹紗帽。

閟雲關

白雲如高人,擇友尙傲世。朱門客三千,一點不可致。

壺天閣

吾廬在目中,日可理輕策。乃知壺中天,端勝縮地脈。

石井

酌泉咽冰玉,肺腑生慘凜。老夫桑苧家,頗欲續水品。

玉　泉

摘玉毀珠璣，蒙莊有深指。向郭不能傳，千載付吾子。

飛　雪

我昔游青城，六月對雪山。吳蜀渺萬里，安得在此間！

玉　佩

羣仙停鶴馭，玉佩搖空山。金丹定分子，往綴通明班。

韞玉巖

蒼崖韞白璧，欲上渺無路。但照太史占，虹氣貫寶婺。

笙鶴亭

茲山多異域，飛仙亦稅駕。勿遣俗客來，恐妨笙鶴下。

倚　劍

懸瀑若劍立，空潭如鏡平。未能照魑魅，且用斬長鯨。

藥　圃

采芝夏黃公，賣藥韓伯休。吾友子郭子，高趣可與侔。

（見明萬曆《金華府志》卷三十，又見《石洞貽芳集》卷一，又見清道光《東陽縣志》卷二十三）

　　按：郭欽止，字德誼，東陽人，陸游友。子津，字希呂，亦同游往來甚密。曹彥約《昌谷集》卷十七有《跋東陽郭氏石洞書院記》，劉過《龍洲集》亦有《游郭希呂石洞二十詠》。葉適、陳傅良均有吟咏。

詞　一　首（贈別）

雨斷西山晚照明，悄無人，幽夢自驚。說道去多時也，到如今眞箇遠行。　　遠山已是無心畫，小樓空，斜掩繡屏。你嚛早收心呵，趁劉郎雙鬢未星。（見宋陳鵠《耆舊續聞》卷十）

　　按：陳鵠謂此爲官南昌日代還時作，時爲宋孝宗乾道二年（1166）。

大　聖　樂　詞

電轉雷驚，自嘆浮生，四十二年。試思量往事，虛無似夢，悲歡萬狀，合散如烟。苦海無邊，愛河無底，流浪看成百漏舡。何人解，問無常火裏，鐵打身堅。　　須臾便是華顚，好收拾形骸歸自然。又何須著意，求田問舍，生須宦達，死要名傳！壽夭窮通，是非榮辱，此事由來都在天。從今去，任東西南北，作箇飛仙。（見明汪砢玉《珊瑚網·法書題跋》卷七）

　　按："自嘆浮生，四十二年。"據此，知本詞亦作於乾道二年，時陸游四十二歲。

解　連　環

淚掩妝薄，背東風，佇立柳緜池閣。漫細字書滿芳牋，恨鈒燕箏鴻，總難憑託。風雨無情，又顚倒綠淆紅蕚。仗香醪破悶，夜闌酒醒蕭索。　　劉郎已忘故約。奈重門靜院，光景如昨。儘做它別有留心，便不念當時，兩意初著。京兆眉殘，怎忍爲新人梳掠。儘今生拚了，爲伊任人道錯。（見宋趙聞禮輯《陽春白雪》卷三）

乙、題　跋

題　蘭　亭　帖

自承平時，中山石刻屢爲好事者負去。如此本固已不易得，況太行北嶽，墮邊塵中已五十年乎！撫卷太息。　　陸游。（見宋桑世昌《蘭亭考》卷六）

　　按：此當爲淳熙三年左右作。時距靖康之變約五十年。

跋北齊校書圖

高齊以夷虜遺種，盜據中原，其所爲皆虜政也。雖强飾以稽古禮文之事，如犬著方山冠；而諸君子迺挾書從之游，塵壒膻腥，汙我筆硯，余但見其可恥耳！淳熙八年九月廿日陸游識。（據李慈銘《越縵堂日記》第三十七冊）

跋《世說新語》

郡中舊有《南史》、《劉賓客集》，版皆廢於火，《世說》亦不復在。游到官始重刻之，以存故事，《世說》最後成，因倂識于卷末。淳熙戊申重五日新定郡守笠澤陸游書。（見四部叢刊影印明嘉靖刻本《世說新語》）

跋黃山谷三言詩卷

此帖與漢嘉安樂園題名絕相類，豈亦謫僰時所書耶！淳熙癸卯二月二十三日，甫里陸游識。（見清抄本明汪砢玉《珊瑚網·法書題跋》卷五）

跋蘭亭帖

蘭亭刻石，雖佳本皆不免有可恨。此唐人響榻，乃獨縱橫放肆，不爲法度拘窘，猶可想見繭紙故書之超軼絕塵也。其後書乾符元年三月，而觀者或以不與史合爲疑，予按歐陽公《集古錄》，率以石本證史家之誤，此獨不可以爲證乎！　陸游。（見宋桑世昌《蘭亭考》卷六）

又

近見馮達道所藏蘭亭，使人欲起拜，留觀百餘日，乃歸之。今又得觀孟達本，清瘦勁拔，亦其流亞也。陸游務觀嘉泰二年重午日。（同上卷七）

　　按：孟達，李彜字。詩稿卷八十二有《哭孟達詩》。

又

王逸少一不得意，誓墓不出，遂終其身。子敬答殿榜之請，辭意峻甚，豈知世間有得喪禍福哉！以此學二王書，庶幾得之！若不辨此，雖家藏昭陵繭紙眞蹟，字字而講之，筆筆而求之，去蘭亭愈遠矣。謂予不信，有如大江。（同上）

又

馮氏所藏蘭亭二本，得之昭德晁氏。端彥字美叔，說之字伯以，公翹字武子：其三世也。嘉泰二年二月六日，陸游。年七十八題。（同上卷十）

　　按：是跋前有詩。詩云：「堂堂淮陰侯，夫豈噲等伍。放翁評此本，可作蘭亭祖。」是詩亦見《劍南詩稿》卷四十九，題作《跋馮氏蘭亭》。詩下註云：「唐古石刻本。」

又

右定武舊本蘭亭，骨氣卓然可見，不以流、湍、帶、右、天五字定眞贗也。陸游識。（同上）

　　按：是跋前有詩。詩云：「繭紙藏昭陵，千載不復見。此本得其骨，殊勝蘭亭面。」是詩亦見《劍南詩稿》卷四十九，緊次《堂堂淮陰侯》詩後，題作「又」，當爲同時作。詩下註云：「中山舊本，山谷有句云：俗書喜作蘭亭面。」

跋黃山谷手簡

此帖不應攜在長安逆旅中，亦非貴人席帽金絡馬傳呼入省時所觀。程子他日幅巾筇杖，渡青衣江，相羊喚魚潭、瑞草橋、清泉翠樾之間，與山中人共小巢龍鶴菜飰，塪石置風鑪，煮蒙頂、

紫笛，然後出此卷共讀，乃稱耳！陸游（原註：此跋雖經刻，然佳語，姑存之）。（見《珊瑚網·法書題跋》卷五）

丙、序、銘、題名

《頤庵居士集》序

文章之妙，在有自得處，而詩其尤者也。舍此一法，雖窮工極思，直可欺不知者！有識者一觀，百敗並出矣。四明劉良佐先生，盡力於詩，惟石湖范至能獨深賞之，每爲客言，客未必領也。予曩時數遊四明，獨不識良佐，近迺見其詩百篇，卓然自得者，何其多也。如"頗識造物意，長容吾輩閒"、"日晏猶便睡，犬鳴知有人"、"世事不復問，舊書時一看"、"一夜催花雨，數家鄰水村"、"青山空解供望眼，濁酒不能澆別愁"、"覓句忍飢貧亦樂，鈔書得味老何傷"，雖前輩以詩得名者，何以加焉。因書其右，他日有賞音如石湖者，當知予言不妄云。慶元六年四月己亥山陰陸游序。（見宋劉應時《頤庵居士集》）

題 近 詩

近詩一卷，爲五七郎書。嘉泰甲子歲正月庚午，用郭端卿所贈猩猩毛筆。時年八十矣。（下有二章：上爲"山陰始封"，下爲"放翁"。）（見文物出版社影印《陸游自書詩》）

　　按：近詩爲《記東村父老言》、《訪隱者不遇》、《游近村》、《癸亥初冬作》、《美睡》、《渡頭》、《雜書》（二首），均見《劍南詩稿》卷五十五。據于北山《陸游年譜》轉引《山陰陸氏族譜》："子約，……行四十。"子約爲游第五子，亦稱十郎，見于引《族譜》及文集。"五七郎"，當爲其弟子遹。以叔伯兄弟排次相稱也。《劍南詩稿》卷七四有《寄五郎兼示十五郎》詩，五郎指長子子虡，十五郎亦指子遹，此當是叔伯兄弟另一種排次法，如子約例。

素 心 硯 銘

端溪之穴，毓此美質。既堅而貞，亦潤而澤，澀不拒筆，滑不留墨。希世之珍邪可得，故人贈我愒何極。素心交，視此石，子孫保之永無失。老學庵主人。（見《西清硯譜》卷九）

浮 玉 巖 題 名

陸務觀、何德器、張玉仲、韓无咎，隆興甲申閏月二十九日，踏雪觀瘞鶴銘，置酒上方，烽火未息，望風檣戰艦在烟靄間，慨然盡醉。薄晚泛舟，自甘露寺以歸。明年二月壬午，圓禪師刻之

石，務觀書。（見《焦山志》）

　　按：何德器，名侑，雍正《處州府志》卷十一有傳。无咎，元吉字，陸游至友。

鍾 山 題 名

乾道乙酉七月四日，笠澤陸務觀，冒大雨，獨遊定林。（見《江蘇金石志》卷十二）

　　按：時陸游赴隆興通判任，過此。

丁、書　簡

與曾仲躬書

游惶恐再拜，上啓仲躬戶部老兄台座：苦寒，恭惟省中離容，台候神相萬福。尊眷聞已入都，必定居久矣。第聞在百官宅，無乃迫隘乎！游村居凡百遲鈍，數日前，方能作賀丞相一牋，託无咎投之，然不敢及昨來所諭也。節後度亦嘗見之，不至中悔否。此公於賤子實不薄，然姓名不祥，正恐終難拈出，奈何！奈何！不入城七十餘日矣，以此亦自久不見原伯，不論它人也。累日作雪竟未成。都城何似，生惟萬萬保護。即登嚴近，不宣。十一月二十六日游惶恐再拜仲躬戶部老兄台座。（見《故宮周刊》三一七、八兩期）

　　按：仲躬，名逮，曾幾季子。本書當作於孝宗乾道四年（1168）。是年十月，陳俊卿除右
　　　　相。陸游有《賀莆陽陳右相啓》，見文集卷八。

與曾原伯書

游惶恐再拜，上啓原伯知府判院老兄台座：拜違言侍，遂四閱月，區區懷仰，未嘗去心。即日秋清，恭惟典藩離容，神人相助，台候萬福。游八月下旬，方能到武昌。道中勞費百端，不自意達此。惟時時展誦送行妙語，用自開釋耳。在當塗見報，有禾興之除。今竊計奉版輿西來，開府久矣。不得爲使君樽前客，命也！鄭推官佳士，當辱知遇。向經由時，府境頗苦潦，後來不至病歲否！伯共博士、想已造朝久，舟中日聽小兒輩誦《左氏博議》，殊嘆仰也。末由參觀，惟萬萬珍護，即膺嚴近之拜，不宣。游惶恐再拜，上啓原伯知府判院老兄台座。（見《故宮周刊》四〇五、六、七期）

　　按：本書作於孝宗乾道六年（1170）赴蜀道中。原伯，名逢，曾幾長子。伯共，即呂祖
　　　　謙。途經禾興苦潦情況，可參《入蜀記》六月五日、七日記事。時曾逢禾興之除，尚
　　　　未見報。

與曾仲躬書

游頓首再拜,上啓仲躬侍郎老兄台座:拜違言侍,又復累月,馳仰無俄頃忘。顧以野處窮僻,距京國不三驛,邈如萬里。雖聞號召登用,皆不能以時修慶,惟有媿耳。東人流殍滿野,今距麥秋尚百日,奈何!如僕輩既憂餓死,又畏剽劫,日夜凜凜,而霪雨復未止,所謂麥,又已墮可憂境中矣。朱元晦出徇嫠未還。此公寢食在職事,但恐儒生素非所講,又錢粟有限,事柄不顓,亦未可責其必能活此人也。游去臺評歲滿尚兩月,廟堂聞亦哀其窮,然賦予至薄,斗升之祿,亦未知竟何如!日望公共政,如望歲也。無階參省,所冀以時崇護,即慶延登,不宣。游頓首再拜上啓。正月十六日。(見《宋人法書》第三冊)

　　按:孝宗淳熙八年(1181)十二月,朱熹到浙東常平茶鹽公事任。見《寶慶會稽續志》卷二。本書當作於淳熙九年(1182)。

與 明 遠 書

游頓首。間關頃叩甚至。忽奉手帖,欣重。秋雨,尊候輕安。卿禪師遺墨甚妙,恨見之晚,輒題數行,不足稱發囅之意。皇恐,得暇見過,不宣。奉簡明遠老友。

文字共四軸,又五冊,納去,五派圖四軸,數日前已就付來人去矣。游。(見《珊瑚網·法書題跋》卷七)

　　按:陸游交游中,字明遠者,有汪澈。澈事迹詳《宋史》本傳及周必大《省齋文稿》卷三十神道碑。卿禪師,善書,見《渭南文集》卷三十《跋卿師帖》。又有沈明遠,名作喆,吳興人。曾幾《茶山集》卷一有《沈明遠作喆教授,用東坡〈仇池石〉韻,賦予所蓄英石,次其韻》、《次綠字韻》二詩。中有"嶔嶔庾嶺南,美者色蒼玉,賞音無東坡,尤物多跧伏",以東坡賞音相比,似其人於藝術有卓識。韓元吉《南澗甲乙稿》,有與沈明遠倡酬詩多首,中有"妙筆真堪賦洛神"之句;卷十四又有《送沈明遠序》。本書似明遠以卿禪師遺墨貽陸游,陸游恨見之晚,其人藝術可知。本書中之明遠,當即其人。然以陸游現存文字中,無及沈明遠者,無其他文字資料可證,姑志於此,以待考。又沈明遠事迹,見陳振孫《直齋書錄解題》卷二十、韋居安《梅磵詩話》。著作傳於今者,有《寓簡》十卷。

與 仲 信 書

游頓首再拜仲信學士老友兄:即日秋氣浸清,伏惟尊候神相萬福。兒子婚事,甚荷留念,初正以吾輩氣類,故敢有請。已令媒氏具道其情,尚何疑哉!今又蒙垂誨,已抵龜而決矣。餘令媒氏稟白。自此遂忝瓜葛,何幸如之。贏薾控紋,草草,不宣。游頓首拜。
仲信卽省元學士友兄。(同上)

> 按:陸游交游中,據現有資料,有兩仲信。一爲王廉清,游老友,《揮麈錄》作者王明清之
> 兄。一爲詹仲信,陸游後輩。未知孰是,抑或爲其他人,姑志存疑。

與 親 家 書

游皇恐再拜。拜違道義,忽復許時。仰懷誨益,未嘗一日忘也。桐江戍期忽在目前,盛暑非
道塗之時,而代者督趣甚切,不免用此月下澣登舟。愈遠門闌,心目俱斷。然親家赴鎮,亦不
過數月間,彼此如風中蓬,未知相遇復在何日,憑紙黯然。惟日望召歸,遂躋禁途,爲親舊之
光爾。游皇恐再拜。(見《三希堂帖》卷十七)

> 按:本書當作於宋孝宗淳熙十三年(1186)。是年七月三日,陸游到嚴州(桐江)任。見
> 《嚴州圖經》。

與 友 人 書

游皇恐拜問契家、尊眷,共惟並擁壽祺。鑱中有委敢請:子聿亦粗能勤苦,但恨不得卒業,函
丈若不棄遺,尙未晚也。張七三哥苦貧可念,官期尙遠,奈何!每爲之心折,顧無所置力耳。
三丈亦念之否?游皇恐再拜!(見《陸放翁詩詞選》書影)

> 按:子聿(一作子遹、子肄),陸幼子。

與 明 老 帖

有人兮山陘,雲卷兮霞瓔,秉芳兮欲寄,路漫兮難征,心惆悵兮狐疑,謇獨立兮忠貞。
　　此寒山子所作楚辭也,今亦在集中,妄人竄改附益,至不可讀。放翁書寄天封明公,或以刻
之此中也。(見日本昭和三年東京審美書院影宋刻本《寒山詩集》)

> 按:集中所載楚辭仍多九字,一字顯誤。辭云:"有人坐山徑,雲卷兮霞瓔,秉芳兮欲寄,
> 路漫兮難征,心惆悵兮狐疑,年老已無成,衆喧咿斯,謇獨立兮忠貞。"日人苞印跋語
> 謂爲"未得帖之前已刻",並謂"足以見古人於事物一一致意之槪",是。明老,卽慧
> 明,能文。天封,在天台山。見《渭南文集》卷十九《重修天封寺記》。

與 杜 敬 叔 書

正月廿四日,游頓首再拜復敬叔法曹學士友兄執事:卽日春寒,伏惟尊候神相萬福。前歲多
初,聞從者西征,適臥病沉緜,無由追路,一道珍重語。旣鵠首日遠,而游僻居澤中,不與人

接，例不能通四方書，間惟有念吾至交之心，朝暮不止耳。忽有遠使到門，出誨帖，諄諄累紙。相與之意，加於在傍邑時。不以老病爲可絕，不以疎忽爲可罪，此古人事，今於左右見之，幸甚過望，幸甚過望。錄示近詩，超勝妥帖，殆兩得之。人之所難，敬叔何獨得之易也。大抵此業在道塗則愈工，雖前輩負大名者，往往如此。願舟楫鞍馬間，加意勿輟，他日絕塵邁往之作，必得之此時爲多。益公今龍門，又喜接晚進，敬叔得所歸矣。旦夕乘馹造朝，又當過廬陵，必復從容於天香堂上。游與益公四十年舊交，窮達雖殊，情好不替如一日，輒有一函，告爲轉達。又有楊廷秀待制書，亦煩送之。不罪！千扣！諭及拙稿，見託一二友人編輯，未成次第。若可出，當以一帙歸之敬叔。今更當督之矣。手鈔近詩，却如來敎，寫得數篇封納，臂力弱不能多寫，負見索之勤，積媿如山矣。相望天末，臨書悢悢，惟幾爲臺家倍加保輔，即膺殷召，不宣。游頓首再拜。（見《廣西通志》二二四卷）

□友杜敬叔自嶠南寄書來，索余手錄□□，七十三翁，豈復能□□筆硯，欹斜跌宕，□讀之自不能識，敬叔以意求之可也。慶元丁巳正月二十四日，陸游務觀書。

　　按，杜敬叔，名思恭，淳熙十四年進士。事迹詳光緒《上虞縣志》。

與　仲　玘　書

一

游頓首。伏被手帖，獲聞動靜，深以爲慰。開諭院記，謹巳具稿。今遣優婆塞歸拜呈，不知可用否？老病無復佳思，皇恐，皇恐！此乃令人寫本，若欲惡札，却須示及，當爲作之，仍告寫及題額人銜位、姓名。若要寫守、倅銜，亦須示及，當爲一手寫去，切不可令他人書。向來南山只爲如此，故曾致慮不免重刻，切望少留神，仍丁寧知事也。未即會聚，萬萬爲道珍厚。不宣。游頓首。智者玘公禪師友舊。十一月八日。

　　按：自此以下八書，俱刻金華智者寺。《渭南文集》卷十九有《智者寺興造記》，作於宋寧
　　　　宗嘉泰三年（1203）十月二十九日。本書“謹巳具稿”，當指是文。

二

游頓首。啓智者禪師老友。即日春寒，伏惟法候萬福。寺記本是老夫自欲書丹，意爲不過數日可了。不料忽得齒疾，沉綿歲月，又值改歲，一番應接，遂失初約，留滯淨人。昨法雲忽過，良以爲愧。碑顏不欲更託人，倂爲寫去。前輩此例甚多，碑上切不須添一字。尋常往往添字，壞却。“家有弊帚，享之千金”，幸痛察。餘惟爲佛嗇自愛，不宣。游頓首。正月四日。

三

監寺首座以次不及別上狀，刻碑時且告與點檢，碑樣只依明州宸奎閣最妙。僭率，皇恐，皇恐！游頓首。

按：二書當作於嘉泰四年（1204）。後書當是前書附言。

四

游頓首。智者堂頭禪師。即日春殘，伏惟法候勝（原註：缺數字）別却不知瓶錫所寓。無遺一紙問，動靜不可得，唯有馳心爾！忽法雲送翰札來，乃知說法名山，玉烟珠氣，要是不可蘸沒也。游去春已請老，一生擾擾，遂得結局，盡出餘芘。正月，忽被命寓直內閣，殊非野人所宜，一味慙恐耳！崖蜜蠟燭分寄，足見舊好不替，感激，感激！末由握臂，唯萬萬爲大法自重，不宣。游頓首。四月六日。

五

游頓首。忽奉誨帖，欣承。苦寒，法候萬福。老病日侵，度不能久住世間，且隨緣過日耳！下諭法衣，急作字澤師幾爲九峰所取。幸稍早數日，已令徑附來使納去。想便陞座於人天衆前分以披掛也。崖蜜石芥佳惠，然自此切罷信物，庶全道氣，已屢姿白矣。春事鼎來，爲道自重。不宣。游再拜南山禪師老友侍者。

按：南山，即仲玘。陸游嘗應仲玘請，作《嚴州重修南山報恩光孝寺記》（文集卷十九）。

時仲玘在南山，主持修寺事。

六

游頓首。適承臨訪，荷千里命駕之意，殆不勝言。晚刻，伏惟道體萬福。來日輒具湯麩，相屈少款誨盆，切勿拒也。匆匆不宣。游再拜南山禪師故人足下。

七

游頓首。秋暑正（原註：缺）法候萬福。久不（原註：缺）問，徒有馳系。日來衲子必更雲集。夏中。有幾人打發。老拙（原註：缺）衰不能響屢修廊，炷香丈室也。偶丘子行（原註：缺三字）候動靜，唯冀爲法珍重，不宣。游頓首智者禪師老兄。七月十三日。

八

游頓首啓。伏被誨墨，欣承。即日尊候萬福。名山大乘師，宜得大筆登載，然後宜稱。事偉辭貧,但深媿負。風土之宜敬已下拜矣！以(原註：疑脫一字)不必講此,白頭尚如新耶！石工亦甚佳。小簡尤不足傳。讀之赧然。正暑,萬萬爲道(原註：缺)重,不宣。游頓首。上智者禪師老友侍者。

（見清光緒三十二年上海國學保存會鉛印本徐沁《金華遊錄注》卷下）

嚴 州 簡 子

游近者奏記,方以草率爲愧。專使奉馳翰,所以動問甚寵,感激未易名也。暫還展省,此固龍圖丈襟懷本趣。道中春寒,不至衝冒否？詔追度不遠旬挾,或已被新渥矣。下諭舊貢院,已爲中丞蔣丈所先。新定驛舍見空間,或可備憩泊已。今揚灑矣。它委遙候。蒙賜香墨皆珍絕,足爲蓬戶之光,感荷之至。它候續上。狀次。又拜具呈。（見《故宮周刊》一四三期）

　　按：蔣中丞,名繼周,《渭南集》中有《蔣中丞墓誌銘》。

戊、殘　稿

與曾伯元書

……主司劉某,天下偉人也,故足以得之。……　　（見劉克莊《後村題跋》卷二《跋放翁與曾元伯帖》）

　　按：元伯當即原伯,即曾逢。原跋云："……余大父著作爲京教,考浙漕試；明年考省試。呂成公卷子,皆出本房。……"呂成公,即祖謙,以紹興三十二年(1162)得薦(見《東萊集》附年譜)。本書之作,當在此時。"劉某",即劉夙,克莊祖父,"以言論風節聞天下",見《後村集》卷一九五《後村先生墓誌銘》。

與韓元吉書

……平生未行江也,葭葦之蒼茫,鳧鴈之出沒,風月之清絕,山水之夷曠,疇昔嘗寓於詩,而未盡其髣髴者,今幸遭之,必毋爲我戚戚也。……　　（見韓元吉《南澗甲乙稿》卷十四《送陸務觀序》）

　　按：陸游以宋孝宗乾道元年七月(1165),離鎮江,取江道往隆興,就隆興通判任。書當作於到隆興後不久。

與王質書

……吾登孺子亭,見子以詩道南州高士之神情,奇哉！吾巢會稽,築卑樓,號漁隱,子爲我詩之。……　　（見宋王質《雪山集》卷三《寄題陸務觀漁隱》）

　　按：書作於乾道元年,見王詩。

與朱熹書

……法楊者,讀書至老不輟,持論甚正。常云農家有百錢斗粟之贏,必謹藏之,與僧乃已,民安得不貧!故其住山不營土木,不遣其徒出勾,曰:吾不忍助民蠹也。權貴人有所求,一毫不予,而凶年作糜粥以活人餓者。豈易得哉,豈易得哉?願公併書之可乎!……(原註:此乃陸倉與先生書)(見《朱子大全》卷八十二《跋周元翁帖》)

　　按:朱熹《跋周元翁帖》云:“明州大梅老法楊者,故龍圖閣學士鄭公向之曾孫也,藏周元翁帖與其先世手書一軸,嘗屬山陰陸務觀求予跋尾,未及遣而下世。務觀乃以書致之,且言楊既死,此軸無所付,寫畢,願爲送濂溪書堂藏之。……”陸游淳熙五年冬(1177),提舉福建常平茶鹽公事。六年冬至七年冬,又提舉江西。稱“陸倉”,以是。本書之作,或在其時。

與姜特立書

……《繭庵記》及《初營》、《落成》二詩,大老手筆,超然絕俗。明公富貴壽考,皆未易測,于此可卜。……(見姜著《梅山續稿》卷七《寄題繭庵》附記)

　　按:“繭庵”落成於寧宗慶元元年乙卯,見《梅山續稿》卷七《乙卯之秋……》。陸書之作,當在此時。特立,字邦傑,《宋史》有傳。

與楊萬里書

……陶朱、猗頓之富,汾陽、西平之貴,世俗羨媢者可笑。……壽考富貴皆出偶然。……(見楊著《誠齋集》卷六十八《再答陸務觀郎中書》)

　　按:楊書謂:時年七十六。陸游長二歲。此書爲嘉泰二年作。

王時敍誄

……學道愛人,正心誠意。愊愊無華,儒雅飭吏。子之自著,古人何媿。……(見清抄本《四明詩萃》卷十,又見《浙江通志》卷一六八)

　　按:時敍事迹,見《詩萃》及《通志》小傳。

詩二句

窮達得非吾有命,吉凶誰謂汝前知。(見《愛日齋叢鈔》卷二)

　　按:《愛日齋叢鈔》卷二云:“……左丞之孫,是爲務觀待制,甫七歲,少師(按:指父宰)指烏命賦詩,遽對曰:……。”

詞　半　闋

三山山下閑居士，巾屨蕭然；小醉閑眠，風引飛花落釣船。（見《耆舊續聞》卷十）

> 按：《耆舊續聞》云："閑居三山日，方務得（"得"，他書作"德"，下同）侍郎攜伎訪之，公有
> 詞云：……。"務得，名滋，嘗知紹興。

詞　一　句

飛上錦裀紅縐。（見宋葉紹翁《四朝聞見錄》乙集陸放翁條）

己、附　錄

感　知　錄

文清曾公幾，字吉甫。紹興中自臨川來省其兄學士班，予以書見之。後因見予詩，大嘆賞，以爲不減呂居仁，予以詩得名，自公始也。後爲禮部侍郎，力延譽于諸公間。

魏國忠獻張公浚，字德進（"進"，當爲"遠"之誤）。爲樞密。他日謂予曰："吾子異時當以功名顯。吾少時在熙河從事，曲琦授兵法，所謂老曲太尉也。今當以付子。"予謝不敢。及予通判鎮江，公以右相視師過焉。又謂予曰："官于此，天相吾子也。此郡宿兵，大多老將，可時從之遊。"予亦以素不知兵，又多病，未嘗識諸將爲對。然公不以爲忤。又曰："欲招吾子來本司，可也。"公時爲都督，但自謂本司。予曰："方以愚戇，不敢安于朝，豈敢復累公。"公曰："不然，俟歸，當力言之。"未幾，公亦罷政。（見涵芬樓本《說郛》卷四十三）

> 按：涵芬樓鉛印本《說郛》、宛委山堂本《說郛》，均收有《老學庵續筆記》十七則、《陸氏緒
> 訓》三則。後者有全帙，原見明葉盛《水東日記》，其後，鮑廷博氏輯入《知不足齋叢
> 書》，書名均作《陸氏家訓》。茲二則，原題作一卷，單見於涵芬樓本《說郛》，故附錄
> 於此。

庚、佚著考目

一、《劍南詩稿遺稿》

陸游的長子子虡，嘉定十三年，在江州刊行了《劍南詩稿》，他在《劍南詩稿跋》中說："先君在新定時，所編前稿，于舊詩多所去取，其所遺詩，存者尚七卷。""故別其名曰遺稿"。

這部遺稿早就失傳了。但是，我們還可以從劉辰翁《須溪精選陸放翁詩集》、方回《瀛奎

律髓》中探知一點消息。

《須溪精選陸放翁詩集》卷三七古《董山塔》、《送三兄赴秦邸》二詩，卷五五古《聞婆餅
焦》、《種桑》、《夜聞櫓聲》、《離家示妻子》四詩，卷八五律《聞角》、《寄楊濟伯》、五絕《采菊》、七
絕《吳娃曲》（共四首）、《過江至蕭山縣驛東軒，海棠已謝》八首：都不見於《劍南詩稿》。《瀛奎
律髓》卷二十三《葺圃》、《幽事》、《幽事》、《北檻》四詩亦不見於《劍南詩稿》。

劉辰翁一共選了陸游一百九十六首詩，不見於《劍南詩稿》的就有十四首。其中七言四
句五十九首，《劍南詩稿》未收的達五首；五言四句三首，未收的一首。這些未收的詩劉辰翁
是從哪裏選來的？我想，他一定看了《遺稿》，是從《遺稿》中選來的。

下面談到的散佚零篇詩目裏的詩，《京口唱和》裏的詩，也可能有一部分收在《遺稿》裏。

二、散佚零篇詩目

曾幾《茶山集》卷一《還守台州，次陸務觀贈行韻》，卷五《雪中陸務觀數來問訊，用其韻奉
贈》、《陸務觀效孔方四舅氏體，倒用二舅氏題雲門草堂韻，某亦依韻》：這些原韻，未見《劍南
詩稿》。

周必大《省齋文稿》卷二《陸務觀病彌旬，僕不知也，佳篇謝鄰里，次韻自解》、《務觀得曾
吉甫茶，以詩見遺，因次其韻》、《招陸務觀食江西筍，歸有絕句云：……戲和》、卷三《次韻陸務
觀送行二首》、《病中次務觀通判韻》：這些詩的原韻，未收入《劍南詩稿》。

范成大《石湖詩集》卷十八有“次韻陸務觀慈姥巖酌別二絕”，原詩，《劍南詩稿》無。又同
卷有《次韻陸務觀編修新津遇雨不得登修覺山，經過眉州三絕》，《詩稿》有二絕，無愁字韻。

韓元吉《南澗甲乙稿》卷六有《次韻務觀城西書事二首》，原韻未見。

史浩《鄮峰真隱漫錄》卷四《次韻陸務觀遊四明洞天》、卷五《阿育王山有松萬株，乞亭名
于真隱居士，榜曰“構風”，陸務觀作詩，因次韻》，原韻無。

《宋詩紀事》卷五十有程大昌《次韻陸務觀海棠》，今原韻無。

《劍南詩稿》卷十九有《余年二十時，嘗作菊枕詩，頗傳於人……》，未傳。

陸游對自己的詩要求極嚴格。文集卷二十七《跋詩稿》說：“此予丙戌以前詩二十之一也，
及在嚴州，再編，又去十之九。……”這裏不可得見的詩，大部分是孝宗乾道丙戌以前的
作品。

三、《京口唱和》

宋孝宗隆興二年閏十一月壬申至乾道元年正月辛亥這段時間，陸游和他的好朋友韓元
吉都在京口。陸游那時任鎮江通判。他們在一起，唱酬甚樂，一共寫了三十篇歌詩，陸游還
爲此寫了一篇《京口唱和序》。序見文集卷十四。現在包括詞在內，可以肯定是那時的作品
只有《无咎兄郡齋燕集有詩末章見及，敬次元韻》（《詩稿》卷一）（元韻即韓元吉《南澗甲乙稿》

卷二《方務德元夕不張燈，留飲賞梅，務觀索賦古風》、《赤壁詞》(調下原注：招韓无咎遊金山，見文集卷四十九)（韓元吉《南澗甲乙稿》卷七《念奴嬌》詞第二首、調下原注：次陸務觀見貽《念奴嬌》韻即次此詞韻)二首。又《浣沙溪》(調下注：和无咎韻)（和韻，韓集未見)一詞，中有"客中無伴怕君行"之語，當亦爲此時作。

四、《東樓集》

這個集子是乾道九年陸游自己編的，收古律三十首。是陸游乾道八年在正炎幕府"憑高望鄠"，"思一醉曲江、渼陂之間，其勢無緣"時的作品。這些"悲歌流涕"的作品，却"欲出則不敢，欲棄則不忍"，不得不"敍藏"起來。報國之志不得施，內心的苦悶到了什麼程度，可以想見。這些詩，我們今天雖然看不到，但還可以多多少少從《東樓集序》裏，看出他心境的一斑。(序見文集卷十四)

五、《山南雜詩》

這和《東樓集》裏的詩一樣，是陸游最光輝的作品，是他乾道八年"匹馬戍梁州"時的生活的記錄。這裏面有一百多篇詩，不幸，在舟行過望雲灘的時候，墜落水中(見《詩稿》卷三十七《感舊》第一首)。

按：《太平廣記》卷一三六《僞蜀王旵條》云"自秦州至成都，三千餘里，歷九折七盤，望雲九井。……"《讀史方輿紀要》卷六十八廣元縣潭毒關下小注："望雲關，在縣北五十五里，山勢高聳，與雲霞相望。"《劍南詩稿》卷三有《予行蜀漢間道出潭毒關下……》詩。據此，望雲灘，當在望雲關之下。這些詩，當爲乾道八年冬自山南還成都道途中失落。

六、散佚零篇文目

同王廉清(仲信)在天王寺迪上人房的《題名》，《劍南詩稿》卷六十三提到；周必大《平園續稿》卷二十《杜氏隋光堂記》中，曾提到杜思恭父母的墓誌銘，爲陸游作；元袁桷《清容居士集》卷四十六《陸放翁答杜賢良求試牒書》的答書，元陸文圭《牆東類稿》卷九《跋放翁與文定箚子》的箚子：都看不到了。

七、《高宗聖政草》

一卷。陳振孫《直齋書錄解題》卷五雜史類著錄，《宋史》著錄。陸游在孝宗即位初，"奉詔修《高宗聖政》，草創凡例，多出其手，未成而去，私篋不敢留稿，他日追記得此，錄之而書其後，凡二十條"(見《直齋書錄解題》卷五)。

又查《景定嚴州續志》卷四，郡存書籍中，亦有《聖政草》之名。

八、《陸氏續集驗方》

陸游官江西倉司刻，見《渭南文集》卷二十七《跋續集驗方》。《宋史》著錄。

九、《孝宗實錄》五百卷

寧宗嘉泰間與傅伯壽同修。《直齋書錄解題》卷四起居注類著錄，《宋史》著錄。

十、《光宗實錄》一百卷

寧宗嘉泰間與傅伯壽同修，見《南宋館閣續錄》卷四。《宋史》著錄。

十一、《老學庵續筆記》

《四庫全書》著錄二卷，無書。涵芬樓本《說郛》、宛委山堂本《說郛》，收有十七則。明胡震亨《唐音癸籤》卷十九曾引《退紅》一條，此條亦見《說郛》，是胡氏看到了續筆記原書，抑爲間接引用，疑不能明。

查嘉慶《山陰縣志》卷二十六《書籍》、《清尊錄》一卷寫本條下引王東語，謂“〔王〕明清之父銍，字性之，務觀曾攜文謁，備見於《老學庵續筆記》中”，當爲十七則以外之僅可考者。

以上是有目可考的佚著，還有許多無目可考的。如詞，陸游認爲少時“頗有所爲”，是“汩於世俗”，所以“晚而悔之”。這方面的散佚當不在少數。南宋末黃昇編選的《中興以來絕妙詞選》，選了陸游二十首詞，其中《水龍吟》等五首詞，不見於《渭南文集》中。趙聞禮編選的《陽春白雪》，選了陸游四首詞，其中《解連環》一詞不見於文集。集外入選的詞竟佔這樣的比例，散佚之數可想。

讀書小簡二則

李　凡

一、垂虹詩話作者

郭紹虞《宋詩話輯佚》，輯有《垂虹詩話》二則。云：不知撰人。

按：《垂虹詩話》作者，爲周知和。《清波雜志》作者周煇之從叔。嘗以詩見呂居仁。尉吳江，作《垂虹詩話》。著《垂虹賦》，爲人稱賞。年未及中，病廢而卒。見《清波雜志》卷八（《四部叢刊》影印宋刊本）。

范成大《石湖詩集》卷十一有《次韻答吳江周縣尉飲垂虹見寄》詩。此周縣尉，當卽周知和。詩云："垂虹亭上角巾傾，黽怒龍吟醉不聽。安得對君浮大白，想應嗤我汗新青。夢魂舞蝶隨春草，時節賓鴻點暮汀。湖海扁舟須及健，莫敎明月照星呈。"可見范、周二人情誼。

二、辛稼軒佚文和辛稼軒集可能亡佚的時代

宋李廷忠撰的《橘山四六》，有明孫雲翼註本。該書卷四《賀江東梁總領》："貔貅萬竈，方當宿飽之時"句下，孫註引辛棄疾稼軒啓："貔貅沸萬竈之煙，甲胄增一鼓之氣。"二語未見鄧廣銘同志輯的《辛稼軒詩文鈔存》。

該書有孫雲翼序，序作於萬曆丁未。那時距明亡不過三十五年。據此，鄧廣銘同志在《辛稼軒詩文鈔存》弁言中說的"辛集之亡佚""當在有明中葉"的說法，就值得考慮了。

《紅樓夢》是怎樣開頭的？

陳 毓 羆

一

《紅樓夢》的開頭，一般總認爲是"此開卷第一回也"那一段約四百字的長文。雖然早就有人表示懷疑，提出自己的揣測，[①]但由於缺乏細緻的分析和有力的論證，這一問題尚未得到解決。究竟這段長文是不是《紅樓夢》的開頭？它的作者是誰？又爲了什麼目的來寫？這一切仍然有待於我們繼續探討。

首先來考察這段長文。作爲正文來看，它的可疑之點甚多。這開始的第一句話就來得古怪。前面已明明標出"第一回"三個字，又舉了回目的名稱，而還要講"此開卷第一回也"，究竟有什麼必要呢？再者，作者還在這裏不厭其煩地大講第一回回目的象徵性的意義，"故曰甄士隱云云"、"故曰賈雨村云云"等等。它不像是一部長篇小說的開頭，倒像是爲第一回作"題解"。從結構上看，它和後面那個優美的神話故事也缺乏有機的聯繫，各說各的，全不相干。不僅如此，它們還互相矛盾。前面這段文字裏，明說作者"風塵碌碌，一事無成"、"背父兄敎育之恩，負師友規訓之德"，又點明當時創作的環境是"蓬牖茅椽，繩牀瓦竈"，分明實有其人。後面那個神話故事裏却說《石頭記》一書乃是"石頭所記"，作者是靑埂峰下的一塊頑石。這就令人不解。旣然曹雪芹在楔子的結尾處都還在隱蔽自己，只說自己"披閱"、"增刪"，不承認是本書的作者，有什麼必要一開始他反倒要暴露出自己的身份來呢？

拿其它幾部古典長篇小說名著來對照，《紅樓夢》的開頭格外顯得遜色。一個"字字看來皆是血，十年辛苦不尋常"的作家，寫作態度嚴肅認眞，精益求精，未必會如此之不講究小說開頭的藝術。因此"此開卷第一回也"這一大段文字是否曹雪芹所設計構思的開頭實在令人懷疑。

① 素痴：《跋今本紅樓夢第一回》，1934年3月10日大公報《圖書副刊》第17期。

　　我們從甲戌本《脂硯齋重評石頭記》上可以找到有力的物證。在脂本的系統中，甲戌本由於它的正文所根據的底本是最早的，因此它比其他各本更接近於曹雪芹的原稿。這個本子第一回是以"列位看官，你道此書從何而來？說起根由，雖近荒唐，細諳則深有趣味"這幾句話開始的。①　書前有一篇《凡例》，又名《紅樓夢旨義》，包括五條。我們通常當作《紅樓夢》開頭的那一大段文字，除最後一句（"更於篇中間用夢、幻等字……"）外，都是出於《凡例》第五條之中。它實際上是把這條《凡例》加以刪節而成。自"開卷即云風塵懷閨秀"以下的文字全部刪去了，計刪掉六十字。另外，在文字上也略有更動的地方。如把"此書開卷第一回也"這句話改成"此開卷第一回也"。前者是指"在這本書開卷的第一回裏面"，語意未盡，還有下文，而後者是一個完整的句子，變成了"這是開卷第一回"的意思。

　　甲戌本上格式分明，《凡例》是在全書之前，比正文低兩格抄寫，《凡例》之後附有七律一首（"浮生着甚苦奔忙"）。七律抄完之後，還空有一頁白紙，然後才標出"第一回"三個字，舉了回目的名字，抄寫第一回的正文。這篇《凡例》是斷乎不會與正文相混淆的。

　　然則《凡例》中的文字如何會竄入正文呢？如果我們把甲戌本和庚辰本對照起來研究，便可發現此中秘密。在標明為"脂硯齋凡四閱評過"的庚辰本上，已不見《凡例》及所附的七律，第一回是以"此開卷第一回也"開頭，②同於今本。不過，值得注意的是今本中的那一大段文字在庚辰本中分作兩段抄寫，第一段抄到"故曰賈雨村云云"為止，以下提行另作一段，文字也和今本有差異，作"此回中凡用夢用幻等字，是提醒閱者眼目，亦是此書立意本旨"，下面即接抄"列位看官，你道此書從何而來"。這第二段是甲戌本的《凡例》中所沒有的，顯然是加上去的。

　　我們再看第二回的情況。甲戌本上第二回開始以後有兩大段總評（"此回亦非正文本旨……"及"未寫榮府正人先寫外戚……"），均比正文低一格抄寫，放在正文之前。而在庚辰本中，這兩段總評均被當作正文來抄寫。由此可見，庚辰本第一回開始的那兩段文字，實係第一回的兩段總評，由於抄手不察，而誤入正文。

　　長篇小說的評點在《紅樓夢》之前已是相當風行的事。金聖嘆的評《水滸傳》，毛宗崗的評《三國志演義》，可以說是家喻戶曉。關於評點的格式體制，已經定型。《紅樓夢》的評點顯然是繼承了這個傳統。脂評中經常碰到一些為金聖嘆所使用過的術語，如"橫雲斷山法"、"草蛇灰線法"、"背面傳粉法"等等。庚辰本第十二回中有一條批語："瑞奴當如是報之。此節可入《西廂記》批評內十大快中"，甲辰本第三十回也有一條批語："寫盡寶黛無限心曲，假使聖嘆見之，正不知批出多少妙處。"都很推崇金聖嘆。在體制上，毛批《三國》有《凡例》，《紅樓

───────────

　　①　《脂硯齋重評石頭記十六回本》，中華書局1962年6月影印本，第4頁。
　　②　《脂硯齋重評石頭記（庚辰本）》，文學古籍刊行社1955年9月影印本，第9頁。

夢》也有《凡例》。毛批《三國》和金批《水滸》在每回之前均有"總評"，較之正文低一格或兩格書寫，《紅樓夢》在好多回之前也有"總評"，有時把它放在一回之後，也是比正文低一兩格抄寫，① 這都是顯著的傳統影響。

根據以上種種情況，可知《紅樓夢》一書原有一篇《凡例》及一首題詩，後來都刪去了，第一回却增添了兩段總評。第一段總評是把原來《凡例》中的第五條加以刪節而成的，第二段總評和被刪去的那首七律意思相近，當係改寫。既然是兩段總評，則它們解釋第一回的回目，並且出現了"此開卷第一回也"、"此回中"等詞句，就是很自然的事了。庚辰本把它們抄入正文，鑄成大錯。以後程偉元和高鶚更把它們連接起來，中間也不空行分段，變得天衣無縫。他們並對文字作了修改，把"此回中凡用夢用幻等字"改作"更於篇中間用夢、幻等字"，清除了"此回"字樣，湮沒了明顯的一處總評痕跡。後人也當作了正文接受下來，認爲這就是《紅樓夢》的開頭。所幸的是：甲戌本仍在，成爲堅強的物證，而庚辰本中此一大段文字分成兩段抄寫，也露出了破綻。只要詳加考察，眞相終可大白。我們恢復其本來的總評面目 不把它當作小說的開頭看待，以前產生的種種疑團，都可煥然冰釋了。

現在進一步來探討"此開卷第一回也"這一大段文字的作者問題。它既是第一回的兩段總評，而且從原有的《凡例》及題詩中蛻化而出，文字及意思都變動不大，那麼《凡例》及題詩的作者應該就是它的作者。若不是同一個人，他怎麼敢隨便取消《凡例》及題詩，竟把《凡例》中的第五條大部分抄下來當作自己的評語呢？這篇《凡例》有兩處提到"作者自云"，顯然是旁人在轉述作者的話，並非作者自己現身說法。同時曹雪芹也毫無必要爲自己的小說逐回寫評語，贊揚自己。寫《凡例》的人不會是曹雪芹，將《凡例》改作評語的人也不會是曹雪芹。這應當是另外一個人。他和曹雪芹的關係極爲親近，了解創作《紅樓夢》的全部過程，而且是此書的主要評者。

從甲戌本看來，它標名爲《脂硯齋重評石頭記》，每頁的騎縫中都有"脂硯齋"字樣，第一回正文中有"至脂硯齋甲戌抄閱再評，仍用《石頭記》"之語，並有脂硯齋"甲午淚筆"的一條眉批，明確表示出來"一芹一脂"在事業上的親密關係。脂硯齋完全符合上述條件。甲戌本上所載有的《凡例》和題詩當是出於他的手筆，後來改成評語的也是他。我們看行文的風格也和脂評相似，如第五回中有一條脂批："點題，蓋作者自云所歷不過紅樓一夢也"，可以證明。《紅樓夢》以前的小說，由批書的人作《凡例》或《讀法》的，例子甚多。如《三國志演義》是批者毛宗崗作的《凡例》，《水滸傳》是批者金聖嘆寫的《讀第五才子書法》。《紅樓夢》的《凡例》

---

① 如庚辰本第廿八回，回前附文兩段，用另一葉紙單獨分抄，比正文低兩格。一段是"茜香羅、紅麝串寫於一回，蓋琪官雖係優人，後回與襲人供奉玉兄、寶卿，得同終始者，非泛泛之文也"。另一段是"自聞曲回以後，回回寫藥方，是白描顰兒添病也"。它們在甲戌本上是放在本回正文的後面，比正文低一格抄寫，標有"總評"二字。

兼有《讀法》的性質，其中就有"閱者切記之"之類的話。情況也是相同的。

有人認爲這首七律是曹雪芹本人自題《紅樓夢》的詩。但甲戌本上這首詩並無一字批語，而曹雪芹所寫的詩在前面幾回莫不有批。如第一回中三首詩都有批語，"滿紙荒唐言"一首有兩條批，其一作"此是第一首標題詩"，另一作"能解者方有辛酸之淚，哭成此書……"。"未卜三生願"一首有一條批，作"這是第一首詩。後文香奩閨情，皆不落空。余謂雪芹撰此書中，亦爲傳詩之意"。"時逢三五便團圓"一首有四條批。第二回前的"一局輸贏料不眞"一詩也有兩條批，其一作"只此一詩便妙極。此等才情，自是雪芹平生所長……"對之大加贊賞。如果"浮生着甚苦奔忙"這首七律眞是雪芹所寫，其中又有"字字看來皆是血，十年辛苦不尋常"的警句，並且放在全書的最前面，脂硯齋豈有不加批點之理？他又何至於說在它後面的"滿紙荒唐言"一首是"第一首標題詩"呢？事實很淸楚：它是脂硯齋所作，脂硯齋當然不好對自己的作品也來稱頌一番。由於這首七律是和《凡例》緊密聯繫在一起的，這也間接地證明了《凡例》的作者不是曹雪芹，而是脂硯齋。

從以上所作的考察，可以看出今本第一回前面的一大段文字不是曹雪芹寫的《引言》，而是脂硯齋就他自己原來爲《紅樓夢》作的《凡例》和題詩所改寫的兩段總評。

曹雪芹原來所設計的開頭是相當精彩的。讀者拿到了這部洋洋數十萬言的長篇小說，未看正文之前，很自然地會產生"此書從何而來"的想法。作者正是抓住了讀者這種心理狀態，巧妙地虛構了一個優美的神話故事，以此交代《石頭記》一書的來歷。通過石頭和空空道人的對話，作者又尖銳地批判了當時泛濫成災的公式化的、庸俗的才子佳人小說，從而也就說明了《紅樓夢》本身的獨創性。至於把書中的主人公賈寶玉的前身處理成爲一塊頑石，可以看出作者的憤世疾俗之情。從長篇小說的結構來看，這個神話故事是所謂"楔子"（脂批中也稱之爲"楔子"）。那開頭的幾句話："列位看官，你道此書從何而來？說起根由，雖近荒唐，細諳則深有趣味"，單刀直入，開門見山。作者的意思在於引導讀者儘快地進入神話故事，一點也不延宕。他絕沒有在書一開始的時候，就以大段"自白"的方式來進行說教，闡述本書第一回回目的意義，敎導讀者如何讀《紅樓夢》。

把脂硯齋寫的第一回"總評"當作了《紅樓夢》的開頭，不僅是"張冠李戴"，極不合適，使作品的本來面貌模糊不淸，而且研究工作者在分析曹雪芹本人的思想和創作態度時，尤易發生種種誤會，得出錯誤的結論。比如俞平伯先生過去在《紅樓夢研究》一書裏卽根據這一大段文字，認爲曹雪芹創作《紅樓夢》的全部目的是"感慨身世"、"懺悔情孽"和"使閨閣昭傳"。他說："從作者自己在書中所說的話，來推測他做書時的態度，這是最可信的，因爲除了他自己以外，沒有一個人能完全了解他底意思的。雪芹自序的話，我們再不信，那麼還有什麼較可信的證據；所以依這條途徑走去，我自信不致於迷路的。"① 當然，俞先生的論斷是建立在他過去對《紅樓夢》全書思想內容的錯誤了解上面的，但是，"此開卷第一回也"這一大段文字顯然成了他立論的根據。

其實，這並不是作者自己寫的《紅樓夢》的文字，而是脂硯齋寫的兩段總評。他在第一段裏轉引了作者的話，用來解釋第一回回目的意義。"故曰甄士隱云云"、"故曰賈雨村云云"，都是批者所下的斷語。第二段總評（"此回中凡用夢用幻等字……"）更是脂硯齋自己的評語，不是轉引作者的話。②

先就第二段總評而論。脂硯齋的思想不能和作者的思想混爲一談。我們不能拿脂硯齋的話來證明曹雪芹把"夢""幻"看成全書的"本旨"。那是脂硯齋個人的看法，和脂批裏所表現的思想相符。曹雪芹的思想中固然也有消極的成分，却未必像脂硯齋那樣濃厚。他們兩人是有很大區別的。

至於第一段總評，我們引證時應該特別慎重，需要清楚了解它的歷史背景。甲戌本所載的《凡例》很有參考價值，等於一把鑰匙。我們只有掌握整篇《凡例》的精神，才能深刻了解由它轉化而來的總評。

《紅樓夢》原有的《凡例》，除了解釋本書的種種題名而外，反復強調的是"不欲着跡於方向"，"此書只是着意於閨中"，"此書不敢干涉朝廷"。第五條是其中最長的一條。它引了作者的話，借解釋第一回的回目來發揮全書的"旨義"。這條凡例轉化爲總評所刪去的後一部分，意義尤爲重要。刪去的話是："開卷即云風塵懷閨秀，則知作者本意原爲記述當日閨友閨情，並非怨世罵時之書矣。雖一時有涉於世態，然亦不得不敍者，但非其本旨耳。閱者切記之"。由此可見，整篇《凡例》的根本精神乃在於強調《紅樓夢》並不是一部"怨世罵時之書"。這和全書的思想內容相去甚遠，顯然是脂硯齋在極力爲此書開脫。如果我們聯繫到時代來看，康、雍、乾三朝，文字之獄屢起，株連甚衆，令人談虎色變。一般知識分子都存有杯弓蛇影的心理，甚至不敢看《紅樓夢》這種小說。清宗室弘旿在批永忠的詩時就寫道："第《紅樓夢》非傳世小說，余聞之久矣，而終不欲一見，恐其中有礙語也。"③ 脂硯齋在《紅樓夢》全書之前加上《凡例》一篇，可以說是他有意放上一道煙幕，其中不乏掩飾的曲筆，（看來脂硯齋是懂得這種手法的"奧妙"的，由甲戌本第一回的第一條脂批，"自占地步，自首荒唐，妙"，可知。）他所轉引作者的話，正是爲了達到這個目的，因此不能完全當作作者"肺腑之言"來看待。如果當眞，把"自欲將已往所上賴天恩，下承祖德，錦衣紈袴之時，飫甘饜美之日，背父母教育之

----

① 俞平伯《紅樓夢研究》，棠棣出版社1952年版，第103頁。
② 有正本刪去了第二段總評，也可作爲這一段話不包括在"作者自云"裏面之佐證。
③ 永忠：《延芬室集》，底稿本。

恩，負師兄規訓之德，已致今日一事無成、半生潦倒之罪，編述一記，以告普天下人"這些作者自云的話看作是曹雪芹創作的動機，就歪曲了曹雪芹本人的思想面貌。有着這樣思想的人，能够創造得出賈寶玉這個封建統治階級的叛逆者的形象嗎？《紅樓夢》豈不是"浪子回頭"的"懺悔錄"了，又如何能够成爲一部控訴封建社會的"悲憤之書"呢？所謂"作者本意原爲記述當日閨友閨情"，也無非只是一種托辭，我們千萬不能被它蒙混過去。如果作者不是對封建統治階級的罪惡採取自覺的批判態度，我們很難設想他能寫出這樣一部偉大的作品來。

脂硯齋爲什麼在後來的抄本上刪去了這篇《凡例》，由於缺乏直接的材料，難以確指它的具體原因。脂硯齋可能覺得這樣的作法"欲蓋彌彰"，反而會遭忌。因此采取了"換湯不換藥"的手法，取消了《凡例》，把其中最長的一條《凡例》刪節成爲第一回的總評，在字面上儘量不犯什麼忌諱、嫌疑，骨子裏依舊保留原來的內容，這樣就可以仍然起到掩護的效果，批者也站穩了自己的脚跟。當然，這只是一種猜測。也可能有別的原因。

"浮生着甚苦奔忙"一首七律原附《凡例》之後，《凡例》既已取消，它也無單獨存在的必要。如果把它轉移到第一回裏面去，很容易使人誤認這是曹雪芹自己的題詩。如第二回開始題有一首七絕（"一局輸贏料不眞"），脂批卽指明是雪芹之作，說"此等才情，自是雪芹平生所長"。脂硯齋刪去那首七律，取其前半首之意而改寫成爲第一回的第二條總評，也是爲了避免誤會的緣故。

一百七十多年來，《紅樓夢》翻刻了無數版，編校者都沒有發現把開頭弄錯了。現在弄清事實的眞相，最好是在今後新版本的《紅樓夢》中恢復曹雪芹原來設計的開頭，刪去"此開卷第一回也"這一大段文字，把脂硯齋原來寫的《凡例》和題詩作爲全書的附錄，以供讀者參考。